Macrorrelação Ambiental de Consumo

RESPONSABILIDADE PÓS-CONSUMO
ou
RELAÇÃO COLETIVA DE CONSUMO?

0053

Conselho Editorial
André Luís Callegari
Carlos Alberto Alvaro de Oliveira
Carlos Alberto Molinaro
Daniel Francisco Mitidiero
Darci Guimarães Ribeiro
Draiton Gonzaga de Souza
Elaine Harzheim Macedo
Eugênio Facchini Neto
Giovani Agostini Saavedra
Ingo Wolfgang Sarlet
Jose Luis Bolzan de Morais
José Maria Rosa Tesheiner
Leandro Paulsen
Lenio Luiz Streck
Paulo Antônio Caliendo Velloso da Silveira

M827m   Moraes, Paulo Valério Dal Pai.
        Macrorrelação ambiental de consumo: responsabilidade pós-consumo ou relação coletiva de consumo / Paulo Valério Dal Pai Moraes. – Porto Alegre: Livraria do Advogado, 2013.
        288 p. ; 23 cm.
        Inclui bibliografia.
        ISBN 978-85-7348-861-6

        1. Direito ambiental. 2. Defesa do consumidor – Legislação. 3. Direitos fundamentais. 4. Direito – Aspectos filosóficos. 5. Direito – Aspectos sociológicos. I. Título.

CDU 349.6:347.451.031
CDD 341.347

Índice para catálogo sistemático:
1. Direito ambiental: Direito do consumidor   349.6:347.451.031

(Bibliotecária responsável: Sabrina Leal Araujo – CRB 10/1507)

PAULO VALÉRIO DAL PAI MORAES

Macrorrelação Ambiental de Consumo

RESPONSABILIDADE PÓS-CONSUMO
ou
RELAÇÃO COLETIVA DE CONSUMO?

Resíduos sólidos
Ciclo de vida do produto
Responsabilidade compartilhada
Logística reversa
Princípios da tutela coletiva
Princípio da reparação integral
Princípio da precaução e da contextualização
Inversão obrigatória do ônus da prova
Flexibilização e coletivização do nexo causal

livraria
DO ADVOGADO
editora

Porto Alegre, 2013

© Paulo Valério Dal Pai Moraes, 2013

Capa, projeto gráfico e diagramação
Livraria do Advogado Editora

Gravura da Capa
Luciane Amaral Corrêa Münch

Revisão
Rosane Marques Borba

Direitos desta edição reservados por
Livraria do Advogado Editora Ltda.
Rua Riachuelo, 1300
90010-273 Porto Alegre RS
Fone/fax: 0800-51-7522
editora@livrariadoadvogado.com.br
www.doadvogado.com.br

Impresso no Brasil / Printed in Brazil

Para Márcia, meu amor.
Para meus filhos Manuela e Cristiano.

Prefácio

Há duas linhas de investigação no moderno direito brasileiro que se aproximam pelo forte componente de solidariedade e preocupação com o social. Mas, ao mesmo tempo, distinguem-se pelo modo com que realizam seus fins: enquanto uma se preocupa com o indivíduo e, através da defesa do seu interesse, alcança a proteção do bem comum, outra tem em mira primacialmente a preservação do interesse coletivo e, através dele, protege as pessoas. Refiro-me ao direito do consumidor, que veio resgatar os valores da cidadania e buscar um mínimo de igualdade nas relações contratuais de consumo, e, de outro, ao direito do meio ambiente, através do qual o Estado busca manter o ambiente indispensável à vida.

Ambas as vertentes ocupam privilegiada posição em nosso ordenamento, contempladas no texto constitucional.

Muito se tem pesquisado sobre esses novos institutos, debruçando-se a doutrina no aprofundamento do seu estudo, extraindo dos seus princípios todas as regras que auxiliam os operadores do direito no seu trabalho de explicação e aplicação do direito.

Faltava, porém, na nossa bibliografia, que é extensa, um ensaio que reunisse os dois ramos do direito, mostrando como suas normas se harmonizam e completam, e como uma auxilia a interpretação da outra, na exata compreensão de um sistema jurídico aberto.

Essa é a lacuna que o estudo do Prof. Paulo Valério Dal Pai Moraes veio colmatar.

O trabalho é fruto de longa vivência nos departamentos especializados do Ministério Público, de paciente e completa pesquisa bibliográfica, de séria reflexão, tudo em relato claro e escorreito, como se exige hoje dos textos jurídicos.

O autor não se detém na análise normativa. Fez levantamento histórico das questões abordadas e tratou dos principais temas que interessam para a boa fundamentação da sua tese. Não evitou as dificuldades das mais intrincadas questões teóricas, e cuidou dos princípios da teoria do direito, da polêmica da descodificação, dos novos princípios da precaução e da prevenção, das questões processuais sobre inversão do ônus da prova, da tutela coletiva, da desconsideração da pessoa jurídica, do princípio da indenização fluida e do direito à moradia.

Assim demonstrou não só a possibilidade, mas a conveniência de relacionar os dois sistemas – consumo e meio ambiente – para extrair dessa aproximação o máximo proveito em prol da efetiva realização dos valores a que visam proteger. O uso adequado e competente dos conceitos consumeristas e ambientalistas permitiu reflexões e conclusões verdadeiramente preciosas e inovadoras, necessárias ao mundo de hoje.

O autor explicou a sua decisão de escrever esse excelente livro pelo seu acendrado amor pela natureza. Todos nós devemos agradecer a esse virtuoso impulso e nos congratular por usufruir dessa primorosa pesquisa e das lúcidas observações que enriquecem o texto.

De minha parte, fiquei duplamente honrado: poder prefaciar trabalho com essa qualidade, tendo a oportunidade de sua leitura antes do prelo; poder reconhecer no Dr. Paulo Valério as qualidades de jurista e homem público que dignificaram a vida de seu pai, o ilustre Procurador-Geral de Justiça, Mondercil Paulo de Moraes.

Porto Alegre, janeiro de 2013.

Ruy Rosado de Aguiar Júnior

Sumário

Apresentação – *Alexandre Pasqualini*...11

1. Introdução..13
2. A crise ambiental e a ecocomplexidade...17
3. Paradigmas fáticos – casos concretos de orientação metodológica.......21
4. Fundamentos históricos e filosóficos das novas legislações civis ambientais e do Código de Defesa do Consumidor.......................................29
5. Atualização das questões sociais, históricas, filosóficas e jurídicas que influenciaram as leis ambientais e consumeristas....................................39
6. A descodificação..53
7. A ressistematização com base nos direitos fundamentais......................63
8. Danos ambientais complexos e sua regulação pelas leis de proteção à relação de consumo e pelas leis ambientais...77
   - 8.1. A Teoria Tridimensional do Direito e sua aplicação às leis ambientais e consumeristas..77
   - 8.2. Características dos danos ambientais complexos....................85
   - 8.3. Conceito *standard* ou *stricto sensu* de consumidor................91
   - 8.4. Os conceitos extensivos de consumidor do CDC.....................100
   - 8.5. Danos ambientais complexos e a macrorrelação ambiental de consumo – macro...108
9. Operacionalização e consequências da macrorrelação ambiental de consumo – macro – em relação à responsabilidade civil e à tutela ambiental e do consumidor..131
   - 9.1. O princípio da precaução e o princípio da prevenção............131
   - 9.2. Flexibilização e coletivização do nexo causal e a releitura da Teoria do Risco...139
   - 9.3. A macrorrelação ambiental de consumo e a responsabilidade pelo fato do produto ou do serviço – acidentes de consumo............158
   - 9.4. A responsabilidade civil do comerciante em danos ambientais complexos.....175
10. Questões processuais atinentes à macrorrelação ambiental de consumo.........185
    - 10.1. A inversão obrigatória do ônus da prova................................185

10.2. Direitos fundamentais e direitos indisponíveis e sua aplicação às questões processuais relativas à tutela coletiva..192
10.3. Princípios da tutela coletiva..203
    10.3.1. Princípio da aplicabilidade imediata das normas definidoras de direitos e garantias fundamentais...203
    10.3.2. Princípio da inafastabilidade da prestação jurisdicional coletiva........204
    10.3.3. Princípio do devido processo social..211
    10.3.4. Princípio da tutela jurisdicional diferenciada................................219
    10.3.5. Princípio da absoluta instrumentalidade......................................223
    10.3.6. Princípio da interpretação pragmática..227
    10.3.7. Princípio do *in dubio pro natura* e *in dubio pro consumidor*..................231

11. Responsabilidade compartilhada – logística reversa – princípio da solidariedade e princípio da segurança..237

12. A desconsideração da pessoa jurídica..251

13. Princípio da reparação integral – indenização fluída ou *fluid recovery*............261

14. Direito dos consumidores à moradia digna......................................271

15. Reflexões finais...277

Bibliografia..281

Apresentação

Tenho com Paulo Valério uma amizade que nasceu madura. É como se já fossemos amigos antes de nos tornarmos amigos. Nosso primeiro encontro, nos corredores da Faculdade de Direito da UFRGS, mais se pareceu a um reencontro. Tive a vívida sensação de que retomávamos um diálogo que, por assim dizer, nunca se interrompera. E, desde então, foi sempre assim. Apesar dos longos intervalos de afastamento – cada um com os seus afazeres – toda vez que nos avistamos é como se jamais tivéssemos nos despedido.

Mas Paulo Valério, além de um amigo, é um exemplo. Nos dias de hoje, o intelectual, mesmo o de primeira grandeza, pode, em meio ao desencantamento, transformar-se em mais um fiandeiro de palavras preso ao nevoeiro da vaidade. Paulo Valério não! Ele não escreve apenas para parecer inteligente. Seu objetivo não é se transformar em tema para a untuosa palração de acadêmicos. Não. Todos os livros de Paulo Valério têm um único objetivo: colaborar, de forma impessoal, na resolução de problemas concretos! A caneta de Paulo Valério nunca riscou um ano fora do calendário da esperança, do aperfeiçoamento e da evolução.

Quando olho para a nossa paisagem universitária, vejo pessoas extenuadas de tanto se esforçarem em parecer mais inteligentes do que são. Paulo Valério é diferente. Bem diferente! Para ele, o tema tem mais importância do que o autor. A palavra-chave para compreendê-lo, quer como escritor, quer como homem, é *generosidade*. E, generoso, Paulo Valério mais ouve do que fala. Deixa que as ideias fluam sem serem importunadas pela autoestima ou pela ambição. Afinal, os que sabem ouvir dificilmente deixam de ver.

Tu stai al mondo soltanto perchè c'è posto – esta duríssima frase de Salvatore Satta vale, infelizmente, para a maioria dos livros: só estão no mundo porque alguns ensimesmados os puseram no mundo. Mas esta frase não vale para *Macrorrelação Ambiental de Consumo*. Ele não veio ao mundo porque a vaidade, apenas a vaidade, o colocou no mundo. *Macrorrelação Ambiental de Consumo* veio ao mundo porque era necessário pôr as coisas no seu devido lugar: não se trata de pós-consumo, mas, sim, de consumo! Aqui, não há um antes e um depois, porém, acima de tudo, a questionável coerção dos maus hábitos, que também acaba se convertendo em entulho jurídico.

Livros como este provam que a responsabilidade por não se fazer mais e melhor pelo futuro da vida (*zoé*) não pesa somente sobre os ombros do sistema jurídico. Com efeito, os intérpretes são igualmente responsáveis! É que os maus hábitos também viciam os hermeneutas. Leiam e verão que, com justo senso de conexão tópico-sistemática, Paulo Valério tem razão e, instigando-nos a meditar, dá um passo decisivo na busca de uma forma de existir mais e mais sustentável.

Alexandre Pasqualini

1. Introdução

Tenho profunda preocupação com os direitos fundamentais,[1] em específico os direitos ao meio ambiente e os direitos do consumidor, porque objetivam proteger a saúde e a vida digna, o que me anima ao estudo, à pesquisa e à prospecção na busca de melhores alternativas para a concretização de tais direitos.

Também é estimulante a interdisciplinariedade que envolve os problemas complexos da chamada pós-modernidade, caracterizada pela conflituosidade difusa e multifacetária, bem como pela intensa antinomia de valores, de regras e de princípios.

No caso específico desse trabalho, pretendo com arrojo responsável unir o enfoque do Direito Ambiental com a abordagem do Direito do Consumidor[2] no trato da importante questão atinente aos reflexos dos relacionamentos de consumo massificados no meio ambiente, identificados por várias ocorrências e situações difusas em que são impingidos danos aos consumidores coletivamente considerados e às vítimas – *bystanders* – identificados no artigo 17 do Código de Defesa do Consumidor.

Para tanto, iniciarei o Estudo a partir de uma análise da história do Direito, como forma de preparar os interlocutores, sob o ponto de vista filosófico e sociológico, para a aceitação das realidades que acontecem e se transferem entre as múltiplas gerações da humanidade, o que facilitará a compreensão ou, no mínimo, a reflexão a respeito das inovadoras propostas que serão formuladas.

Não somente no âmbito da sociologia e da filosofia, entendo importante discorrer sobre as tentativas do homem na elaboração do Direito, com o objetivo de regular a vida em sociedade, ora propug-

---

[1] Sobre os Direito Fundamentais ver LORENZETTI, Ricardo Luis. *Fundamentos de Direito Privado*. São Paulo: Revista dos Tribunais, 1998, p 151-168 e SARLET, Ingo Wolfgang. *A Eficácia dos Direitos Fundamentais*. Porto Alegre: Livraria do Advogado, 1998.

[2] Também sobre o tema OLIVEIRA JUNIOR, José Alcebíades de. *Conexões entre os novos direitos*: do direito ambiental ao direito do consumidor na polêmica dos transgênicos. Em RDC 66/36 a 48. Abril-junho de 2008.

nando pela existência de Códigos rígidos, ora, em sentido inverso, posicionando-se pela descodificação, o que evidencia o desassossego da humanidade, do qual igualmente compartilho, no sentido de buscar constantemente uma melhor forma de resolução dos conflitos.

Nesse desiderato, inicialmente, apontarei alguns vetores fáticos, casos concretos específicos, que servirão de norte para que os fundamentos teóricos possam ser melhor compreendidos. Após, abordarei temas como o da ressistematização do Direito, da constitucionalização do direito privado, dos direitos fundamentais, da superação da *summa divisio* – a existência de um direito público e de um direito privado – tudo isso com o objetivo de permitir uma maior agilidade em termos de compreensão do leitor relativamente às propostas que serão formuladas ao longo do trabalho.

A primeira parte, portanto, será constituída pelos alicerces do edifício doutrinário que pretendo construir, sem os quais as proposições aparentarão uma ilusória fragilidade e mesmo devaneio, características próprias das inovações jurídicas sem fundamentos sólidos.

Na segunda parte, direcionarei para uma abordagem mais específica do direito ambiental, explicando as variadas ocorrências que envolvem o problema, para, em um terceiro momento, agregar a abordagem consumerista, na qual apontarei os conceitos de consumidor aplicáveis ao tema, os tipos de periculosidade da sociedade pós-moderna, assim como as questões atinentes à responsabilidade civil pelo prisma do Direito Ambiental e do Direito do Consumidor.

Por fim, apresentarei algumas soluções que entendo viáveis, contribuições essas que terão o intuito de proporcionar a reflexão quanto a novas possibilidades de abordagem e solução dos problemas que envolvem o tema.

Nessa rápida introdução, então, informo aos leitores sobre a organização racional do trabalho como originariamente o concebi, não podendo ser olvidado de alertar, entretanto, que, em realidade, são a intuição e a inspiração as verdadeiras chamas que inflamam minha mente e meu espírito, única forma de que surjam elaborações realmente inovadoras e úteis para a proteção da humanidade e da natureza, porque esse é o meu sincero objetivo.

Convido o(s) interlocutor(es), então, para um trabalho conjunto, pois um livro é um filho literário, o qual precisa vir ao mundo e à vida para que neles possa ser conhecido, educado, criticado e, desse natural embate, prossiga no seu natural desenvolvimento como mais uma ferramenta no mundo das ideias, no qual, necessariamente, estão presentes as confirmações, as interrogações, os recuos, mas, acima de tudo, os bons propósitos de servir às comunidades.

Como membro do Ministério Público gaúcho, este é o meu intento, pois sigo os mesmos compromissos que jurei quando do ingresso na carreira Ministerial, os quais estão identificados com a promoção do bem comum, da defesa do interesse público e das questões de relevância social, o que somente é possível de acontecer a partir da concretização efetiva dos direitos fundamentais.

2. A crise ambiental e a ecocomplexidade

Conversando com alguns amigos da área jurídica dos mais altos escalões, percebi a dificuldade que têm alguns operadores do direito no enfrentamento e aceitação das questões ambientais, com especial relevo para as novas ideias tendentes à evolução do direito ao meio ambiente sadio.

De fato, quando são lançadas mensagens relativas à flexibilização do nexo causal na responsabilidade civil, a utilização das normas do Código de Defesa do Consumidor para a resolução de questões ambientais complexas, ou mesmo a melhor distribuição dos custos sociais aos agentes econômicos responsáveis pelas agressões ao entorno coletivo, normalmente são tachados os autores dessas referências de *radicais, ativistas* e outras denominações até mesmo divertidas para aqueles que, com humildade, antes preferem "escutar" – não meramente ouvir –, refletir, estudar, para, aí sim, terem autoridade para discordar ou concordar.

Isto ocorre, porque vige no âmbito jurídico o princípio da *tradição*, herança do direito romano e que, como não poderia deixar de ser, impregna a essência e as posturas da formulação do direito ocidental.

Com efeito, em livro que ressalta minuciosamente a fantástica contribuição que o paradigma do Direito Romano realizou para a experiência jurídica humana, Fritz Schultz[3] ensina que o ilhamento, que é a separação e independência do direito de Roma dos demais direitos, o princípio da abstração, da facilidade ou simplicidade, *da tradição*, do sentimento nacional, da liberdade, da autoridade, da humanidade, da fidelidade e da segurança, foram os grandes sustentáculos de todo o sistema por longos anos, oferecendo, dessa forma, um exemplo claro da magnitude da questão principiológica para o estabelecimento de normas de convívio úteis e profícuas.

---

[3] *Principios Del Derecho Romano*. Traducción de VELASCO, Manuel Abellán. Madrid: Editorial Civitas, 1990. Servicio de Publicaciones de La Facultad de Derecho Universidad Complutense.

Todavia, a complexidade da vida atual exige que flexibilizemos as ideologias que animam a feitura do direito tradicional, sob pena de ele ser reconhecido como obsoleto e ultrapassado, ingredientes estes perfeitos para que se configure o descrédito e a sua dispensabilidade, o que já se faz sentir com o aumento dos métodos alternativos de resolução de conflitos nas mais variadas áreas do convívio.[4]

Em interessante estudo sobre o assunto, Délton Winter de Carvalho[5] resume a dificuldade do empreendimento ora iniciado, inclusive evidenciando a difícil contextualização e interação entre os sistemas sociais, o que pode ser verificado até mesmo no âmbito do próprio sistema jurídico, devido à aversão relativamente ao intercâmbio entre os seus vários ramos:

> O Direito Ambiental e suas decisões enfrentam, num primeiro momento, as limitações estruturais impostas pela tradição jurídica e as necessidades impostas pela ambição constitucional em garantir o direito de todos (presentes e futuras gerações) a um meio ambiente ecologicamente equilibrado.
>
> (...)
>
> Neste sentido, pode ser observado que a *função regulatória do Direito Ambiental* encontra-se constituída em uma interação tríplice (a) da *complexidade interna ao Direito*, demonstrada pela necessidade de superação ou releitura de modelos e estruturas jurídicas tradicionais diante de uma *nova conflituosidade* trazida pela tutela ambiental em uma sociedade produtora de danos e riscos ambientais cada vez mais globais e duradouros, (b) da *complexidade social* que, diferenciada em diversos sistema de racionalidade, apresenta uma *descontinuidade interativa* entre estes, impossibilitando uma postura dirigista do direito ou do Estado, e finalmente (c) da *ecocomplexidade*, tratando-se esta de uma complexidade potencializada proveniente das relações tidas entre sistema e ambiente que operam em unidades de referência diversos (complexidade caótica proveniente das relações entre sistema social e ambiente extracomunicacional).
>
> (...)
>
> Neste sentido, pode-se constatar como principais pontos de tensão entre as necessidades impostas pelas *irritações* provocadas por esta nova geração de problemas ambientais e as estruturas jurídicas tradicionais a preponderância temporal das decisões jurídicas centralizadas no passado, sua pré-compreensão de perspectiva antropocentrista clássica, um positivismo causal-científico (WIEACKER, 2004) e uma tradição de conflituosidade individualista-patrimonialista. Elementos estes que dificultam a operacionalização de decisões mais ambiciosas ambientalmente.
>
> (...)

---

[4] Sobre o assunto, ver MORAES, Paulo Valério Dal Pai; MORAES, Márcia Amaral Corrêa. *A negociação ética para agentes públicos e advogados*. Belo Horizonte: Fórum, 2012.

[5] Aspectos Epistemológicos da Ecologização do Direito: Reflexões Sobre a Formação de Critérios para Análise da Prova Científica. In: *Dano Ambiental na Sociedade de Risco*. Coordenador MORATO LEITE, José Rubens. Organizadoras FERREIRA, Heline Sivini e CAVALCANTI FERREIRA, Maria Leonor Paes. São Paulo: Saraiva, 2012, p. 82-89.

A esta incapacidade de controle intervencionista causal do Direito Ambiental em relação aos demais sistemas sociais dá-se a denominação de *descontinuidade interativa*. Para melhor compreensão deste fenômeno de assimilação e estruturação da complexidade das relações entre os sistemas sociais, deve-se, primeiramente, entender a existência da diferença entre a *complexidade estruturada* (ou sistêmica) e *complexidade caótica ou extrassistêmica* (proveniente do meio e não operacionalizável segundo a racionalidade sistêmica) (LUHMANN, 1991). Enquanto a primeira não apenas permite, como propulsiona a seletividade e a operacionalidade do sistema, a segunda, enfrentada como um não sentido pelo sistema, provoca apenas *irritações* ao sistema(*order from noises*) (FOESTER, 1987).

(...)

O Direito é exposto não apenas à sua complexidade interna, como também à *descontinuidade interativa (complexidade* intersistêmica), exigindo-se a formação de *pontes de sentido*, isto é, atos comunicativos que tenham sentido socialmente fragmentado, tal como ocorre no contrato (sentido jurídico e econômico), no direito subjetivo (política e direito), na responsabilidade civil (direito e economia), na Constituição Federal (elementos integrador da política-direito-economia), entre outros.

(...)

A *ecocomplexidade* é decorrente, exatamente, da complexidade e incerteza geradas, nos sistemas sociais, pelas interações dinâmicas provenientes dos ruídos da *crise ecológica pós-industria*. (grifos meus)

E para finalizar, assim conclui Délton Carvalho:[6]

É exatamente este o grande desafio da proteção jurídica do meio ambiente: proporcionar uma maior integração entre sistemas sociais (ecoevolução) em sua policontextualidade, mesmo diante da *descontinuidade interativa*, orientada por uma abertura às necessidades do ambiente e da ecologia, em uma observação da *ecocomplexidade*. Esta nova forma de complexidade é operacionalizada pelo Direito, em grande medida, apenas a partir de uma mediação realizada pela Ciência (laudos técnicos, estudos de impacto ambiental, relatórios de impacto ambiental, avaliação de riscos ambientais, pareceres técnicos, análises laboratoriais, planos de controle ambiental, planos de recuperação de área degradada etc.).

Os ensinamentos acima transcritos bem sintetizam os objetivos do presente trabalho, quais sejam, justamente, evidenciar a *ecocomplexidade* e a necessidade de que possam ser resolvidos os problemas que dela decorrem a partir do *princípio da contextualização* que será examinado em capítulo específico.

É fundamental a utilização desse mandamento de otimização para a resolução das questões ambientais, porque o enfoque do contexto amplo do relacionamento de consumo massificado coletivo (*princípio da contextualização*) é uma ferramenta material e jurídica extremamente idônea para a superação e racionalização "(...) das incertezas e indeterminações na análise e ponderação (jurídica) das provas científicas

---

[6] Aspectos Epistemológicos da Ecologização do Direito. Op. cit., p. 90.

(...)",[7] as quais, como é sabido, padecem da imprecisão natural quanto aos resultados que decorrem da combinação dos variados elementos químicos, dejetos, ocorrências naturais e ambientais, tudo isso potencializado pelo crescente desenvolvimento tecnológico e populacional no planeta em que vivemos.

Dessa forma, com o objetivo de viabilizar a reflexão do leitor, realizarei uma abordagem relativamente à evolução do direito, a sua mutabilidade e adaptação cultural, para, após, adentrar os compartimentos atinentes às inovações propostas por este estudo, quando demonstrarei a necessidade de utilização do Código de Defesa do Consumidor em sua plenitude para a resolução de questões ambientais de alta complexidade.

Concluindo este compartimento, utilizarei as palavras de Regis Mckenna,[8] especialista em *marketing* e tecnologia, amigo e guru do criador da Apple, Steve Jobs: "Para fomentar inovação, você precisa permitir a troca de ideias em um ambiente livre e aberto e de completa honestidade".

---

[7] Aspectos Epistemológicos da Ecologização do Direito. Op. cit., p. 101.
[8] *Jornal Zero Hora* do dia 04 de julho de 2012, p. 21.

3. Paradigmas fáticos – casos concretos de orientação metodológica

Meu estilo de abordagem dos temas sob criação envolve a compactação dos fundamentos teóricos por intermédio do cimento cultural correspondente às experiências vividas pelos que nos antecederam e por todos nós nesse mundo da chamada pós-modernidade.

Sempre lembro do conceito e da noção de *cultura* manifestados por Gerson Branco na sua análise sobre a obra de Miguel Reale, e amplamente comentados no meu livro *Código de Defesa do Consumidor: o Princípio da Vulnerabilidade no Contrato, na Publicidade, nas demais práticas comerciais*:[9]

A "experiência", então, segundo Gerson Branco, citando Reale,[10] refere-se "(...) direta ou indiretamente, a um complexo de formas e processos mediante os quais procuramos nos certificar da validade e intercomunicabilidade de nossas interpretações da realidade, bem como dos símbolos que em função delas constituímos (...)". "A experiência é o resultado de um processo histórico de experimentação que revela a dimensão dinâmica e temporal do direito. O "experienciar" é ação, mas também é esperar "no sentido de que aquilo que já foi objeto de experiências dispõe o homem a esperar que assim se reproduza. A esta atividade humana de esperar, de formular juízos e de incorporar valores aos fatos cria fatos valiosos e trama a teia da cultura, participando juntamente com os fatos da natureza na construção da própria história".

Assim, finaliza Gerson Branco dizendo:

O resultado da experiência humana é justamente o de formação da cultura, que por sua vez determina a formação do homem, num contínuo processo de retroalimentação e de agregação de novos elementos determinantes dos rumos da história, o que determinou a denominação de historicismo axiológico ao pensamento realeano.

(...)

De uma outra forma, "cultura" é o resultado do ser humano que "experiência", no sentido do conhecimento ontognoseológico. Cultura é, desta forma, o acúmulo de vivências do ser humano no sentido amplo e histórico, sendo intencional, haja vista que a "intencio-

---

[9] Em 3ª ed., 2009, publicado pela Livraria do Advogado, p. 92.

[10] BRANCO, Gerson Luiz Carlos. *Diretrizes Teóricas do Novo Código Civil Brasileiro*. São Paulo: Saraiva, 2002, p. 21.

nalidade" é da própria essência da consciência humana, no sentido de fazer valer algo ou alguma coisa que possa ser reconhecida como uma síntese útil, com capacidade de ser objetivada, concretizada na existência vivida.

Aponta Miguel Reale[11] que "tudo aquilo que o homem realiza na história, na objetivação de fins especificamente humanos", é cultura. Seguindo suas lições:

> Cultura é um patrimônio de bens que o homem acumula através da história (...) não é cultura apenas o produto da atividade do homem, porque também é *cultura a atividade mesma do homem enquanto especificamente humana*. A maneira de ser, de viver, de comportar-se, em uma palavra, a *conduta social* é um dos elementos componentes da cultura, como é cultura um utensílio culinário ou um avião de bombardeio.

Vamos, então, à *cultura*, às ocorrências vividas pela humanidade.

Conforme dito acima, a tendência da ainda majoritária formulação jurídica atual, eivada de tradicionalismo, individualismo e patrimonialismo – e não uso estas expressões com qualquer sentido pejorativo, é uma mera apreciação da realidade – orienta-se em oposição à aceitação e consideração das realidades complexas e contextualizadas que envolvem a *Macrorrelação Ambiental de Consumo* (conceito este que será evidenciado em capítulo específico).

Então, para *cimentar* os alicerces teóricos, apresentarei alguns casos específicos retirados da doutrina, da jurisprudência e das minhas próprias vivências, situações essas que passo a apontar.

Um dos maiores problemas vividos pelo meio ambiente na atualidade é a questão relativa aos resíduos sólidos. Não por acaso, veio ao Direito brasileiro a Lei nº 12.305/10, que tem como objetivo regular o tema em nível global em nosso país.

As questões que emanam da adequada disposição dos rejeitos são múltiplas e variadas, ensejando não somente a organização de apropriados espaços, a forma como eles serão protegidos, sua segurança, como também e, principalmente, a imprópria utilização de resíduos sólidos para fins de compactação de áreas que serão destinadas para fins de moradia.

Annelise Monteiro Steigleder,[12] em excelente estudo, cita várias situações atinentes à *ecocomplexidade*, que bem esclarecem sobre o contexto ambiental e de consumo no qual estamos inseridos. Fato 1:

---

[11] *Filosofia do Direito*. 3ª ed. rev. e aum. São Paulo: Saraiva, 1962. v. 1, p. 195 e 199.

[12] Responsabilidade Civil e Gestão de Áreas Contaminadas no Brasil. In: *Dano Ambiental na Sociedade de Risco*. Coordenador MORATO LEITE, José Rubens. Organizadoras FERREIRA, Heline Sivini e CAVALCANTI FERREIRA, Maria Leonor Paes. São Paulo: Saraiva, 2012, p. 273.

Um dos eventos mais marcantes, pela ampla repercussão que teve, foi o episódio do Love Canal, em Niágara Falls,[13] nos Estados Unidos. No final do século XIX, William T. Love planejou desviar uma porção do fluxo do rio Niágara, a montante das famosas cataratas, para produzir energia elétrica. O projeto fracassou, mas parte do canal já havia sido escavada, sendo a obra, então, abandonada. No início do século XX, a Hooker Electrochemical Company instalou-se na região e, em 1942, começou a aterrar o canal com resíduos industriais, comprando a área em 1947. Com sua capacidade de estocagem esgotada por volta de 1953, o local foi vendido pela quantia simbólica de um dólar para a Comissão Escolar de Niágara Falls, que ali construiu uma escola elementar em 1955. Posteriormente, casas começaram a ser construídas no entorno e o local transformou-se em um bairro de classe média baixa. Então, no ano de 1976, o Jornal Niágara Gazette dedicou uma matéria de capa ao depósito de resíduos e aos problemas de saúde da população que já vinham sendo percebidos, o que resultou na declaração de estado de emergência (1978). Investigações feitas no sítio contaminado revelaram a presença de 248 diferentes substâncias químicas na mistura solo/resíduos e 89 substâncias na água subterrânea, das quais 11 são reconhecidamente cancerígenas. Diante disso, a área foi evacuada e, a partir deste episódio é que começou a se estruturar a legislação norte-americana para gestão de áreas contaminadas, resultando na criação da *Comprehensive Environmental Response Compensation Act and Liability* (CERCLA), em 1980, modificada pela *SARA (Superfund Amendments and Reauthorization Act)*, de 1986 (SÁNCHEZ, 2001, p. 85). Esta legislação propõe-se à descontaminação de áreas identificadas na Lista de Prioridades Nacional e criou o *Superfund*,[14] dotado inicialmente com uma verba de 1,6 bilhões de dólares, com o objetivo de promover a reabilitação de sítios contaminados com rejeitos perigosos. Após longo processo de remediação, a área foi considerada reabilitada em 2004[15] e retirada da Lista de Prioridades Nacional.

Fatos 2, 3 e 4, expostos pela eminente jurista:[16]

No Brasil, uma situação paradigmática que nos faz refletir sobre a complexidade das áreas contaminadas refere-se ao Conjunto Habitacional Barão de Mauá, de propriedade da Cooperativa Habitacional Nosso Teto, ligada à Paulicoop Assessoria a Cooperativas Habitacionais, que contratou duas empreiteiras para construção de 72 prédios residenciais, cada um com oito andares, sobre uma área de 154.100 m² que, a partir do ano de 1974, havia sido objeto de deposição de resíduos industriais pela empresa COFAP – Companhia Fabricadora de Peças, causando contaminação por compostos orgânicos e inorgânicos, alguns deles voláteis. Ocorre que, em 20 de abril de 2000, durante a execução de serviços de manutenção de uma bomba d'água, no referido condomínio, ocorreu uma explosão, provocada pelo acúmulo de gás metano oriundo da massa de

---

[13] Sobre a Responsabilidade Civil e Proteção do Meio Ambiente nos Estados Unidos ver o trabalho de FINDLEY, Roger W., em *Anais do Congresso Internacional de Responsabilidade Civil – Consumidor, Meio Ambiente e Danosidade Coletiva – Fazendo Justiça no Terceiro Milênio*. Blumenau: Associação dos Magistrados Brasileiros, 29.10.1995 a 01.11.1995. v. 2, p. 199-204.

[14] O financiamento deste Fundo provém das indústrias química e petrolífera, por meio do pagamento de impostos, e do ressarcimento das despesas com a limpeza das áreas.

[15] The New York Times, matéria publicada em 18 de março de 2004, disponível em <www.nytimes.com/2004/03/18/nyregion/love-canal-declared-clean-endign-toxic, acesso em 21 de setembro de 2010>.

[16] Op. cit., p. 275-278.

resíduos, ocasionando a morte de um trabalhador e queimaduras de terceiro grau em outro, além de produzir incertezas e medo em mais de 7.500 pessoas que habitavam o condomínio.

Ajuizada ação civil pública pelo Ministério Público do Estado de São Paulo contra o Município de Mauá, a COFAP, a Administradora e Construtora Soma Ltda., a empresa SQG Empreendimentos e Construções Ltda., e a empresa Paulicoop Planejamento e Assessoria a Cooperativas S/C Ltda., foi prolatada sentença, julgando procedente os pedidos para o efeito de condenar as rés, solidariamente, a repararem os danos ambientais, evacuarem a área e indenizarem os adquirentes por danos materiais e morais.[17]

No entanto, até a presente data, não foram adotadas providências para evacuação da área, porquanto a sentença ainda não transitou em julgado.[18] Conforme informações da Companhia Ambiental do Estado de São Paulo – CETESB, o sistema de extração de vapores do solo vem sendo operado normalmente e os dados de monitoramento realizados não detectaram níveis de explosividade. Além disso, novas sondagens para caracterização do solo e da água foram determinadas pelo órgão ambiental e pelo Ministério Público com o objetivo de redefinir as medidas corretivas e confirmar a necessidade de evacuação dos prédios.[19]

Outro exemplo de passivo ambiental é a indústria de HCH[20] que operou, na década de 50 do século XX, em um local conhecido como Cidade dos Meninos, no Município de Duque de Caxias, Baixada Fluminense, onde funcionava uma instituição para meninos carentes e duas escolas, uma da rede estadual e outra da rede municipal. A fábrica foi desativada em 1955, com abandono de HCH a céu aberto, transformando-se, portanto, em fonte de disseminação de poluentes para o ar, as águas superficiais e subterrâneas, além de possibilitar o contato direto das pessoas com essas substâncias tóxicas, algu-

---

[17] As principais obrigações impostas foram: 1. Promoverem a demolição do empreendimento, bem como a reparação do solo, da água (inclusive lençol freático), da vegetação e de todos os elementos que integram o meio ambiente, através de um plano de recuperação de área degradada, a ser submetido a prévia aprovação da Secretaria Estadual do Meio Ambiente e Ministério da Saúde (...); 2. Indenizarem os atuais proprietários das unidades residenciais em quantia equivalente ao valor total de compra das referidas unidades, devidamente corrigidas de acordo com o índice nacional da construção civil, até a data da propositura da lide...; 3. Indenizarem os consumidores que alienaram a propriedade das unidades residenciais, em quantia equivalente à diferença entre o valor atualizado do preço pago pelo bem...; 4. Indenizarem os danos morais suportados pelos consumidores que adquiriram as unidades residenciais antes de 20 de abril de 2000, diretamente da cooperativa, ou de terceiros, tenham ou não alienado suas unidades. A indenização deve corresponder à quantia equivalente a três vezes o valor da indenização patrimonial que é devida aos consumidores; 5. Elaborarem, no prazo de dois meses a contar da sentença, plano de evacuação, a ser iniciado sete meses após o prazo de criação do plano e cumprido, no máximo, em dois anos, após seu início. Em antecipação de tutela, foi determinada a obrigação de as rés construírem reservatórios externos de água, controlarem os riscos do local, com o monitoramento permanente dos gases. (Processo n. 348.01.2001.008501-4, sentença prolatada em 27 de setembro de 2006 pela Dra. Maria Lucinda da Costa, Juíza de Direito na Comarca de Mauá.) Sentença disponível no *site* <www.acpo.org.br/barao_de_maua/sentenca.pdf>.

[18] O recurso de apelação ainda não foi julgado pelo Tribunal de Justiça de São Paulo.

[19] Disponível em <www.cetesb.sp.gov.br/solo/areas_contaminadas/areas_criticas/barao_maua/barao>, acesso em 08 de setembro de 2010.

[20] O hexaclorociclohexano (HCH) é um pesticida organoclorado, isolado por Faraday em 1825, que teve suas propriedades inseticidas descobertas em 1942.

mas cancerígenas (HERCULANO, 2002).[21] Em 1999, a área onde ficava a fábrica foi cercada e as autoridades passaram a cogitar na relocalização das famílias que residem a menos de 100 metros do local, mas estas se recusam a sair da área, sob o argumento de que não há comprovação evidente dos riscos.

Outro caso, ainda, a merecer referência é a contaminação ambiental existente no Loteamento Jardim Keralux, área de, aproximadamente, 211.000 m², localizada no Município de São Paulo, de propriedade da Massa Falida Alfredo Mathias e do Banco do Brasil. No ano de 1994, a Secretaria Municipal de Habitação de São Paulo tomou conhecimento da implantação irregular de um loteamento nesta área, que ademais situa-se na várzea do Rio Tietê. Em 1997, técnicos da Secretaria Municipal de Meio Ambiente efetuaram vistoria no local para averiguar as condições do loteamento clandestino e se depararam com indícios da substância química Hexaclorociclohexano. No período que se seguiu, após a identificação da contaminação, os esforços do Ministério Público de São Paulo e dos órgãos ambientais se concentraram na delimitação da área impactada e na compatibilização de providências para regularização do loteamento, que abriga mais de 8 mil pessoas, com medidas para remediação e controle dos riscos ambientais da área, os quais ainda não foram totalmente apurados nas investigações confirmatórias (RAMIRES, 2009, p. 127).

Fatos 5 e 6 (Steigleder, 2012):[22]

Refere RAMIRES (2009, p. 29) que, no Município de São Paulo, moradias populares são construídas em áreas utilizadas anteriormente para descarte irregular de resíduos. As famílias que residem no Conjunto Habitacional Nossa Senhora da Penha, no Bairro Cachoeirinha, por exemplo, convivem com o risco iminente de explosividade, há, aproximadamente, 10 anos, proveniente da decomposição dos resíduos de origem orgânica. A decisão do poder público, que envolve certamente muitos conflitos e resistências para retirar as famílias de suas residências e transferi-las para outro local é, antes de tudo, uma decisão política, que considera, além dos riscos específicos existentes à saúde, riscos de outra natureza, como o ônus político de tal medida.

(...)

Sob uma abordagem negligente, permite-se que pessoas morem e trabalhem sobre terrenos contaminados. SÁNCHEZ (2001, p. 118) apresenta diversos exemplos:

O chamado "lixão dos Pilões", localizado no vale do rio dos Pilões em Cubatão, foi ocupado por uma favela, enquanto loteamentos populares foram abertos em Samaritá, São Vicente, junto a cavas de extração de areia desativadas e posteriormente usadas para disposição de resíduos industriais da Rhodia. Também sob uma política que não reconhece o problema, permite-se que escória de função de chumbo seja utilizada para pavimentação de ruas no município de Santo Amaro da Purificação, Bahia, disseminando assim este metal, de toxicidade relativamente elevada, no solo subjacente.

---

[21] Segundo a pesquisa, a fábrica abandonada foi sendo depredada com o tempo e os tonéis de papelão nos quais o HCH estava acondicionado se romperam e o pó foi se infiltrando pelo solo onde os animais pastavam. A população local deu diferentes usos ao material abandonado: era usado domesticamente para matar piolhos e como inseticida de casas e quintais; foi também utilizado como pavimentação da estrada interna; o pó de broca era também recolhido do chão pelos moradores e vendido nas feiras livres locais.

[22] Op. cit., p. 282 e 285.

Outros exemplos de danos complexos advêm da produção e disseminação dos agrotóxicos, envolvendo realidades em que os agentes econômicos realizam seus lucros em larga escala, mas não são responsabilizados pelos custos impingidos ao Sistema Único de Saúde, o qual acaba abarcando e sendo o receptáculo de todo tipo de doenças comprovadamente geradas a partir do depósito nos organismos vivos de substâncias que integram estes produtos.

Heline Sivini Ferreira e Maria Leonor Paes Cavalcanti Ferreira[23] comentam alguns sinistros desta ordem:

> Carson (1964, p. 33) também afirmava que o Dicloro-Difenil-Tricloroetano (DDT), cujas propriedades inseticidas foram descobertas no ano de 1939 pelo químico Paul Hermann Müller, era uma substância química altamente tóxica. No ano de 1942, após sua introdução no ambiente com o propósito de debelar uma epidemia de tifo em Nápoles (Itália), milhões de toneladas passaram a ser utilizadas para combater predadores de culturas e vetores de doenças (BOUGUERA, 1999, p. 100). O DDT, um produto persistente, solúvel em gorduras e que se concentra ao longo da cadeia alimentar, foi proibido nos países industrializados em 1972, após a descoberta das suas propriedades cancerígenas, menciona Bouguerra (1999, p. 100).
>
> Em virtude da ligação existente entre o uso do DDT e a alta incidência de câncer, os Estados Unidos restringiram consideravelmente o uso dessa substância a partir do ano de 1972 (COLBORN; DUMANOSKI; MYERS, 2002, p. 229). No Brasil, entretanto, a proibição do uso do DDT para fins agrícolas deu-se apenas em 1985, mas o pesticida continuou a ser utilizado em campanhas de saúde pública até 1998 (ANVISA, 2009). Atualmente, a Lei n. 11.936, de 14-5-2009, vetou em todo o território nacional a fabricação, a importação, a exportação, a manutenção em estoque, a comercialização e o uso do Dicloro-Difenil-Tricloroetano.
>
> (...)
>
> Os inseticidas do grupo dos fosfatos orgânicos, por sua vez, figuram entre as substâncias químicas mais tóxicas do mundo. O risco mais significativo está vinculado ao envenenamento agudo de pessoas que borrifam ou pulverizam o produto nas plantações ou, ainda, daquelas que acidentalmente entram em contado com a substância através do vento ou de vegetações contaminadas (CARSON, 1964, p. 38). Os inseticidas deste grupo atacam o sistema nervoso do organismo contaminado ao destruir a enzima colinesterase, responsável por controlar o transmissor químico denominado acetilcolina.
>
> (...)
>
> Além de causar inúmeras doenças e até mesmo a morte de seres vivos, é necessário acrescentar que os agrotóxicos também podem alterar o equilíbrio do meio ambiente. Em 1987, essa já parecia ser uma preocupação internacional:

---

[23] Registro e importação de agrotóxicos: não seria dever do Poder Público controlar as atividades que envolvem substâncias capazes de causar danos à vida, à qualidade de vida e ao meio ambiente? In: Dano Ambiental na Sociedade de Risco. MORATO LEITE, José Rubens (coord.). Organizadoras FERREIRA, Heline Sivini e CAVALCANTI FERREIRA, Maria Leonor Paes (orgs.). São Paulo: Saraiva, 2012, p. 191, 192 e 193.

Desde a II Guerra Mundial, os fertilizantes e pesticidas químicos têm sido muito importantes para o aumento da produção, mas foram feitas advertências bem claras contra o fato de se depender deles em demasia. A perda de nitrogênio e fosfato devido ao uso excessivo de fertilizantes causa danos aos recursos hídricos, e esses dano estão se alastrando.

(...)

Zonas de pesca comercial já foram esgotadas, espécies de pássaros ficaram ameaçadas e insetos que atacam pragas foram exterminados. O número de espécies nocivas de insetos resistentes a pesticidas aumentou em todo o mundo e muitas resistem até mesmo aos produtos químicos mais modernos. Multiplicam-se a variedade e a gravidade das pragas, ameaçando a produtividade da agricultura nas áreas onde se manifestam (COMISSÃO MUNDIAL SOBRE MEIO AMBIENTE E DESENVOLVIMENTO, 1991, p. 138-139)".

Evento mais recente foi a interdição do Shopping Center Norte, na cidade de São Paulo,[24] assim noticiado pelo *r7 notícias*:

Exemplo disso é o Shopping Center Norte, na zona norte da cidade de São Paulo. Construído em 1984 sobre um antigo lixão, o local entrou para a lista de áreas contaminadas críticas da Cetesb por causa do risco de explosão. Por causa disso, a prefeitura determinou a interdição do local, que chegou a fechar as portas por um dia. Após fazer adaptações de urgência, com a instalação de drenos para retirada de gás metano, o local foi reaberto.

(...)

Além do Shopping, outras 13 áreas da capital paulista estão sendo investigadas por suspeita de contaminação (...) Ampliados, os levantamentos fotográficos, feitos por meio de pesquisas no Google – indicam que lagoas ao lado do Tietê, de onde era retirada terra para construção de prédios e de obras públicas nos anos 1950, viraram aterros duas décadas depois".

Outro fato foi noticiado pela *Veja*:[25]

Com subsolo contaminado de metano, o terreno onde foi erguido o conjunto habitacional Cingapura da avenida Zaki Narchi, na Zona Norte de São Paulo, receberá vinte drenos para a extração do gás. A instalação, em caráter emergencial, é a principal medida apresentada pela prefeitura e pela Companhia de Tecnologia de Saneamento Ambiental (Cetesb) para eliminar o risco de explosão. Sem cheiro, o metano é um gás formado pela decomposição de matéria orgânica e, quando em local fechado, pode explodir em contato com faíscas ou chamas.

A promotora ambiental Claudia Letícia Fedeli havida dado um prazo de 24 horas para a Secretaria Municipal de Habitação (Sehab) apresentar uma alternativa viável para a solução do problema. Caso contrário, analisaria a possibilidade de remoção dos sete mil moradores dos 35 blocos de apartamentos. O plano da Sehab prevê que os dutos estejam em operação em 85 dias.

---

[24] Ver em <www.noticias.r7.com/cidades/noticias/lixoes-terao-que-passar-por-tratamento-rigoroso-para-se-tornarem-areas-uteis-20111011.html>, acesso em 11.10.2011 e <www.veja.abril.com.br>, aceso em 04.07.2012.

[25] Disponível em <www.veja.abril.com.br/noticias/brasil/cingapura>, aceso em 06.10.2011.

Igualmente dramática foi a explosão do aterro de Itaquaquecetuba, em São Paulo:[26]

> Famílias que vivem ao lado do aterro sanitário onde houve uma explosão seguida de um desmoronamento nesta Segunda-feira (25) em Itaquaquecetuba, na Grande São Paulo, passaram a noite em claro temendo um novo deslizamento. Em muitas casas, o lixo e o chorume invadiram quintais, estragando hortas e contaminando árvores. Quem vive na região teme também a chegada da chuva, que pode fazer com que mais partes do aterro sanitário se movam.

Deslizamento em Niterói:[27]

> (...) pelo menos 10 pessoas morreram e dezenas estão desaparecidas (...) A secretária do Estado do Ambiente, Marilene Ramos, disse Quinta-feira, 8, que a provável causa do deslizamento no Morro do Bumba, em Viçoso Jardim, Niterói, foi uma explosão do gás metano em decomposição do antigo lixão, situado no alto do local. Dezenas de pessoas continuam desaparecidas na região, onde um deslizamento de terra soterrou mais de 50 casas na noite de Quarta.

Além dessas, inúmeras outras ocorrências levam à reflexão, tais como o lançamento de efluentes em rios, lagos e no próprio mar, seja por empresas ou centrais de resíduos sólidos.

No Rio Grande do Sul, tivemos o rumoroso caso da Utresa (uma das maiores centrais de resíduos da América Latina), que, após, longos anos de intervenção judicial para a correção das inúmeras irregularidades, ao menos até a produção deste trabalho não havia voltado a causar danos ambientais. Na época, foram publicadas fotografias chocantes mostrando o Rio dos Sinos coberto por peixes mortos, fato este que foi atribuído em demanda judicial movida pelo Ministério Público Estadual ao lançamento direto de chorume nos veios hídricos da localidade. As perspectivas, entretanto, quanto a um resultado de procedência desta demanda, não são animadoras, pelo menos até o momento, porque aconteceu a absolvição da Empresa em ação intentada por pescador que alegava danos individuais. O argumento utilizado para esta conclusão foi o de que a poluição decorrente da Central de Resíduos Sólidos seria pequena, se comparado com a falta de tratamento do esgoto que é lançado no Rio pelos Entes Municipais. A questão, todavia, ainda está *sub judice*.

Feito este balizamento fático (*case study*), passo à análise dos alicerces teóricos para, posteriormente, unir ambos por intermédio da proposta de fundo deste trabalho, que é a demonstração da *Macrorrelação Ambiental de Consumo* e a utilização desse conceito para a melhor resolução das situações de *ecocomplexidade* que afligem a todos nós.

---

[26] Disponível em <www.g1.globo.com>, acesso em 26.04.2011.

[27] Visto em <www.estadao.com.br/noticias/cidades>, acesso em 12.03.2012.

4. Fundamentos históricos e filosóficos das novas legislações civis ambientais e do Código de Defesa do Consumidor

A história do Direito tem revelado o constante anseio da Humanidade para que sejam concretizados os ideais de harmonia, equilíbrio e paz.

Sempre premido pela complexidade dos relacionamento cotidianos, o homem realizou e realiza experiências ao longo dos tempos, no afã de encontrar uma solução adequada para a resolução dos problemas.

Buscando auxílio nos fatos passados, chegaremos com facilidade à conclusão de que o Direito é um fenômeno relativamente novo, se encararmos pela perspectiva da história das civilizações, que data de milhares de anos.

José Reinaldo de Lima Lopes[28] comenta sobre o conhecido Código de Hamurabi, informando, também, sobre a existência de "(...) um direito egípcio e um direito hitita por volta dos anos 1500 a.C.".

Não há como negar, entretanto, que os alicerces do Direito Ocidental estão fundamentados no Direito Romano, o qual tem sido reconhecido como o grande sistema erigido a partir da experiência cotidiana do homem.

Em que pese a impossibilidade de serem identificadas noções mais modernas desenvolvidas pela teoria dos sistemas,[29] sendo exemplo os conceitos relativos a *crescimento, diferenciação, ordem hierárquica,*

---

[28] *O Direito na História*. São Paulo: Max Limonad, 2000. v.1, p. 30.

[29] BERTALANFY, Ludwig Von. *Teoria dos Sistemas*. Petrópolis: Vozes, 1973. Nas p. 61 e 62, assim se manifesta: "(...) na concepção do mundo chamado mecanicista, nascida da física clássica do século XIX, o jogo cego dos átomos, governado pelas leis inexoráveis da causalidade, produzia todos os fenômenos do mundo, inanimado, vivo e mental. Não havia lugar para a direção, a ordem ou a finalidade. O mundo dos organismos era visto como um produto do acaso, acumulado pelo jogo sem sentido de mutações ocasionais e de seleção, sendo o mundo mental um curioso e bem dizer inconseqüente epifenômeno dos acontecimentos materiais (...) este esquema de unidades isoláveis atuando segundo a causalidade em um único sentido mostrou-se insuficiente. Daí o aparecimento em todos os campos da ciência de noções tais como totalidade, holístico, organísmico,

dominância e outros, ainda assim o Sistema Romano não pode ser olvidado como sendo o grande paradigma também para as legislações civis modernas.

O *Corpus Juris Civilis* é a manifestação mais evidente desta realidade. Esta obra de Justiniano, que comandava o Império a partir de Constantinopla, no século VI, organizada por Triboniano e mais 16 juristas,[30] era constituída pela compilação de constituições dos seus antecessores (*Codex*), pelas suas próprias leis, atos e constituições (*Novellae*), pelos textos dos jurisconsultos (*Digesto ou pacdectas*) e pelo manual básico de ensino jurídico, texto didático e sistemático – dividido em quatro livros: das pessoas, das coisas, das obrigações e contratos, das sucessões e heranças – (Instituições ou *Instituta*). Ou seja, a compilação organizada por Triboniano era integrada por vários tipos de fontes do Direito, mas unida por princípios marcantes.

Eduardo Garcia de Enterría[31] comenta que:

La superioridad del Derecho Romano sobre otros sistemas jurídicos históricos anteriores o posteriores estuvo justamente, no ya en la mayor perfección de sus leyes (acaso las de LICURGO, o las de cualquier otro de los grandes legisladores mitificados, fuesen superiores), sonó en que sus juristas fueron los primeros que se adentraron en una jurisprudencia según principios, la cual ha acreditado su fecundidad, e incluso, paradójicamente, su serenidad, y hasta su superior certeza, frente a cualquier código perfecto y cerrado de todos los que la historia nos presenta.

De fato, Fritz Schultz,[32] passagem já citada anteriormente, mas que deve ser renovada, no seu fabuloso trabalho sobre os Princípios do Direito Romano, discorre sobre este milenar sistema, apontando que o princípio da abstração, da simplicidade, da tradição, do sentimento nacional, da liberdade, da autoridade, da fidelidade, da segurança, da humanidade foram os grandes sustentáculos da formulação Romana.

É com os glosadores e comentadores que se inicia uma concepção mais sistêmica e moderna.

Os glosadores faziam comentários que seguiam a ordem dos textos do *Corpus* Romano, não desejando usá-lo na vida prática, mas sim comprovar os textos como instrumentos de razão da verdade da autoridade que encerravam. Irnério foi considerado o iniciador da tradição

---

gestalt etc., significando todos que, em última instância, temos de pensar em termos de sistemas de elementos em interação mútua".

[30] LIMA LOPES, José Reinaldo de. *O Direito na História*. São Paulo: Max Limonad, 2000. v.1, p. 117.

[31] *Reflexiones Sobre La Ley I Los Princípios Generales del Derecho*. Madrid: Guaderno Civitas-Editorial Civitas, 1986, p. 34 e 35.

[32] *Princípios Del Derecho Romano*. Traduccion de Manuel Abellan Velasco. Madrid: Universidad Complutense, Facultad Derecho, Servicio de Publicaciones, 1990.

da glosa, sendo que Acúrsio (1182-1259) consolidou todas as glosas anteriores (Glosa Ordinária ou Magna Glosa – 1250).[33]

Os comentadores, por sua vez, transformaram-se nos grandes conselheiros dos príncipes, das comunas e dos particulares, que, segundo informa José Reinaldo de Lima Lopes, emitiam opiniões e pareceres (*consilia*), ajudando, assim, a dar mais um passo na unificação ou ao menos harmonização dos direitos locais espalhados pela Cristandade.

Diferenciam-se dos glosadores por terem tarefas mais práticas, mais livres, não estando adstritos à ordem seguida pelos textos do *Corpus Juris Civili*. Bártolo de Sassoferrato (1314-1357) foi o mais alto expoente desta escola, a qual primava pelo respeito aos textos Romanos, mas como instrumento para o uso cotidiano na resolução dos casos concretos, ou seja, valiam pela sua utilidade contemporânea.

São relevantes estas referências históricas, pois a sociedade medieval não se encontrava organizada por um sistema jurídico monista (sistema em que tudo o que é jurídico depende de um ato de vontade de um soberano, seja um príncipe, o papa, o povo) como atualmente é concebido. No período comentado existiam costumes, ordens e leis particulares, locais, corporativas, derivadas de pactos ou de sujeição etc.

Dessa forma, sob o prisma sistêmico moderno, o Direito é um fenômeno ainda mais recente. Nesse sentido, aponta José Reinaldo de Lima Lopes[34] que: "(...) os escolásticos do século XII transformam toda decisão ou norma em parte de um todo chamado Direito. O todo serve para interpretar a parte e vice-versa. Começa, pois, a nascer a idéia de sistema, com suas consequências: antinomias, lacunas, interpretação (...) exegese". Dizem os medievais que:[35] "se a verdade está no texto todo, não pode ser encontrada em uma parte só. Será preciso conhecer tudo, todo o *Digesto*, para responder a qualquer questão".

Nesse ambiente político e intelectual do século XIII, qual seja a racionalização que passa a Idade Média das cidades e a disputa de poder político entre a Igreja e o poder secular (Império), emerge a figura de Tomás de Aquino – ensina em Paris de 1252 a 1259 e tem suas teses proibidas pelo bispo desta cidade (*Doctor Angelicus*).

Esse grande expoente da filosofia irá estudar Aristóteles, pontuando aspectos como o da confiança na razão, na razoabilidade. Da tradição cristã trará a noção do pecado, considerando a verdade como sendo verificada pela razão e a mentira advinda do pecado. Ressaltará que

---

[33] LIMA LOPES, José Reinaldo. Op. cit., p. 134.
[34] Idem, p. 128.
[35] Ibidem.

as proposições não podem se contradizer, bem como possui uma ideia de lei não voluntarista, mas racionalista, ou seja, o seu fim não pode ser irracional, deve ser compreendido pelos outros homens. Também é uma regra que deve se voltar para o bem comum[36] – *"bem comum não é a soma dos bens particulares, mas a causa final ou fim comum, significando esta relação de ordem que permite a todos em particular e em conjunto chegarem à felicidade"*. (grifos meus)

Na concepção de Tomás de Aquino, portanto, são injustas[37] as leis quando impõem ônus aos súditos apenas a favor de quem governa (e não tendo em vista o bem comum) e quando (pela forma) distribuem desigualmente os ônus entre os súditos.

O debate medieval é marcado, igualmente, pelos nominalistas, sendo os principais Roger Bacon (escola franciscana de Oxford – 1214 até 1292), Duns Scotus (1266-1308) e Guilherme de Ockham (1290-1349).

José Reinaldo de Lima Lopes[38] afirma que: "(...) as teorias de Scotus e Ockham serão essenciais para o desenvolvimento de uma teoria dos direitos dos soberanos, dos Estados Nacionais em formação e bastantes familiares ao direito positivo moderno, respectivamente ao positivismo moderno".

Esses teóricos, especialmente Scotus, irão pregar no que diz respeito ao direito humano positivo, que[39] "tudo depende da vontade dos homens mesmos, expressa ou pelo príncipe ou por convenções e tradições", o que vale dizer que todos os homens são iguais, neste momento principiando a filosofia individualista que animará as revoluções que virão nos séculos seguintes.

Comenta José Reinaldo[40] que a noção de direito subjetivo que dará substrato a toda a concepção individualista das Revoluções Liberais do século XVIII está em Guilherme de Ockham, um individualista por excelência. Para ele, é melhor que haja um só chefe, pois a resolução das disputas individuais fica facilitada.

O século XVI marca a ruptura com a anterior forma de fazer o Direito por vários fatores importantes. A começar pelo fortalecimento dos Estados Nacionais, as grandes descobertas, a reforma que põe fim ao

---

[36] LIMA LOPES, José Reinaldo de. Op. cit., p. 155.
[37] Idem, p. 156.
[38] Idem, p. 166.
[39] Idem, p 168.
[40] Idem, p. 172.

predomínio ocidental da doutrina cristã, tudo isso contribuindo para o declínio do ensino universitário.

A forma medieval de enfrentar o Direito é substituída pelo modelo humanista e pelo Direito Natural, sofrendo as universidades um desprestígio, enquanto emergem com força as academias. Estas principiam por encontros ou clubes de pessoas que, de forma amadora, discutirão temas específicos, para tornarem-se, no século XVII, centros de cultura e de conhecimento.

Especificamente em Portugal, opera-se o centralismo jurídico, como forma de neutralizar a incrível dispersão de leis existente no século XV, entrando em vigor as Ordenações Afonsinas, que terão vigência de 1446 a 1447, como forma de aniquilar a importância do direito local e consuetudinário. Essas Ordenações estarão profundamente fundamentadas no Direito Romano, nos termos do que comenta Clóvis do Couto e Silva,[41] palavras que merecem transcrição:

> Essas Ordenações eram divididas em cinco livros, e no Livro IV está toda a matéria de Direito Civil. Nele estão disciplinados os contratos de aforamento e arrendamento; o regime de mercadores estrangeiros; fretamento de navios, a celebração dos contratos; direitos dos cônjuges e das viúvas; a usura; contrato de trabalho; compra e venda; sucessão, incluindo os testamentos, tutela e curatela; fiança; doação; locação; parceria rural; regime de terras e prescrição.
>
> Este é o núcleo inicial no qual se compediam – sem sistema, é verdade – os principais modelos que se irão manter, com modificações profundas, é certo, até nossos dias. Assim, as disposições de Direito Romano, colhidas nas fontes ou nas Leis das Sete Partidas – lei castelhana que foi Direito subsidiário antes das Ordenações – os costumes do Reino e as decisões dos tribunais passam a constituir Direito escrito e eram aplicados normativamente.
>
> Por isso, já nas Ordenações Afonsinas, a influência do Código de Justiniano não poderia deixar de ser muito grande. À sua vez, a consolidação das regra num Código – inclusive os costumes – enfraqueceu as que não foram incluídas nas Ordenações.

Instaura-se, assim, o centralismo jurídico Português que irá se espalhar por intermédio das caravelas para várias partes do mundo, inclusive o Brasil.

As lacunas da legislação serão preenchidas pela aplicação do Direito Romano e Canônico, bem como pelas glosas de Acúrsio e Bártolo.

Chegando à modernidade, com a emergência de uma economia monetarizada e mercantil, com a consolidação dos Estados Nacionais na forma de poder régio e soberano, a nova teoria do Direito será elaborada sob o nome *direito natural*, em um ambiente de reafirmação do

---

[41] *O Direito Privado Brasileiro na Visão de Clóvis do Couto e Silva*. Organizadora Vera Maria Jacob de Fradera. Porto Alegre: Livraria do Advogado, 1997, p. 14.

sujeito e da razão individual. A sociedade[42] passa gradativamente a ser encarada como soma de indivíduos isolados, que se organizam por formas de contrato social. O novo direito será, pois, *contratualista*. O Direito tenderá para a liberdade moderna e organizará a distinção entre o *Público* e o *Privado*.

Surge o tratadismo, que é o estilo literário oposto ao gênero medieval, que estava baseado no comentário de casos, leis, decisões, problemas particulares, caracterizando-se pela exposição sistemática, em princípios, em formas dedutivas.

Os filósofos e políticos dessa época começam a rejeitar o estilo casuístico e prudencial dos escolásticos e mesmo dos nominalistas.

A escola de Salamanca torna-se a precursora do jusnaturalismo moderno, principiando por Francisco de Vitória (1480-1546).

No Norte da Europa, surge Hugo Grócio (1583-1645), que disse ser injusto[43]

(...) tudo o que se opõe a uma comunidade ordenada de seres individualmente racionais. Esta razão que ordena o social é a fonte do direito propriamente dito...O essencial do direito natural é abster-se do alheio e a devolução do alheio; também a devolução do que ganhamos com o alheio; a obrigação de cumprir as promessas; a indenização pelo que culposamente fizemos perder e a punição de acordo com o merecimento de cada um. É de direito natural cumprir as promessas, pois é o único método natural pelo qual se obrigam os homens. No pacto público (político) também, há promessas explícitas ou implícitas.

Na Inglaterra, vemos a figura de Thomas Hobbes (1588-1679). Para ele,[44] "o que pode ser natural ao homem é a defesa do próprio interesse e nestes termos é o contrato, o pacto social, que cria um modo de convivência possível". Ele é um herdeiro da escola nominalista, ou seja, o mundo não é uma ordem cósmica, com naturezas e essências, mas um complexo de seres individuais. Para ele, a lei natural está na origem (no estado de natureza), ou seja, a guerra de todos contra todos. Desta forma, a vida política "(...) só pode ser (...) um arranjo de seres individuais, que estabelecem entre si as regras de convivência, num pacto de dominação e sujeição, o pacto de sociedade. O contrato que torna possíveis todos os contratos é um contrato de sujeição ao soberano (...). Apenas em nome da paz e da ordem (segurança) pode-se contestar a autoridade, ou seja, quando a autoridade se torna incapaz de manter um mínimo de ordem que ela deixa de ser autoridade. O direito natural é o que se exige para a manutenção do pacto social". Nesta

---

[42] LIMA LOPES, José Reinaldo de. Op. cit., p. 180 e 181.
[43] Idem, p. 190.
[44] Idem, p. 192.

concepção, o Estado assume o direito e não restam direitos aos súditos, senão aqueles reconhecidos pelo soberano.

Também da Inglaterra advém a doutrina de John Locke (1632-1704), o qual afirma que:[45]

> O estado de natureza é aquele em que todos podem fazer cumprir a lei natural e esta impõe que cada um cuide da sobrevivência do seu semelhante enquanto não afetar a sua (...). A razão para a obediência a uma lei na sociedade civil consiste em confiar na razão dos seus semelhantes. Este exercício de racionalidade e razoabilidade transfere o contrato político para o foro interno. Desta forma, não é a autoridade da coação mas do convencimento que impõe o respeito recíproco (...) A propriedade é de direito natural e para ele deriva diretamente do trabalho humano: o suor do corpo e labor das mãos misturam a natureza humana à natureza física. Neste sentido, o direito de propriedade e um direito natural.

Da escola prussiana temos Samuel Pufendorf (1632-1694), que traz as ideias de coação do direito, pois o homem é egoísta e sociável ao mesmo tempo, existindo o direito para harmonizar esta natureza. Nele encontramos as duas principais características do direito do século XIX, quais sejam o voluntarismo (a lei como expressão da vontade do legislador ou soberano) e o individualismo (o indivíduo como a prioridade da sociedade, em que o todo equivale à soma – posterior – de partes que preexistem).[46]

José Reinaldo ainda aponta os chamados civilistas, aqueles que, se apropriando dos ensinamentos dos jusnaturalistas, enfrentam o direito civil (direito romano, direito privado) para reformá-lo e adaptá-lo aos termos da nova filosofia. Alguns dos representantes dessa denominação são Jean Domat (1625-1696),[47] Robert Pothier (1699-1772), afirmando José Reinaldo[48] que estes civilistas "começam a dar forma ao novo direito privado: sistemático, fundado na idéia de ordem natural, individualista, criador do direito subjetivo".

O Direito Natural Moderno irá se diferenciar do Direito Natural clássico pelo fato de considerar o ser humano, em sua essência, um in-

---

[45] LIMA LOPES, José Reinaldo de. Op. cit., p. 194.

[46] Idem, p. 199.

[47] FINGER, Julio Cesar. Constitucionalização e direito privado: algumas notas sobre a chamada constitucionalização do direito civil. In: *A Constituição Concretizada – Construindo pontes com o público e o privado*. Porto Alegre: Livraria do Advogado, 2000. Na página 86, assim comenta sobre as origens do Direito Civil atual: "O direito civil, tal como é compreendido hoje, provém da sistematização procedida por Jean Domat, cuja obra serviu para a delimitação do conteúdo que foi introduzido no Código de Napoleão. Foi Domat quem por primeiro separou as leis civis das públicas;". O autor cita a Professora M. Celina de Moraes, que anota, também, que "(...) ao contrário do que se apregoa por vezes, a divisão metodológica entre direito público e privado não tem origem no Direito Romano. Neste, o *Jus Civile*, o direito dos cidadãos, era um direito que hoje poder-se-ia classificar como público. In: *A caminho de um direito civil constitucional*, p. 20-21".

[48] Op. cit., p. 205.

divíduo que se associa naturalmente, cabendo ao Direito a regulação das individualidades. Já o clássico entendia a sociabilidade como uma condição existencial, ou seja, a necessidade de viver em sociedade atendia a uma finalidade.

Esse novo Direito Natural tenderá a ser axiomático, dedutivista, universal, impessoal e abstrato.

O jusnaturalismo e o iluminismo[49] são, portanto, as correntes que promoverão o surgimento das grandes codificações do século XVIII e XIX.

Com a consolidação dos Estados Nacionais, o centralismo jurídico e jurisdicional já desenvolvido em vários países, o constitucionalismo em pleno avanço nas sociedades, emerge com força o positivismo, justamente para a consolidação do Estado Liberal burguês que substituirá gradativamente os Estados Modernos.

No positivismo a vedete é a lei, o ordenamento jurídico, o qual obedecerá às tendências totalizantes observadas no tocante ao mercado, à moeda, à expansão territorial. A melhor representação desta fase é o movimento de codificação.

José Reinaldo de Lima Lopes assim discorre sobre esse momento histórico:

> O positivismo também impôs uma ruptura com o senso comum: o sendo comum, como se sabe, tende a ser conservador e fixista. O Estado liberal precisava ser implantado, precisava ser criado e substituir o Antigo Regime. A legislação deste Estado veio para pôr fim a todo o direito anterior e seu instrumento privilegiado foi o Código: uma lei que dispunha sistemática e completamente sobre um assunto determinado. O código pretendia ter um caráter axiomático. Opunha-se à falta de sistema das ordenações anteriores. Quem abre as *Ordenações Filipinas*, que também vigoraram no Brasil desde 1603, nota que elas são casuísticas.

No tocante aos Direitos português e brasileiro, vigoraram as Ordenações Manuelinas, a partir de 1521, e as Ordenações Filipinas, a partir de 1603, com a ressalva de que, em 1769, foi acolhida a Lei da Boa Razão, oportunidade em que são suprimidas as aplicações subsidiárias de Acúrsio e Bártolo, sendo autorizada a utilização subsidiária do Direito Romano somente conforme a *boa razão*.

---

[49] Segundo José Reinaldo de Lima Lopes, op. cit., p. 208, o "iluminismo" "(...) consistiu, no direito, em uma crítica dos privilégios estamentais da nobreza, da autoridade, da tradição, crítica dos limites da propriedade feudal, crítica do poder dos reis, crítica do clericalismo (secularização). Os Códigos Iluministas começam a surgir em 1756 com o *Codex Bavaricus* (...) Em 1786 surge o Código Josefino (José II, filho de Maria Teresa da Áustria). E finalmente (...) o Código Civil da Prússia (...) de 1794 (...). Em 1769 o Marquês do Pombal não faz editar propriamente um Código em Portugal, mas uma sistematização das fontes, a famosa *Lei da Boa Razão*, de 18 de agosto de 1769. Ela permitiu que se incorporasse, como fonte subsidiária do direito nacional, a lei das nações polidas da Europa, ao mesmo tempo em que rejeitou e proibiu o uso dos medievais".

Portugal e Brasil, da mesma forma, não ficarão imunes ao movimento de Codificação que já havia eclodido na França, com o *Code Napoleônico* de 1804, o Código Civil da Prússia, de 1794, sendo editado o Código Civil português em 1867.

De todos estes grandes diplomas legais, ressalta Clóvis do Couto e Silva[50] a extrema relevância do Código Napoleônico de 1804,[51] como sendo um Código que: "(...) deveria servir ao mundo todo, conferindo a todos os homens a igualdade e a liberdade no campo do Direito Civil (...)".

Entretanto, por uma série de fatores, o Código Civil brasileiro culminou por sofrer grande influência também do *Sistema de Savigny* (*System des heutigenrömischen Rechts*), o qual se opunha ao Código Napoleônico, como forma de preservar a velha ordem, embasada na tradição popular e no "espírito do povo".

Um desses fatores, de acordo com Clóvis do Couto e Silva,[52] é a falta de simpatia que José Bonifácio de Andrade e Silva, Patriarca da Independência, tinha pela Revolução Francesa e, por certo, pelo Código Napoleônico, tendo em vista ser licenciado pela Universidade de Coimbra, onde se cultivavam as ciências naturais.

Relevante, ainda, o fato de que Teixeira de Freitas, também um conservador, se inspirou nas ideias de Savigny, segundo Clóvis do Couto e Silva, o maior jurista do Século XIX, para publicar a obra Consolidação das Leis Civis e Esboço de Código Civil brasileiro, em que pese na primeira destas obras existir influência do Código Francês, quando traz à baila a orientação do Código Comercial brasileiro de 1850, o qual se fundamentou neste último.

Dos estudos de Teixeira de Freitas merece evidência a ideia da existência de uma parte geral, com os conceitos de pessoa, bens e fatos jurídicos e a ideia da unificação das obrigações civis e comerciais.

Tobias Barreto reforça a influência do Direito Germânico que irá permear as estruturas do Código Civil de 1916, elaborado por Clóvis Beviláqua.

Considerado como um dos grandes Códigos do Século XX, o Código Civil de 1916 perdurou por muitos anos, exatamente devido à excelência dos seus princípios, somente vindo a ser substituído pelo Novo

---

[50] Op. cit., p. 16-17.

[51] Sobre o Código Napoleônico e Sua Influência no Direito Brasileiro ver SOUZA, Sylvio Capanema de. In: *Revista da EMERJ*, nº 26. Rio de Janeiro: EMERJ. v. 7, Bicentenário do Código Civil Francês, p. 36 e segs.

[52] Op. cit., p. 16-17.

Código Civil por causa da inexorável e avassaladora complexidade que caracteriza a, por alguns chamada, pós-modernidade.[53]

É necessária essa abordagem histórica, filosófica e normativa, porque o Direito está diretamente vinculado às questões cotidianas do ser humano. Assim, ficaria bastante difícil a compreensão dos novos textos de Direito Civil e, em específico, de Direito Ambiental e Consumerista, caso não principiássemos pelo enfoque tridimensional que caracteriza o próprio fenômeno jurídico.

Interessante, da mesma forma, que se tenha um visão macrojurídica quando da análise dos casos concretos, procurando entender os movimentos sociais, as maneiras como o homem viveu, vive e fazendo uma projeção não muito avançada de como viverá, a fim de que possa ser encontrada a melhor solução em termos de adequação valorativa, de orientação de condutas, de harmonização, ou seja, sempre com vistas à prevenção contra os possíveis conflitos que certamente surgem no convívio humano e mesmo do ser humano com a natureza.

Essa visão real dos acontecimentos também nos coloca em um plano de maior lucidez relativamente às variáveis que precisamos trabalhar na resolução das controvérsias, permitindo que possamos compreender que a tarefa de interpretar as leis é, acima de tudo, um ato de respeito para com o ser humano envolvido e, em igual medida, com todos os seres humanos que dedicaram o seu suor, seus esforços e a sua própria vida para a construção dessa magnífica herança jurídica da qual nós, participantes do século XXI, somos beneficiários.

Concluo este capítulo com as poéticas referências do Professor Alexandre Pasqualini,[54] eminente jurista e pensador, quando refere que: "(...) nada, no fio contínuo dos tempos, tem lugar por mero acaso. Tudo na história é simultaneamente causa e efeito. O presente constitui a síntese de toda a vida vivida e o ventre do que está por vir".

---

[53] Sobre o Direito Pós-moderno ver AZEVEDO, Antonio Junqueira de. O Direito pós-moderno e a codificação. *In: RDC* nº 33, janeiro/março de 2000, p. 123-129.

[54] O Público e o Privado. *In: O Direito Público em Tempos de Crise*: estudos em homenagem a Ruy Ruben Ruschel. Porto Alegre: Livraria do Advogado, 1999, p. 30.

5. Atualização das questões sociais, históricas, filosóficas e jurídicas que influenciaram as leis ambientais e consumeristas

Com o grande desenvolvimento dos ditos Estados Liberais, a humanidade também experimentou um imenso e coerente avanço nas ciências em geral, haja vista a fundamental necessidade de que fosse estimulada a utilização de um novo conjunto de ferramentas capaz de proporcionar o suporte técnico mínimo para a sustentação da Revolução Industrial que iniciara no século XVIII e atingia o seu apogeu no século XIX.

A economia havia transcendido da produção artesanal, familiar e tradicional para uma produção profissionalizada, em larga escala e profundamente alicerçada em novos métodos, novas tecnologias, sendo marcante o clássico exemplo da máquina à vapor.

Os comentários de Miriam de Almeida Souza[55] ilustram com perfeição este momento:

> A experiência do economista Adam Smith (1723-1790) em uma fábrica de alfinetes já registrava o início de uma produção em série, o capitalismo industrial. O período entre 1760 e 1830, na Europa, foi fértil em muitas áreas: criatividade, produção, consumo, emprego e especialização. Uma mudança qualitativa de vulto se registrou na sociedade da época. Do mesmo modo, isso implicou em enorme demanda de mais conhecimentos por parte da ciência, e esta recebeu grandes incentivos na criação e aperfeiçoamento de técnicas, equipamentos, matérias-primas e orientação organizacional científica. Vale registrar o americano Frederick Winslow Taylor 1856-1915) e o francês Henri Fayol (1841-1925) que foram dois pensadores da produtividade que propuseram melhorias substanciais às técnicas embrionárias da época, lançando novos conceitos do que seria a produção em série. Já no século XIX, na Inglaterra, com o desenvolvimento da caldeira e da máquina a vapor, do motor à explosão, muitas técnicas de produção foram inventadas, resultando no fenômeno da *Revolução Industrial.*

Na área social, o ambiente era de *liberdade*, talvez sendo melhor aplicável o termo *libertação* de todas as amarras que haviam sido im-

---
[55] *A Política Legislativa do Consumidor no Direito Comparado.* Salvador: Nova Alvorada, 1996, p. 34.

postas pelo feudalismo, pelo absolutismo e também pela religião. Para tanto, era usado o dogma do liberalismo, com o ícone do sujeito de direito, ou seja, todos são iguais perante a lei, o ser humano é livre para desenvolver sua natureza produtiva, é livre para ser um sujeito de direito da propriedade, um sujeito de direito do seu próprio trabalho. Esse *clima* de desenvolvimento, em verdade, completamente voltado para atender aos interesses da classe dominante que ascendera ao poder com as revoluções liberais, culminou por cumprir funções importantíssimas para a evolução da sociedade, mas também para evidenciar um grande números de lições que foram aprendidas pelo homem às custas de muito sofrimento.

No plano social, então, iremos identificar os prejuízos infligidos pela nova forma de convívio.

Fazendo um breve retorno ao passado para explicar esse momento da história humana, já no século XVI era prenunciada essa alteração que irá consolidar a passagem do feudalismo para o capitalismo. Michel Miaille[56] identifica tal realidade ao comentar sobre o movimento de demarcação da terra que iniciou na Inglaterra no século XVI. A terra, que era trabalhada em conjunto pelo Homem medieval, começa a ser dividida em nome do ícone do sujeito de direito, sob o argumento de que cada um deveria ter a sua propriedade, pois não seria justo que todos recebessem os mesmos benefícios finais, tais como remuneração, colheita, produtos, quando alguns não empreendiam os mesmos esforços em termos de horas de trabalho, empenho, produtividade etc.

Com a demarcação das terras, torna-se ela um bem de fácil comercialização, resultando que, os camponeses menos esclarecidos ou os exageradamente ambiciosos, acabavam por vender a sua propriedade garantidora da subsistência e, por não terem como sobreviver, terminavam migrando para aglomerados urbanos, aumentando a massa de pessoas miseráveis que dará surgimento às nossas atuais *metrópoles*.

Importante esse fenômeno, chamado por Michel Miaille de "atomização", porque ele será o garantidor da mão de obra barata que servirá de matéria prima para a Revolução Industrial.

Com a *Revolução Industrial*, portanto, ficam mais evidenciadas as grandes lesões aos trabalhadores, na medida em que estão subjugados pela necessidade de sobreviver, pelo grande número de pessoas desempregadas, pela frenética produção impositora de horas de trabalho desumanas, o que vai promover o surgimento dos grandes movimen-

---

[56] *Introdução Crítica ao Direito, O Sujeito de Direito*. 2ª ed. Lisboa: Imprensa Universitária, Editorial Estampa, 1994, p. 118.

tos sindicalistas em meados do século XIX, os quais iniciaram o que se chama de politização dos conflitos.

Junto com as ofensas aos direitos dos trabalhadores, igualmente evidenciam-se as massificadas lesões ao meio ambiente e aos consumidores, estes subjugados por produtos sem qualidade, prejudiciais à saúde e à vida, o que irá estimular o aparecimento dos movimentos consumeristas no final do século XIX.

Com a nova maneira de conviver do capitalismo, para sintetizar, afloram os direitos difusos, principalmente por causa do fenômeno da urbanização e da globalização. Urbanização, porque neste momento histórico há uma grande necessidade de morar nas cidades, como única forma de vida de grande parte da população, decorrência do que antes foi dito. Com a urbanização vêm os problemas de saneamento, de resíduos sólidos, de áreas contaminadas por processos de produção em geral (doenças, má qualidade de vida), de trânsito nas cidades, água, segurança, em suma, os problemas por todos nós atualmente vivenciados cotidianamente.

A globalização, que pode ter como embrião o mercantilismo, que era grande desde a época dos descobrimentos, é ampliada porque no final do século XIX apareceram as técnicas de publicidade, que deram vazão à grande produção gerada pela revolução industrial. A publicidade derrubou as fronteiras e expandiu a informação pelo planeta.

No plano jurídico, o jusnaturalismo,[57] que fora o substrato ideológico da transformação para os Estados Liberais, colocando o indivíduo e seus interesses como prevalentes na organização social, atinge o ápice da sua importância no século XIX e, como decorrência natural dessa realidade, principia o seu declínio, sob a crítica de ser um direito metafísico e anticientífico.

É o período, na forma já dita, dos avanços da ciência. O constitucionalismo formaliza-se e proliferam-se os textos escritos. O movimento de codificação está em sua plenitude, fazendo com que a *Lei* emerja como o elemento básico da organização social e, em seu nome, as filosofias positivista irão fornecer as ideias de um direito total, completo, justo e, portanto, passível de ser imposto pelo Estado.

---

[57] BARROSO, Luís Roberto Barroso; BARCELLOS, Ana Paula de. O Começo da História. A Nova Interpretação Constitucional e o Papel dos Princípios no Direito Brasileiro. *In: Revista da EMERJ* – Escola Superior da Magistratura do Rio de Janeiro, nº 23, 2003. v. 6, p. 30, assim conceituam o direito natural: "(...) A crença no direito natural – isto é, na existência de valores e de pretensões humanas legítimas que não decorrem de uma norma emanada do Estado (...)"

Luís Roberto Barroso e Ana Paula de Barcellos,[58] com muita propriedade, sintetizam esta transformação, motivo pelo qual seus ensinamentos merecem transcrição:

> O positivismo filosófico foi fruto de uma crença exacerbada no poder do conhecimento científico. Sua importação para o Direito resultou no positivismo jurídico, na pretensão de criar-se uma *ciência* jurídica, com características análogas às ciências exatas e naturais. A busca de objetividade científica, com ênfase na realidade observável e não na especulação filosófica, apartou o Direito da moral e dos valores transcendentes. Direito é norma, ato emanado do Estado com caráter imperativo e força coativa. A ciência do Direito, como todas as demais, deve fundar-se em juízos de *fato*, que visam ao conhecimento da realidade, e não em juízos de *valor*, que representam uma tomada de posição diante da realidade. Não é no âmbito do Direito que se deve travar a discussão acerca de questões como legitimidade e justiça.
>
> Sem embargo da resistência filosófica de outros movimentos influentes nas primeiras décadas do século XX, a decadência do positivismo é emblematicamente associada à derrota do fascismo na Itália e do nazismo na Alemanha. Esses movimentos políticos e militares ascenderam ao poder dentro do quadro de legalidade vigente e promoveram a barbárie em nome da lei (...). Ao fim da Segunda Guerra Mundial, a idéia de um ordenamento jurídico indiferente a valores éticos e da lei como uma estrutura meramente formal, uma embalagem para qualquer produto, já não tinha mais aceitação no pensamento esclarecido.

Realizando uma síntese apertada da mudança acontecida no século XX, posso dizer que o final do século XVIII e o século XIX foram caracterizados pelo valor *liberdade*. Conforme mencionado retro, liberdade para ser indivíduo, para trabalhar, liberdade política, liberdade para produzir.

Ao final do século XIX, entretanto, percebe-se uma grande contestação a este valor, eis que passa a ser identificado como sendo uma liberdade meramente formal, outorgada pelo *mais forte* a ele mesmo – isso ocorre por causa do poder político dos agentes econômicos e governantes, exercido por intermédio da formulação de leis que mantêm a estrutura vigente, sendo exemplo a responsabilização por culpa do Código Napoleônico –, em detrimento da grande massa de seres humanos vulneráveis que se formou em torno das fábricas e das cidades.

A diferença de forças entre o empregador e o empregado, o fornecedor e o consumidor, o governante e o governado, estimulará o reconhecimento do valor *igualdade*, no âmbito real, material, como sendo o grande paradigma que animará as novas formas de convívio e de organização jurídica do século XX.

---

[58] Op. cit., p. 31.

Alberto do Amaral Junior[59] realiza um resumo do contexto da época:

> A afirmação da soberania do consumidor implica a existência de um ciclo unidirecional de mensagens que ao se iniciar no consumidor passa pelo mercado e chega ao produtor, indicando o que deve ou não ser produzido. Contudo, a partir do último quartel do século XIX, teve início amplo processo de concentração empresarial, que afetou profundamente as bases em que se apoiava a economia clássica.
>
> Esse processo, que se caracterizou pela concentração e centralização de capitais, teve na S.A. moderna um dos seus principais instrumentos. A grande S.A., juntamente com a organização do sistema de crédito, permitiram a fusão dos capitais isolados, tornando possível a produção em larga escala.
>
> (...)
>
> Diferentemente do que ocorria na economia clássica, não é mais o consumo que determina a produção, mas esta que determina o que será ou não produzido. Se é verdade que esta descrição não abrange a economia como um todo, havendo um setor constituído por pequenas e médias empresas onde predominam as regras do mercado competitivo, não se pode deixar de reconhecer que a verticalização das relações econômicas fez surgir um poderoso sistema de motivação e persuasão capaz de controlar os consumidores. Este sistema passou a ser tão importante quanto o próprio aparato de organização para a produção e distribuição de bens. Com isso, as necessidades dos consumidores não são exclusivamente o produto de suas exigências físicas ou biológicas, ou mesmo do ambiente em que vivem e atuam, mas são em grande parte forjadas pelas campanhas publicitárias.

Nesse contexto, a nova "(...) *hermenêutica constitucional*, e a teoria dos direitos fundamentais, edificada sobre os fundamento da dignidade humana"[60] serão marcos definidores das profundas alterações que se operarão no campo da filosofia do direito, da interpretação da lei e do próprio convívio da sociedade do final do século XX e início do século XXI.

Com isso, desejo chamar atenção de forma ostensiva para a utilidade da genial concepção tridimensional do Direito de Miguel Reale[61] – desde o início deste trabalho essa foi a ideia-força –, quando procura entender o fenômeno jurídico a partir da união dos elementos axiológicos, sociológicos (fáticos, sociais, históricos) e dogmático-jurídicos (leis: princípios, regras e postulados,[62] classificação esta de acordo com

---

[59] *Proteção do Consumidor no Contrato de Compra e Venda*. São Paulo: Revista dos Tribunais. 1993, p. 67 e 68.

[60] BARROSO, Luís Roberto Barroso e BARCELLO, Ana Paula de Barcello, op. cit., p. 32.

[61] MARTINS-COSTA, Judith; BRANCO, Gerson Luiz Carlos. *Diretrizes Teóricas do Novo Código Civil Brasileiro*. São Paulo: Saraiva, 2002.

[62] Sobre a distinção entre Princípios, Regras e Postulados ver MORAES, Paulo Valério Dal Pai. *Código de Defesa do Consumidor: o Princípio da Vulnerabilidade no Contrato, na Publicidade e nas Demais Práticas Comerciais*. Porto Alegre: Livraria do Advogado, 2009, p. 22-35 e ÁVILA, Humberto. *Teoria dos Princípios – da definição à aplicação dos princípios jurídicos*. São Paulo: Malheiros, 2008.

a doutrina que entendo mais adequada), com o objetivo concreto de efetivamente resolver as controvérsias surgidas no relacionamento do homem com seus semelhantes, e mesmo do homem com a natureza.

Ou seja, quais realidades, quais valores induziram à formulação de um nova hermenêutica constitucional e a uma teoria dos direitos fundamentais? Seria um retorno a concepções antigas? Qual a influência das concepções antigas neste Mundo Pós-Moderno?

Abordarei, então, esses aspectos atinentes às novas vivências do ser humano no século XX e XXI, para, após, ter melhores condições de desenvolver o tema da interpretação constitucional e dos direitos fundamentais, os quais precisam ser estudados a fundo, com o objetivo de que possam ser compreendidos e corretamente aplicados o Novo Código Civil, as Leis Ambientais e o Código de Defesa do Consumidor, legislações estas *irmãs* e que, agora, estão, inevitavelmente, imbricadas. Na forma demonstrada, decorrem das mesmas fontes culturais.

Que momento interessante da história da humanidade estamos tendo a bênção de viver!

De fato, quando tomamos consciência de que um dos princípios da felicidade[63] e, na linguagem da pós-modernidade, do *bem-estar*,[64] é a aceitação da vida como ela é, aceitando as suas manifestações de alegria, aceitando suas manifestações de aparente tristeza, de sofrimento, sem dúvidas, adquirimos uma condição de lucidez imprescindível para a compreensão de que tudo integra um movimento inexorável de evolução e de aprendizado.

Não é vantajoso e tampouco traz qualquer tipo de contribuição uma apreciação piegas dos dramas que afligem as sociedade pós-modernas, sendo importante sim, que possam ser absorvidos os ensinamentos que esse rico momento da história da humanidade está a proporcionar a todos nós que integramos a realidade atual. Esses ensinamentos certamente estão consolidados nas leis intervencionistas que são o novo CC, o CDC e as variadas Leis Ambientais, motivo pelo qual tentarei desvelá-los, quando do estudo específico que realizarei dos dispositivos que afetam os subsistemas referidos.

Dando continuidade a tal desiderato, pergunto: que mundo é este da pós-modernidade?

---

[63] Sobre a teoria da felicidade ver LAYARD, Richard. *Lições de uma Nova Ciência*. Rio de Janeiro: Best Seller, 2008.

[64] O *bem-estar* consta no Preâmbulo da Constituição Federal como um dos valores preponderantes a serem concretizados pela ordem constitucional.

Cláudia Lima Marques,[65] estudiosa do assunto, aponta características esclarecedoras sobre esse momento, citando Ernest Gellner, ensinamento que precisam ser referidos:

> A realidade denominada pós-moderna é a realidade da pós-industrialização, do pós-fordismo, da tópica, do ceticismo quanto às ciências, quanto ao positivismo, época do caos, da multiplicidade de culturas e formas, do direito à diferença, da "euforia do individualismo e do mercado", da globalização e da volta ao tribal. É a realidade da substituição do Estado pelas empresas particulares, de privatizações, do neoliberalismo, de terceirizações, de comunicação irrestrita, de informatização e de um neoconservadorismo, de acumulação de bens não materiais, de desemprego massivo, de um individualismo necessário, de muitas meta-narrativas simultâneas e contraditórias, da perda dos valores modernos substituídos por uma ética meramente discursiva e argumentativa, de legitimação pela linguagem, pelo consenso momentâneo e não mais pela lógica, pela razão ou somente pelos valores que apresenta. (*Pós-Modernismo, Razão e Religião*, Instituto Piaget, Lisboa, 1992, p. 11 e seg.)

Como diz Cláudia Marques: "é a constatação de que vivemos um momento de mudança, não só jurídica, legislativa, política, mas cultural e social". É a certeza de que está a ocorrer uma crise[66] "(...) da era moderna e de seus ideais concretizados na revolução francesa, que não se realizaram para todos, nem são hoje considerados realmente realizáveis".

De fato, a doutrina moderna pregava uma liberdade que acabou se confirmando só para o mais forte. Uma igualdade que aconteceu somente no plano formal e uma fraternidade que simplesmente inexistiu. Natural que caíssem no descrédito as estruturas que sustentavam esses ideais não alcançados.

No plano jurídico, o positivismo igualmente não adimpliu suas promessas, tendo servido como importante experiência humana e científica, mas, da mesma forma, não atingiu os objetivos maiores de concretização de melhores condições de vida às populações. Aliás, isso jamais seria alcançado, devido à impossibilidade de que a lei teoricamente *completa* e *abrangente* de todas as realidades, possa de fato acompanhar a dinâmica dos acontecimentos do século XX e XXI.

Nesse sentido, mais uma vez cito Cláudia Lima Marques,[67] quando aponta os ensinamentos de Erik Jayme:

---

[65] In: *Fundamentos de Direito Privado*. Apresentação do Livro de Ricardo Luis Lorenzetti. São Paulo: Revista dos Tribunais, 1998, p. 34.

[66] Sempre importante esclarecer que não enfoco a palavra *crise* de maneira a considerá-la negativa. Alguns dizem que a concepção chinesa da palavra *crise* possibilita o entendimento de que se trata de uma realidade positiva de transformação e evolução, que culminaria na concretização de melhores posições de equilíbrio e harmonia.

[67] Op. cit., p. 34 e segs.

(...) as características da cultura pós-moderna no direito seriam quatro: o Pluralismo, a Comunicação, a Narração e o que Jayme denomina de *le retour des sentiments*. O seu *Leitmotiv*, a valorização dos direitos humanos.

Em um outro enfoque, a pós-modernidade, na visão do filósofo polonês Zygmunt Bauman,[68] é caracterizada pela liquidez das coisas, do imediatismo, da mobilidade, do individualismo e da inconstância, ou seja, é a *modernidade líquida*.

Liquidez em aposição à anterior *modernidade sólida* do *fordismo*, em que tudo deveria ser estável, programável e concreto. *Líquida*, então, no sentido de que as coisas, os relacionamentos, as vivências são voláteis. Os casamentos são rápidos e fugazes, os produtos contêm a chamada obsolescência programada (fornecedores concebem lâmpadas, pilhas, automóveis, computadores etc., de forma a que se tornem rapidamente obsoletos, ultrapassados e, assim, tenham os consumidores de adquirir os modelos mais avançados, os quais, por sua vez, também imediatamente já estarão novamente obsoletos), tudo ocorre com uma fluidez impressionante, evidenciando a mobilidade das realidades do momento em que vivemos.

Bauman[69] aponta as razões que animam as pessoas nesse mundo pós-moderno, ao comentar sobre os laços humanos:

Os laços humanos no mundo fluido.

O título de um artigo apresentado em dezembro de 1997 por um dos analistas mais incisivos de nosso tempo, Pierre Bourdieu, é *"Le précarité este aujourd partout"*. O título diz tudo: precariedade, instabilidade, vulnerabilidade, é a característica mais difundida das condições de vida contemporâneas (e também a que se sente mais dolorosamente). Os teóricos franceses falam de *précarité*, os alemães, de *Unsicherheil e Risikogesellschaft*, os italianos, de *incerteza* e os ingleses, de *insecurity* – mas todos têm em mente o mesmo aspecto da condição humana, experimentada de várias formas e sob nomes diferentes por todo o globo, mas sentida como especialmente enervante e deprimente na parte altamente desenvolvida e próspera do planeta – por ser um fato novo e sem precedentes. O fenômeno que todos esses conceitos tentam captar e articular é a experiência combinada da *falta de garantias* (de posição, títulos e sobrevivência), da *incerteza* (em relação à sua continuação e estabilidade futura) e de *insegurança* (do corpo, do eu e de suas extensões: posses, vizinhança, comunidade).
(...)
Na falta de segurança de longo prazo, a "satisfação instantânea" parece um estratégia razoável. O que quer que a vida ofereça, que o faça *hic et nunc* – no ato. Quem sabe o que o amanhã vai trazer? O adiamento da satisfação perdeu seu fascínio. É, afinal, altamente incerto que o trabalho e o esforço investidos hoje venham a contar como recursos quando chegar a hora da recompensa. Está longe de ser certo, além disso, que os prêmios que hoje parecem atraentes serão tão desejáveis quando finalmente forem

---

[68] *Modernidade Líquida*. Tradução de Plínio Dentzien. Rio de Janeiro: Jorge Zahar, 2001.
[69] Op. cit., p. 184 a 186.

conquistados. Todos aprendemos com amargas experiências que os prêmios podem se tornar riscos de uma hora para outra e prêmios resplandecentes podem se tornar marcas de vergonha. As modas vêm e vão com velocidade estonteante, todos os objetos de desejo se tornam obsoletos, repugnantes e de mau-gosto antes que tenhamos tempo de aproveitá-los. Estilos de vida que são "chiques" hoje serão amanhã alvos do ridículo.
(...)
Condições econômicas e sociais precárias treinam homens e mulheres (ou os fazem aprender pelo caminho mais difícil) a perceber o mundo como um contêiner cheio de objetos *descartáveis*, objetos para *uma só* utilização; o mundo inteiro – inclusive outros seres humanos. Além disso, o mundo parece ser constituído de "caixas pretas", hermeticamente fechadas, e que jamais deverão ser abertas pelos usuários, nem consertadas quando quebram. Os mecânicos de automóveis de hoje não são treinados para consertar motores quebrados ou danificados, mas apenas para retirar e jogar fora as peças usadas ou defeituosas e substituí-las por outras novas e seladas, diretamente da prateleira. Eles não têm a menor idéia da estrutura interna das "peças sobressalentes" (uma expressão que diz tudo), do modo misterioso como funcionam; não consideram esse entendimento e a habilidade que o acompanha como sua responsabilidade ou como parte de seu campo de competência. Como na oficina mecânica, assim também na vida em geral: cada "peça" é "sobressalente" e substituível, e assim deve ser. Por que gastar tempo com consertos que consomem trabalho, se não é preciso mais que alguns momentos para jogar fora a peça danificada e colocar outra em seu lugar?

Os ensinamentos acima são facilmente comprováveis por intermédio da singela observação do nosso entorno. As pessoas trocam de amigos ou de grupo de amigos em um simples *clic* de computador. Se há alguma insatisfação com as amizades obtidas por intermédio do *facebook*, deletam suas *insatisfações* sem qualquer tentativa de resolução de eventual problema de relacionamento surgido, o que é estimulado pela imediata oportunidade oferecida pelas redes sociais de preenchimento daquele espaço brevemente vazio deixado pela anterior amizade. O resultado disso, em termos psicológicos, é arrasador, porque impede o ser humano de desenvolver as suas potencialidades afetivas, contribuindo, apenas, para o círculo vicioso dos relacionamentos superficiais, onde o vazio do *ficar* (relacionar-se superficialmente com outra pessoa) sequer é percebido, pois está na moda.

Christiany Pegorari Conte, Encarnation Alfonso Lor e Fábio Antônio Martignoni[70] realizam um resumo do capítulo II (Individualidade) do livro de Bauman, palavras que transcrevo, pois servirão de paradigma para uma visão geral sintética das transformações que sofremos na atualidade, sendo igualmente úteis para a compreensão das propostas que serão realizadas neste trabalho:

---

[70] Modernidade Líquida: análise sobre o consumismo e seus impactos na Sociedade da Informação. Disponível em <www2.oabsp.org.br/asp/comissoes/sociedade_informacao/artigos/modernidade_liquida.pdf>, acesso em 11.07.2011.

A modernidade é fruto de uma longa gestação, num processo cuja primeira fase desdobrou-se entre os séculos XVI a XVIII, período das grandes navegações, da descoberta do Novo Mundo, do renascimento cultural e da Reforma Protestante, primeiro estímulo ao individualismo.

O Iluminismo inaugurou a segunda etapa da modernidade, caracterizada pela universalização da razão e pelo primado do indivíduo e de sua liberdade. A partir do século XX uma nova era, marcada por uma total ruptura com o passado, provoca mudanças fundamentais no terreno das relações sociais, da ciência, da filosofia, da educação, da moral e da economia. Ao mesmo tempo em que abandona crenças, tradições, valores e ideologias o homem vai se isolando e perdendo referências. É da transição para essa modernidade, de suas características, significados e contradições, que trata Zygmunt Bauman em "Modernidade Líquida"; líquida, por ser uma era com as principais particularidades dos fluídos: a inconstância e a mobilidade.

(...)

O controle importa no estabelecimento de valores pela elite dominante, diz Bauman, reafirmando o que há muito tempo descobrira Karl Marx. Isso explica o porquê de os administradores das empresas capitalistas haverem dominado o mundo por, pelo menos, duzentos anos, circunscrevendo a gama de alternativas dentro das quais confinaram as trajetórias da vida humana.

Observe-se, como exemplo, a fase do fordismo, modelo norte-americano de práticas produtivas em massa, idealizadas em torno de 1914 por Henry Ford em sua indústria automobilística de Michigan, que perdurou até meados dos anos setenta, e denominada por Bauman de sociedade "pesada", "enraizada", "sólida". Tratava-se de um[71] mundo dos que ditavam as leis e dos que as obedeciam; dos projetistas de rotinas e dos supervisores; de pessoas dirigidas por outras, do modo por elas determinado. O fordismo, partindo das teorias do engenheiro norte-americano Frederick Winslow Taylor, tinha como objetivo forçar o controle da administração sobre os trabalhadores e, como principais características a verticalização da produção, da matéria prima ao transporte; a produção em massa, mediante a adoção de sistemas tecnológicos voltados para o aumento da produtividade e a especialização dos trabalhadores. Nesse contexto, as atividades humanas reduziam-se a movimentos simples, rotineiros e predeterminados, a serem obediente e mecanicamente seguidos, por força de uma separação meticulosa entre projeto e execução. O empregado da Ford Motor Company, seguindo o que lhe era imposto, tinha como missão executar suas tarefas à risca, no menor tempo possível.

---

[71] Esta nota contém as notas de rodapé de número "7", "8" e "9" inclusa no trabalho dos três autores citados, quais sejam:
"7. Anais do I Seminário Internacional sobre proteção de Dados Pessoais, realizado em São Paulo, no período de 23 a 25 de novembro de 2005 e promovido pelo Ministério do Desenvolvimento, Indústria e Comércio Exterior (MDIC), com o apoio do Ministério da Justiça, por meio do Departamento de Proteção e Defesa do Consumidor (DPDC). Disponível em <http://ce.desenvolvimento.gov.br/dataprotection>. Acesso em: 23 abr. 2007.
8. Esses *chips*, do tamanho de um grão de arroz, são introduzidos no corpo por uma injeção ou pistola semelhante à usada para vacinação. Periódico Endi (El nuevo dia) on-line. Disponível em: <http://www.endi.com/xstatic/endi/template/nota.aspx?n=26843>. Acesso em: 08 jun. 2007.
9. O uso do microchip para evitar sequestros está sendo utilizado no Brasil, conforme artigo intitulado "Famílias gaúchas na fila para receber os chips". Centro de Mídia Independente – CMI Brasil. Disponível em: <http://brazil.indymedia.org/pt/blue/2005/02/308592.shtml>. Acesso em: 08 jun. 2007".

Henry Ford não se limitou a traçar essas diretrizes. Duplicou o salário nominal de seus operários de US$ 2,50 para US$ 5,00 dólares ao dia. O que pretendeu com isso não se explica pela sua famosa frase "quero que meus trabalhadores sejam pagos suficientemente bem para comprar meus carros", mas sim, pela intenção de frear a alta rotatividade dos operários, economizando, assim, o dinheiro gasto na sua preparação e treinamento. Espelhando o que ocorria nos impenetráveis domínios da Ford, e corroborando a teoria de a elite dominante impor os seus valores, a sociedade do capitalismo pesado caracterizou-se pela organização e pela ordem, essa última traduzida por Bauman com o sentido de monotonia, regularidade, repetição e previsibilidade. Em resumo, um mundo controlado, com fronteiras fechadas, fixando ao solo não apenas os trabalhadores, mas as pessoas e o capital.

Hoje, quem começa a carreira numa empresa, não sabe onde ela se encerrará. O capital, por seu turno, somente permanece em determinado local enquanto isso for conveniente aos investidores. É o que Zygmunt Bauman denomina de "mundo do capitalismo leve", associado à idéia de liquidez e à possibilidade, como ocorre com os líquidos, de uma rápida acomodação das pessoas e das coisas aos mais diversos encaixes. Uma sociedade imediatista, em que o tempo importa mais do que o espaço ocupado, mesmo porque esse espaço será preenchido apenas transitoriamente.

A modernidade fluída, apoiada em táticas pré-determinadas e solidificadas, não comporta tradições ideológicas. Ao contrário, poucas coisas são pré-determinadas e, menos ainda, irrevogáveis, bem como poucas derrotas são definitivas e, raríssimos contratempos, irreversíveis; em contrapartida, nenhuma vitória é, tampouco, final. Tome-se como exemplo entre nós, brasileiros, o futebol. Há poucos anos, um jogador parecia trazer estampado na própria pele o distintivo de seu clube. Na atualidade, de acordo com a melhor proposta, transfere-se para qualquer parte do mundo, disposto a enfrentar, sem nenhum constrangimento, o time de seu próprio país de origem. Joga onde lhe pagarem mais. É o efeito do individualismo, outra marca da modernidade fluida.

Conciliar esse individualismo com os interesses coletivos é um desafio para o mundo contemporâneo e, também, uma tarefa das mais difíceis, pois as instituições e valores do passado, elos que entrelaçavam os projetos individuais aos coletivos, são referências estranhas à fase líquida da modernidade, em que, cada um por si tenta capacitar-se para as incertezas do futuro.

Em tempos dominados pela mídia e em constante mutação, as possibilidades parecem infinitas, mas acarretam a angustiosa sensação de insegurança e de incerteza do inacabado.

A vivência da perda associa-se à proliferação de apelos ao consumo e ao sucesso, fazendo com que as pessoas, mesmo angustiadas, perplexas e inseguras, estejam mais interessadas em escolher entre as diversas marcas de produtos e as mais infinitas ofertas, do que com sua condição de Ser e Estar no mundo. O mundo cheio de possibilidades, complementa Bauman, assemelha-se a uma mesa de bufê repleta de tantas delícias, que nem o mais delicado comensal poderia esperar experimentar de todas. Os comensais são consumidores, e a mais difícil e irritante das tarefas que se pode pôr diante de um consumidor é a de fazer escolhas, de dispensar algumas opções inexploradas e estabelecer prioridades. Por ironia, a infelicidade dos consumidores deriva do excesso e não da falta de opções. Com efeito, parece haver em cada um de nós uma Imelda Marcos, ex primeira-dama das Filipinas e símbolo do consumismo sem freios, que possuía em seus armários um estoque de três mil pares de calçados. Adquirem-se, compulsivamente, não apenas pares e pares de sapatos, mas toda espécie de produtos supérfluos, comprados por impulso, a partir da influência da propaganda veiculada nos meios de comunicação, num incessante incentivo ao consumo. Consumir representa o elixir contra a incerteza aguda e enervante sobre o porvir e o sentimento de incômoda insegurança. Propagou-se um comportamento geral de comprar, não apenas produtos e serviços, mas também as habilidades necessárias ao nosso sustento, o tipo de imagem que desejamos para nós, os métodos de convencimento de nossos possíveis empregadores etc.

(...)

A felicidade do consumidor retratado por Masagão demonstra, a exemplo do afirmado por Bauman, que, na modernidade líquida, esse sentimento se resume ao prazer imediato, ao entretenimento, à diversão e ao consumo, conjunto esse definidor do sucesso. Na mesma linha, Mário Quilici, psicanalista e pesquisador, registra a atual substituição da máxima de Descartes "penso, logo existo" pelo princípio "consumo, logo existo".

O ter faz o ser, acrescenta o psicólogo José Antônio Zago, razão pela qual somos solicitados a ter a posse de coisas e de pessoas, classificando-se o indivíduo pela marca de sua roupa, pelo cargo que ocupa, pelo carro que tem ou pela quantidade de pessoas que dirige. O lema é ser feliz, embora o princípio dessa felicidade seja estabelecido externamente, por coisas que estão além do indivíduo.

Nesse contexto, tudo que não tenha utilidade ou não proporcione mais prazer é descartado, tornando a durabilidade precária ou inexistente.

Em que pese ser longa a citação acima, sua utilidade é extrema para a objetivação do estudo ora empreendido, tornando dispensável a utilização de exaustivos argumentos com o fim de demonstrar os motivos que fundamentam as posições aqui assumidas.

Veja-se que em decorrência do modo de viver do ser humano atual, o atendimento das necessidades insaciáveis, a produção de serviços e produtos, acaba gerando resíduos sólidos e líquidos variados, contaminando o meio ambiente de maneira geral, o que ocasionará prejuízos para os seres humanos, aos seres não humanos e para a natureza em sentido amplo.

Essas referências impõem que se faça um breve parêntese, uma reflexão fundamental sobre a significação filosófica do novo CC, do CDC e das Leis Ambientais em geral, no sentido de que são normas com um sentido profundamente humanista.

Assim, não seriam elas manifestações de um *Neojusnaturalismo*? Não o Direito natural escolástico, mas dos modernos. Não tinham estes seus fundamentos na consideração de existência de "valores e pretensões humanas legítimas que não decorram de uma norma que emane do Estado"?[72] Não vivemos uma tendência social e legislativa completamente voltada para a solidariedade?

---

[72] Vide nota 28, retro.

A resposta poderá ser positiva e retornarei ao tema nos capítulos seguintes, quando abordarei o princípio da solidariedade.[73]

Nesse momento, entretanto, preciso ampliar a informação sobre as quatro características apontadas por Erik Jayme (antes citado por Cláudia Lima Marques), pois elas fornecerão o combustível necessário para que possamos melhor entender o relacionamento entre os três subsistemas objeto deste trabalho.

O *pluralismo* significa a variedade de fontes legislativas que regulam os fatos. Temos um Código Civil, um Código de Defesa do Consumidor e Leis Ambientais variadas, sendo que todas regulam, hoje, a relação de consumo, na forma do que veremos na parte especial deste trabalho, quando apontarei as regras e princípios em aparente antinomia, mas que se entrelaçam em uma combinação harmônica, tendente a uma resolução adequadas das situações concretas mais complexas.

Significa, também, a pluralidade de agentes econômicos envolvidos nos relacionamentos atuais. Em atos de consumo, por exemplo, constantemente teremos fornecedores da iniciativa privada em solidariedade passiva com órgão estatais. Teremos consumidores difusos, unidos entre si por circunstâncias fáticas,[74] uma publicidade abusiva, enganosa, um remédio falsificado que esteja no mercado etc. Teremos no enfoque ambiental a poluição das fábricas contaminando terrenos, os cursos d'água, o solo, o ar etc. Na área da infância e juventude, da improbidade, do patrimônio turístico, histórico e paisagístico e tantos outros, veremos interesses plurais imprescindíveis para o convívio humano, que, por vezes, estarão contrapostos.

O *pluralismo* igualmente diz respeito à pluralidade de elementos filosóficos, quando são agregados múltiplos valores que vêm sendo desenvolvidos ao longo da história da humanidade. Veja-se que o Direito é uma estrutura que muito bem acolhe o *pluralismo*, pois o fenômeno jurídico se manifesta de forma acumulativa e não exclusiva. Os valores

---

[73] Sobre o assunto, vide ÁVILA, Pe. Fernando Bastos de. *Solidarismo*. 3ª ed. Rio de Janeiro: Agir, 1965, p. 158 e segs.: "(...) o solidarismo comunitário tem como categorias básicas: no plano da doutrina, a *pessoa humana*; no plano do sistema, a *comunidade*; no plano da ideologia, a *solidariedade* (...). Para o solidarismo a pessoa humana é sujeito de direitos naturais. Por direitos naturais, o solidarismo entende direitos que a pessoa humana possui, pela sua própria natureza de ser racional e livre. Direitos que não lhe são deferidos pelo Estado, pois são anteriores a êle e que êle tem o dever de garantir, independentemente de condições sociais, econômicas, culturais, étnicas e outras... O solidarismo denuncia a falácia de todos os sistemas que se contentam em proclamar direitos teóricos, e não se preocupam por criar as condições concretas sem as quais tais direitos não passam de amargas ironias. Entre êsses direitos, são fundamentais: o direito à vida digna, ao trabalho justamente remunerado, à liberdade, à propriedade, à associação, à manifestação das opiniões, ao exercício do culto de Deus segundo a própria consciência, à participação na vida política da comunidade".

[74] Sobre o tema, é de ser ressaltado o livro de MANCUSO, Rodolfo de Camargo. 7ª ed. São Paulo: Revista dos Tribunais, 2011.

liberdade, igualdade, fraternidade, solidariedade, dignidade e vários outros continuam vivos, servindo de pauta para todos aqueles que objetivem a consecução de um mundo melhor.

Em suma, a pluralidade hermenêutica e sistemática é que permitirá uma maior mobilidade do intérprete, a fim de que, conjugado com a tópica, possa ser encontrada a melhor solução para o caso concreto.

A segunda característica seria a *comunicação. Comunicação* significa "participação, informação, aviso, transmissão, ligação, passagem, convivência; comunhão".[75] A comunicação se opera no plano fático, estimulando a globalização, o sentimento de pertença a esta aldeia global pela uniformização de assuntos, de fatos relevantes, de novidade da vida moderna etc. Acontece pela própria comunicação de sistemas, quando ao sistema jurídico se agregam novos conceitos advindos de outros sistemas, como por exemplo o conceito de produto, de serviço, de cartel, de função social, de boa-fé, advindos do sistema econômico, por vezes do sistema social, da ética e de tantos outros.

Comunicação, portanto, é uma realidade do nosso tempo, e o Direito servirá como instrumento de comunicação, orientando condutas, concretizando condições de vida mais aceitáveis, promovendo a harmonia e paz para a sobrevivência do organismo social.

Em terceiro lugar, está a *narração ou narrativa,* ou seja, o direito pós-moderno se valerá de uma narrativa diferenciada, calcada na utilização de conceitos jurídicos indeterminados, de cláusulas gerais, narrativa esta que estimulará a consecução de efetividade aos reais objetivos da Lei (leiam-se princípios, regras e postulados), sendo promovida uma interpretação teleológica e alicerçada nos direitos fundamentais.

Por último, estamos vivendo o retorno aos sentimentos, sendo fácil observar uma certa *emocionalidade* no discurso jurídico, precipuamente porque é necessária à concretização dos direitos fundamentais da pessoa humana.

Todas essas referências que integram a face axiológica dos valores, a face sociológica dos fatos, das realidades, das necessidades, do social, importam sobremaneira para que tenhamos condições de comunicar com maior êxito a própria natureza das normas, ou seja, do mundo da dogmática-jurídica que compõe a terceira face da concepção tridimensional, estando representada, no momento, pelo novo CC, pelo CDC e pelas Leis Ambientais aplicáveis ao tema ora desenvolvido.

---

[75] HOLANDA, Aurélio Buarque de. *Dicionário da Língua Portuguesa*. 11ª ed. Rio de Janeiro: Civilização Brasileira, 1987, p. 307.

6. A descodificação

Este é um outro fenômeno que importa referir para a facilitação da defesa das teses que serão declinadas neste estudo, pois o perfeito entendimento desta realidade permitirá àqueles mais apegados à perniciosa compartimentalização do direito – uns se dizem só civilista, outros só tributaristas, há os consumeristas, os ambientalistas, os constitucionalistas e tantos *istas*, quando o Direito é um só e o que realmente releva é que ele sirva para a entrega de melhores condições de vida aos seres humanos, não humanos e à natureza –, transitar entre os variados ramos jurídicos, mesclando-os e, assim, sendo abertas novas possibilidades para a solução dos conflitos de forma mais profícua.

Pois bem.

A história da humanidade demonstra que quatro paradigmas ou estruturas vêm influenciando sobremaneira a forma de viver do homem.

A primeira delas é a propriedade e, como consectário lógico, a consideração das várias formas de exercê-la, seja em conjunto, dividida ou exclusivamente. A propriedade, grosso modo, é a qualidade de ser próprio no relacionamento entre o homem e a terra ou o espaço, entre o homem e as múltiplas realidades que o cercam, ou seja, objetos, pessoas, em suma, entre o homem e, até mesmo, valores imateriais, não palpáveis, como o são as marcas, algumas invenções e tantas outras estruturas hoje existentes no chamado mundo virtual.

Como não poderia deixar de ser, a necessidade de bens e serviços para a sobrevivência do homem gerou o reconhecimento de que trocas, aquisições, transferências precisariam surgir no relacionamento intersubjetivo para a satisfação dos interesses naturais a todo ser humano. A evolução dessas tendências inatas irá resultar no contrato, outro paradigma que perpassará – por vezes de maneira rudimentar, atualmente com um bom nível de sofisticação por intermédio dos contratos virtuais e instantâneos a longa distância – o modo de vida de todos nós.

Por último, a família, com toda a sua gama de complexos relacionamentos e ocorrências, desde antes do nascimento até após a morte, pois engloba a organização do patrimônio das pessoas falecidas, paradigma este que sofre no mundo pós-moderno transformações agudas pela própria alteração da configuração original.

O quarto é o paradigma ambiental, mais recente, mas que passa a estar presente em qualquer discussão jurídica que envolva o relacionamento do homem com seus semelhantes, quando exista alguma implicação ao meio ambiente.

Ricardo Luis Lorenzetti[76] assim comenta sobre este novo vetor que deve orientar as condutas humanas e, em específico, o trato do Direito:

> Neste campo é possível apresentar um esquema explicativo sobre três etapas:
>
> A primeira foi "retórica", uma vez que, nos anos setenta, o movimento ambientalista semeou as primeiras palavras novas, símbolos e utopias, pouco conhecidos até então.[77]
>
> A segunda foi "analítica", no sentido de que identificaram problemas, os estudaram, e foram-se elaborando modelos para tratá-los. Na esfera jurídica isto significou um impressionante movimento de qualificação de novas hipóteses de regulação, leis de todo tipo nos Estados, Constituições "verdes" e tratados internacionais de conteúdo amplo.
>
> A terceira é, em nosso opinião, "paradigmática", porquanto aquilo que está mudando é o nosso modo de ver os problemas e as soluções proporcionadas por nossa cultura. Não é só uma nova disciplina, como se pressupunha com as etapas anteriores, posto que estamos frente a uma questão que incide na etapa de criação das hipóteses, e é, fundamentalmente, uma mudança epistemológica.
>
> A partir deste ponto de vista podemos dizer que surge um problema decodificante que impacta sobre a ordem existente, criando um problema distinto, sujeito a suas próprias necessidades e é, por isso, profundamente herético. Trata-se de problemas que convocam todas as ciências a uma nova festa, exigindo-lhes um vestido novo. No caso do Direito, o convite é amplo: abarca o público e o privado, o penal e o civil, o administrativo e o processual, sem excluir ninguém, sob a condição de que adotem novas características.
>
> Por isso parece-nos de interesse indicar a existência de um paradigma ambiental, que atua como um princípio organizativo do pensamento retórico, analítico e protetivo, que se vincula à interação sistêmica e aos enfoques holísticos.

Mais adiante, abordarei com mais profundidade o paradigma ambiental.

---

[76] *Teoria Geral do Direito Ambiental*. São Paulo: Revista dos Tribunais, 2010, p. 16.

[77] Lorenzetti assim comenta: "O impacto que o ambientalismo tem tido no campo do discurso retórico tem sido impressionante. Vocábulos como 'ecologia', 'desenvolvimento sustentável', 'verde', e tantos outros que agora formam parte da liguagem comum, eram quase desconhecidos há 30 anos".

Esses quatro paradigmas foram e são os alicerces das profundas alterações acontecidas no Direito nos séculos XX e XXI e que resultaram nas estruturas legislativas sob análise.

Conforme já apontado, o século XVIII e, mais especificamente, o século XIX deram evidência ao movimento de codificação, o qual atingiu o seu ápice com a formulação do Código Napoleônico de 1804. Tais estruturas com pretensões de completude, de plenitude e de abrangência suficiente para a regulação da sociedade, acabaram por apresentarem-se deficientes, na medida em que jamais a mente humana prévia e artificialmente terá condições de vislumbrar sequer em mínima parcela o completo *por vir*. Ele, o futuro, ela, a vida, seguindo suas naturezas misteriosas, sempre irão se revelando ao homem de maneira incontida e incontrolável, motivo pelo qual somente uma parca atividade *premonitória* embasada na flexibilidade e na mobilidade terá o condão de acompanhar a trajetória da evolução. Por isso a utilização dos conceitos jurídicos indeterminados e das cláusulas gerais no novo CC, no CDC e nas Leis Ambientais em geral, tais como função social, probidade, abusividade, iniquidade e tantos outros.

Não bastasse isso, os códigos foram criados para dar segurança e garantir o poder necessário para o desenvolvimento dos Estados Nacionais, principalmente estabelecendo uma desejada – na época – separação entre o *público* e o *privado*.

Dito isso, talvez seja possível identificar três ocorrências que motivaram o movimento de descodificação, quais sejam: a constitucionalização do direito privado, a teoria dos direitos fundamentais e a necessária reunião do direito público com o direito privado.

Estes acontecimentos irão refletir a própria transformação da sociedade, dando guarida ao surgimento de microssistemas que gravitarão em torno das codificações matriz.

Veja-se no campo do direito da empresas. Se antes estavam as realidades englobadas em um código comercial, o século XX irá demonstrar em vários países o surgimento de leis específicas sobre falências, sociedades, compra e venda internacional, seguros, câmbio, navegação, marcas e patentes, títulos de crédito, bolsas de valores.

No âmbito consumerista, então, a transformação foi espantosa, pois a cada dia surgem novos produtos, serviços, tecnologias, e os seus consequentes reflexos variados para toda a sociedade, os quais precisam ser regulados, a fim de que seja harmonizado o convívio.

Na área ambiental, a imprescindibilidade de que possuamos um entorno saudável em compatibilidade com as demais estruturas produtivas igualmente necessárias faz emergir um direito extremamente especializado, ilimitado e completamente incompatível com uma estrutura centralizada e que fosse representada pelo engessamento proporcionado por um código com pretensões *totalizantes*.

Ricardo Luis Lorenzetti[78] aponta outros motivos, dentre eles a intensa conflituosidade do convívio pós-moderno, quando se contrapõe interesses legítimos, tais como o direito de morar e o direito dos que têm propriedade. O direito de trabalhar a terra em aposição àqueles que possuem a terra, mas improdutiva ou, até mesmo, produtiva. O direito de informar em oposição ao direito à privacidade. Esses conflitos contribuirão para o enfraquecimento da noção totalizante buscada pelos conceitos objetivos e rígidos utilizados nos códigos oitocentistas.

Outro aspecto apontado por Ricardo Lorenzetti é o fenômeno da feudalização do direito. Significa que as classes média e alta cada vez mais buscam o afastamento das estruturas rígidas impostas pelo Estado, justamente por que ele não está sendo capaz de atender aos anseios de segurança, de saúde, de moradia, devido ao avassalador crescimento da população e por causa da natural dinâmica dos acontecimentos.

Criam-se, em vista disso, novas formas de composição dos conflitos, o Direito *ad hoc*, conforme diz Lorenzetti, ao se referir à arbitragem. É fortalecida a proliferação dos *contratos imunizados*, ou seja, firmam-se compromissos arbitrais para o afastamento do direito estatal, pois não existe mais confiança axiológica, valorativa, de agilidade, nas estruturas oferecidas pelo Estado.

Surgem, também, os condomínios fechados, os serviços de segurança privada, os serviços de saúde privada, o direito do asfalto, que é identificado como o *direito das favelas*, onde a presença do Estado será mínima. Em síntese, criam-se feudos e essas realidades influenciarão fortemente o processo de descodificação.

A complexidade da vida pós-moderna obrigará ao fenômeno da especialização. O especialista em direito do consumidor, em direito de família, em direito imobiliário, em direito virtual. A especialização se impõe inclusive pela própria exigência descentralizante de que o Direito tenha de buscar informações em outros sistemas, tais como o sistema social, econômico, psicológico etc.

Entretanto, a imprescindível especialização não significa alienação. Em realidade, a especialização encontra força precipuamente no paradoxo que reside no fato de que são necessários estudos em novas áreas, no caso do Direito, a fim de que possam ser encontradas solu-

---

[78] *Fundamentos de Direito Privado*. São Paulo: Revista dos Tribunais, 1998, p. 54 e segs.

ções mais adequadas exatamente no aprofundamento e na ampliação do universo de pesquisa.

Veja-se que o jurista que necessita se especializar acaba tendo de realizar análises em áreas diversas, a fim de encontrar melhores soluções para os casos específicos. Por exemplo, quando escrevi a monografia sobre o *Princípio da Vulnerabilidade* utilizei doutrina especializada da área da psicanálise, da psicologia, da informática, do Direito Tributário, do *neuromarketing*[79] e de tantas outras áreas, para explicar as estratégias de vulneração impostas pela publicidade, bem como de que forma acontece a introjeção de ideias na mente do consumidor. Quando é tratado da Lei Antitruste (Lei nº 8.884/90, alterada pela Lei nº 12.529/11), outro exemplo que proponho, é comum e necessária a utilização de conceitos do sistema econômico para identificar a ocorrência de um cartel, de uma barreira de ingresso de concorrente no mercado, de abuso do poder econômico, de domínio do mercado relevante etc.

Esse intercâmbio hermenêutico, evidencia, certamente, mais um elemento descodificador, demonstrando a impossibilidade lógica de

---

[79] Sobre o assunto ver em pt.wikipedia.org/wiki/Neuromarketing, acessado em 13.12.2012. "*Neuromarketing* é um campo novo do *marketing* que estuda a essência do comportamento do consumidor. É a união do marketing com a ciência, é considerado uma chave para o entendimento da lógica de consumo, que visa entender os desejos, impulsos e motivações das pessoas através do estudo das reações neurológicas a determinados estímulos externos. Pesquisadores utilizam tecnologias de Imagem por Ressonância Magnética funcional (IRMf) para medir a quantidade de sangue oxigenado no cérebro visando identificar com precisão as variações das suas atividades. Portanto quanto mais uma determinada região do cérebro estiver trabalhando, maior será o consumo de combustível (principalmente oxigênio e glicose) e fluxo de sangue oxigenado para aquela região. O IRMf é uma versão avançada do eletroencefalograma chamada TEE, abreviatura de Topografia de Estado Estável, que rastreia ondas cerebrais rápidas em tempo real. O termo "Neuromarketing" ficou cunhado por Ale Smidts, um professor de Marketing na Erasmus University em Roterdã, Holanda. Porém foi Gerald Zaltman, médico e pesquisador da universidade norte-americana de Harvard, que teve a idéia de usar aparelhos de ressonância magnética para fins de Marketing, e não estudos médicos. Posteriormente com a divulgação de uma pesquisa científica no jornal acadêmico Neuron, da Baylor College of Medicine, em Houston, Texas, um estudo que consistia na experimentação dos refrigerantes Pepsi e Coca-Cola, ganhou repercussão. Os experimentadores envolvidos não sabiam qual era a marca a bebida que tomaram, e comprovou-se que as declarações verbais de preferência, identificação e respostas cerebrais não eram compatíveis. Quando perguntados qual dos dois refrigerantes era melhor, metade respondeu Pepsi. Nesse caso, a ressonância detectou um estímulo na área do cérebro relacionada a recompensas. Já quando elas tinham conhecimento sobre a marca, esse número caiu para 25%, e áreas relativas ao poder cognitivo e à memória agora estavam sendo usadas. Isso indica que os consumidores estavam pensando na marca, em suas lembranças e impressões sobre ela. O resultado leva a crer que a preferência estava relacionada com a identificação da marca e não com o sabor. Dentre várias hipóteses, hoje os analistas de marketing esperam usar o neuromarketing para melhorar as métricas de preferência do consumidor, pois como vemos a simples resposta verbal dada à pergunta: "Você gostou deste produto?" pode nem sempre ser verdadeira devido a um viés cognitivo. Este conhecimento vai ajudar a criar produtos de marketing e serviços concebidos de forma mais eficaz e campanhas de comunicação, mais centradas nas respostas do cérebro. O neuromarketing irá dizer às empresas como o consumidor reage, em relação à cor da embalagem, ao som da caixa quando abaladas, ao cheiro de determinados produtos entre tantas outras questões".

que uma estrutura central e centralizante pudesse ter sucesso na atualidade.

Lorenzetti[80] aponta o *desprestígio da Lei*, como um fator igualmente importante, pois são elaboradas leis casuística para a resolução de problemas específicos e, muitas vezes, particulares, de pessoas ou grupos econômicos e políticos influentes.

É desprestigiada a Lei por possuir, em vários momentos, um completo afastamento dos fatos conforme são efetivamente vividos e, com mais gravidade, pelo alheiamento aos valores que o senso comum da sociedade se acostumou a conviver. Tal acontece inclusive pela utilização de uma linguagem altamente técnica e, portanto, de difícil compreensão para a maioria dos destinatários da norma, os quais, na atualidade, não podem ser exclusivamente os juízes, promotores, procuradores, advogado, defensores ou professores, mas o cidadão e a cidadã comuns.

A Lei da codificação, positivista, por ser rígida, objetiva, totalizante, acaba por apresentar contradições com os fatos, com os valores e com as próprias estruturas normativas vigorantes nos sistemas fechados, fermentando uma ocorrência, que, na teoria dos sistemas é chamada de *entropia*,[81] ou seja, é um voltar-se para dentro, é a introspecção do sistema, que culminará na sua morte, por carência de alimento, de combustível, de novas informações que oportunizem ao sistema acompanhar a dinâmica da vida e dos acontecimentos.

A própria ampliação de direitos no século XX e XXI retirou do seu extremo grau de importância o Direito Subjetivo, instituto este, na forma já vista, que serviu para alavancar, no século XVIII e XIX, as revoluções e os Estados Liberais, estimulando a prevalência do indivíduo *igual* e de sua vontade *livre* como o único ator com possibilidade de formar contratos, de ter propriedade, de possuir o direito de ação judicial (com o individualismo do século XVIII e XIX ocorreu uma diminuição das ações coletivas). Tal noção serviu imensamente para os propósitos

---

[80] Op. cit., p. 57.

[81] Ver em <www.pt.wiktionary.org/wiki/entropia>, acesso em 05.07.2012.: "*Física*) medida da quantidade de desordem que há em um sistema (*Física*) medida atrelada à quantidade de energia interna não-utilizável ou perdida dadas as transformações ocorridas no sistema no que concerne à viabilidade de produzir trabalho. A parcela da energia interna de um sistema não disponível para produzir trabalho é dada pelo produto da entropia pela temperatura absoluta do sistema (pelo produto T.S)." Também <www.members.tripod.com/professor_arnoldo.br>, acesso em 05.07.2012: "Entropia – (do grego entrope, uma transformação) – de acordo com a 2º Lei da Termodinâmica a entropia é vista como a perda da energia em sistemas isolados levando a degradação e desintegração e ao desaparecimento. É um processo pelo qual um sistema tende à exaustão, à desorganização e à desintegração e por fim à morte".

da codificação e o seu decréscimo irá contribuir, na razão inversa, para a descodificação.

De fato, a noção de direito subjetivo é ampliada devido ao surgimento dos direitos transubjetivos, ou seja, os direitos difusos, os direitos coletivos *stricto sensu*.

Transubjetividade é a característica dos direitos que extrapolam o âmbito individual, são os *transindividuais*, os *metaindividuais*, os *supraindividuais*, dos quais ninguém é beneficiário exclusivo, mas sim todos aqueles que eventualmente se encontrem reunidos por uma *origem comum fática* (no caso dos direitos difusos, exemplo: uma publicidade enganosa veiculada pela televisão atinge pessoas indeterminadas que estão reunidas por esta circunstância fática; o despejo irregular de óleo ou de chorume de uma central de resíduos sólidos é uma circunstância fática que une e atinge pessoas indeterminadas) ou por uma origem comum jurídica (no caso dos direitos coletivos *stricto sensu*, caracterizados pela existência de uma relação jurídica base, como um contrato, o casamento etc. Exemplo: os pais e alunos de uma escola estão reunidos entre si e com a própria escola por uma relação jurídica base, que é o contrato. Assim, a utilização de um índice de reajuste das mensalidades ilegal por parte da escola atingirá todos os que se encontrem englobados pela *origem comum jurídica*, que é o contrato de ensino).

Sem dúvida, portanto, que os direitos metaindividuais atuaram fortemente para a descodificação, ao mesmo passo em que possibilitaram uma efetiva proteção aos Direitos Fundamentais, que irão se constituir em uma das grandes forças transformadoras de todo o convívio da pós-modernidade.

Os direitos *metaindividuais* também promoveram a aniquilação da *summa divisio* Direito Público/Direito Privado,[82] fato este que, da mesma forma, contribuiu para a descodificação, pois esta divisão não mais é compatível com as realidades múltiplas, plurais, complexas e desafiadoras impostas na chamada pós-modernidade.

Elton Venturi[83] assim comenta sobre o assunto, ao abordar a passagem do Estado Liberal para o Estado Social:

> Desta forma, curiosamente, o estudo da evolução dos direitos difusos, que remonta ao início do século passado, revela que o atraso no reconhecimento da sua *existência*

---

[82] Sobre a divisão direito público e direito privado, conferir e magnífico trabalho de Alexandre Pasqualini: O Público e o Privado. In: *O Direito Público em Tempos de Crise – Estudos em homenagem a Ruy Ruben Rushel*. Porto Alegre: Livraria do Advogado, 1999, p. 15-37.

[83] *Processo Civil Coletivo: a tutela jurisdicional dos direitos difusos, coletivos e individuais homogêneos no Brasil. Perspectivas de um Código Brasileiro de Processos Coletivos*. São Paulo: Malheiros, 2007, p. 51 e 52.

e, portanto, da viabilidade de sua tutela jurisdicional, decorreu menos da ausência de uma consciência dos integrantes da comunidade quanto às aspirações que lhes eram comuns, do que propriamente da carência de efetiva representatividade ou da sua *corporificação* em face da estrutura de poder que se resumia, até pelo menos meados do século XIX, à já então superada contraposição entre o *público* e o *privado*, na qual não encontravam lugar os interesses meta-individuais.

Foi, portanto, a partir da relativização da ideologia individualista e da superação da *summa divisio* entre *público* e *privado* que os direitos difusos encontraram terreno para florescer, mediante o reconhecimento da legitimação para a promoção de sua tutela por intermédio dos chamados *corpos intermediários*, representados por sindicatos, associações de classe, pelo Ministério Público, ou mesmo pela própria Administração Pública.

É importante destacar a importância da superação da *summa divisio*, porque, de fato, não existe um critério que seja aceito por todos e que tenha força para delimitar o que seja estritamente *público* e o que seja estritamente *privado*.

Em muitos casos concretos fica difícil identificar qual a solução que, efetivamente, atenderá ao interesse público ou se, em realidade, servirá para a satisfação de interesse meramente privado da autoridade que a estiver executando.

Outras vezes, encontraremos contradição entre o interesse público primário, identificado com a satisfação dos interesses da coletividade como um todo, e o interesse público secundário das Administrações Públicas.

A razão está com Edgar de Godoi da Mata-Machado,[84] quando esclarece sobre o tema nos seguintes termos:

> Não se entendem os autores, quando se esforçam por estabelecer o fundamento, a base, a razão de ser de tal distinção. É que, a nosso ver, acentua-se demais o aspecto *regra* do direito, e não há como determinar, com rigor incontrastável, se uma regra de direito tem caráter público ou caráter privado.
>
> Razão existe, entretanto, para que a velha dicotomia se mantenha, a servir de modelo para a estruturação dos cursos jurídicos, sendo, ainda, em qualquer hipótese, aplicável a certos ramos da Ciência do Direito, como Constitucional, unanimemente tido como Direito Público, ou ao Direito Civil, como Direito Privado. É que todo seu valor repousa, unicamente, numa questão de metodologia ou de didática (...) EVARISTO DE MORAIS FILHO – que escreveu sobre o assunto o que há de melhor em nossa língua (pp. 9-11, vol. II) – para mostrar a impossibilidade de uma "teorização dogmática absoluta" da famosa divisão, observa que as circunstâncias históricas fazem com que varie o conteúdo ora de um, ora de outro desses aspectos do Direito Positivo. Exemplifica com a religião, antes matéria do Direito Público, hoje remetida ao âmbito das coisas privadas; e com a

---

[84] *Elementos de Teoria Geral do Direito:* Introdução à Ciência do Direito. Belo Horizonte: Veja, 1972, p. 153 e 174. Para ele direito público seria o Constitucional, Administrativo, Financeiro, Eleitoral, Penal Internacional Público e do Trabalho, sendo que o direito privado seria o direito civil e o comercial.

relação de emprego, antes chamada de arrendamento ou de locação de serviço, tema de Direito Privado, hoje incluída, em sua maior parte, no Direito Público.

Serve a distinção, portanto, apenas para fins didáticos, se é que pode ser considerada didática uma classificação que não encontra respaldo na realidade normativa e tampouco na realidade vivida.

A referência ao fim da divisão *público/privado*, portanto, se justifica, na medida em que, na atualidade, tanto o direito ambiental como o Direito do Consumidor não podem receber o rótulo de direito *público* ou de direito *privado*,[85] porque a realidade social e normativa impedem tal injustificável e rígido entendimento. O caso concreto e a vinculação à noção do que seja interesse público ao conceito de relevância social, para mim, é que terão o condão de autorizar a opção pela definição mais adequada, para que, assim, possa ser obedecido o princípio da supremacia do real interesse público sobre o privado, até porque, segundo indica Humberto Ávila:[86] "(...) o interesse privado e o interesse público estão de tal forma instituídos pela Constituição brasileira que não podem ser separadamente descritos na análise da atividade estatal e de seus fins. *Elementos privados estão incluídos nos próprios fins do Estado* (p. ex. preâmbulo e direitos fundamentais)".

Ademais, a defesa do consumidor é Direito Fundamental. Ao dispor sobre os direitos e garantias fundamentais, o legislador constituinte, expressa e inequivocamente, determinou,[87] no inciso XXXII do artigo 5º, que "o Estado promoverá, na forma da lei, a defesa do consumidor", e elevou a defesa do consumidor ao patamar de princípio da ordem econômica, nos termos do artigo 170, inciso V,[88] sendo ratificada a urgência e a relevância da regulação da matéria no artigo 48 do Ato das Disposições Constitucionais Transitórias ("O Congresso Nacional, dentro de cento e vinte dias da promulgação da Constituição, elaborará código de defesa do consumidor)".

A análise de alguns relacionamentos de consumo, principalmente aqueles em que tenham havido agressões aos consumidores coletiva-

---

[85] Sobre a natureza pública do direito do consumidor ver MORAES, Paulo Valério Dal Pai e DE CAMILLIS, Márcio. O público, o privado, e o direito do consumidor: loteamentos, empréstimos consignados na folha de servidores públicos, autorização para a impressão de documentos fiscais e outras relações de Consumo. *In*: RDC nº 70/ 236 até 300. Abril-julho de 2009.

[86] Repensando o Princípio da supremacia do interesse público sobre o particular. *In: O Direito Público em Tempos de Crise – Estudos em Homenagem a Ruy Rubem Ruschel*. Organizador SARLET, Ingo Wolfgang. Porto Alegre: Livraria do Advogado. 1999, p. 111.

[87] A conjugação verbal "promoverá", contida no inciso XXXII do artigo 5º da CF/88, evidencia a existência incontroversa de um comando; estabelece-se um dever, e não uma faculdade.

[88] "Art. 170. A ordem econômica, fundada na valorização do trabalho humano e na livre iniciativa, tem por fim assegurar a todos existência digna, conforme os ditames da justiça social, observados os seguintes princípios: (...) V – defesa do consumidor;".

mente considerados, em decorrência de problemas ambientais, é que determinará a qualificação como Direito Público ou como Direito Privado ao Direito do Consumidor, se é que isso é relevante.

No caso de danos massificados, na forma do que na sequência será demonstrado, a proteção dos interesses difusos, coletivos *stricto sensu*, individuais homogêneos e, mesmo, individuais dos consumidores, é uma imposição constitucional que deve ser concretizada, não podendo haver qualquer preconceito formal que possa afastar tal determinação da Lei Maior, em nome de um injustificável apego a categorias já ultrapassadas.

7. A ressistematização com base nos direitos fundamentais

Ricardo Lorenzetti cita Alexander Woodcock e Monte Davis quando escrevem sobre a Teoria de Lãs Catástrofes, procurando com isto ilustrar os momentos de transformação importantes na evolução do Direito e da própria humanidade.

Assim, refere que tal Teoria "(...) considera que se produz um ponto de saturação, que obriga a saltar a um estágio distinto, mediante novas estruturas adaptativas".[89]

Exatamente isto que aconteceu após as realidades que marcaram a descodificação. O processo dinâmico e, conforme já escrito, evolutivo da humanidade chega nos primórdios do século XX ao seu ápice de suportabilidade, não mais sendo aceito o Estado Formal de Direito, nas palavras de Carmen Lucia Silveira Ramos,[90] um Estado "enraizado no racionalismo-individualista,", estruturado a partir de um sistema jurídico liberal que "induz à lógica, à generalidade e à abstração". Como consequência, um sistema que: "(...) exagera o papel da razão, em detrimento da experiência, utilizando como método de investigação científica os dados obtidos por dedução, excluindo os elementos empíricos obtidos por indução".

A sociedade do século XX passou, portanto, a contestar o papel do Estado em todos os níveis. Já não mais pode ser o Estado *expectador*, precisando converte-se em um *Estado Material de Direito, realizador de políticas públicas* que possam, efetivamente, resultar na produção de condições dignas às populações.

Impõe-se, desta forma, um Direito de cunho *funcional*, compatível com as novas realidades e que esteja vinculado ao contexto histórico-cul-

---

[89] *Fundamentos de Direito Privado*. São Paulo: Revista dos Tribunais, 1998, p. 78.

[90] *Repensando Fundamentos do Direito Civil Brasileiro Contemporâneo*, Coordenador FACHIN, Luiz Edson Fachin. Rio de Janeiro: Renovar, 1998, p. 12.

tural, representado por uma série de acontecimentos de ordem econômica, política, social e filosófica.

No plano econômico, iremos verificar o esgotamento do modelo capitalista originalmente concebido, o qual, nitidamente, é marcado pelo que Ingo Wolfgang Sarlet[91] chamou de "poluição das liberdades, que caracteriza o processo de erosão e degradação sofrido pelos direitos e liberdades fundamentais, principalmente em face do uso de novas tecnologias, assumindo especial relevância o direito ao meio ambiente e à qualidade de vida".

Ainda sob o enfoque econômico, ficou evidenciado que a liberdade em excesso, afastada de outros parâmetros limitadores e necessariamente impostos pelo Estado, conduzirá, como de fato ocorreu, ao surgimento dos grandes oligopólios do final do século XIX, pois as várias estratégias de combate concorrencial e anticoncorrencial[92] passam a ser usadas em larga escala, alijando do mercado as empresas mais frágeis economicamente, que acabam sendo absorvidas, muitas vezes a preço vil, pelas detentoras de maior potencial econômico. Há quem sustente estar a origem das Sociedades Anônimas neste fenômeno de concentração industrial.

A produção em série oportuniza um grande desenvolvimento em vários setores, mas traz consigo a produção de problemas massificados que naturalmente decorrerão da falta de concorrência, da falta de qualidade, de segurança e tantas outras situações que irão estimular o aparecimento dos movimentos consumeristas, principalmente nos Estados Unidos da América.[93] O meio ambiente sofre, na mesma medida, as agressões desse tipo de economia sem controle e com elas se evidenciam os reflexos diretos nos trabalhadores, nos cidadãos rurais e urbanos, que precisam se submeter ao sacrifício pessoal de entregar a própria vida em prol da preponderância do chamado *desenvolvimento industrial*.

---

[91] *A Eficácia dos Direitos Fundamentais*. Porto Alegre: Livraria do Advogado, 1998, p. 51.

[92] Vide BRUNA, Sérgio Varela: *O Poder Econômico e a Conceituação do Abuso em seu exercício*. São Paulo: Revista dos Tribunais, 1997.

[93] Vide FILOMENO, José Geraldo de Brito. *Código Brasileiro de Defesa do Consumidor Comentado pelos Autores do Anteprojeto*. 5ª ed. rev. e atual. até outubro de 1997. Rio de Janeiro: Forense Universitária, 1998, p. 46 e 47: "Não é por acaso, aliás, que o chamado 'movimento consumerista', tal qual nós o conhecemos hoje, nasceu e se desenvolveu a partir da segunda metade do século XIX, nos Estados Unidos, ao mesmo tempo em que os movimentos sindicalista lutavam por melhores condições de trabalho e do poder aquisitivo dos chamados 'frigoríficos de Chicago'. Ou seja, o sucesso da luta por melhores salários e condições de trabalho certamente propiciaria, como de resto propiciou, melhores condições de vida. Somente em 1891, com a criação da Consumer's League em Nova York, é que se cindiu o movimento trabalhista-consumerista, cada qual enveredando pelo seu próprio caminho, mas com propostas bastante semelhantes, sobretudo quanto aos instrumentos de tutela de seus interesses".

Enfocando o aspecto espacial, as populações já estão mais concentradas em cidades, cada vez mais saindo o homem do campo para engrossar os cinturões de miséria que se formam principalmente nas grandes metrópolis, fenômeno este que, na atualidade, é passível de ser visualizado igualmente nas pequenas cidades.

Junto com a urbanização, estão agregados todos os malefícios da falta de planejamento de ruas, de esgotamento sanitário, de água, de luz, de segurança, de resíduos sólidos, em suma, é um novo modo de viver que não pode estar entregue ao acaso, à ausência de regulação e de qualquer interferência estatal.

No plano político, a experiência de um modelo de sistema jurídico fechado, formal e neutro,[94] evidenciou a insegurança a que ficam submissos os jurisdicionados, quando é aplicada a frieza da Lei para regular situações que absolutamente não apresentam compatibilidade com ela, servindo este alheiamento do contexto social somente para a manutenção de modelos políticos autoritários e totalitários, como são exemplo o nazismo e o fascismo.

Torna-se obrigatória, portanto, uma nova ordem política, que esteja embasada na participação política real, a fim de que se concretize um Estado Democrático de Direito,[95] como único capaz de prover as inúmeras necessidades que integraram e integrarão o cotidiano do homem dos séculos XX e XXI.

Na perspectiva social, verifica-se o crescimento de uma insatisfação que naturalmente adviria das realidades antes analisadas, haja vista que as carências da emergente pós-modernidade são qualitativa e quantitativamente superiores, até por causa do crescimento populacional, que encontra aliado em algumas concepções religiosas e culturais descompromissadas com as imprescindíveis exigências de que sejam implementadas políticas ambientais, educacionais, de saúde e de organização social *lato sensu*.

Essa dimensão social pode ser sintetizada no problema do acesso aos bens, por intermédio do *direito privado* – hoje, é verdade, com uma

---

[94] KELSEN, Hans. *Teoria Pura do Direito*. 4ª ed. Coimbra: Armênio Amado, 1979, p. 17: "Quando a si própria se designa como 'pura' teoria do Direito, isto significa que ela se propõe garantir um conhecimento apenas dirigido ao Direito e excluir deste conhecimento tudo quanto não pertença ao seu objecto, tudo quanto se não possa, rigorosamente, determinar como Direito. Quer isto dizer que ela pretende libertar a ciência jurídica de todos os elementos que lhe são estranhos. Este é o seu princípio metodológico fundamental".

[95] SARLET, Ingo Wolfgang. *A Eficácia dos Direitos Fundamentais*, op. cit., p. 62, assim comenta sobre o tema: "A liberdade de participação política do cidadão, como possibilidade de intervenção no processo decisório e, em decorrência, do exercício de efetivas atribuições inerentes à soberania (direito de voto, igual acesso aos cargos públicos etc.), constitui, a toda evidência, complemento indispensável das demais liberdades".

natureza bastante evidente de Direito Público –, assunto aprofundado com maestria por Ricardo Luis Lorenzetti,[96] motivo que obriga à transcrição de tais lições:

> Foi já observado que vivemos em uma "sociedade de dois terços'. Uma reduzida minoria opulenta, uma maioria acomodada que se beneficia de políticas liberais e fiscalmente restritivas, e outro grupo, igualmente numeroso, que vai sendo progressivamente posto de lado, encaminhado ao "quarto mundo"; são as faces obscuras do progresso tecnológico. Disso infere-se que o funcionamento do mercado atual apresentaria uma falha estrutural, uma vez que é incapaz de satisfazer a um grupo de pessoas excluídas, cujo número é variável.
>
> Este é um dos problemas fundamentais da conformação econômica atual: produz-se riqueza e bens, porém uma grande parte da população não pode delas usufruir.
>
> O excesso de consumo convive com a pobreza mais ignominiosa, as tecnologias mais assombrosas não logram obscurecer expressões de um primitivismo que se acreditava abandonado. Tanto na escala mundial como nas sociedades nacionais, bem como nas cidades, o problema da ruptura da existência de dois mundos distintos, o da exclusão e o do acesso, faz-se.
>
> O problema distributivo se traslada até os principais setores do cenário social.

Com esta abordagem, o grande mestre argentino intenta demonstrar que o problema do *acesso* será um vetor para a ressistematização do direito civil, nos seus mais variados aspectos.

Tal enfoque, inclusive, pode ser considerado o preponderante ou, talvez, como um marco de transição do antigo regime clássico para a nova concepção dita pós-moderna. Um marco, porque é a passagem da consideração do *indivíduo-isolado*, atomizado, na dicção de Michel Miaille, já comentada, para o *indivíduo-situado*. Um marco, porque é a alteração da concepção do ser humano como um *indivíduo* para, então, passar a ser aceito como uma *pessoa*, ou seja, um ser *contextualizado*, *inter-relacionado* com outras pessoas, bens, serviços e circunstâncias naturais. Um ser com importância ímpar, pois aquilo que com ele ocorrer terá reflexos, de um modo geral, na sociedade como um todo. Basta que se veja que o não pagamento de uma conta de energia elétrica, de abastecimento de água, uma decisão judicial criando precedente sobre eutanásia, ou sobre a responsabilidade objetiva nos serviços de transporte público acabarão, inevitavelmente, tendo reflexos na sociedade como um todo.

A questão do *acesso* marca, também, uma nova perspectiva por intermédio da qual deve ser pensado e praticado o Direito.

---

[96] *Fundamentos de Direito Privado*. Op. cit., p. 85.

De fato, o Direito Clássico fora erigido para a regulação dos *sujeitos de direito*, conforme diz Lorenzetti,[97] "já instalados e bem". Aqueles que já têm saúde, já têm moradia, já possuem alimento, estão empregados.

Entretanto, o Direito Pós-Moderno terá de se voltar para *os que não as têm*.

Não têm moradia, devendo o Estado criar programas para a facilitação da casa própria.

Não têm direito ao trabalho. Sendo, assim, fundamental a produção de políticas públicas para a criação de empregos, a formulação de regras para amparar os desempregados (as normas do seguro-desemprego, pois o *desempregado* é um novo *sujeito de direito* na pós-modernidade), a atenção para o estímulo a fontes alternativas de sobrevivência (pequenos negócios, crédito ao pequeno empresário etc.).

Não têm direito à propriedade, aos bens públicos, ao mercado, ao consumo, aos contratos, à imprensa e, principalmente, não tem direito ao acesso à justiça, em especial as grandes massas difusas de excluídos desse mundo tão complexo.

Não têm um meio ambiente saudável e digno, que possa garantir uma qualidade de vida adequada às gerações futuras.

Por último, então, o enfoque filosófico, o qual, em nosso entender, é a locomotiva das transformações verificadas na história da humanidade.

O movimento de ressistematização se completará e assumirá uma dimensão mais concreta por intermédio da constitucionalização do direito dito privado – que preferimos chamar de publicização do direito privado – e do desenvolvimento da teoria dos direitos fundamentais, que, concretamente, terá o condão de unificar todos o demais reajustes e transformações ocorridos nos planos econômico, social, jurídico e político.

A Constitucionalização do Direito dito Privado passa a acontecer pela necessidade de que seja estabelecida um ordem positivada superior integrada por conteúdos materiais capazes de outorgar efetividade aos anseios da população.

Para tanto, as constituições começam no início do século XX a consagrar valores que servirão como paradigmas na orientação de toda a interpretação legal, o que irá alterar, profundamente, a regulação da convivência do ser humano pós-moderno, realizada pelo *Novo Direito*.

---

[97] Op. cit., p. 86.

Concepções inovadoras como a de que a propriedade obriga (Constituição Mexicana de 1917 e de Weimar – 1919), origem da função social da propriedade, novidades inclusas na constituição no tocante à ordem econômica (o artigo 170 da Constituição Federal, que trata da ordem econômica, contém um rol bastante extenso de princípios que informarão todo o direito privado, dentre eles o da livre iniciativa, da defesa da concorrência, da defesa do meio ambiente, do consumidor, do pleno emprego, das desigualdades sociais etc.) e, principalmente, a positivação dos direitos fundamentais neste plano superior normativo serão a representação mais fiel deste fenômeno que terá como centro a pessoa humana e a proteção da sua dignidade.

Os direitos fundamentais, por sua vez, nessa promoção da ressistematização, passam a integrar o direito positivo constitucional e infra-constitucional, organizando o sistema de normas e de princípios em compatibilidade com os valores e realidades do modo de viver dos séculos XX e XXI, mas acima de tudo pautados pela consagração dos ideais de liberdade, igualdade e dignidade que lhe são inatos.

Realizando um breve histórico, podemos identificar a grande importância das doutrinas jusnaturalistas para a sua formulação, em especial o pensamento de Santo Tomás de Aquino em torno da igualdade dos homens perante Deus e da dignidade humana como valor fundamental.

Também no nominalismo de Guilherme de Ockam iremos encontrar os embriões do individualismo que resultaram na formulação do conceito de *direito subjetivo*,[98] o qual será a matéria-prima para o reconhecimento dos direitos fundamentais originalmente positivados.

De pontuar, também, a contribuição de John Locke e Hobbes, por terem desenvolvido, nas palavras de Sarlet:[99]

A concepção contratualista de que os homens têm o poder de organizar o Estado e a sociedade de acordo com sua razão e vontade, demonstrando que a relação autoridade-liberdade se funda na autovinculação dos governados, lançando, assim, as bases do pensamento individualista e do jusnaturalismo iluminista do século XVIII, que, por sua vez, desaguou no constitucionalismo e no reconhecimento de direitos de liberdade dos indivíduos considerados como limites ao poder estatal.

A Kant,[100] por sua vez, coube o desenvolvimento do direito de liberdade, como abrangente de todos os demais, evidenciando a sua importância na formulação dos direitos fundamentais.

---

[98] SARLET, Ingo Wolfgang. op. cit., p. 39, cita Hugo Grócio na sua conceituação de *direito subjetivo*, como sendo a "(...) faculdade da pessoa que a torna apta para possuir ou fazer algo justamente".
[99] Idem, p. 41.
[100] Ibidem.

Em uma segunda consideração específica sobre os direitos fundamentais, cabe mencionar que os autores divergem quanto à classificação dos mesmos.

Na classificação adotada por Ingo Wolfgang Sarlet, no fabuloso livro citado, estariam eles divididos em: a) direitos fundamentais de primeira dimensão; b) direitos fundamentais de segunda dimensão; c) direitos fundamentais de terceira dimensão.

De primeira dimensão seriam os direitos fundamentais baseados no princípio da liberdade e no individualismo que emergiu dos ideários do Estado burguês que ascendeu ao poder no século XVIII, principalmente na Europa e nos Estados Unidos da América. São exemplos as Constituições francesas de 1793 e 1848, a Constituição brasileira de 1824 e a Constituição alemã de 1849.

A implementação de tais valores foi uma necessária reação aos séculos de jugo imposto pelo absolutismo, evidenciando-se, portanto, como prioridade o completo afastamento entre o Estado e o *Indivíduo*, motivo maior do surgimento da distinção direito público/direito privado.

De fato, direitos como o direito à vida, à propriedade, à liberdade, à igualdade perante a lei serviram para alicerçar o Estado-Liberal burguês, interessado em outorgar uma importância suprema ao *indivíduo*, como forma de estimular os empreendimentos individuais que pudessem resultar na maior produção de riquezas.

Veja-se que a natureza dos grupos que assumiram o poder era eminentemente negocial, tornando-se imprescindível para o cumprimento dos seus propósitos a confirmação social da liberdade, como forma de implementar o desenvolvimento, de acordo com o que era concebido na época. Paradigmáticas são as lições e o acórdão citado por José Reinaldo de Lima Lopes,[101] palavras que merecem transcrição:

> (...) O eixo do raciocínio era que os eventuais danos provocados pelas máquinas ou pelas indústrias constituíam um acidente inevitável, preço que de bom grado deveria ser pago em troca dos avanços que a ciência e a técnica faziam. Estas, por seu turno, propiciariam no futuro a todos um nível de vida muito mais satisfatório, confortável, materialmente mensurável pelo consumo de novos bens e pela ampliação das oportunidades. Em 1873, uma corte de justiça do Estado de Nova Iorque assim se pronunciava: "Precisamos ter fábricas, máquinas, represas, canais e ferrovias. São exigidos pelas diversas demandas da humanidade e constituem a base de nossa civilização. Se eu tiver qualquer destas coisas em minhas terras, e não forem um distúrbio e não forem usadas de modo a se tornarem tal, não sou responsável por qualquer dano que acidental ou inevitavelmente causam ao meu vizinho".

---

[101] *Responsabilidade Civil do Fabricante e a Defesa do Consumidor*. São Paulo: RT, 1992, p. 19-20.

A decisão acima traduz os valores e as realidades vividas naquela época, importando para que se tenha noção do momento histórico e social vivido e, dessa forma, se possa aquilatar os benefícios e avanços gerados pela *Revolução Industrial* alavancada pelos Estados-Liberais.

No direito privado da época iremos verificar a prevalência da autonomia da vontade, da força obrigatória dos contratos, da relatividade dos contratos, ou seja, liberdade e igualdade para contratar e livremente dispor dos bens, eis que "todos são iguais perante a lei", mas, simultaneamente, iremos encontrar a responsabilidade pela culpa, a teoria do vício redibitório e tantas outras estruturas que, na atualidade, não podem ser aceitas como vias únicas de resolução de conflitos em termos de responsabilidade civil.

Com a evolução do *homem* do século XIX, os valores e realidades se alteram. Verifica-se que os lesados não têm condições *reais, materiais*, de provar a culpa, ou seja, a imprudência, a imperícia e a negligência. Isso acontece, porque no plano fático as coisas são diferentes. Veja-se em uma situação hipotética de uma explosão de uma máquina a vapor em uma fábrica no período da *revolução industrial*. Em primeiro lugar, o lesado teria as dificuldades normais de custeio da cura dos ferimentos, pois os salários eram ínfimos. Em segundo plano, teria a vítima dificuldades de contratar um advogado, devido aos altos custos dos poucos profissionais da época. Caso ultrapassasse estes problemas, demandaria e teria de provar a imprudência, a imperícia ou a negligência, o que somente poderia ser feito por intermédio de uma perícia. Quem seria o perito? Quanto custaria este profissional? Existiriam profissionais com nível suficiente, idoneidade e disponíveis naquele tempo? Como resultado da análise da vida como ela era, fica fácil projetar o grande clima de insatisfação que passou e imperar já em meados do século XIX, o que ocasionou a emergência dos direitos de 2ª dimensão.

Os direitos de segunda dimensão ou geração se caracterizam pela sua dimensão positiva, diversamente dos anteriores, que tinham sua essência na liberdade negativa, motivo pelo qual o Estado deveria se abster de interferir na atividade privada. Os de segunda dimensão irão caracterizar a mudança de uma postura passiva do Estado, embasada nos dogmas da liberdade e igualdade meramente formais, para uma atuação ativa do ente Público, no sentido de efetivamente implementar liberdades materiais e de configurar reais igualdades no contexto social.

A observação dos fenômenos sociais, econômicos e políticos daquele período evidenciam que as liberdades e a igualdade passaram a ser maculados não somente pelo Estado, mas, principalmente, pelos próprios *autores* dos ideários libertários. As grandes fábricas, os grandes grupos com poder econômico considerável surgem como os novos agressores dos direitos fundamentais, exigindo a sociedade, nesse momento, uma atuação ativa do Estado na repressão aos abusos que proliferaram no final do século XIX e início do século XX.

O século XX, em especial o seu final, foi revelador de um outro poder social, não mais atrelado diretamente ao Estado, mas em igual ou maior dimensão necessitando de limites.

Carlos Roberto Siqueira Castro[102] realiza uma síntese excelente sobre essa transformação, motivo pelo qual transcrevo suas lições:

> Tendo a desigualdade em todas as escalas se tornado a argamassa e sustentação das sociedades na era pós-industrial, a implantação da segregação entre indivíduos e grupos que detêm o poder e indivíduos e grupos que constituem a clientela do poder gerou o surgimento de uma nova fonte de ameaça social: a ameaça dos poderosos, que controlam os mercados de produção e consumo de que depende a vida humana, contra a multidão de debilitados social e economicamente que se esfola nas engrenagens da sobrevivência na sociedade de massas. Na verdade, as ameaças que hoje o Estado faz pesar sobre o exercício dos direitos humanos tornam-se a cada dia mais secundárias nas nações de desenvolvimento cultural e político, comparadas às agressões que os indivíduos e grupos detentores de poder social fazem pesar sobre as liberdades daqueles destituídos de influência ou sem condições materiais de participar minimamente da concorrência pela vida em padrões aceitáveis de dignidade. Em suma (...) o Estado deixa gradativamente de ser o grande e único inimigo das liberdades públicas, haja vista que proliferam na sociedade outros focos de poder – poderes inorgânicos e não departamentais da soberania do Estado – a exemplo do poder da mídia e das comunicações, do poder dos bancos no sistema financeiro, do poder tecnológico, do poder patronal-empresarial dos oligopólios e do poder do banditismo paramilitar, dentre outros, todos eles potencialmente em condições de periclitar a todo instante o exercício dos direitos fundamentais do homem. Tal fenômeno da sociedade contemporânea, sobre demonstrar que a opressão pode ser tanto pública quanto privada, enseja uma transmudação do conceito clássico de mando político, o que não deixa de ser paradoxal. A despeito de o Estado intervir crescentemente no domínio de atividades antes relegadas à livre disposição da vontade privada, sob o influxo do constitucionalismo social e econômico, o poder da fonte pública de influência no espaço social cede terreno cada vez mais para o poder de influência social de certos grupos e conglomerados empresariais, a ponto de deixar defasada a antinomia indivíduo-poder político ou Estado-sociedade civil que ainda há pouco fazia as honras do modelo liberal. De fato, o potencial de influência e de direção da sociedade já não é mais monopólio do Estado, antes começa a se concentrar em outros focos de comando social, cujas decisões interferem decisivamente no mercado dos bens e serviços indispensáveis à vida humana e, assim, na própria existência individual e coletiva.

---

[102] Extensão dos Direitos e Deveres Fundamentais às Relações Privadas. *In: Revista da EMERJ – Escola da Magistratura do Rio de Janeiro* nº 23, 2003. v. 6, p. 160.

Essas novas realidades induziram, então, à transformação para um Estado Social de Direito, sendo possível a verificação de várias normas que promoveram as primeiras alterações, no campo da responsabilidade civil, da organização do relacionamento laboral e tantos outros, além do que, passam a ser reconhecidos direitos fundamentais nas cartas constitucionais.

Este foi, sem dúvida, um passo importantíssimo, mas, evidentemente, não suficiente, pois de nada vale normatizar direitos sem implementá-los, motivo pelo qual a sociedade, na sua valoração[103] constante, impõe uma progressão neste sentido, promovendo o surgimento do chamado Estado Democrático de Direito, o qual terá com função precípua a concretização dos valores que orientam a sociedade, não podendo eles permanecer como meros adornos normativos sob o argumento de que possuem conteúdo apenas programáticos.

Júlio Cezar Finger[104] assim aborda o assunto:

O eminente Catedrático de Filosofia do Direito da Universidade de Sevilha, Prof. Antonio-Enrique Perez Luño, também sobre os fenômenos contrários às aspirações do Estado Social de Direito, alude ao *centralismo de Estado, às desigualdades sociais e econômicas, às multinacionais, aos grandes monopólios e à manipulação da opinião pública pelos meios de comunicação*. Buscou-se, a partir de tais constatações, a formulação do Estado *Democrático* de Direito, o qual, amalgamando o *princípio democrático* ao Estado Social, propiciasse um enfrentamento às posturas teóricas conservadoras que advogavam uma interpretação fragmentária e programática dos direitos fundamentais, neles incluídos os econômicos, sociais e culturais. O Estado democrático de Direito, portanto, é um Estado comprometido constitucionalmente com a realização efetiva dos direitos fundamentais. Para tanto deve estar dotado de instrumental jurídico passível de judicialização de uma gama maior de conflitos gerados pela efetivação daqueles direitos, aos quais se passou a reconhecer eficácia vertical e horizontal. Assim é que se pode, falar, com Willis S. Guerra Filho, que o Estado Democrático de Direito provoca um "sensível deslocamento do centro de decisões relevantes do Legislativo e Executivo em relação ao Judiciário". Nesse mesmo sentido Lenio Streck, ao afirmar que o Estado Democrático de Direito é "um plus normativo em relação ao (...) Estado Social de Direito.

Assim, iremos identificar nesta categoria as *liberdades sociais* relativas à sindicalização, ao direito de greve, os direitos fundamentais dos

---

[103] De fundamental importância o conceito relativo à *valoração*, pois *valorar* é escolher entre as várias opções que temos. A história da humanidade tem sido a melhor testemunha desta ocorrência, quando nos apresenta a constante atividade do *homem* valorando, escolhendo entre a manutenção do *status quo* ou a sua completa alteração, sempre com vistas à obtenção de melhores condições de vida. Assim caminha a humanidade, *valorando* e dando cumprimento à sua tarefa natural de busca da felicidade.

[104] Constituição e Direito Privado: algumas notas sobre a chamada constitucionalização do direito privado. In: *A Constituição Concretizada, Construindo Pontes com o Público e o Privado*. Organizador SARLET, Ingo Wolfgang. Porto Alegre: Livraria do Advogado, 2000, p. 92,

trabalhadores (férias, repouso remunerado, salário mínimo, jornada de trabalho).

A terceira etapa evolutiva é a que diz respeito aos direitos de terceira dimensão ou geração, os quais irão se caracterizar como direitos atinentes à *qualidade de vida*. Neste estágio não será o *homem-indivíduo* o ator mais importante, mas sim, a proteção de grupos humanos que passarão a ser identificados e a atuar de forma homogênea no contexto social.

Prevalecerão, portanto, enfoques difusos e coletivos dos temas, a fim de que possam ser solucionados casos concretos caracterizados pela sua intensa conflituosidade e, assim, protegidos os direitos fundamentais relativos ao consumidor, ao meio ambiente, ao patrimônio histórico, turístico, paisagístico, à paz, ao desenvolvimento sustentável etc.

Decorrência dos novos inter-relacionamentos humanos, Ricardo Lorenzetti comenta sobre o surgimento natural da *ação coletiva grupal*, diversamente da ação individual humana, que antes se operava nos direitos de Primeira e Segunda dimensão. Irá o autor apontar o surgimento dos *grupos*,[105] ou seja aquelas ocorrências em que: "(...) cada um de seus membros desenvolva uma conduta cooperativa para a consecução de um fim que todos compartilham, de sorte que haja interação entre seus integrantes em torno de um objetivo que os transcende e ao qual se subordinam".

Esses grupos de consumidores, de ambientalistas e tantos outros, irão promover freios aos poderes econômicos emergentes, procurando o estabelecimento de laços de união em torno do conceito milenar de *origem comum*[106] e, dessa forma, fazendo com que, definitivamente, seja a concepção atomizada, individualizada, relegada a um segundo

---

[105] *Fundamentos de Direito Privado,* op. cit., p. 175.

[106] O conceito de *origem comum* possui raízes longínquas nas primeiras ações coletivas intentadas no século XII. Exemplo disso foi caso acontecido na França, quando "(...) em 1179, os aldeões da vila de Rosny-sous-Bois reivindicavam aos seus senhores, o abade e os clérigos de Santa Genoveva em Paris, o fim da condição de servos. Este interessante processo, que envolveu três reis e cinco papas e que consumiu todos os recursos dos aldeões para pagar o procurador, despertou a atenção do autor pela tenacidade do grupo e sua capacidade de organização. Em 1224-1225, vários aldeões desistiram do processo, em virtude das pressões dos clérigos e, finalmente, em 1246, os camponeses acabaram por comprar sua liberdade, sob a condição de não formarem uma 'comuna'.". Esta citação é de MAFRA LEAL, Marcio Flávio. *Ações Coletivas: História, Teoria e Prática.* Porto Alegre: Sergio Antonio Fabris Editor, 1998, p. 21 e 22. O conceito de *origem comum* identifica aquelas situações em que várias pessoas estão unidas por circunstâncias fáticas (uma publicidade, o óleo jogado em um rio, um remédio que causa a morte etc.). Neste caso o conceito decorre de interesse difuso. Quando estejam unidas por uma relação jurídica base (um contrato, um contrato de trabalho, um relacionamento tributário etc.) o conceito de origem comum decorrerá do interesse coletivo *stricto sensu*).

plano. Este processo de molecularização (o homem unido, contextualizado) do ser humano no seio da sociedade será fundamental para o fortalecimento dos hipossuficientes e vulneráveis[107] que passam, pela via do Poder Judiciário – mesmo em nível extrajudicial isso é possível por causa da atuação dos legitimados coletivos produzindo termos de ajustamento de conduta, negociação e acordos que evitem a via judicial –, a atuar de maneira mais forte em nível processual, seja por intermédio das ações mandamentais,[108] da ação popular, da ação civil pública, do inquérito civil, dos procedimentos administrativos ou da ação coletiva de consumo.[109]

Em seguimento, Ricardo Lorenzetti aponta os direitos de Quarta geração como sendo os direitos de *ser diferente*, elencando o direito à homossexualidade, à troca de sexo, ao aborto, a recusar tratamento médico, correspondendo, em realidade, a uma atualização do direito à liberdade, mas com um enfoque eminentemente coletivo, já que à sociedade caberá o dever de respeitá-los, como forma de confirmação da ideia de que *pessoa* é um ser humano contextualizado, motivo pelo qual suas peculiaridades e diferenças devem ser agregadas de maneira harmônica no organismo social.

Os direitos fundamentais de Quinta dimensão seriam, na visão de Ricardo Lorenzetti, os direitos ao desenvolvimento, que possuem uma perspectiva internacional, no sentido de que a aldeia global está inevitavelmente interligada em termos sociais, econômicos, políticos, culturais etc., motivo pelo qual se impõe uma reflexão em nível mundial, a fim de que possam ser estimulados os direitos de terceira dimensão, embasados na fraternidade e na solidariedade.

Assim, barreiras econômicas e políticas, imposições dos países mais ricos em detrimento dos mais pobres, atuações ambientalmente impróprias, auxílios humanitários internacionais e, principalmente, a tendência à configuração de uma ordem jurídica e política global, são exemplos que elucidariam o direito ao desenvolvimento, como forma de promoção de condições de vida digna para a massa de seres humanos que cada vez mais povoa a terra.

Portanto, o movimento de constitucionalização do Direito como um todo, seja ele considerado privado ou público, promoverá a res-

---

[107] Sobre o distinção, vide nosso trabalho: *O Princípio da Vulnerabilidade nos Contratos, na Publicidade e nas Demais Práticas Abusivas*. 2ª ed. Porto Alegre: Síntese, 2001, p. 100.

[108] Lei 12.016/09, que disciplina o mandado de segurança individual e coletivo.

[109] Sobre a distinção entre Ação Coletiva e Ação Pública, vide nosso trabalho: A Coisa Julgada ERGA OMNES nas Ações Coletivas (Código do Consumidor) e a Lei 9.494/97. In: RDC nº 53/119 até 123. Janeiro-março de 2005.

sistematização do que havia sido descodificado, e será procedido por intermédio dos parâmetros filosóficos fornecidos pelos direitos fundamentais de Segunda, Terceira, Quarta e Quinta dimensões. Nesse desiderato, a Lei Maior passa a ser o paradigma normativo para o conduta humana, em especial o aplicador da Lei.

Veja-se que os valores do Estado Liberal integravam o direito civil, atuando esse processo de constitucionalização no deslocamento axiológico para as constituições.

Julio Cesar Finger, citando Eduardo Garcia de Enterría,[110] com precisão, explica que: "(...) a condição de norma superior do ordenamento jurídico, ostentada pela Constituição, é revelada basicamente por duas razões: (i) por se constituir em fonte primária das normas jurídicas, fonte das fontes (...)", e por expressar uma pretensão à permanência, em decorrência da sua natural rigidez. Como consequência, o princípio da constitucionalidade exigirá que todas as normas a ela se conformem, gerando a ideia de hierarquia, sob pena de quebra do próprio sistema.

Outro aspecto da constitucionalização do direito está no fato de que a constituição conterá a proteção da pessoa e não mais, e exclusivamente, do patrimônio, como era o intuito dos códigos oitocentistas. Com isso, despatrimonializa-se o direito, e a norma fundamental passa a conter valores de cunho material, que precisarão ser efetivamente concretizados.

A constitucionalização do direito, da mesma forma, foi imposta pelo natural pluralismo que irá caracterizar a sociedade do século XX e XXI, quando emergem do contexto social, político, econômico e ambiental interesses massificados muitas vezes conflitantes. Nada mais adequado, portanto, que a Constituição passe a ordenar o sistema, pois é da sua própria essência o pluralismo, em vários momentos havendo a previsão de interesses que eventualmente poderão estar em contradição. Basta, para tanto, que se veja o artigo 170 da Constituição Federal brasileira, artigo paradigmático, pois contém a identificação de princípios que, inevitavelmente, acabam se antagonizando no caso concreto, como o são os princípio da livre iniciativa, da função social da propriedade, da defesa do meio ambiente, da defesa do consumidor, da busca do pleno emprego, além de outros.

Julio Cesar Finger[111] sintetiza o fenômeno com muita lucidez, o que obriga a transcrição:

---

[110] In: A Constituição Concretizada, Construindo Pontes com o Público e o Privado. Op. cit., p. 94.
[111] Idem, p. 98.

Nesse sentido é que se afirma que os valores albergados nos princípios constitucionais devem permear todo o ordenamento, conferindo a cada regra a razão de sua validade para a aplicação no caso concreto. Convém fixar, assim, que a concretização de qualquer norma requer a aplicação, direta ou indiretamente, da totalidade do ordenamento, neste incluídas, obviamente, as normas (princípios e regras) constitucionais.

As regras do direito civil não podem ser vistas, dessa forma, como um mundo diferenciado daquele do qual a Constituição participa, e, mais que isso, hierarquiza e conforma sistematicamente. Por assim dizer, é forçoso concluir, que todas as regras infraconstitucionais, não excluídas as civis, devem ser interpretadas *conforme a Constituição*.

Os direitos fundamentais, então, irão sendo positivados e aplicados no direito dito privado e no direito público de várias maneiras, até mesmo em obediência ao artigo 5º, § 1º, da Constituição Federal brasileira. Ingo Wolfgang Sarlet[112] com maestria ensina sobre o tema da eficácia direta e indireta dos direitos fundamentais:

(...) já que a eficácia direita ou indireta apenas pode ser aferida à luz do caso concreto, dependendo, em princípio, da existência de uma norma de direito privado e da forma como esta dispõe sobre as relações entre os particulares, destacando-se as seguintes: a) poder-se-á sustentar que a concretização de determinadas normas de direitos fundamentais por intermédio do legislador ordinário leva a uma aplicação indireta da Constituição na esfera das relações privadas, no sentido de uma aplicação mediada pelo legislador, que, na edição das normas de direito privado, deve cumprir e aplicar os preceitos relativos aos direitos fundamentais; b) uma aplicação indireta da Constituição também se verifica quando o legislador ordinário estabeleceu cláusulas gerais e conceitos jurídicos indeterminados que devem ser preenchidos pelos valores constitucionais, de modo especial os contidos nas normas de direitos fundamentais. Por derradeiro, estar-se-á em face de uma aplicação direta da Constituição quando inexistir lei ordinária concretizadora, não houver cláusulas gerais ou conceitos jurídicos indeterminados aplicáveis ou mesmo quando o seu campo de aplicação for mais restrito do que o das normas constitucionais.

A ressistematização do direito privado e do direito como um todo se operou e continua em processo de implementação sistemática graças à constitucionalização dos direitos fundamentais e à sua materialização nos casos concretos, não podendo ser olvidada a grande contribuição que a nova hermenêutica à luz de princípios forneceu a esse desenvolvimento.

Feitos os alicerces do edifício doutrinário que desejo construir, passo, agora, às implicações mais específicas do tema proposto.

---

[112] Op. cit., p. 337.

8. Danos ambientais complexos e sua regulação pelas leis de proteção à relação de consumo e pelas leis ambientais

8.1. A Teoria Tridimensional do Direito e sua aplicação às leis ambientais e consumeristas

No início deste trabalho, apresentei alguns casos concretos e os fundamentos filosóficos, sociológicos e normativos necessários para a abordagem dos complexos problemas que advêm dos danos massificados envolvendo questões ambientais.

Em realidade, desejava, como antes dito, preparar os leitores para uma melhor compreensão das *inovações* que são apresentadas no presente estudo.

Se fosse possível resumir tudo o que procurei dizer, certamente usaria a palavra *cultura*.

Entretanto, *cultura*, conforme salientei em capítulo anterior, não no sentido de erudição, mas sim como sendo tudo aquilo que o ser humano *experiencia* de maneira relevante ao longo da história, segundo ensinou Miguel Reale.[113]

---

[113] Sobre "CULTURA" ver REALE, Miguel. *Filosofia do Direito*. v. 1. São Paulo: Saraiva, 1962, p. 195 e 196: "Tudo aquilo que o homem realiza na história, na objetivação de fins especìficamente humanos, nós denominamos cultura. A cultura, portanto, poderia ser compreendida da seguinte forma: – *é o cabedal de bens objetivados pelo espírito humano, na realização de seus fins específicos*, ou, com palavras de Simmel: – *'provisão de espiritualidade objetivada pela espécie humana no decurso da história'*. É necessário esclarecer que não são apenas as coisas materiais e tangíveis que compõem o mundo da cultura, mas também os conhecimentos lógicos que se adquirem a respeito dos homens e das coisas e as atitudes ou formas de comportamento social. Tanto compõe a cultura uma estante como um teorema de Pitágoras, um quadro de Rafael ou uma estátua de Donatello. Há, portanto, tantas formas e expressões de cultura quantos os valores que nesses bens se traduzem ou se expressam, significando uma integração do dado da natureza no *processus* da existência humana (...) a cultura está para o espírito como as águas de um rio estão para as fontes de que promanam". Interessante conferir a Exposição de Motivos do Novo Código Civil remetida por Miguel Reale, Supervisor da Comissão Revisora e Elaboradora do Código Civil. In: *Revista Especial EMERJ Debate do Código Civil*. Rio de Janeiro: EMERJ. Fevereiro – junho de 2002, p. 9 a 34.

Já tratei disso no livro *Código de Defesa do Consumidor: o Princípio da Vulnerabilidade*,[114] oportunidade em que citei Gerson Branco,[115] o qual refere que a *"teoria tridimensional do direito* é a consequência da concepção culturalista do direito, sendo expressão da ideia de integridade ou 'solução de caráter integrante'".

Na mesma ocasião, concluí que:[116]

(...) a famosa teoria em referência, além de ser uma lúcida demonstração do fenômeno do Direito, pode ser utilizada como um importante *método de solução de casos concretos*, conforme se verá a seguir, permitindo a resolução de antinomias (excesso de normas para a mesma situação fática ou jurídica, podendo existir, grosso modo, antinomias entre regras, entre regra e princípio ou entre princípios) e a colmatação de lacunas (carência de normas para regular literalmente o caso concreto), a fim de que, por um processo de hierarquização axiológica,[117] possa ser encontrada a *melhor solução*.

Uma representação gráfica e suficientemente didática da Teoria Tridimensional do Direito pode facilitar sobremaneira a resolução rápida e eficaz de situações controvertidas complexas, bastando, para tanto, enquadrar o *caso* nas três faces do triângulo representativo do Direito para a verificação se é possível chegar a um resultado final utilizando predominantemente o mundo da normatividade – integrado por regras, princípios e postulados – ou se a solução mais adequada estará no mundo dos valores (face da idealidade) ou no mundo dos fatos (face da normatividade).

Apresento, então, o Triângulo do Direito, o qual servirá de guia para a interpretação dos temas que irei propor:

---

[114] *Código de Defesa do Consumidor: o Princípio da Vulnerabilidade no Contrato, na Publicidade e nas Demais Práticas Comerciais* – a Interpretação Sistemática do Direito. 3ª ed. Porto Alegre: Livraria do Advogado, 2009, p. 87 a 99.

[115] *Diretrizes Teóricas do Novo Código Civil*. São Paulo: Saraiva, 2002, p. 14.

[116] MORAES, Paulo Valério Dal Pai. *CDC: O Princípio da Vulnerabilidade...*, op. cit., p. 93.

[117] FREITAS, Juarez. *Interpretação Sistemática do Direito*. São Paulo: Malheiros, 1995.

Explicarei como funciona esta ferramenta, utilizando um exemplo que foi declinado no livro *Código de Defesa do Consumidor: o Princípio da Vulnerabilidade* já citado:[118]

Trabalhamos acima com uma antinomia entre regras do C.C. e do CDC Trabalharemos agora com uma antinomia de princípios.

Exemplo: certa feita chegou até a Promotoria de Defesa Comunitária de Porto Alegre reclamação de que fornecedora de frangos estaria causando intensa poluição do ar, das águas do entorno, causando um mal cheiro insuportável na região urbana em que se localizava a fábrica, o que também levou à completa aniquilação do mercado imobiliário dos bairros vizinhos.

Procedida a investigação em sede de inquérito civil presidido por outros Colegas, restou definido que a produção da empresa, que era de aproximadamente 120 mil frangos por dia, teria de ser reduzida para 20 mil frangos, a fim de que fosse solucionado o problema. Chamada a empresa à Promotoria, foi proposta a assinatura de T.A.C. (termo de compromisso de ajustamento),[119] cujo compromisso principal seria a redução da produção diária. A empresa não aceitou a proposta e perguntou o que aconteceria em decorrência da sua negativa, ao que foi respondido que teria que ser proposta ação civil pública para a defesa do meio ambiente e dos consumidores difusamente considerados (vítimas de doenças geradas pela poluição decorrente da produção dos frangos – art. 17 do CDC *bystander*).[120] Como réplica a fornecedora alegou que, se assim fosse feito, seria obrigada a demitir 800 empregados e que tal seria da responsabilidade do Ministério Público.

Eis o conflito de princípios. Se a ação fosse intentada, poderiam ser demitidos 800 trabalhadores, fato este que leva à consideração de que cada um deles possui sua família, trazendo como resultado um problema social gravíssimo e de grandes proporções.

Tal fato social temido era agravado pelo reconhecimento de que é um dos princípios da ordem econômica, incluso no artigo 170 da Constituição Federal, inciso VIII, a busca do pleno emprego.

Por outro lado, também são princípios da ordem econômica, inclusos no mesmo artigo 170 da Constituição Federal, nos incisos V e VI, respectivamente, o princípio da defesa do consumidor e o princípio da defesa do meio ambiente.

Como solucionar tal complexo assunto?

Mais uma vez, com o método tridimensional de aplicação do Direito e de resolução de conflitos de Leis, pautado, sempre, pelo princípio da hierarquização axiológica[121] ou do correto escalonamento de valores (união do pensamento sistemático ao pensamento tópico).

Vamos novamente à operação:

Na face da dogmática-jurídica, não encontramos solução para o problema relativo à propositura ou não da demanda.

---

[118] Op. cit., p. 97 e 98.

[119] Título executivo extrajudicial previsto no artigo 113 do Código do Consumidor.

[120] Conceituação inclusa em MARINS, James. *Responsabilidade da Empresa pelo Fato do Produto*. São Paulo: Revista dos Tribunais, 1993, p. 70.

[121] FREITAS, Juarez. *A Interpretação Sistemática do Direito*. São Paulo: Malheiros, 1995, p. 81.

Com efeito, tanto o princípio do pleno emprego como o princípio da defesa do consumidor e da defesa do meio ambiente encontram-se, em termos de hierarquia legal, no mesmo plano, haja vista que todos são normas constitucionais. Assim, não há como definir qual a norma prevalente no âmbito restrito desta face da normatividade.

Também sem efeito, por conseqüência, os comentados critérios cronológico, da hierarquia e da especialidade para resolver tal antinomia de princípios.

Na face da idealidade qual seria o valor preponderante no contexto histórico-cultural em que vivemos? Alguém poderia dizer que seria o do meio ambiente. Outro, que seria o da defesa do consumidor. Outro, ainda, que a busca do pleno emprego é mais valiosa. Todavia, seria uma eleição arbitrária, já que nada indica com segurança que um ou outro deve preponderar, isto é, não existe uma definição histórico-cultural neste sentido, no âmbito da face de idealidade. Como conseqüência, somente com este "lado" do Direito não solucionamos o problema.

A resposta estava na terceira face, a face da normalidade, em cujo ambiente foi permitido realizar a seguinte operação de análise e escolha (logo, de valoração):

– caso a opção fosse pela propositura da ação civil pública, o que certamente iríamos proteger? Existia um dano real? A resposta foi positiva, pois na opção de defesa do meio ambiente e dos consumidores era possível a identificação de danos concretos, reais, já acontecidos ou que obviamente aconteceriam. Com a ação civil pública e o deferimento da liminar pleiteada haveria uma imediata proteção dos riachos do entorno, onde proliferavam mosquitos, ratos, a partir da existência de partes de animais em suspensão, de vísceras, de um mau cheiro evidente. Quer dizer, no plano da normalidade, seria fácil a identificação das lesões concretas, materiais, existentes e que não haveria como serem desprezadas;

– caso a opção fosse a não-propositura da ação para a proteção dos 800 postos de trabalho, estaria protegido o pleno emprego? Sim, provavelmente sim. Mas se a demanda fosse proposta, será que efetivamente os funcionário seriam demitidos, ou será que era um mero blefe?

Concluímos a interpretação sistemática, hierarquizando as conseqüências possíveis no plano da normalidade e, entre defender a sociedade de um dano real (mau cheiro, riachos com víscera, proliferação de insetos, ratos etc.) e defender um dano "virtual" (os trabalhadores ainda não haviam sido demitidos e não se sabia se efetivamente o seriam) optamos pela defesa do meio ambiente e do consumidor, ingressando com a demanda, obtendo liminar, a qual, após agravo, foi mantida. A empresa acabou por não demitir ninguém e, desta forma, adotou-se uma correta atividade hermenêutica, trazendo paz social a partir da aplicação do método tridimensional de aplicação do Direito.

Este é um exemplo que esclarece como trabalhar no nível tridimensional das faces do Direito, identificadas pela letra em negrito.

As palavras identificadas com itálico se referem à fase do individualismo que teve seu apogeu com as chamadas revoluções liberais do Século XVIII, sendo as mais famosas a Revolução dos E.U.A. de 1776 e a Revolução Francesa 1789, as quais tiveram como pedra fundamental filosófica o valor *Liberdade*.

No mundo da normatividade daquela época, para a manutenção do poder assumido pela burguesia, foi criado esse grande diploma legal que é o Código Napoleônico, com toda a sua doutrina de responsabilidade civil baseada na culpa, sendo que na face da normalidade (mundo dos fatos) o paradigma é a revolução industrial.

Passado este momento identificado em itálico, e largamente debatido no início deste trabalho, temos as palavras identificadas por sublinhado. Esta fase corresponde ao final do século XIX e início do século XX, quando o valor preponderante, por valorações (*valorar é escolher*) que foram feitas pela humanidade no período, passou a ser a *Igualdade*, perdurando até nossos dias.

No mundo dos fatos, por sua vez, os paradigmas são a *urbanização*, a *massificação* e a *globalização*, aos quais agrego, neste momento, o *paradigma ambiental*, o que induz à conclusão no sentido de que, por óbvio, as atuais criações do mundo da normatividade, tais como o Código Civil, o Código de Defesa do Consumidor, as Leis Ambientais em geral e tantas outras legislações, estão todas, inexoravelmente, fundamentadas nestas quatro diretrizes, assim como também todas têm como alicerce o grande princípio da *Igualdade*.

Em assim sendo, na resolução de qualquer controvérsia, devemos optar pela solução que melhor respeite as realidades representadas pelos quatro paradigmas fáticos acima citados e o grande valor *Igualdade*, eleito pela humanidade, ao menos ocidental, como o predominante neste momento histórico, a fim de que sejam observadas as estruturas culturais que organizam a harmonia do convívio social pós-moderno ao qual estamos integrados.

Feitas estas considerações, preciso destacar que a questão ambiental está umbilicalmente ligada ao direito do consumidor.

De fato, quando tratei da *Vulnerabilidade Ambiental* no livro *Código de Defesa do Consumidor: o Princípio da Vulnerabilidade*,[122] citei a importante obra de Míriam de Almeida Souza,[123] a qual assim discorreu sobre a interdisciplinariedade entre os dois ramos do direito ora tratados:

> (...) interdependência do direito do consumidor e do ambiental, laço já há muito analisado teoricamente nos países desenvolvidos, é um conceito cada vez mais divulgado entre os países em desenvolvimento. Uma visão sistêmica do direito do consumidor, em que todos habitam o mesmo planeta, faz deste direito o reverso da moeda do direito ambiental. Ou seja, o "consumerismo" destrutivo do meio ambiente é inerente ao modelo vigente da indústria e da agricultura, em que todos têm participação em diversos graus

---

[122] Op. cit., p. 180 e segs.

[123] *A Política Legislativa do Consumidor no Direito Comparado*. Belo Horizonte: Nova Alvorada, 1996, p. 181-183.

através da sociedade de consumo, e todos sofrem prejuízos biológicos em diversos graus por causa do abuso do meio ambiente – um exemplo cada vez mais insistente de interesses difusos em escalas nacional e mundial. Contra o presente consumo exagerado, propõe-se o *desenvolvimento e o consumo sustentáveis*, que conciliam a meta do bem-estar humano com um nível de consumo equilibrado e socialmente justo, que não destrua o meio ambiente de que depende a vida do planeta.

Da mesma forma Ricardo Luis Lorenzetti,[124] falando sobre o direito de acesso a bens públicos, afirma que:

O meio ambiente foi sempre um bem de uso comum, em sentido jurídico, e cuja utilização era livre, não podendo ninguém interferir em seu exercício.

A realidade mostra, contudo, que seu uso foi privatizado no processo de desenvolvimento da sociedade industrial. A indústria cresceu utilizando o ambiente, causando-lhe danos, sem pagar por isso; deste modo, o "uso público" transformou-se em um subsídio ao desenvolvimento industrial (...).

Algumas modificações transformam a propriedade comum em função da titularidade difusa. Por isso, diz o Professor Benjamin que, entre outras medidas, optou-se por considerar o ambiente como "um bem cuja titularidade, pelo menos no que se refere a sua proteção, deve ser materializada e individualizada em alguém; o próprio Estado (União, Estados, Municípios, Ministério Público, Defensorias Públicas) ou um ente privado (associação ou cidadão individualmente considerado)".

O fundamento econômico deste direitos é a teoria dos *property rights*.

Dessa titularidade provém o direito ao acesso adequado às informações referentes ao meio ambiente, em poder das autoridades públicas, e, igualmente, o direito a ingressar em juízo, de forma preventiva ou ressarcitória.

A Constituição Federal é responsável por esse necessário tratamento combinado do ramo ambiental com o consumerista, porque, além de ambos serem considerados direitos fundamentais,[125] estão pre-

---

[124] Op. cit., p. 101-102.

[125] Sobre o Código do Consumidor ter *status* de Lei Complementar e ser direito fundamental ver MORAES, Paulo Valério Dal Pai Moraes; BONATTO, Cláudio. *Questões Controvertidas no Código de Defesa do Consumidor*. Porto Alegre: Livraria do Advogado, 2009, p. 65-69. Também em RODRIGUES, Geisa de Assis. *Revista Direito do Consumidor* nº 58. São Paulo: Revista dos Tribunais, abril-junho de 2006, p. 75. Sobre o direito ao meio ambiente ser direito fundamental, ver MORATO LEITE, José Rubens; AYALA, Patryck de Araújo. *Dano Ambiental – do individual ao coletivo extrapatrimonial. Teoria e prática.* São Paulo: Revista dos Tribunais, 2010, p. 86: "Podemos salientar que o patamar inicial desta transformação jurídica, relacionada com o meio ambiente e a qualidade de vida, surgiu, como interesse internacional e como preocupação de cada Estado, a partir da Declaração do Meio Ambiente, adotada pela Conferência das Nações Unidas, em Estocolmo, em junho de 1972. A evidência desta transformação pode ser demonstrada pelo Princípio I da referida Declaração, que elevou o meio ambiente de qualidade ao nível de direito fundamental do ser humano. Princípio I: 'O homem tem o direito fundamental à liberdade, à igualdade, e ao desfrute de condições de vida adequada em um meio, cuja qualidade lhe permita levar uma vida digna e gozar de bem-estar, e tem a solene obrigação de proteger e melhorar esse meio para as gerações presentes e futuras'". Sobre a classificação dos Direito Fundamentais ver SILVA, José Afonso da. Fundamentos Constitucionais da Proteção do Meio Ambiente. *Revista Interesse Público* nº 19. Porto Alegre: Notadez, 2003, p. 44-45.

vistos no artigo 170, incisos V e VI, da CF como princípios gerais da atividade econômica.

O inciso VI do artigo 170 da CF é até expresso quanto ao que ora comento, dizendo que a defesa do meio ambiente será promovida "(...) inclusive mediante tratamento diferenciado conforme o impacto ambiental dos produtos e serviços e de seus processos de elaboração e prestação".

Ou seja, reconhece a Lei maior que o impacto ambiental dos produtos e serviços é um parâmetro importante para a escolha a respeito de qual o tratamento mais adequado para a proteção ao meio ambiente, determinando, assim, uma ligação direta evidente.

Nos preceitos infraconstitucionais, como não poderia deixar de ser, haja vista que, pelo princípio da derivação, todos os preceitos inferiores à Lei Maior devem estar com ela sintonizados, da mesma forma são múltiplos os *links* normativos.

No Código de Defesa do Consumidor temos vários preceitos, sendo o primeiro deles o incluso no artigo 4º, *caput*, que é assim escrito:

A Política Nacional das Relações de Consumo tem por objetivo o atendimento das necessidades dos consumidores, o respeito à sua dignidade, saúde e segurança (...) a melhoria da sua qualidade de vida (...) atendidos os seguintes princípios (...)

Ora. Como ter respeitada a dignidade, a saúde, a segurança e a melhoria da qualidade de vida dos consumidores senão por intermédio de um meio ambiente saudável?

Mas iremos ainda encontrar preceitos de ligação nos princípios que estão no supra referido artigo 4º do CDC, em específico no inciso III. Transcrevemos:

III – harmonização dos interesses dos participantes das relações de consumo e compatibilização da proteção do consumidor com a necessidade de desenvolvimento econômico e tecnológico, de modo a viabilizar os princípios nos quais se funda a ordem econômica (art. 170, da Constituição Federal), sempre com base na boa-fé e equilíbrio nas relações entre consumidores e fornecedores;

O que diz o princípio do inciso III é que deverá ser promovido o desenvolvimento e harmonizado o interesse dos participantes das relações de consumo com os princípios da ordem econômica insculpidos no artigo 170 da CF, sendo um deles, na forma já apontada, a defesa do meio ambiente, inclusa no inciso VI.

Em vários outros artigos do CDC e em Leis Consumeristas encontramos iguais referências, as quais deixo de citar, por que não é necessária a demonstração exaustiva de preceitos, quando a ideia matriz já está suficientemente exposta.

Pelo prisma do Direito Ambiental o mesmo acontece, proliferando na atualidade legislações que se valem dos conceitos do direito do consumidor para a regulação das questões de meio ambiente, sendo exemplo a Lei nº 12.305/10 (Lei que institui a Política Nacional de Resíduos Sólidos).

Com efeito, a chamada Lei de Resíduos Sólidos contém, no artigo 3º, inciso XVII, vários conceitos do CDC, quais sejam os de "fabricantes, importadores, distribuidores (...) comerciantes (...) consumidores (...)", pois são eles fundamentais para a organização a respeito da responsabilidade compartilhada, da responsabilização civil, para a implementação das necessárias estratégias de logística reversa etc.

Também são referidos em muitas outras passagens da Lei nº 12.305/10 os conceitos de "fornecimento" (art. 6º, V), "produção e consumo de bens e serviços" (art. 7º, inciso III), "ciclo de vida do produto" (art. 3º, IV), "rotulagem" (art. 7º, XV), "processos produtivos" (art. 7º, XIV), "insumos" (art. 30, IV), produtos específicos de alta periculosidade (art. 33, agrotóxicos, pilhas, baterias, óleos lubrificantes, lâmpadas fluorescente, produtos eletrônicos), o que faz com que *a Lei de Resíduos Sólidos possa ser reconhecida como uma legítima Lei Consumerista*, para aqueles que gostam de rotular e compartimentalizar o Direito, o que não é o nosso caso.

Essa sintonia constitucional e, principalmente, principiológica, me obriga a apresentar algumas possibilidades de resolução de controvérsias complexas, combinando as normas e valores disponíveis em ambos os subsistemas, para o efeito de que possa ser facilitada a concretização da efetiva proteção ambiental, bem como da saúde e da vida humana digna.

Alguém poderia contrapor: mas porque seria útil para a defesa da sociedade a possibilidade de aplicação simultânea e complementar dos preceitos consumeristas e ambientais?

A resposta é, em primeiro lugar, porque o Direito é um só, e a prática de que sob tal pauta sejam utilizadas suas estruturas tem o condão de outorgar credibilidade, unidade e adequação axiológica ao sistema jurídico, o que é benéfico para a organização do Estado Social Democrático de Direito e, em linha direta, para a sociedade que, mais rapidamente, percebe a real resolução dos seus problemas.

Em um segundo enfoque para a resposta, o Código de Defesa do Consumidor possui algumas estruturas normativas mais ágeis, tais como as regras de inversão do ônus da prova inclusas no artigo 6º, inciso VIII (inversão *ope iudicis* do ônus da prova), no artigo 12, § 3º, (acidentes de consumo envolvendo produtos), artigo 14, § 3º, (acidentes de consumo envolvendo serviços) e art. 38 (publicidade). Destaco que, sem a menor dúvida, a inversão do ônus da prova também pode ser usada, *de lege ferenda*, nas questões ambientais, o que já foi defendido com maestria por vários doutrinadores da área, sendo a tese amplamente aceita. Todavia, na área do consumidor *de lege lata* existe tal possibilidade, sendo, portanto, um avanço inestimável a possibilidade de usar diretamente o CDC para o trato de questões ambientais, na forma do que, na sequência, demonstrarei.

Além disso, a utilização dos conceitos de consumidor facilita a elucidação da extensão do dano, bem como possibilita a concretização do princípio da responsabilização integral e do princípio do poluidor-pagador, o que poderá ser implementado, por exemplo, por intermédio da *fluid recovery* do artigo 100 do CDC, ou mesmo da flexibilização do princípio dispositivo (também chamado de princípio da demanda, que tem como corolário o princípio da adstrição ou da congruência), quando, ao longo do processo, restar demonstrada a necessidade de uma resolução mais ampla dos problemas inicialmente narrados na petição inicial das ações coletivas.

Ou seja, são múltiplas as vantagens, na forma que apontarei.

Igualmente encontramos no CDC inúmeras regras de solidariedade atinentes ao processo civil coletivo, as quais oferecerão inegável maior facilidade para as defesas ambientais.

Empreendamos, então, o bom caminho da prospecção doutrinária, normativa e fática, tendente à reflexão sobre inovações úteis.

8.2. Características dos danos ambientais complexos

Conforme vimos nos capítulos anteriores, os danos ambientais complexos podem ser identificados a partir de múltiplas ocorrências.

As mais comuns são aquelas contaminações que se constituem pela incorreta destinação final de produtos, embalagens e de resíduos sólidos em geral, sejam eles de limpeza urbana, resíduos domiciliares, de estabelecimentos comerciais e prestadores de serviços, industriais, de saúde, de construção civil e outros previstos no artigo 13 da Lei nº 12.305/10, os quais muitas vezes acabam servindo de base para áreas nas quais serão fixados os alicerces de condomínios, loteamentos e estruturas de moradia.

Por vezes, as áreas contaminadas são justamente aquelas constituídas por aterros[126] irregulares, que acabam atingindo rios, lagos, mares, o solo do entorno e, mesmo estando visível a sua existência, têm o potencial de causar danos de monta ao meio ambiente e aos consumidores.

Na forma já apontada, tais incorretas disposições de resíduos sólidos acabam causando danos substanciais à saúde, à vida, ao patrimônio e à natureza, o que obriga a uma sistematização do problema e à tentativa de contribuir para solucionar as suas variadas implicações lesivas.

Outras vezes, estaremos diante de situações de danos que alastram sua influência perniciosa seja por causa das chuvas, de recursos hídricos ou qualquer outra razão natural, para muito além do foco lesivo original, o que é comum de acontecer com loteamentos irregulares ou clandestinos, os quais culminam por estender seus efeitos para outros parcelamentos que possam existir no entorno e mesmo para o Sistema Único de Saúde, receptáculo final de todas as agressões de massa à saúde popular, conforme já escrevi antes.

Esses danos coletivos acontecem devido às próprias características dos novos riscos e ameaças ao meio ambiente.

A primeira dessas características é a *globalidade*.

Carolina Medeiros Bahia,[127] citando Beck, assim escreveu sobre o tema:

> (...) aprofundando a discussão em torno da globalidade das novas ameaças, Beck ressalta que elas não respeitam território, pois as suas consequências são potencialmente transfronteiriças, e não levam em conta as diferenças sociais, pois atravessam as trincheiras do luxo e da riqueza.

De fato, agressões ambientais por queimadas, poluição de recursos hídricos, parcelamentos do solo ilegais, vazamentos de material ra-

---

[126] Sobre aterros ver TONANI, Paula. *Responsabilidade Decorrente da Poluição Por Resíduos Sólidos*, 2ª ed. São Paulo: Método, 2011, p. 53: "Não se deve confundir as expressões 'aterro comum', 'aterro controlado' e 'aterro sanitário'. Jorge Ulisses J. Fernandes (...) esclarece: 'a) aterros comuns: caracterizados pela simples descarga de lixo sem qualquer tratamento, também denominados lixões, lixeiras, vazadouros etc. Esse método de disposição é o mais prejudicial ao homem e ao meio ambiente; todavia é o mais usado no Brasil e nos países em desenvolvimento; b) aterros controlados: uma variável da prática anterior em que o lixo recebe uma cobertura diária de material inerte. Essa cobertura diária, entretanto, é realizada de forma aleatória, não resolvendo satisfatoriamente os problemas de poluição gerados pelo lixo, uma vez que os mecanismos de formação de líquidos e gases não são levados a termo; c) aterros sanitários: são processos utilizados para disposição de resíduos sólidos no solo, particularmente o lixo domiciliar, fundamentado em critérios de engenharia e normas operacionais específicas, permitindo a confinação segura, em termos de controle de poluição ambiental e padrões de segurança preestabelecidos'".

[127] Dano Ambiental e Nexo de Causalidade na Sociedade de Risco. In: *Dano Ambiental na Sociedade de Risco*. Op. cit., p. 60.

dioativo, ou seja, tantas e variadas situações reais podem ser citadas para demonstrar que os danos ambientais complexos não podem ser resolvidos com um simples e deficiente laudo judicial – exemplo já vivenciado – indicando que: "(...) o pasto do campo já cresceu e, portanto, não foram evidenciados danos decorrentes da queima na área rural".

Outra característica dos riscos do nosso tempo é, segundo refere a mesma Carolina Bahia,[128] "(...) a sua *explosividade* social e física", bastando, para tanto, nos reportarmos aos exemplos declinados no início deste livro, quando apontei ocorrências envolvendo lixões e condomínios que foram erigidos em cima de depósitos de materiais orgânicos. É sabido de todos que tais materiais culminam por gerar o gás metano, o qual, na terra,[129] é explosivo.

Ainda existem as características da invisibilidade, da indiferença do poder público e da complexidade.

Annelise Monteiro Steigleder[130] assim comenta tais características, ao fazer análise dos casos concretos envolvendo loteamentos constituídos sobre áreas contaminadas com resíduos sólidos:

> 1. a aparente invisibilidade dos riscos da contaminação ambiental, que demandam custosas tecnologias, nem sempre conclusivas, para identificação destes riscos e mapeamento da extensão dos danos, a fim de que se possam tomar decisões sobre a escolha das técnicas de remediação e dos usos futuros das áreas; 2. o modelo de indiferença do Poder Público quanto à ocupação dos imóveis e sua abstenção quanto à implantação de um sistema de gestão de áreas contaminadas, que integrem políticas ambientais e urbanísticas; e 3. a complexidade no que se refere às decisões sobre a reparação do dano ambiental, que demandam soluções de longo prazo para efetiva reabilitação da área para determinados usos.

---

[128] Op. cit., p. 61.

[129] Sobre o metano em outros corpos celestes, ver em <www.astronoo.com/pt/tita.html>, acesso em 07.07.2012, quando são apresentados os estudos sobre Titã, uma das luas de Saturno: "*Titã*, a maior *lua de Saturno*, é a Segunda maior lua do Sistema Solar. O diâmetro de Titã é 5.150 km, em comparação, a Terra é de 12.756,28 km. Em sua espessa atmosfera, o espectrômetro infravermelho da Cassini observou uma enorme nuvem sistema que cobre o pólo norte de Titã. Titã é a única lua do Sistema Solar a possuir uma espessa atmosfera de nitrogênio (dinitrogênio) e nuvens de metano, no qual pode-se observar um clima muito ativo (evaporação, a formação de nuvens, precipitação de metano). Sua atmosfera é 10 vezes mais densa que a atmosfera da Terra e recebe 100 vezes menos energia solar, sua temperatura média é de cerca de -180° C. Titã tem, como a Terra, as estações do ano muito marcado por causa da elevada inclinação do seu eixo de rotação. Dez vezes mais distante do Sol que a Terra, Titã leva 29 anos para orbitar o sol. Suas últimas temporadas cerca de 7 anos. O estudo de Titã durante os próximos anos, poderemos revelar surpresas sobre formas inimagináveis, que a vida pode tomar. (...) Como lagos, mares de Titan, com margens íngremes, são provavelmente compostas de metano e etano líquidos. Uma de suas superfícies líquidas estende ao longo de 100.000 quilômetros quadrados. Vastas extensões de líquidos foram observados pelo radar da sonda Cassini 22 de fevereiro de 2007, que prevê um forte indício da existência de mares na maior lua de Saturno. O maior dos mares são líquidos em latitudes mais altas de Titã, a maior parte localizada no norte do paralelo 70 deste mundo frio e distante".

[130] *Dano Ambiental na Sociedade de Consumo.* Op. cit., p. 278.

Especial destaque preciso dar à questão da indiferença do poder público, o que faço transcrevendo, novamente, Carolina Bahia:[131]

> Essa realidade dá origem a outro conceito central da obra de Beck (2002): a irresponsabilidade organizada. A irresponsabilidade organizada estaria configurada na contradição vivenciada pelas sociedades de risco, que, vivenciando, uma degradação ambiental crescente e uma expansão do direito e da regulação ambiental, ao mesmo tempo, não se consegue responsabilizar nenhum indivíduo ou instituição por nada.
>
> O autor destaca que o conceito de irresponsabilidade organizada auxilia a compreensão do como e por que as instituições da sociedade moderna, ao mesmo tempo que devem reconhecer a realidade da catástrofe, negam a sua existência, escondendo as suas origens e afastando a possibilidade de compensação e o controle (BECK, 2002).

De fato, o poder público não tem sido um regulador e fiscalizador eficiente, sendo comuns as autorizações fornecidas para a criação de loteamentos e condomínios absolutamente perigosos, na forma do que apontei no compartimento atinente aos paradigmas fáticos.

Carolina Medeiros Bahia ainda acrescenta as seguintes características:[132]

> De acordo com Goldenberg e Cafferata (2001), os danos ambientais não são danos comuns (cuja realidade é facilmente comprovável), pois: a) são, frequentemente, *despersonalizados ou anônimos*, com enormes dificuldades para a determinação do agente; b) podem alcançar e provocar um *número elevado de vítimas*, um bairro, uma região, um país; c) podem ser o resultado de atividades especializadas que *utilizam técnicas específicas, desconhecidas para as vítimas*; d) podem também ser um dano certo e grave para o meio ambiente, a água subterrânea ou um lago, mas a respeito das pessoas que o invocam, sem relevância, ou não tê-la na atualidade.
>
> Esses danos também provêm, comumente, de comportamentos sociais massificados, apresentam frequentemente efeitos cumulativos e sinergéticos e podem gerar consequências em regiões bastante longínquas.

Os danos ambientes complexos que focamos neste trabalho podem, ainda, se caracterizar por uma *dimensão temporal diferenciada*, por vezes demorando décadas para aparecerem, motivo pelo qual as abordagens neste tipo de matéria precisam adotar uma cronologia peculiar e específica, sob pena de serem concretizadas medidas que podem não ser as mais adequadas.

Tive situação concreta em que uma grande central de resíduos sólidos estava sob intervenção judicial, a qual, por sinal, estava sendo plenamente exitosa, mas foi revogada sob o argumento de que dois anos era um tempo excessivo para a manutenção da mesma. Na época, utilizei o argumento de que as questões de tempo em se tratando de

---

[131] Op. cit., p. 60.
[132] Op. cit., p. 63.

danos ambientais complexos deveriam ser aferidas sob o critério da segurança. Entretanto, não foi acolhido, tendo prevalecido a posição contrária, em que pese os próprios integrantes da Empresa afirmarem que a intervenção era benéfica para ela.

A *cumulatividade* e a *sinergia*[133] também podem ser características dos danos complexos. Por vezes, a acumulação de materiais químicos no organismo tem o potencial de causar doenças graves, e, mesmo que não as cause, não respeita a dignidade da pessoa humana e a sua liberdade de ter saúde a constituição de depósitos de substâncias artificiais no organismo humano.

Patrícia Faga Iglecias Lemos[134] cita exemplo pontual sobre a cumulatividade, ocorrido na Apelação Cível nº 850.359-5/0-00, da Comarca de Cubatão, Relatora Desa. Regina Capistrano, julgado em 04.06.2009:

> Responsabilidade civil – Indenização por danos morais e materiais – Alegados males adquiridos em decorrência de dano ambiental. Sendo a contaminação por HCB eterna e passível de causar no futuro câncer e outras doenças, devida é a indenização tão só pelo fator da contaminação, *desnecessário perquirir se os contaminados realmente desenvolveram a doença*. A presença de HCB no sangue de mãe e crianças que antes eram saudáveis demonstra dano físico indenizável por si só, eis que a presença de HCB é cumulativa. A necessidade de exames periódicos causa dano moral em vista do sofrimento psíquico causado ao portador da contaminação. Recurso ao qual se dá provimento, ficando prejudicado o recurso de agravo retido.
>
> Ora o fato de não terem – ainda – desenvolvido câncer ou outra doença, não significa que não devam ser indenizados pela exposição a que foram submetidos em vista de a apelada ter poluído o meio ambiente, principalmente o terreno onde os apelantes habitavam e plantavam para sua subsistência, tampouco a inexistência de câncer ou outra qualquer patologia afasta o nexo causal entre a contaminação e a atividade da Rhodia, por si e suas antecessoras, eis que o dano físico sentido resulta da existência agora e para sempre da substância cancerígena no sangue dos apelantes – mãe e quatro filhos.

---

[133] Ver conceito de sinergia disponível em <www.pt.wikipedia.org/wiki/sinergia>, acesso em 07.07.2012: "Sinergia ou sinergismo deriva do grego *synergía*, cooperação *sýn*, juntamente com *érgon*, trabalho. É definida como o efeito ativo e retroativo do trabalho ou esforço coordenado de vários subsistemas na realização de uma tarefa complexa ou função. Quando se tem a associação concomitante de vários dispositivos executores de determinadas funções que contribuem para uma ação coordenada, ou seja o somatório de esforços em prol do mesmo fim, tem-se sinergia. O efeito resultante da ação de vários agentes que atuam de forma coordenada para um objetivo comum pode ter um valor superior ao valor do conjunto desses agentes, se atuassem individualmente sem esse objetivo comum previamente estabelecido. O mesmo que dizer que 'o todo supera a soma das partes'.É a ação combinada de dois ou mais medicamentos que produzem um efeito biológico, cujo resultado pode ser simplesmente a soma dos efeitos de cada composto ou um efeito total superior a essa soma.Sinergia, de forma geral, pode ser definida como uma combinação de dois elementos de forma que o resultado dessa combinação seja maior do que a soma dos resultados que esses elementos teriam separadamente".

[134] *Resíduos Sólidos e Responsabilidade Civil Pós-consumo*. São Paulo: Revista dos Tribunais, 2011, p. 216.

Muito interessante a decisão transcrita, porque ela abre margem para uma outra reflexão suscitada pelo professor Antonio Junqueira Azevedo,[135] quando expôs a sua importante tese sobre os chamados *danos sociais*. Transcrevo suas lições:

4. A visão tradicional do dano somente vê aquelas duas espécies, o patrimonial e o moral. O dano patrimonial inclui os danos emergentes e os lucros cessantes. O dano moral, por sua vez, é, na verdade, o não-patrimonial; deve ser conceituado *por exclusão* e é todo aquele dano que ou não tem valor econômico ou não pode ser quantificado com precisão. Em geral, esse dano moral será um dano de sofrimento, daí se falar em *pretium doloris*, mas algumas vezes haverá também dano moral que foge a essa caracterização, porque se trata de dano – e basta pensar nas pessoas jurídicas, ou nas pessoas físicas que não têm condições de discernimento, ou ainda nos nascituros – que representam algum prejuízo não avaliável pecuniariamente de modo exato.

(...) há que considerar ainda a indenização a título de desestímulo. Aqui também, como veremos, se trata de dano social, mas a indenização, apesar desse mesmo fundamento, tem finalidade e características diversas da punição. Observamos, sobre isso, que a pena tem em vista um *fato passado* enquanto que o valor de desestímulo tem em vista o *comportamento futuro*, há punição *versus* prevenção. O desestímulo é tanto para o agente quanto para outros que fiquem tentados a repetir o mesmo ato lesivo. Nesse sentido, a indenização dissuatória é *didática*. Como todo ensinamento, projeta-se no futuro. O valor de desestímulo, por outro lado, voltando à comparação com a punição, é especialmente útil quando se trata de empresa, pessoa jurídica, agindo no exercício de suas atividades profissionais, em geral atividades dirigidas ao público, como no caso de consumidores. Portanto, apesar do mesmo fundamento – dano social –, as verbas de desestímulo se apresentam nas razões justificadoras (fatos passados e fatos futuros) e, em linha de princípio, também quando se põe a atenção nas pessoas visadas (pessoas físicas na punição e pessoa jurídicas na dissuasão).

(...)

A segurança, nem é preciso salientar, constitui um valor para qualquer sociedade. Quanto mais segurança, melhor a sociedade, quando menos, pior. Logo, qualquer ato doloso ou gravemente culposo, em que o sujeito "A" lesa o sujeito "B", especialmente em sua vida ou integridade física e psíquica, além dos danos patrimoniais ou morais causados à vítima, é causa também de um dano à sociedade como um todo e, assim o agente deve responder por isso. O art. 944 do Código Civil, ao limitar a indenização à extensão do dano, não impede que o juiz fixe, além das indenizações pelo dano patrimonial e pelo dano moral, também – esse é o ponto – uma indenização pelo *dano social*. A "pena" – agora, entre aspas, porque no fundo, é reposição à sociedade –, visa restaurar o nível social de tranqüilidade diminuída pelo ato ilícito.

(...)

15. Portanto, nossa tese é bem clara: a responsabilidade civil deve impor indenização por danos individuais *e por danos sociais*. Os danos individuais são os patrimoniais, avaliáveis em dinheiro – danos emergentes e lucros cessantes e os morais, – caracterizados por exclusão e arbitrados como compensação para a dor, para lesões de

---

[135] Por uma nova categoria de dano na responsabilidade civil: o dano social. *Novos Estudos e Pareceres de Direito Privado*. São Paulo: Saraiva, 2009, p. 378-380

direito de personalidade e para danos patrimoniais de quantificação precisa impossível. Os danos sociais, por sua vez, são lesões à sociedade, no seu nível de vida, tanto por rebaixamento de seu patrimônio moral – principalmente a respeito da segurança – quanto por diminuição de sua qualidade de vida. Os danos sociais são causa, pois, de *indenização punitiva* por dolo ou culpa grave, especialmente, repetimos, se atos que reduzem as condições coletivas de segurança, e de *indenização dissuasória*, se atos em geral de pessoas jurídicas, que trazem um diminuição do índice de qualidade de vida da população.

Em que pese a referência do eminente autor no sentido de que a indenização por dano social seria definida em âmbito individual, nada impede que sejam reunidas todas sob o manto dos interesses individuais homogêneos, o que abre margem, inclusive, para a integral reparação, por intermédio, até mesmo, da *fluid recovery*, conforme mais adiante apontarei.

A indenização por dano social seria, sem dúvida, um avanço em termos de reparação integral do bem jurídico ambiental.

Os danos ambientais também são *sinérgicos*. Assim, a mescla de chorume de lixões com produtos químicos lançados em rio por indústria de tintas podem resultar, por exemplo, em agressões diferenciadas, com consequências talvez ainda não estudadas. Isso explica a *ecocomplexidade* comentada no início deste trabalho e o grande problema relativo à incerteza e à ignorância no âmbito da ciência, e a insuficiência de uma abordagem de certeza e comprovação no tocante às questões ambientais. Por isso, é fundamental o princípio da precaução, o qual a seguir será abordado.

Por último, os danos ambientais são *contextualizados*, acontecendo muitas vezes por intermédio de várias ações integradas, sendo esta a característica, por excelência, que evidencia a *Macrorrelação Ambiental de Consumo*.

Concluída essa necessária abordagem relativamente às características dos danos ambientais complexos, discorrerei, agora, sobre os conceito de consumidor aplicáveis ao tema, procurando abrir caminho para novas possibilidade de proteção coletiva e individual.

8.3. Conceito *standard* ou *stricto sensu* de consumidor

Já tive a oportunidade de discorrer amplamente sobre os conceitos de consumidor no livro *Questões Controvertidas no Código de Defesa do Consumidor* – em coautoria com meu colega e amigo Cláudio Bonatto. Assim, aqui repetirei aqueles conceitos, e atualizarei algumas questões importantes, como forma de estabelecer uma didática adequada ao assunto.

O primeiro conceito de consumidor é o que está previsto no artigo 2º do CDC, no qual consta que é considerado consumidor "toda pessoa física ou jurídica que adquire ou utiliza produto ou serviço como destinatário final".

Cláudia Lima Marques[136] denomina-o conceito básico ou *stricto sensu*.

Tal conceito também é conhecido, por isso, como *standard*, porque ele poderá servir de padrão para os conceitos extensivos de consumidor, ora para auxiliar nas suas definições, ora para estabelecer distinções tênues, mas importantes, conforme se verá logo a seguir, quando diferenciarei o conceito coletivo e concreto do conceito coletivo e abstrato.

A doutrina tem aceito a existência de três correntes que podem ser úteis na apreciação do conceito *standard*.

A primeira delas é a corrente denominada por Cláudia Lima Marques de finalista[137] ou minimalista, para a qual deve ser feita uma interpretação restrita do artigo 2º do CDC, estabelecendo que consumidor será somente aquele que, de fato, e sob o ponto de vista econômico, retira do mercado de consumo determinado bem ou serviço.

O entendimento da doutrina finalista está atrelado ao objetivo maior da legislação consumerista, que é a concretização de igualdade nos relacionamentos naturalmente desiguais.

Assim, seriam considerados consumidores todas as pessoas físicas e, por exceção, as pessoas jurídicas eventualmente vulneradas na relação de consumo.

A segunda corrente, conforme a mesma autora, é a dos maximalistas,[138] que pretendem ampliar a adoção das regras protetivas para todos os agentes do mercado de consumo, bastando, para tanto, que o bem ou serviço seja retirado faticamente do mercado.

Para os maximalistas, então, a simples destinação final fática é suficiente para a configuração do consumidor. Por exemplo: se uma locadora de veículos adquire um novo automóvel para alugar, ela seria considerada consumidora pela doutrina maximalista.

---

[136] *Contratos no Código de Defesa do Consumidor*, 2ª ed. São Paulo: Revista dos Tribunais, 1995.
[137] Idem.
[138] Ibidem.

A distinção fundamental entre os maximalistas e finalistas é que estes estão atrelados ao sentido teleológico da Lei Protetiva da relação de consumo, enquanto os primeiros realizam uma simples exegese literal do artigo 2º, *caput*, do CDC.

A terceira seria a do chamado *finalismo aprofundado*, por intermédio da qual a destinação final seria dispensável, desde que, para igualar no plano jurídico os desiguais no plano material, seja necessária a aplicação da Lei Protetiva.

Para esta terceira posição, a identificação de vulnerabilidade intensa em um dos pólos do relacionamento de consumo autoriza a adoção dos dispositivos do Código de Defesa do Consumidor para a proteção do chamado consumidor equiparado, com vistas à concretização do fim da Lei (finalismo), que é igualar os desiguais.

Veja-se que tem sido bastante reconhecido no Superior Tribunal de Justiça que a destinação final não é o requisito fundamental para que se aplique o Código de Defesa do Consumidor, mas sim a vulnerabilidade do lesado.

Com efeito, emerge no STJ[139] o reconhecimento da figura do consumidor equiparado, o que, por alguns doutrinadores é chamado de

---

[139] Neste sentido, transcrevemos as decisões infra: "RECURSO ESPECIAL Nº 1.080.719 – MG (2008/0179393-5) Processo civil e Consumidor. Rescisão contratual cumulada com indenização. Fabricante. Adquirente. Freteiro. Hipossuficiência. Relação de consumo. Vulnerabilidade. Inversão do ônus probatório. – *Consumidor é a pessoa física ou jurídica que adquire produto como destinatário final econômico, usufruindo do produto ou do serviço em benefício próprio.* – *Excepcionalmente, o profissional freteiro, adquirente de caminhão zero quilômetro, que assevera conter defeito, também poderá ser considerado consumidor, quando a vulnerabilidade estiver caracterizada por alguma hipossuficiência quer fática, técnica ou econômica.*– Nesta hipótese esta justificada a aplicação das regras de proteção ao consumidor, notadamente a concessão do benefício processual da inversão do ônus da prova. Recurso especial provido. Brasília, 10 de fevereiro de 2009. Relatora Ministra NANCY ANDRIGHI. RECURSO ESPECIAL Nº 1.096.542 – MT (2008/0221274-2)". Outra decisão: "RECURSO ESPECIAL. AÇÃO INDENIZATÓRIA. DANOS ORIUNDOS DE QUEBRA DE SAFRA AGRÍCOLA. DEFENSIVO AGRÍCOLA INEFICAZ NO COMBATE À "FERRUGEM ASIÁTICA". APLICAÇÃO DO CÓDIGO DE DEFESA DO CONSUMIDOR POR EQUIPARAÇÃO. RESPONSABILIDADE OBJETIVA. REDAÇÃO DO PARÁGRAFO ÚNICO DO ARTIGO 927 DO CÓDIGO CIVIL. FUNDAMENTAÇÃO DO ACÓRDÃO NÃO IMPUGNADA. SÚMULA 283/STF. ÔNUS DA PROVA. INVERSÃO. NÃO OCORRÊNCIA. PRESCINDIBILIDADE ATESTADA PELO ACÓRDÃO. DEFICIÊNCIA NA FUNDAMENTAÇÃO RECURSAL. SÚMULA 284/STF. NECESSIDADE DE REEXAME DE PROVAS. IMPOSSIBILIDADE. SÚMULA 7/STJ. DANO MORAL. CONFIGURAÇÃO. HONORÁRIOS ADVOCATÍCIOS. ARBITRAMENTO IRRISÓRIO. NÃO-OCORRÊNCIA. INEXISTÊNCIA DE CORRELAÇÃO NECESSÁRIA COM O VALOR DA CAUSA. 1. Com relação à apontada ofensa ao artigo 2º do Código de Defesa do Consumidor, ao argumento de não-incidência da norma consumerista ao caso concreto, o acórdão recorrido apresentou fundamento, suficiente à manutenção de suas conclusões, que não foi impugnado pela recorrente: 'mesmo que o caso não configurasse relação de consumo, a responsabilidade da Apelada seria objetiva, afinal ninguém há de negar que a fabricação de fungicidas se subsume à atividade de risco referida no parágrafo único do art. 927 do Código Civil'. Incidência da Súmula 283 do Supremo Tribunal Federal. 2. A jurisprudência desta Terceira Turma encontra-se pacificada no sentido de que se equiparam ao consumidor 'todas as pessoas que, embora não tendo participado *diretamente da relação de consumo, venham sofrer as conseqüências do evento danoso, dada a potencial gravidade que pode atingir o fato do produto ou do*

finalismo aprofundado,[140] entendimento este que estende a aplicação do CDC mesmo a pessoas jurídicas, na medida em que, no caso concreto, se lhes reconheça a condição de vulneráveis em relação ao fornecedor ou fornecedores, em decorrência de algum dano que esteja sendo imposto, ou na iminência de o ser.

Relativamente às três posições acima expostas, opto pelas soluções que concretizem o valor igualdade. Veja-se que as regras de proteção do consumidor surgiram, basicamente, da necessidade de obtenção de igualdade entre eles e os fornecedores, relação essa naturalmente desigual. Assim, tornou-se imperiosa a intervenção estatal, por intermédio do Direito, objetivando evitar a milenar submissão do mais fraco pelo mais forte.

Além disso, a ideia de codificação de regras e princípios protetivos buscou flagrantemente munir com ferramenta eficaz aqueles entes

---

serviço, na modalidade vício de qualidade por insegurança.' (REsp 181.580/SP, Rel. Ministro CASTRO FILHO, TERCEIRA TURMA. 3. A tese de que os recorrentes *'não produziram uma única prova de que teriam adquirido e utilizado os fungicidas fabricados pela Recorrente'*, contraditada pelo tribunal de origem, não autoriza a abertura da via especial de recurso, observado o rigor da Súmula 7 desta Corte. 4. Mesmo que afastada a incidência do Código de Defesa do Consumidor, à BAYER caberia a prova da existência de fato impeditivo, modificativo ou extintivo do direito do autor, nos termos do art. 333, II, do CPC, providência da qual ela não se desincumbiu. 5. A afirmação das teses invocadas pela BAYER – relacionadas à impropriedade na utilização dos defensivos por ela comercializados, ao excesso de chuvas na região e à incerteza quanto à extensão dos prejuízos – dependeria de uma nova incursão no acervo fático-probatório dos autos, o que é defeso em sede de recurso especial, a teor da Súmula 7 desta Corte. 6. *O resultado agrícola é o meio de sobrevivência do agricultor, a garantia de novos financiamentos e a possibilidade de incremento dessa fundamental atividade econômica. E isso, por óbvio, independe da condição financeira do produtor, porque inerente àquela ocupação. Por esta razão, não é crível que o imenso prejuízo econômico suportado pelos ora recorrentes também não seja causa, direta ou reflexa, de um grave dano moral.* 7. A orientação jurisprudencial assente nesta Casa é no sentido de que o valor arbitrado a título de honorários só pode ser revisto em excepcionalíssimas situações, em que fixado com evidente exagero ou com notória modéstia, ao passo de configurar desabono ao exercício profissional do advogado, o que, claramente, não se coaduna com a hipótese submetida a exame. Recurso especial da BAYER CROPSCIENCE LTDA não conhecido, ressalvada a terminologia. Recurso especial de LAURO DIAVAN NETO e outros parcialmente provido para reconhecer o dano moral indenizável na hipótese. Brasília, 20 de agosto de 2009. Relator. PAULO FURTADO (DESEMBARGADOR CONVOCADO DO TJ/BA)". No mesmo sentido: "RECURSO ESPECIAL Nº 1.010.834 – GO (2007/0283503-8). PROCESSO CIVIL E CONSUMIDOR. CONTRATO DE *COMPRA E VENDA DE MÁQUINA DE BORDAR. FABRICANTE. ADQUIRENTE. VULNERABILIDADE. RELAÇÃO DE CONSUMO.* NULIDADE DE CLÁUSULA ELETIVA DE FORO. 1. A Segunda Seção do STJ, ao julgar o REsp 541.867/BA, Rel. Min. Pádua Ribeiro, Rel. p/ Acórdão o Min. Barros Monteiro, DJ de 16/05/2005, optou pela concepção subjetiva ou finalista de consumidor. 2. *Todavia, deve-se abrandar a teoria finalista, admitindo a aplicação das normas do CDC a determinados consumidores profissionais, desde que seja demonstrada a vulnerabilidade técnica, jurídica ou econômica.* 3. Nos presentes autos, o que se verifica é o conflito entre uma empresa fabricante de máquinas e fornecedora de softwares, suprimentos, peças e acessórios para a atividade confeccionista e uma pessoa física que adquire uma máquina de bordar em prol da sua sobrevivência e de sua família, ficando evidenciada a sua vulnerabilidade econômica. 4. Nesta hipótese, está justificada a aplicação das regras de proteção ao consumidor, notadamente a nulidade da cláusula eletiva de foro. 5. Negado provimento ao recurso especial. Brasília, 03 de agosto de 2010. Relatora Ministra NANCY ANDRIGHI". (grifos meus)

[140] Sobre o assunto MARQUES, Cláudia Lima, citada por MIRAGEM, Bruno, *In: Curso de Direito do Consumidor*, 3ª ed. São Paulo: Revista dos Tribunais, 2012, p. 131-135.

carentes de condições legais específicas, com o objetivo de impedir a continuidade da individualização do lucro na pessoa dos agentes econômicos e, em direta proporção, a perniciosa individualização do prejuízo na pessoa dos vulneráveis, sejam eles pessoas físicas ou jurídicas.

É plenamente sabido que na "luta entre o forte e o fraco, a liberdade escraviza, e a lei é que liberta",[141] motivo pelo qual o Código de Defesa do Consumidor deve ser utilizado por aqueles que nele tenham a última guarida, pois os demais podem buscar amparo nos outros diplomas legais vigentes, que não foram revogados pelo CDC

Aliás, é exatamente isto que acontecerá, haja vista que o Código Civil de 2002 contém vários dispositivos de proteção aos mais fracos, trazendo inúmeras alterações significativas, sendo exemplo as regras de responsabilidade objetiva inclusas nos artigos 927, parágrafo único, e 931, o que fará com que relacionamentos negociais entre empresas não mais precisem ser regulados pelo Código do Consumidor, conforme preconiza a visão maximalista acima apontada.

Voltando especificamente aos aspectos da conceituação do artigo 2º do CDC, alguns juristas afirmam que o conceito *standard* pressupõe a existência de relação contratual, o que se depreenderia das expressões *adquirir* ou *utilizar*, pois nenhuma empresa profissional, proprietária do produto ou do serviço, permitiria quaisquer dessas ações fora de um contrato. Isto, entretanto, não é verdadeiro. O caso das amostras grátis previsto no artigo 39, inciso III e seu parágrafo único,[142] por exemplo, ilustra esta assertiva, evidenciando que o simples recebimento em casa de uma amostra grátis, sem qualquer contratação, já é suficiente para o reconhecimento de um suporte fático sobre o qual incidirá a norma consumerista.

Outra questão a ser abordada é a relativa à *destinação final*,[143] também objeto de intensa controvérsia.

Para Maria Antonieta Zanardo Donato,[144] a conceituação da destinação final é a seguinte:

---

[141] LACORDAIRE, Henri (1802-1861), disponível em <www.farmaciadepensamentos.com/pautorl03.htm>, acesso em 14.07.2011.

[142] "Art. 39. É vedado ao fornecedor de produtos ou serviços, dentre outras práticas abusivas: (...) III – enviar ou entregar ao consumidor, sem solicitação prévia, qualquer produto, ou fornecer qualquer serviço...Parágrafo único. Os serviços prestados e os produtos remetidos ou entregues ao consumidor, na hipótese prevista no inciso III, equiparam-se às amostras grátis, inexistindo obrigação de pagamento".

[143] Sobre *destinação final* ver o excelente artigo de GOUVÊA, Marcos Maselli. O conceito de consumidor e a questão da empresa como 'destinatário final'. *Revista Direito do Consumidor* nº 23-24,. São Paulo: Revista dos Tribunais, julho/setembro de 1997, p. 187-192.

[144] *Proteção ao Consumidor, Conceito e Extensão*. São Paulo: Revista dos Tribunais, 1994, p. 90-91.

Destinatário final é aquele destinatário fático e econômico do bem ou serviço, seja ele pessoa jurídica ou física. Assim não basta ser destinatário fático do produto, isto é, retirá-lo do ciclo produtivo. É necessário ser também destinatário final econômico, ou seja, não adquiri-lo para conferir-lhe utilização profissional, pois o produto seria reconduzido para a obtenção de novos benefícios econômicos (lucros) e que, cujo custo estaria sendo indexado no preço final do profissional. Não se estaria, pois, conferindo a esse ato de consumo a finalidade pretendida: a destinação final.

Na mesma linha de entendimento, Toshio Mukai[145] assim se manifesta:

(...) a pessoa jurídica só é considerada consumidor, pela Lei, quando adquirir ou utilizar produto ou serviço como destinatário final, não, assim, quando o faça na condição de empresário de bens e serviços com a finalidade de intermediação ou mesmo como insumos ou matérias-primas para transformação ou aperfeiçoamento com fins lucrativos (com o fim de integrá-los em processo de produção, transformação, comercialização ou prestação a terceiros).

José Geraldo Brito Filomeno[146] se manifesta sobre o assunto, dizendo que prevaleceu

(...) a inclusão das pessoas jurídicas igualmente como 'consumidores' de produtos e serviços, embora com a ressalva de que assim são entendidas aquelas como destinatárias finais dos produtos e serviços que adquirem, e não como insumos necessários ao desempenho de sua atividade lucrativa.

Disse o autor acima citado, ainda, que:

(...) mais racional sejam consideradas aqui as pessoas jurídicas equiparadas aos consumidores hipossuficientes (...)

Arruda Alvim, Thereza Alvim, Eduardo Arruda Alvim e James Marins,[147] por sua vez, consideram que:

(...) a pessoa jurídica – empresa – que adquire ou utiliza o produto como destinatária final, não o incorporando em outro, nem revendendo-o, terá a proteção deste Código inclusive para as hipóteses de vício do produto.

Com tais subsídios doutrinários, fica mais fácil formular algumas definições.

A primeira delas indica que a pessoa jurídica efetivamente recebe a proteção da Lei Consumerista (até porque há previsão expressa neste sentido no *caput* do artigo 2º do CDC). Entretanto, isto acontecerá pre-

---

[145] *Comentários ao Código de Defesa do Consumidor*. OLIVEIRA, Juarez (coord.). São Paulo: Saraiva, 1991, p. 6.

[146] *Comentários ao Código Brasileiro de Defesa do Consumidor*. 5ª ed. rev. e atual. até outubro de 1997. Rio de Janeiro: Forense Universitária, 1998, p. 27.

[147] *Comentários ao Código de Defesa do Consumidor*. 2ª ed. rev. e ampl. São Paulo: Revista dos Tribunais, 1995, p. 30.

dominantemente naqueles casos em que a eventual aquisição feita pela empresa não seja reconhecida como insumo.

Insumo, na conceituação de Aurélio Buarque de Holanda Ferreira,[148] é a

> (...) combinação dos fatores de produção (matérias-primas, horas trabalhadas, energia consumida, taxa de amortização etc.) que entram na produção de determinada quantidade de bens ou serviço (...)

Logo, insumo é tudo aquilo que entra na cadeia produtiva e, sendo considerado custo para a confecção do produto ou serviço, acaba sendo pago pelo consumidor, por intermédio do preço final.

Entretanto, na forma antes apontada, eventualmente a empresa poderá ser beneficiária das normas consumerista, mesmo tendo adquirido o bem ou o serviço como insumo, naquelas situações em que, com base na tese do *finalismo aprofundado*, ficar configurada a existência de uma intensa e insuportável vulnerabilidade do mais fraco, autorizadora da aplicação do CDC.

Outro aspecto relevante diz respeito ao requisito da *destinação final*, a qual poderá ser fática, econômica ou ambas.

Para os *finalistas* ou *minimalistas* a destinação final deverá ser fática e econômica, sendo que para os *maximalistas* ela deverá ser apenas fática.

A destinação final fática diz respeito à situação em que o bem ou serviço é adquirido por alguém, passando a integrar seu patrimônio, mesmo que sejam insumos. Um exemplo fácil é o de empresas locadoras de veículos, quando adquirem automóveis para alugá-los no mercado de consumo. Para os *maximalistas*, na forma antes afirmada, são elas consumidoras, porque o bem foi comprado em uma concessionária a passou a integrar faticamente o patrimônio das empresas locadoras. Para os *finalistas* as locadoras não serão consideradas consumidoras, pois os automóveis seriam insumos da prestação do serviço de aluguel de carros, motivo pelo qual elas não seriam as destinatárias finais econômicas do bem, haja vista que quem efetivamente pagaria a conta dos veículos adquiridos não seriam as empresas locadoras, mas sim seus consumidores do serviço de transporte, os quais, ao devolverem os automotores, pagam um preço pelo serviço, no qual já está embutido o custo dos mesmos.

Esse entendimento de que bastaria a destinação final fática, contudo, é notoriamente insatisfatório, pois todas as empresas, de maneira direta ou indireta, *consomem* – não no sentido jurídico e sim meramente fático – produtos ou serviços na cadeia produtiva e é sabido que o

---
[148] *Novo Dicionário Aurélio da Língua Portuguesa*, 2ª ed. Rio de Janeiro: Nova Fronteira, p. 954.

Código de Proteção e de Defesa do Consumidor não foi criado para o amparo a tais agentes econômicos, na forma já salientada.

Assim, a definição de destinatário final econômico é a que se afeiçoa aos objetivos da Política Nacional das Relações de Consumo, pois, segundo informa esse conceito, na visão de Cláudia Lima Marques,[149] consumidor seria aquele que:

> Coloca um fim na cadeia de produção (*destinatário final econômico*) e não aquele que utiliza o bem para continuar a produzir, pois ele não é o consumidor-final, ele está transformando o bem, utilizando o bem para oferecê-lo por sua vez ao seu cliente, seu consumidor.

O destinatário final econômico, portanto, efetivamente retira o bem ou serviço do *iter* produtivo, podendo, já que tal critério seria eminentemente objetivo e casuístico, abranger tanto pessoas físicas como jurídicas ou morais (denominação francesa para escolas, associações sem fins lucrativos, sociedades, agrupamentos).

É preciso, então, analisar, no caso concreto, se o bem ou serviço adquirido por determinada empresa participará, de fato, da composição do preço final do seu produto ou serviço, de maneira ordinária, ou se, simplesmente, sua aquisição foi orientada para a satisfação de uma necessidade não produtiva da pessoa jurídica.

Como exemplo, o serviço de transporte de pneus do distribuidor para a montadora de veículos recebe o pagamento de preço que será acrescentado no preço final do automóvel. Dessarte, não poderá a montadora, em eventual problema surgido no transporte, ingressar em juízo com base no CDC, alegando sua condição de consumidora, pois a questão deverá ser tratada à luz das regras de Direito Comercial e do Código Civil, os quais disciplinam o relacionamento negocial entre profissionais.

De outra forma, na hipótese de uma empresa fabricante de camisas adquirir um bebedouro para os funcionários, seria possível reconhecer a condição de consumidora à pessoa jurídica, porque o equipamento não é um insumo, ou seja, um componente fundamental para a produção de camisas.

Quanto à já abordada fragilidade da pessoa jurídica, Arruda Alvim, Thereza Alvim, Eduardo Alvim e James Marins[150] não concordam com a necessária presença do elemento hipossuficiência – na realidade a expressão correta seria vulnerabilidade – para que a pessoa jurídica seja caracterizada como consumidora.

---

[149] Op. cit., p. 107.
[150] Op. cit., p. 23.

José Geraldo Brito Filomeno, todavia, na forma antes citada, entende que tal requisito é fundamental.

Deve ser destacado que as noções de hipossuficiência e de vulnerabilidade[151] não se confundem.

Enquanto a vulnerabilidade é característica indissociável da figura do consumidor, o mesmo não se pode dizer da hipossuficiência. Vulnerabilidade e hipossuficiência são conceitos que não se confundem. Podem até coexistir, não como sinônimos, mas como características autônomas que adjetivam[152] determinado consumidor de acordo com as peculiaridades do caso concreto.

A Professora Judith Martins-Costa, em artigo sobre a publicidade,[153] define o que seja *vulnerabilidade*, ressalvando a sua distinção quanto à hipossuficiência:

> (...) Um e outro conceito denotam realidades jurídicas distintas, com conseqüências jurídicas também distintas. Nem todo o consumidor é hipossuficiente. O preenchimento valorativo da hipossuficiência – a qual se pode medir por graus – se há de fazer, nos casos concretos, pelo juiz, com base nas "regras ordinárias de experiência" e em seu suporte fático encontra-se, comumente, elemento de natureza socioeconômica (...) Sua aplicação depende da discricionariedade judicial e a sua conseqüência jurídica imediata é a da inversão do ônus probandi, no processo civil, para a facilitação da defesa de seus direitos. Todo consumidor seja considerado hipossuficiente ou não é, ao contrário, vulnerável no mercado de consumo. Aqui não há valoração do 'grau' de vulnerabilidade individual porque a lei presume que, neste mercado, qualquer consumidor, seja ele hiper ou hipossuficiente do ponto de vista socioeconômico, é vulnerável tecnicamente: no seu suporte fático está o desequilíbrio técnico entre o consumidor e o fabricante no que diz com a informação veiculada sobre o produto ou serviço.

Minha opinião se dirige no sentido de considerar que hipossuficiência é um critério processual consagrado no artigo 6°, inciso VIII, do CDC, que busca estabelecer um paradigma para o reconhecimento de eventual desigualdade no âmbito *do processo*.

Ou seja: pelas regras da experiência, o juiz aferirá as dificuldades de a parte arcar com os custos processuais, com a produção de provas, com a deficiência de fontes de informação e tudo mais que indique uma disparidade razoável entre os litigantes.

---

[151] Sobre a distinção entre vulnerabilidade e hipossuficiência, ver MORAES, Paulo Valério Dal Pai. *Código de Defesa do Consumidor: O Princípio da Vulnerabilidade no Contrato, na Publicidade e nas Demais Práticas Comerciais*. 3ª ed. rev., atual. e ampl. Porto Alegre: Livraria do Advogado, 2009.

[152] A vulnerabilidade adjetiva sempre o consumidor; a hipossuficiência, por sua vez, nem sempre, dependendo obrigatoriamente das circunstâncias do caso concreto.

[153] MARTINS-COSTA, Judith. A Guerra do Vestibular e a Distinção entre Publicidade Enganosa e Clandestina. *Revista de Direito do Consumidor*. São Paulo: RT. v. 6, abr/jun. 1993, p. 222.

A vulnerabilidade, contudo, apresenta-se antes do processo e corresponderia a um critério de *direito material*, em que a submissão em termos de conhecimentos técnicos, entre o fornecedor e o consumidor, faz com que este seja reconhecido vulnerável em relação àquele.

Importante, então, o conhecimento das questões acima expostas, não podendo ser olvidado que sempre deverá ser procedida uma avaliação restritiva da situação, pois, na dúvida, necessariamente prevalece o entendimento de que consumidor é, apenas, o não profissional.

Dessa forma, nem toda pessoa jurídica aparentemente vulnerável será consumidora, eis que poderá sua atividade ordinária possuir afinidade com o produto ou serviço adquiridos, assim como nem toda pessoa jurídica aparentemente não vulnerável poderá ter recusada a condição de consumidora, quando os bens ou serviços adquiridos estejam completamente afastados da realidade cotidiana e produtiva da empresa.

Conforme expressa Cláudia Lima Marques, o reconhecimento da pessoa jurídica como consumidora deve ocorrer excepcionalmente, ficando ordinariamente outorgada tal condição às pessoas físicas, naturalmente desiguais no mercado de consumo, em relação às empresas fornecedoras.

Merece comentários, igualmente, a questão de que não somente a compra e venda caracteriza a conceituação *standard* de consumidor.

De fato, a aquisição e a obtenção de posse, nas suas mais variadas formas, é que são os indicadores precípuos do conceito.

Ocorre que o consumidor pode ter recebido o produto por doação, permuta etc., diversamente do serviço, que deve ser remunerado. Pode ter recebido, ainda, uma amostra grátis, conforme acima referido, e assim outras tantas situações podem ocorrer, pelo que se faz imprescindível a referência, a fim de que seja possível adentrar o tema a que me propus analisar, nos termos a seguir expostos.

8.4. Os conceitos extensivos de consumidor do CDC

Continuando os comentários, o Código de Defesa do Consumidor procurou abranger todas as possibilidades de proteção aos efetivamente consumidores, aos potencialmente consumidores e, até mesmo, aos que sofrem reflexos de relações de consumo.

O primeiro conceito extensivo é o *coletivo* e *concreto*, previsto no parágrafo único do artigo 2º do CDC, o qual é assim escrito:

Parágrafo único. Equipara-se a consumidor a coletividade de pessoas, ainda que indetermináveis, que haja intervindo nas relações de consumo.

A coletividade, então, é equiparada a consumidor para o efeito de que, coletivamente, possa ser concretizada uma atuação tendente à proteção das múltiplas pessoas que eventualmente tenham sido lesadas por uma mesma *origem comum* ilegal.

De fato, este parágrafo único está direcionado à possibilidade de que os entes coletivos previstos no artigo 82 do CDC ou em outros preceitos específicos atinentes à legitimidade para ações coletivas em geral, espalhados pela Constituição Federal e em leis especiais (Estatuto do Idoso, ECA etc.), possam propor em apenas uma demanda a resolução completa de problemas massificados que tenham sido ocasionados aos vulneráveis.

Nesse dispositivo, então, está sintetizada a possibilidade de serem interpostas ações para a proteção dos interesses difusos, coletivos *stricto sensu* e individuais homogêneos.

Por isso é que se denomina conceito extensivo *coletivo* de consumidor.

Também é *concreto*, aqui emergindo a importância do conceito *standard* de consumidor, porque são trazidos os elementos que compõem a definição *stricto sensu* de consumidor, quais sejam a *aquisição* ou a *utilização* como *destinatário final* – elementos estes inclusos no *caput* do artigo 2º do CDC.

A característica identificada pela expressão *concreto*, portanto, indica que houve um efetiva, real, material intervenção na relação de consumo, ou por intermédio da aquisição ou da utilização de um produto ou serviço, como destinatário final.

A coletividade, então, receberia a mesma tutela do CDC que é outorgada ao consumidor definido no *caput* do mesmo dispositivo.

Podemos afirmar, assim, que existem pressupostos específicos para a incidência da norma do parágrafo único do artigo 2º do CDC.

O primeiro deles é a necessária existência concreta de uma relação de consumo, nos moldes descritos anteriormente.

Segundo Maria Antonieta Zanardo Donato,[154]

(...) a intervenção da coletividade nas relações de consumo só poderá ocorrer a partir do momento que cada uma dessas pessoas haja intervindo, *per se*, na relação de consumo, na qualidade de destinatário final do produto ou serviço.

Refere a autora, ainda, que:

---
[154] Op. cit., p. 187.

Regrar-se-ão, pois, as aplicações objetivas do parágrafo único do artigo 2º às normas do Código de Defesa do Consumidor na mesma esteira outorgada ao seu *caput*.

Quer dizer: o parágrafo único do artigo 2° trata de situação concreta, na qual a coletividade, de alguma forma – cada um dos seus integrantes adquirindo ou se utilizando do produto ou serviço – "haja intervindo nas relações de consumo".

O exemplo clássico que se oferece é o em que veio ao mercado de consumo pílula anticoncepcional que não tinha o princípio ativo para tanto, mas apenas farinha. Era um mero placebo. O resultado é que muitas mulheres ficaram grávidas, quando isso não desejavam, culminando com a interposição de várias ações individuais e coletivas, todas impugnando a mesma *origem comum* ilegal ("o ingresso no mercado de consumo de pílulas anticoncepcionais com farinha e sem o princípio ativo para o fim ao qual se destinavam").

No exemplo dado, houve a intervenção na relação de consumo, caracterizada pela aquisição ou pela utilização – é que a usuária do produto pode ter recebido em doação a cartela de pílulas, circunstância em que seriam consumidores aquele que adquiriu o produto e a que usou –, igualmente existindo o requisito da destinação final.

Objetiva a norma do parágrafo único do art. 2° do CDC uma melhor proteção extrajudicial e judicial, por intermédio da aglutinação de inúmeros problemas individuais iguais em apenas uma atuação massificada tendente a impugnar a *origem comum* ilegal geradora das lesões.

Como segunda definição extensiva, temos o conceito *coletivo e abstrato* de consumidor, insculpido no artigo 29 do CDC, o qual é assim escrito:

Para os fins deste Capítulo e do seguinte, equiparam-se aos consumidores todas as pessoas determináveis ou não, expostas às práticas nele previstas.

A diferença tênue, mas fundamental, entre o conceito abstrato e o coletivo está no fato de que no artigo 29 do CDC consta a situação em que a coletividade se encontra potencialmente na iminência de sofrer prejuízo, na medida em que ainda não houve uma efetiva intervenção na relação de consumo, seja por intermédio da aquisição ou da utilização, tampouco sendo aferida eventual destinação final.

É o caso, da mesma forma clássico, dos contratos de adesão massificados com cláusulas abusivas,[155] sejam bancários, de plano de saúde, de incorporação imobiliária, de locações – quando existe a interferência de um profissional no polo fornecedor, tal como uma imobiliária – etc.,

---

[155] Sobre cláusulas abusivas ver BONATTO, Cláudio. *Código de Defesa do Consumidor: Cláusulas Abusivas nas Relações Contratuais de Consumo*. Op. cit.

os quais podem estar em branco, ainda não assinados, mas, devido à potencialidade de dano advinda das cláusulas abusivas, e com fulcro no objetivo preventivo de danos incluso no artigo 6º, VI, do CDC,[156] ainda assim é permitida a atuação extrajudicial, e mesmo judicial, tendente a corrigir as abusividades e ilegalidades eventualmente existentes. É o chamado *controle prévio e abstrato*, na atualidade amplamente consagrado na doutrina e na jurisprudência.

Assim, pode ser dito com tranquilidade que o artigo 29 busca ampliar a conceituação do parágrafo único do artigo 2º, abarcando situações abstratas, no intuito de realizar um dos principais objetivos do Código, que é a defesa *preventiva do consumidor*.

Em realidade, o artigo 29 do CDC alterou completamente o modo de trabalhar o Direito que até então vinha sendo praticado, não sendo exagerada tal afirmação.

Antes do seu surgimento, toda a atividade jurídica era feita com base em situações concretas, já existentes. Agora, elas não são mais fundamentais para que se empreenda a postura protetiva, bastando a mera *exposição*, conceito do mundo material que identificava questões corriqueiras do nosso cotidiano, tais como a "exposição ao sol", ao "vento", às "intempéries", mas que, na atualidade, está positivada como um conceito jurídico de cunho nitidamente *culturalista* – por isso a importância dos fundamentos apresentados no início deste trabalho. De fato, foi buscado na cultura, na experiência vivida das comunidades, que no mundo da pós-modernidade assina *contrato de adesão* não quem o *deseja*, mas sim quem *precisa*, na maior parte das vezes sendo uma imposição "ter de assinar" um contrato desse espécie, ou será que é viável, de um modo geral, estar na sociedade sem uma conta corrente?

Também se verificou na *cultura* em que estamos imersos que a existência de um contrato de adesão padronizado em um balcão, ou gravado no computador, mesmo não estando assinado, provavelmente o será por múltiplas pessoas, haja vista a evidência de que nenhuma empresa que forneça contratos massificados perdure eternamente com os mesmos consumidores. Uns deixarão de ser consumidores da empresa, outros passarão a ser, sendo essa uma vivência natural o suficiente para autorizar o entendimento de que a mera *exposição* já determinará uma possibilidade de atuação preventiva no sentido de coibir abusos.

Tamanha é a importância deste dispositivo do artigo 29, que houve grande *engenharia* nas Casas Legislativas, a fim de que fosse garan-

---

[156] Artigo 6º, inciso VI, do CDC: "a efetiva prevenção e reparação de danos patrimoniais e morais, individuais, coletivos e difusos".

tida a sua aprovação. Neste sentido, merece referência expressa a lição de Antônio Herman de Vasconcellos e Benjamin:[157]

> O conceito do art. 29 integrava, a princípio, o corpo do art. 2º. Como conseqüência do *lobby* empresarial que queria eliminá-lo por completo, foi transportado, por sugestão minha, para o capítulo V. Não houve qualquer prejuízo. Mantém-se, não obstante a fragmentação do conceito, a abrangência da relação primitiva. O consumidor é, então, não apenas aquele que "adquire ou utiliza produto ou serviço" (art. 2º), mas igualmente as pessoas "expostas às práticas" previstas no Código (art. 29). Vale dizer: pode ser visto *concretamente* (art. 2º), ou *abstratamente* (art. 29). No primeiro caso impõe-se que haja ou que esteja por haver aquisição ou utilização. Diversamente, no segundo, o que se exige é a simples exposição à prática, mesmo que não se consiga apontar, concretamente, um consumidor que esteja em vias de adquirir ou utilizar o produto ou serviço.

No mesmo sentido é a lição de Fábio Ulhoa Coelho,[158] o qual afirma que:

> As pessoas equiparadas ao consumidor pelo parágrafo único do art. 2º recebem a tutela de todo o Código, inclusive a constante dos Capítulos V e VI referidos, ao passo que as mencionadas pelo art. 29 são protegidas apenas no tocante à matéria destes capítulos, ou seja, as práticas comerciais e contratuais. Em assim sendo, as pessoas que 'hajam intervindo nas relações de consumo" fazem parte de um universo ou diferente ou mais restrito que o das pessoas 'expostas às práticas comerciais'. Se fosse inversa a relação, ou seja, se o conjunto abrangido pelo art. 2º, parágrafo único, compreendesse também o da norma ora analisada, esta seria inútil, posto que as pessoas nela referidas já se encontrariam protegidas em razão do outro dispositivo.

Em realidade, os universos são diferentes, não podendo ser estabelecida qualquer comparação em termos de amplitude dos conceitos constantes nas duas normas. Um tem como preponderância a proteção de situação ocorrida, concreta (parágrafo único do artigo 2º do CDC); o outro conceito, constante na norma do artigo 29, é, prioritariamente, preventivo e precavido.

Sendo assim, é possível concordar parcialmente com a posição de Maria Antonieta Donato,[159] quando esta diz que os conceitos básicos de consumidor, tanto a definição individual como a coletiva, estão no artigo 2º e seu parágrafo, do CDC, bem como que, a partir deles, é que poderão ser feitas as ampliações eventualmente necessárias e, diga-se, desde que condizentes com o artigo 6º do CDC. Dessarte, as pessoas determináveis ou não do artigo 29 somente seriam amparadas pela lei protetiva, na medida em que pudessem ser *abstratamente, potencialmente*, consideradas como destinatárias finais. Ou seja, em realidade, não

---

[157] *Código Brasileiro de Defesa do Consumidor*. 3ª ed. Rio de Janeiro: Forense Universitária, 1991, p. 147.

[158] *Comentários ao Código de Defesa do Consumidor*. São Paulo: Saraiva, 1991, p. 148.

[159] Ob. cit., p. 186 e segs.

são destinatárias finais, ainda, porque tal critério é objetivo, seja do ponto de vista fático ou econômico, e não poderia ser considerada ocorrida tal situação, quando a norma prevê hipótese abstrata. Todavia, é possível vislumbrar, em tal abstração, a probabilidade, a potencialidade, de que as pessoas eventualmente expostas a práticas abusivas possam vir a ser consideradas destinatárias finais, pelo que é correta a conclusão de que o fundamento, a base conceitual, é a mesma.

O terceiro conceito extensivo é o do *bystander* ou da *vítima do acidente de consumo*, incluso no artigo 17 do CDC. Transcrevo:

> Art. 17. Para os efeitos desta Seção, equiparam-se aos consumidores todas as vítimas do evento.

Por este conceito extensivo será considerada consumidora a pessoa ou a coletividade de pessoas vitimada pelo evento danoso ou que esteja na iminência de sofrer algum ataque, agressão, melindre à sua incolumidade física ou psíquica, motivo pelo qual não é pressuposto para a sua configuração a existência da qualidade de destinatário final.

Cabe destacar que o artigo 17 pertence à Seção II do Capítulo IV do Código de Defesa do Consumidor, seção esta que trata *da responsabilidade pelo fato do produto e do serviço*. Ou seja, tal seção, que vai do artigo 12 ao 17 do CDC, diz respeito ao chamado *acidente de consumo*, caracterizado pelas situações concretas em que um produto ou um serviço tenham causado lesões à incolumidade física ou psíquica dos consumidores.

É importante esse destaque, porque o Código do Consumidor possui dois grandes âmbitos de responsabilidade civil, que nas minhas aulas chamo de *pulmões* do CDC. Do artigo 12 ao 17 da Lei Protetiva temos os *acidentes de consumo* – lesão à incolumidade física ou psíquica, que trata dos defeitos de qualidade por *insegurança* –, sendo que do artigo 18 até o 25 da mesma Lei temos os *incidentes de consumo* – lesão à *parte do corpo humano que mais dói*, que é o *bolso*, identificando danos apenas patrimoniais gerados pelos vícios de qualidade por inadequação, e previstos no CDC como sendo a responsabilidade pelos vícios dos produtos ou dos serviços.

Assim, a norma do artigo 17 do CDC é aplicável a todas as situações em que tenhamos, em nível concreto ou mesmo potencial, qualquer possibilidade de lesão à incolumidade física ou psíquica de consumidores individuais ou coletivamente considerados.

É o caso do morador de um apartamento existente em edifício com dois apartamentos por andar, que é atingido na sua incolumidade física ou psíquica pela explosão de um vasilhame de gás pertencente ao seu vizinho de porta, com o qual sequer relação tem. Nenhuma relação contratual possui com a empresa fornecedora do produto, e sequer destinatário final daquele produto com defeito pode ser considerado, pois não adquiriu ou uso o vazilhame (conceito *stricto sensu*). Mesmo nessas circunstâncias, todavia, será beneficiário das normas protetivas, pois é a *vítima do evento*.

É o caso, igualmente, de pessoas que residiam ao lado de aeroporto dentro de grande cidade, os quais foram atingidos por avião que desceu antes da pista, ou também dos comerciários que trabalhavam como vendedores em lojas de Shopping Center de São Paulo[160] que explodiu e, mesmo não sendo consumidores *stricto sensu*, foram considerados consumidores equiparados, eis que atingidos na sua incolumidade física ou psíquica.

Nessa última abordagem do tema, é preciso ressaltar que a norma visa a equiparar determinadas pessoas a consumidores, ou seja, elas não seriam consumidores *stricto sensu*, mas, por integrarem o sistema que busca ser harmonizado, recebem a proteção do Código e consumidores *lato sensu* são considerados.

Como consequência, mesmo a pessoa jurídica poderia se valer da norma para a obtenção de indenizações.

Voltando ao conceito, o artigo 17 do CDC, conforme afirma Antonio Herman De Vasconcellos e Benjamin:[161]

---

[160] REsp nº 279.273, Relatora para o acórdão Ministra Nancy Andrighi, julgado em 04.12.2003. Parte do voto-vista: "Reconhece a doutrina que o art. 2º do CDC é insuficiente para abranger como consumidor somente aquele que adquire o produto como destinatário final, porque a interpretação teleológica do parágrafo único do art. 2º, combinado com o art. 17 do CDC, conduz à compreensão de que também são considerados consumidores, ainda que não participem diretamente da relação de consumo, os denominados pela doutrina e jurisprudência norte-americana de *bystander*. Abrange o conceito de *bystander* aquelas pessoas físicas ou jurídicas que foram atingidas em sua integridade física ou segurança, em virtude do defeito do produto, não obstante não serem partícipes diretos da relação de consumo.

O *shopping center* oferece à sociedade um serviço determinado, distinto dos serviços e bens ofertados pelos lojistas, consistente na oferta de segurança, lazer e conforto àqueles que pretendem ou adquirir bens e serviços dos lojistas instalados no local, ou simplesmente transitar pelas galerias como forma de distração e lazer, sendo equiparados pela abrangência do estabelecido no art. 17, que os equipara a consumidores. Assim considerado, pode-se afirmar que todo e qualquer freqüentador de *shopping*, tenha ou não interesse em adquirir bens ou serviços, é consumidor nos termos do art. 2º do CDC, porque adquire, como destinatário final, o serviço de segurança, lazer e conforto ofertado pelo *shopping center*. Por sua vez, o fato de o administrador do *shopping* não cobrar dos freqüentadores preço pelo ingresso em suas dependências não conduz à conclusão de que o serviço ofertado pelo *shopping center* seja de natureza gratuita, porquanto o intuito oneroso, ainda que indireto, é evidente, dada a relação existente entre o conforto e a segurança do *shopping*, de um lado, e a promoção das vendas de bens e serviços dos lojistas instalados ao longo das galerias, de outro. E, ainda que não se considerasse o freqüentador como destinatário final do serviço prestado pelo *shopping center*, deve-se observar o art. 17 do CDC, o qual equipara à noção de consumidor todas as vítimas do fato do serviço".

[161] *Comentários ao Código de Defesa do Consumidor*. São Paulo: Saraiva, 1991, p. 81.

Protege não só o consumidor direto, aquele que adquiriu o produto ou serviço, como ainda qualquer outra pessoa afetada pelo bem de consumo. Aí se inclui até o *bystander*, ou seja, o mero espectador que, casualmente, é atingido pelo defeito.

O STJ já tem se manifestado sobre o tema, sendo exemplo os acórdãos abaixo transcritos:

REsp nº 1281090. LUIS FELIPE SALOMÃO. 07.02.2012. As vítimas de acidentes aéreos localizadas em superfície são consumidores por equiparação (bystanders), devendo ser a elas estendidas as normas do Código de Defesa do Consumidor relativas a danos por fato do serviço (art. 17, CDC).

REsp nº 1100571. LUIS FELIPE SALOMÃO. 07.04.2011. DANO MORAL. Trágico acidente ocorrido durante apresentação do Circo Vostok, instalado em estacionamento de shopping center, quando menor de idade foi morto após *ataque por leões –*, o *art. 17 do Código de Defesa do Consumidor estende o conceito de consumidor àqueles que sofrem a consequência de acidente de consumo*. Houve vício de qualidade na prestação do serviço, por insegurança.

Ministra NANCY ANDRIGHI. 28.02.2012. REsp nº 1125276. O art. 17 do CDC prevê a figura do consumidor por equiparação (bystander), sujeitando à proteção do CDC aqueles que, embora não tenham participado diretamente da relação de consumo, sejam vítimas de evento danoso decorrente dessa relação. Em acidente de trânsito envolvendo fornecedor de serviço de transporte, o terceiro vitimado em decorrência dessa relação de consumo deve ser considerado consumidor por equiparação. Excepciona-se essa regra se, no momento do acidente, o fornecedor não estiver prestando o serviço, inexistindo, pois, qualquer relação de consumo de onde se possa extrair, por equiparação, a condição de consumidor do terceiro.

CÓDIGO DE DEFESA DO CONSUMIDOR. ACIDENTE AÉREO. TRANSPORTE DE MALOTES. RELAÇÃO DE CONSUMO. CARACTERIZAÇÃO. RESPONSABILIDADE PELO FATO DO SERVIÇO. VÍTIMAS DO EVENTO. EQUIPARAÇÃO A CONSUMIDORES. ARTIGO 17 DO CDC.

I – Resta caracterizada relação de consumo se a aeronave que caiu sobre a casa das vítimas realizava serviço de transporte de malotes para um destinatário final, ainda que pessoa jurídica, uma vez que o artigo 2º do Código de Defesa do Consumidor não faz tal distinção, definindo como consumidor, para os fins protetivos da lei, "(...) *toda pessoa física ou jurídica que adquire ou utiliza produto ou serviço como destinatário final*". Abrandamento do rigor técnico do critério finalista.

II – Em decorrência, pela aplicação conjugada com o artigo 17 do mesmo diploma legal, cabível, por equiparação, o enquadramento dos autores, atingidos em terra, no conceito de consumidores. Logo, em tese, admissível a inversão do ônus da prova em seu favor.

Recurso especial provido.

REsp. nº 772.248 – SP -2005/0112153-5. Relator Ministro CASTRO FILHO, julgado em 07.02.2006.

Feitas essas considerações, demonstrarei de que forma os conceitos acima podem ser aplicados na defesa dos consumidores atingidos por danos ambientais complexos.

8.5. Danos ambientais complexos e a macrorrelação ambiental de consumo – macro

A demonstração da história do Direito, bem como dos fundamentos filosóficos e sociológicos que evidenciam toda a evolução da ciência jurídica que praticamos foi o início deste trabalho, pois, conforme alertei, não existe *edifício* sem alicerces sólidos e confiáveis ou, até pode existir, mas, se forem frágeis, o destino será o desmoronamento inexorável da construção.

Na presente situação, o mesmo acontece, tendo sido imprescindível a colocação inicial dos pilares da minha sistematização, a fim de evitar assombros e repulsas às *inovações,* bem como para facilitar o entendimento do que se pretende oferecer à reflexão.

Acredito que estando o interlocutor familiarizado com a naturalidade com que aconteceram as mudanças e evoluções ao longo da história da humanidade e do Direito, estará mais preparado para novos pensamentos quanto à necessidade de mudanças profundas nas posturas que temos adotado, na atualidade, em relação ao meio ambiente, sendo esta uma tentativa sincera no sentido de evidenciar que estamos chegando ao limite de suportabilidade do nosso planeta e, se prosseguir o avanço dos ataques ambientais, sem a menor dúvida, nossa vida estará comprometida na Terra.

A Terra, obviamente, continuará a existir. Ela é mais forte e resiliente que nós. Os seres vivos, todavia, são frágeis e vulneráveis e precisam das condições ideais de temperatura e estabilidade climática para viver.

Acredito, da mesma forma, que a formulação do Direito e sua evolução somente pode acontecer de maneira efetiva e profícua, quando estamos a par e passo com a observação da *cultura* que nos envolve, lembrando que *cultura* é tudo aquilo que o ser humano *experiencia* de maneira relevante ao longo da história.

Pois bem. Agora passarei a usar de forma mais aguda os ensinamentos longamente informados no princípio deste estudo.

Danos ambientais complexos envolvem a produção de efeitos difusos, concretos e potenciais.

Quando analisei, especificamente, casos concretos mais evidentes em que houve a construção de loteamentos, residências etc. em cima de antigos depósitos de resíduos industriais ou de lixo, ficou extremamente fácil concluir que os eventuais adquirentes ou usuários dos lotes são consumidores abrangidos pelo conceito *standard* ou *stricto sensu* e, portanto, podem eles se valer do Código de Defesa do Consumidor para a proteção dos seus direitos.

Esse âmbito de análise e conclusão, entretanto, é muito restrito, porque as lesões que uma área contaminada por lixões ou resíduos industriais pode gerar não se limitam aos moradores de loteamento específico onde está a contaminação direta.

De fato, as agressões e ofensas à incolumidade física ou psíquica das pessoas pode e, necessariamente, se espraiará por tantos e quantos lugares ou seres em que seja possível a geração de efeitos advindos da contaminação.

Assim, por exemplo, no caso Niágara Falls antes citado, por óbvio que a produção de doenças ocasionadas pelo depósito de elementos contaminantes sobre os quais foram erigidas residências não somente atingiu os moradores dos locais contaminados específicos como também outras pessoas residentes em áreas diversas, outros Estados ou mesmo países. Essa conclusão decorre da observação do *mundo cultural*, sabido que as pessoas contatam umas com as outras, viajam para locais distantes, exemplo singelo este que bem reflete a dimensão do problema capaz de ser gerado por uma área contaminada.

Pensemos em um outro exemplo: o de uma Central de resíduos sólidos que tenha sofrido vários vazamentos. Aliás, o Rio Grande do Sul já possui trágicos e contundentes sinistros ambientais desse tipo.

Pergunta-se: podem as pessoas físicas e jurídicas difusamente consideradas ser consideradas consumidoras, na medida em que os vazamentos tenham atingido o ar, os rios, os mares, os lagos, o solo do entorno e, por óbvio, de muito além?

Esse é um dos problemas que pretendo discutir.

Voltemos, então, para o *triângulo do direito* antes desenhado.

Precisamos concretizar o valor igualdade, pois é o princípio preponderante neste momento e neste local da história da humanidade, existindo variado instrumental normativo (regras e princípios) para tanto nas Leis Ambientais em geral, no Código do Consumidor, no Código Civil e na Constituição Federal.

Na face da normalidade, a face de baixo do *triângulo*, temos os grandes paradigmas da *massificação, da urbanização,*[162] da *globalização* e, agrego, o paradigma *ambiental*.

---

[162] Sobre a histórica ocupação irregular e iníqua do espaço urbano e a respeito da estrutura mental do ser humano da cidade e do ser humano rural ver o interessante trabalho de LIRA, Ricardo Pereira. Questão Urbano-Ambiental. *Revista da EMERJ*, nº 38. Rio de Janeiro: EMERJ. v. 10, 2007, p. 17 e segs.

Ricardo Luis Lorenzetti[163] nos oferece o conceito de paradigma:

> Denominamos paradigmas os modelos decisórios que têm um *status* anterior à regra e condicionam as decisões. O vocábulo tem sido amplamente utilizado em numerosos campos filosóficos e científicos com diferentes acepções, mas em nosso caso refere-se unicamente ao modelo de pré-compreensão que guia as ações humanas em um determinado tempo e lugar.
>
> (...)
>
> Quem se embase em paradigmas dá preeminência ao contexto sobre a norma. O procedimento habitual é subsumir um termo legal em um contexto que lhe dá sentido, e que não é o ordenamento, senão o modelo de decisão adotado pelo intérprete de antemão.

Tratando principalmente do paradigma ambiental, assim comenta o mesmo autor:[164]

> Com o paradigma ambiental, os conflitos surgem na esfera social, que contempla os bens públicos e aqueles atos que realiza o indivíduo situado na ação coletiva. Neste cenário o individual não tem primazia e não rege a reciprocidade, já que é um conflito onde se afeta um bem comum. Nestes casos os direitos subjetivos devem ser interpretados de tal modo que não conspirem contra a deterioração de tais bens. Daí que na relação entre direito de propriedade e meio ambiente deva se reconhecer uma "função ambiental da propriedade", em razão de que a multiplicidade de direitos individuais dos proprietários deve se coordenar de tal forma que se orientem à preservação do bem coletivo.
>
> (...)
>
> O paradigma ambiental reconhece como sujeito a natureza, que é um bem coletivo, define-o como escasso ou em situação de perigo e está disposto a limitar os direitos individuais.
>
> Em seu método, transita um caminho inverso aos anteriores, já que parte do coletivo para chegar ao individual.
>
> Por isso o paradigma ambiental também opera como um metavalor, no sentido de que, assim como a liberdade, é um princípio organizativo de todos os demais.

O paradigma ambiental, portanto, em sendo um *metavalor*, serve como guia para a *interpretação lúcida* das realidades orientadas pelos paradigmas da *massificação, da urbanização* e da *globalização*, iluminando-os de forma a desvelar um outro paradigma fundamental da pós-modernidade, que é o paradigma da *contextualização*.

O paradigma ou princípio da *contextualização* é também um metavalor que, como tal, surgiu a partir da Revolução Industrial e tomou forma com a chamada sociedade de risco, estando representado pela realidade inafastável de que as situações fáticas estão interligadas e em constante comunicação e implicação recíprocas, de modo a que não possa ser desconsiderada esta ocorrência do mundo material, sob pena

---

[163] *Teoria Geral do Direito Ambiental*. MOROZINI, Fábio Costa e BARBOSA, Fernanda Nunes (Trads.). São Paulo: Revista dos Tribunais, 2010, p. 19.

[164] Op. cit., p. 19.

de ser realizada uma apreciação dos problemas concretos de maneira parcial, distorcida e alheia ao que efetivamente acontece no mundo real. Falando sobre a sociedade de risco,[165] Teresa Ancona Lopez traduz com bastante clareza o significado do princípio da *contextualização*:

> A "sociedade de risco", fenômeno social recente, nascida no 2º Pós-Guerra com o desenvolvimento amplo e acelerado das pesquisas tecnológicas e científicas, vem criar também a era do medo e da incerteza, na qual a única certeza é o presente, sendo que mesmo este nos escorre pelas mãos. O risco e o perigo, em todas as suas modulações, estão em todas as partes: na *Internet*, na Economia, nos alimentos, nos remédios, nos tratamentos de saúde, nas epidemias, em todos os produtos postos à venda, no terrorismo, nas ondas eletromagnéticas, na biotecnologia, nos serviços, na poluição, na segurança social do cidadão e muito mais. Esses riscos hoje não têm pátria; com a era da globalização, eles viajam de um país ao outro, com uma rapidez nunca imaginada, carregando com eles as ameaçadas de dano e o medo.

Ou seja, o vazamento em uma Central de resíduos sólidos que tenha atingido um rio que banha dezenas de municípios até chegar ao mar, um imenso loteamento erigido em cima de área contaminada com resíduos industriais e de lixo urbano, que tenha causado doenças nos seus moradores, as quais foram disseminadas pelo contato direto ou pela própria contaminação generalizada promovida pelas "águas servidas" (esgoto, abastecimento normal de água etc.) e tantas outras situações estão, inevitavelmente, ligados, *contextualizados*.

A constatação acima apontada oportuniza a todos visualizar a chamada *macrorrelação ambiental de consumo* identificada a partir de um conceito fundamental, que é o conceito atinente ao *ciclo de vida do produto*.

Vou discorrer sobre este tema, porque ele é básico para a demonstração da tese objeto deste estudo.

A formulação das leis civis tem um evidente cunho original individualista – por isso a importância dos alicerce inicialmente comentados, quando tratei do Direito na História –, o qual ainda perdura em menor medida nas leis civis atuais, inclusive no Código de Defesa do Consumidor. Isso é muito fácil de identificar em estruturas como a desse fantástico diploma legal, ainda em vigor, que é o Código Civil Francês, o Código Napoleônico de 1804,[166] assim como no antigo Código Civil.

Essa tendência, não somente normativa, mas, também, filosófico-jurídica de apreciar as questões sob o paradigma do *individualismo*, por

---

[165] Sobre *sociedade de risco* ver LOPEZ, Teresa Ancona. *Princípio da Precaução e Evolução da Responsabilidade Civil*. São Paulo: Quartier Latin, 2010, p. 15.

[166] Uma informação ampla e profunda sobre o Código de Napoleão pode ser encontrada na *Revista da EMERJ – Escola da Magistratura do Rio de Janeiro em homenagem ao Bicentenário do Código Civil Fancês*, nº 26. Rio de Janeiro: v. 7.

vezes nos leva a ver as realidades de maneira parcial e incorreta, restringindo indevidamente seu âmbito de influência, quando o mundo real está a indicar solução mais ampla e esclarecedora.

Sendo mais específicos, o conceito de relação de consumo que ordinariamente nos vem à mente, em um primeiro momento e sem maiores reflexões, nos remete para a situação hipotética em que um consumidor, ou seja, aquele que adquire ou utiliza um produto ou serviço como destinatário final, assim se relaciona com um fornecedor, que é o que realiza uma atividade no mercado de consumo com profissionalidade.[167] É o que compra um livro, o que adquire uma máquina de lavar roupa, um sapato etc.

Entretanto, o conceito de relação jurídica de consumo não se restringe à existência de um consumidor de um lado, um fornecedor de outro e, unindo-os, um produto, um serviço ou os dois. De fato, é muito mais que isso.

Quando tratei do tema no livro *Questões Controvertidas no Código de Defesa do Consumidor*[168] – escrito em conjunto com Cláudio Bonatto –, apresentamos um conceito de relação jurídica e de relação jurídica de consumo.

Na ocasião, dissemos que a palavra *relação* denota uma reciprocidade de ações entre pessoas, naturais ou não, conceituando Aurélio Buarque de Holanda Ferreira[169] como sendo uma *vinculação*.

Contém a palavra *relação*, igualmente, a ideia de convivência entre pessoas, sendo, em qualquer sentido, fundamental a noção de *ação* praticada por cada um dos integrantes do contato, seja ele direto ou indireto.

No campo fático e ordinário, são variadas e inúmeras as vezes em que as pessoas se inter-relacionam, a maior parte delas sendo irrelevante sob o ponto de visto jurídico.

As relações relevantes à sociedade, entretanto, podem ser erigidas à condição de relações jurídicas em algumas situações, quando tal seja necessário para a pacificação social, servindo como paradigmas de con-

---

[167] No artigo 3º do CDC temos o conceito de fornecedor: "Fornecedor é toda pessoa física ou jurídica, pública ou privada, nacional ou estrangeira, bem como os entes despersonalizados, que desenvolvem atividades de produção, montagem, criação, construção, transformação, importação, exportação, distribuição ou comercialização de produtos ou prestação de serviços". A doutrina aponta a *profissionalidade* como marca identificadora da figura do fornecedor, pois é considerado profissional aquele que desenvolve atividade (ação) no mercado de consumo com *duração, habitualidade, continuidade* para a obtenção de um *ganho* capaz de sustentar a organização e estrutura do profissional.

[168] Op. cit., p. 59-63.

[169] Op. cit, p. 147.

duta para todos os integrantes do grupo social. Isto é feito a partir do conceito de suporte fático.

Pontes de Miranda[170] assim define o que seja suporte fático:

O suporte fático da regra jurídica, isto é, aquêle fato, ou grupo de fatos que o compõe, e sôbre o qual a regra jurídica incide, pode ser da mais variada natureza (...).

Com efeito, na conceituação do eminente Jurista existe um suporte fático, representado pela noção de relacionamento social ou de relacionamento cotidiano, na forma acima declinada, sendo que tal reciprocidade de ações, devido à sua importância para a vida em sociedade, recebe a incidência normativa, pela qual seriam estes fatos reconhecidos como padrões de conduta no âmbito do Direito.

A partir deste ponto realiza-se todo o processo legislativo, resultando na criação legal que orientará a vida das pessoas, norma essa que, então, poderá conter os múltiplos suportes fáticos.

Nesse particular, é útil referir que toda a luta do homem busca efetivar sua adaptação em sociedade, sendo a lei uma dessas formas, de acordo com o que foi exposto no início deste trabalho.

Então, inúmeras são as relações do mundo fático e os processos de adaptação social, sendo os suportes fáticos relevantes, portanto, transformados em relações jurídicas, o mesmo acontecendo no campo do Direito do Consumidor, quando o legislador resolve destacar uma em especial, denominando-a *Relação Jurídica de Consumo*, na forma do que consta na *norma-objetivo* do artigo 4º do CDC.

Fazendo o raciocínio inverso, já que as normas consumeristas estão consolidadas no Código específico, sempre que surgir suporte fático relevante para a harmonia das relações de consumo, incidirá a norma legal precípua e serão aplicadas as regras e princípios do CDC.

Sintetizando esses ensinamentos, o suporte fático consumerista constitui-se de relações do mundo fático, nas quais, de um lado está a figura do consumidor, *na dimensão dos quatro conceitos acima apresentados*, e do outro um ou vários fornecedores de produtos ou serviços, os quais, diante da existência de contrato de compra e venda, da utilização de um produto ou serviço ou, simplesmente, diante da ocorrência de algum dano psíquico ou físico causado ao bem da vida (*lato sensu*) em decorrência destes produtos ou serviços, geram a imediata incidência da norma protetiva, completando-se, assim, o processo de jurisdicização daquele suporte fático.

Conceituo, então, relação jurídica de consumo:

---

[170] *Tratado de Direito Privado*, parte geral. Rio de Janeiro: Borsoi, 1954. v. I, p. 19.

Relação jurídica de consumo é o vínculo, direto ou indireto, que se estabelece entre um ou vários consumidores, inclusive na dimensão dos conceitos equiparados de consumidor, e um ou vários fornecedores, decorrente de um ou múltiplos atos de consumo coletivamente considerados, identificados pelo ciclo de vida do produto e pelas interações decorrentes do planejamento, criação e fornecimento de serviços, ou como reflexo de um acidente de consumo (responsabilidade pelo fato do produto ou do serviço) ou de um incidente de consumo (responsabilidade pelo vício do produto ou do serviço), a qual sofre a incidência da norma jurídica específica, com o objetivo de harmonizar as interações naturalmente desiguais da sociedade moderna de massa.

Agregando a este conceito, na forma acima realizada, a definição relativa ao *ciclo de vida do produto*,[171] teremos o que denomino *macrorre-*

---

[171] Para muito além de um conceito, o *ciclo de vida do produto* faz parte de uma política brasileira de sustentabilidade, que tem como marcos legais vários atos regulamentares do Conselho Nacional de Metrologia, Normalização e Qualidade Industrial – CONMETRO. O primeiro deles é a Resolução nº 3, de 22 de abril de 2010, que dispõe sobre a Aprovação do Termo de Referência do Programa Brasileiro de Avaliação do Ciclo de Vida e dá outras providências. O segundo é a Resolução nº 04, de 15 de dezembro de 2010, que dispõe sobre a Aprovação do Programa Brasileiro de Avaliação do Ciclo de Vida e dá outras providências: "Considerando que as informações reunidas pelos estudos de Avaliação do Ciclo de Vida – ACV constituem importantes instrumentos de avaliação quantitativa de efeitos ambientais oriundos de toda a cadeia produtiva, das ações operacionais que são executadas, facilitando a definição de estratégias para as mesmas.Considerando a necessidade do desenvolvimento de métodos para melhor compreender e lidar com os diversos e possíveis impactos associados aos produtos e serviços, tanto na sua fabricação quanto no consumo; Considerando que a ACV pode servir de base à identificação de oportunidades para a melhoria do desempenho ambiental de produtos em diversos pontos de seu ciclo de vida; Considerando que a ACV pode incrementar o nível de informação dos tomadores de decisão na indústria e nas organizações governamentais ou não-governamentais; Considerando que a ACV pode fundamentar a seleção pertinente de indicadores de desempenho ambiental, incluindo técnicas de medição; Considerando a necessidade de empreender ações para preservar os recursos naturais com vistas à sustentabilidade e promover o acesso aos mercados, interno e externo, com base em requisitos reconhecidos internacionalmente; Considerando a importância estratégica de o Inmetro dar continuidade aos estudos em sustentabilidade; Considerando a necessidade de dar prosseguimento aos esforços empreendidos com o projeto – Inventário do Ciclo de Vida para a Competitividade Ambiental da Indústria Brasileira – SICV Brasil, que se conclui em dezembro de 2010; Considerando a necessidade de se inserir e tornar efetiva a Avaliação do Ciclo de Vida como um instrumento de apoio à sustentabilidade ambiental no Brasil... 6.1 – *Inventários do Ciclo de Vida. Contextualização:* Uma base de dados de inventários contém um modelo de inter-relacionamento entre processos, produtos e serviços industriais, que suportam estudos de ACV. Um inventário contém uma série de informações sobre processos industriais. Estes processos inventariados podem ser enquadrados em seis grandes grupos: (i) de aquisição de matérias primas; (ii) de manufatura; (iii) de distribuição de produtos; (iv) de uso do produto, por exemplo, através do consumo de energia elétrica e água; (v) de reciclagem, e (vi) de tratamento de rejeitos. Um Inventário de Ciclo de Vida – ICV contém fundamentalmente quatro conjuntos de informações sobre cada processo industrial no escopo de um estudo de ACV: (i) consumos e liberações de energia e substâncias químicas de e para os compartimentos aquático, terrestre e atmosférico da biosfera (chamados de intervenções); (ii) saídas e entradas de subprodutos utilizados por cada processo da cadeia produtiva do produto ou serviço, formando uma rede de interdependências entre processos, compondo os fluxos intermediários; (iii) informações complementares de natureza técnica sobre o processo, como métodos empregados na realização da modelagem, atributos e características diversas do processo modelado, abstrações físico-químicas empregadas na representação informacional do processo; além de (iv) informações de natureza administrativa, sobre a autoria, proprietários das informações e usos permissíveis destas informações. O desenvolvimento de banco de dados de inventários para o Brasil é necessário, principalmente, pelas características do País que possui setores econômicos diversificados, uma matriz energética característica e plantas

lação ambiental de consumo. Vamos ao conceito de ciclo de vida do produto, incluso no artigo 3º, IV, da Lei de Resíduos Sólidos:

> IV – ciclo da vida do produto: série de etapas que envolvem o desenvolvimento do produto, a obtenção de matérias-primas e insumos, o processo produtivo, o consumo e a disposição final;

O que é *disposição final*? Também no artigo 3º, inciso VIII, da Lei nº 12.305/10 está sua conceituação:

> VIII – disposição final ambientalmente adequada: distribuição ordenada de rejeitos em aterros, observando normas operacionais específicas de modo a evitar danos ou riscos à saúde pública e à segurança e a minimizar os impactos ambientais adversos;

Ou seja, o *ciclo de vida do produto* não se extingue com o *consumo stricto sensu*, identificado pelas condutas materiais de usar e fruir diretamente de um bem ou serviço. Este tipo de *consumo* é apenas a penúltima etapa do ciclo de vida do produto, o qual se completa somente com a "disposição final ambientalmente adequada".

Por isso, posso dizer com tranquilidade que o *ciclo de vida do produto* traz a lume o conceito de *macrorrelação ambiental de consumo*, esclarecendo que, enquanto não se extinguir a *vida do produto* com a sua "disposição final adequada", o que envolve também a respectiva embalagem, estará ele (produto) irradiando efeitos e, portanto, tais efeitos, quando venham a causar danos a alguém, no caso, consumidores coletivamente considerados, induzirão ao reconhecimento de que são aplicáveis as legislações atinentes ao Direito do Consumidor em combinação com as Leis Ambientais.

Veja-se. Aqui está a ligação umbilical entre o Direito Ambiental e o Direito do Consumidor. O *princípio da contextualização* evidenciado pelo conceito relativo ao *ciclo de vida do produto* permite visualizar a realidade. Ou seja, todos os rejeitos eventualmente existentes em uma Central de resíduos sólidos ou nos alicerces de um grande loteamento construído sobre lixo industrial ou domiciliar, na medida em que venham a causar danos a alguém, configurarão um ostensivo *macrorrelacionamento ambiental de consumo*, haja vista que a reunião dos rejeitos decorreu de micro relacionamentos de consumo realizados de forma massificada pela sociedade. Tais micro relacionamentos reunidos dão continuidade e, simultaneamente, surgimento *ao macrorrelacionamento ambiental de consumo*, porque em decorrência de eventual incorreta disposição final dos rejeitos (pilhas, lâmpadas, embalagens, pneus etc.)

---

industriais compostas por diversas origens tecnológicas. O uso de banco de dados nacional, que contemple as especificidades das diferentes regiões do País, permitirá que os resultados obtidos nos estudos de ACV sejam consistentes".

serão causados danos coletivos aos consumidores coletivamente ou individualmente considerados.

Mas como se completará a visualização desse *macrorrelacionamento*?

Completar-se-á pela consideração dos conceitos extensivos de consumidor acima vistos, merecendo especial relevo o conceito *coletivo e abstrato* e o conceito da *vítima da relação de consumo*, o *bystander*, haja vista que o conceito *coletivo e concreto*, em se tratando de pessoas que residam em loteamentos construídos em cima de áreas contaminadas, é evidente.

No caso do conceito *coletivo e abstrato*, conforme visto antes, "(...) equiparam-se aos consumidores todas as pessoas determináveis ou não, expostas às práticas nele previstas".

Assim, a mera *exposição* de alguém a situações de potencial dano à vida ou à saúde já fazem com que se possa reconhecer a existência de um grupo difuso de pessoas, unidas por uma *origem comum* fática ilegal, qual seja a existência de um dano ambiental pela incorreta disposição final de produtos ou embalagens que são resultado e ainda se constituem em *relação de consumo inacabada*, porque não extinto o ciclo de vida do produto. Ressalto, *até que se complete o ciclo de vida do produto com a sua disposição final, o produto continua com vida, sendo, portanto, e ainda produto*. Ora, se é produto e causa dano a alguém, este alguém somente pode ser considerado consumidor, sendo impositiva a aplicação do CDC.

O mesmo acontece com o conceito do *bystander,* da vítima do acidente de consumo do artigo 17 do CDC, o qual informa que: "(...) equiparam-se aos consumidores todas as vítimas do evento".

Qual *evento*? O *evento* ambiental danoso complexo. O dano gerado pelo fato do produto ou do serviço, conforme previsto nos artigos 12 até 17 do CDC, ou seja, quando em decorrência do *macrorrelacionamento ambiental de consumo massificado, urbanizado, contextualizado,* alguém venha a sofrer danos à sua incolumidade física ou psíquica.

Patrícia Faga Iglecias Lemos,[172] em seu excelente trabalho sobre responsabilidade pós-consumo, concorda com esta ideia, sendo importante mencionar suas palavras:

> Em matéria de pós-consumo, o ponto nodal é a responsabilidade pelo ciclo de vida do produto: "berço e túmulo". Assim, tal responsabilidade se dá na "serie de etapas que envolvem o desenvolvimento do produto, a obtenção de matérias-primas e insumos, o processo produtivo, o consumo e a disposição final". (art. 3º, IV, PNRS).

---

[172] Op. cit., p. 209.

Nesse momento do trabalho, faço um alerta fundamental para um dos elos que une o direito do consumidor e o direito ambiental. É ele o princípio da sustentabilidade.

Fábio de Souza Trajano[173] assim comenta sobre o tema:

Da política ecológica evoluiu-se para o princípio da sustentabilidade, que, segundo lições do Professor Gabriel Real Ferrer, relaciona-se com a proteção ambiental (defesa do entorno), com aspectos sociais (inclusão social) e com aspectos econômicos (crescimento e distribuição de renda), tendo como pano de fundo a proteção da dignidade das pessoas e a proteção da vida da atual e das futuras gerações.

(...)

A defesa do consumidor e a defesa do meio ambiente – um dos aspectos do princípio da sustentabilidade – são princípios da ordem econômica, devendo, assim, conviver harmoniosamente, conforme disposição da nossa Constituição Federal (CF/88) (...)

(...)

E não poderia ser diferente, porquanto a proteção do meio ambiente e um desenvolvimento sustentável guardam estreita e direta relação com a produção e o consumo dos bens e serviços de forma adequada e consciente, como, por exemplo, observando-se a política dos "três erres": reciclar, reduzir e reutilizar.

(...)

Edis Milaré, na mesma linha, salienta que as distorções do consumo geram problemas até chegar ao consumismo, consistente em uma "mentalidade arraigada e em hábitos mórbidos, mais ou menos compulsivos, que embotam a consciência do cidadão consumista". Os milhões de consumistas, segundo o autor, "representam uma ameaça global para o meio ambiente, tanto mais que essa mesma população cresce em taxas ainda assustadores, sobretudo nos países pobres ou em vias de desenvolvimento"

(...)

não há dúvida, assim, de que para a concretização do princípio da sustentabilidade exige-se um consumo sustentável.

(...)

Salienta Filomeno que "o próprio consumo de produtos e serviços, em grande parte, pode e deve ser considerado como atividade predatória dos recursos naturais", acrescentando que as necessidades dos indivíduos são infinitas, em decorrência dos meios de comunicação de massa e pela força do *marketing*, enquanto os recursos naturais são limitados, especialmente quando não possam ser renovados. Conclui o autor que a nova vertente do consumerismo objetiva alcançar o indispensável equilíbrio diante de tais realidade, "a fim de que a natureza não se veja privada de seus recursos o que, em consequência, estará a ameaçar a própria sobrevivência do ser humano neste planeta".

(...)

Diante de tantos pontos em comum e em razão da importância para as gerações atuais e futuras, poderíamos dizer que, na verdade, o princípio da sustentabilidade é um prin-

---

[173] *Revista Luso-Brasileira de Direito do Consumidor.* O Princípio da Sustentabilidade Como Princípio Fundamental Constitucional e das Relações de Consumo, n. 3. Curibiba: Bonijuris; J. M. v. 1, setembro de 2011, p. 233-237.

cípio implícito no direito do consumidor, pois,embora não previsto expressamente no Código de Defesa do Consumidor, deve ser observado na produção e no consumo dos bens e serviços, sob pena de flagrante violação aos interesses dos consumidores da atual e das futuras gerações.

Não posso deixar de citar, também, o eminente Professor Juarez Freitas, em obra de referência a respeito do tema da sustentabilidade:[174]

> A sustentabilidade não é, pois, princípio abstrato ou de observância adiável; vincula plenamente e se mostra inconciliável com o vicioso descumprimento da função socioambiental dos bens e serviços.
>
> (...)
>
> Trata-se do princípio constitucional que determina, independentemente de regulamentação legal, com eficácia direta e imediata, a responsabilidade do Estado e da sociedade pela concretização solidária do desenvolvimento material e imaterial, socialmente inclusivo, durável e equânime, ambientalmente limpo, inovador, ético e eficiente, no intuito de assegurar, preferencialmente de modo preventivo e precavido, no presente e no futuro, o direito ao bem-estar físico, psíquico e espiritual, em consonância homeostática com o bem de todos.

O leitor deve estar perguntando: qual o motivo de tão longa transcrição? A resposta está no fato de que o princípio da sustentabilidade explica a real importância e *dimensão* da *macrorrelação ambiental de consumo*, quando tal *relação, vínculo* – conceitos antes desenvolvidos –, é considerado não somente no âmbito individualista e direto do consumo *stricto sensu*, mas sim na *dimensão* coletiva, difusa, ampla, relacional e contextual que envolve os atos de consumo e as agressões ao meio ambiente.

Assim, os problemas que estou discutindo neste trabalho não se restringem ao consumo direto de um refrigerante, de um sapato, de uma lata de tinta etc., mas também e, em especial, todos os atos que envolvem a produção em si de produtos e de serviço.

A *macrorrelação ambiental de consumo* envolve, portanto, toda utilização e descarte de insumos, os dejetos, os resíduos industriais, impondo uma reflexão profunda sobre o mundo da realidade, dos fatos, a face de baixo da triângulo do Direito antes apontado, a fim de que se possa fazer uma exegese humana, precisa, real do problema sob análise, com vistas à adoção da melhor solução para a harmonização dos casos concretos ambientais complexos.

Dessa forma, se uma indústria produtora de sapatos, um curtume, ou qualquer outra unidade fabril está lançando no rio produtos químicos descartados pelo processo produtivo, todas as vítimas do *ma-*

---

[174] *Sustentabilidade – Direito ao Futuro*. Belo Horizonte: Fórum, 2011, p. 39-41.

cro relacionamento ambiental de consumo (art. 17 do CDC, o *bystander*) e mesmo os meramente expostos (art. 29 do CDC) poderão e deverão ser protegidos, como forma de que sejam concretizados o princípio da sustentabilidade, de proteção da saúde e da vida digna.

O Superior Tribunal de Justiça já está julgando nesse sentido, sendo exemplo o AgRg no Agravo de Instrumento nº 1.333.671, julgado em 28.02.2012, Relator Ministro Paulo de Tarso Sanseverino, cujas conclusões assim foram expostas:

> Responsabilidade pelo acidente ocorrido quando da realização de serviços de implantação dos Ramos "J" e "k" na interseção do Rodoanel com a Castelo Branco, em que ocorreu o vazamento de GLP, que atingiu um córrego nas imediações. A empresa Queiroz Galvão, realizando serviços de bate-estaca, atingiu gasoduto do sistema de propriedade da agravante (...) Quanto à tese de que a parte agravada não seria considerado consumidor por não haver adquirido ou utilizado nenhum produto ou serviço da PETROBRAS, vai rechaçada pelo disposto no artigo 17 do CDC (...). A parte agravada é considerada consumidora, conforme a norma de extensão supracitada, por ter sido vítima do vazamento do gasoduto de propriedade da parte agravante.

Um outro precedente interessante, em que pese não ter sido utilizada a Lei Consumerista, é o REsp. 1.292.141, Relatora Ministra Nancy Andrighi, julgado em 04.12.2012, onde assim foi disposto:

> DIREITO CIVIL. RECURSO ESPECIAL. AÇÃO DE COMPENSAÇÃO POR DANOS MORAIS. ACIDENTE EM OBRAS DO RODOANEL MÁRIO COVAS. NECESSIDADE DE DESOCUPAÇÃO TEMPORÁRIA DE RESIDÊNCIAS. DANO MORAL *IN RE IPSA*.
>
> 1. Dispensa-se a comprovação de dor e sofrimento, sempre que demonstrada a ocorrência de ofensa injusta à dignidade da pessoa humana.
>
> 2. A violação de direitos individuais relacionados à moradia, bem como da legítima expectativa de segurança dos recorrentes, caracteriza dano moral *in re ipsa* a ser compensado.
>
> 3. Por não se enquadrar como excludente de responsabilidade, nos termos do art. 1.519 do CC/16, o estado de necessidade, embora não exclua o dever de indenizar, fundamenta a fixação das indenizações segundo o critério da proporcionalidade.
>
> 4. Indenização por danos morais fixada em R$ 500,00 (quinhentos reais) por dia de efetivo afastamento do lar, valor a ser corrigido monetariamente, a contar dessa data, e acrescidos de juros moratórios no percentual de 0,5% (meio por cento) ao mês na vigência do CC/16 e de 1% (um por cento) ao mês na vigência do CC/02, incidentes desde a data do evento danoso.
>
> 5. Recurso especial provido.
>
> Terceira Turma do Superior Tribunal de Justiça, na conformidade dos votos e das notas taquigráficas constantes dos autos, por unanimidade, dar provimento ao recurso especial, nos termos do voto do(a) Sr(a) Ministro(a) Relator(a). Os Srs. Ministros Sidnei Beneti, Paulo de Tarso Sanseverino e Ricardo Villas Bôas Cueva votaram com a Sra. Ministra Relatora.
>
> (...)

Ação de compensação por danos morais, ajuizada pelos recorrentes, em face de PETRÓLEO BRASILEIRO S.A. – PETROBRAS (primeira recorrida), em virtude de rompimento de gasoduto de propriedade desta recorrida, durante obras executadas por DERSA – DESENVOLVIMENTO RODOVIÁRIO S.A. (segunda recorrida) no Rodoanel Mário Covas, formando-se nuvem de gás sobre os bairros vizinhos, o que obrigou os autores a deixarem suas casas às pressas, causando-lhes graves abalos emocionais.
(Recurso Especial nº 1.292.141 – SP -2011/0265264-3, julgado em 04 de dezembro de 2012)

O mesmo poderá ser dito em uma outra situação exemplificativa: se em decorrência da existência de um loteamento irregular sem tratamento de esgoto, com a produção de dejetos que são lançados a céu aberto, outros parcelamentos do entorno acabam sendo atingidos pelas águas servidas, verificamos a ocorrência de um *macrorrelacionamento ambiental de consumo*. De fato, a partir do exercício do direito de propriedade por parte de consumidores que adquiriram os lotes do primeiro parcelamento irregular são impingidas agressões aos moradores dos loteamentos vizinhos, o que obrigará à responsabilização dos incorporadores do parcelamento irregular e à proteção dos lesados com base no Código de Defesa do Consumidor, seja na dimensão do artigo 17 (vítimas da relação de consumo) como do artigo 29 do mesmo CDC.

Por isso, não concordo com a posição manifestada pela Professora Patrícia Faga Iglecias Lemos,[175] quando escreve que o Código de Defesa do Consumidor não oferece a "(...) melhor ótica para o tratamento da matéria (...)". A jurista tem essa posição "(...) porque os danos pós-consumo, como afirmado acima, no mais da vezes decorrem da utilização de produtos cujo caráter poluente já é legitimamente esperado por todos, ou seja, não fere a proteção de confiança que o produto despertou no consumidor, quer ainda em razão da própria dificuldade de acomodação da potencialidade de geração de tais danos ao conceito de defeito do produto".

Ocorre que a *macrorrelação ambiental de consumo* evidencia que os problemas ambientais gerados pelos relacionamentos de consumo massificado e contextualizado não decorrem apenas do consumo *stricto sensu*, ou seja, da relação direta consumidor que compra ou usa e fornecedor que vende ou entrega. Na forma apontada, é necessária uma observação dos atos de *produção* (conforme consta na transcrição sobre o princípio da sustentabilidade) de produtos e serviços como um todo, ou seja, no âmbito do espaço coletivo que acontecem, pois esse é o espaço real, constituindo-se a apreciação do problema sob o enfoque in-

---
[175] Op. cit., p. 192-193.

dividual e direto uma abordagem meramente formal e não compatível com a realidade vivida pela complexidade social do nosso tempo.

Em assim sendo, se vivemos sob os paradigmas da urbanização, da massificação, da globalização e ambiental, a interpretação que devemos fazer dos problemas concretos a resolver precisa seguir tais pautas hermenêuticas, sob pena de estarmos infringindo um outro princípio do direito ambiental, que é o da proibição de retrocesso,[176] o que inevitavelmente acontecerá se continuarmos a entender as novas realidades e os novos riscos a luz dos paradigmas individualistas e de nexo direto dos séculos XVIII e XIX, antes longamente abordados.

Não fosse por isso, o entendimento de que os danos pós-consumo decorrem da utilização de produtos cujo caráter poluente já é legitimamente esperado por todos e que, portanto, não estaria sendo ferida a proteção da confiança que o produto despertou no consumidor, da mesma forma não é compatível com a realidade da vida, além de não estar sintonizado com os princípios formadores do Direito do Consumidor.

Digo isso porque a expectativa legítima do consumidor, mesmo que não frustrada, não exclui o dever de indenizar. Isso é assim, especialmente no Direito do Consumidor, por causa do princípio da vulnerabilidade, tão longamente por mim abordado no livro *O Princípio da Vulnerabilidade no Contrato, na Publicidade, nas Demais Práticas Comerciais*.

Com efeito, não fosse o consumidor vulnerável e, portanto, suscetível a toda ordem de imposições do mercado, seja por intermédio do *marketing*, da publicidade, em suma, das contingências sociais complexas atinentes ao desemprego, perdas, separações, distância de super-

---

[176] Sobre este princípio ver SARLET, Ingo Wolfgang; FENSTERSEIFER, Tiago. Notas Sobre os Deveres de Proteção do Estado e a Garantia da Proibição de Retrocesso em Matéria (Socio) Ambiental. *Dano Ambiental da Sociedade de Risco*. Op. cit., p. 142-143: "Em linhas gerais, é possível afirmar que a humanidade caminha na perspectiva de ampliação da salvaguarda da dignidade da pessoa humana, conformando a ideia de um 'patrimônio político-jurídico'consolidado ao longo do seu percurso historico-civilizatório, para aquém do qual não se deve retroceder (...). A proibição de retrocesso, nesse cenário, diz respeito mais especificamente a uma garantia de proteção dos direitos fundamentais (e da própria dignidade da pessoa humana) contra a atuação do legislador, tanto no âmbito constitucional quanto – e de modo especial – infraconstitucional (quando estão em causa medidas legislativas que impliquem supressão ou restrição no plano das garantias e dos níveis de tutela dos direitos já existentes), mas também proteção em face da atuação da Administração Pública. A proibição de retrocesso, de acordo com o entendimento consolidado na doutrina, consiste em um *princípio constitucional implícito*, tendo como fundamento constitucional, entre outros, o princípio do Estado (Democrático e Social) de Direito, o princípio da dignidade da pessoa humana, o princípio da máxima eficácia e efetividade das normas definidoras de direitos fundamentais, o princípio da segurança jurídica e seus desdobramentos, o *dever de progressividade* em matéria de *direitos sociais, econômicos, culturais e ambientais* (DESCA), apenas para citar os mais relevantes fundamentos jurídico-constitucionais invocados".

mercados mais baratos, falta de informação, analfabetismo, FOME, e se poderia outorgar a essa massa de pessoas o reconhecimento de que têm condições de conhecer os variados riscos envolvidos na aquisição ou utilização de produtos ou serviço. Todavia, a realidade é outra. O consumidor é vulnerável e não pode lhe ser afastada a proteção legal em nome de uma suposição irreal de que ele sabe que os produtos podem produzir resíduos e, portanto, a consideração de que tais produtos teriam um defeito de qualidade por insegurança não poderia ser aceita.

Apenas para não me alongar demais nesse assunto, lembro que o artigo 1º do Código de Defesa do Consumidor é ostensivo ao dizer que as normas do CDC são de ordem pública e de interesse social, características estas que evidenciam sua natureza juridicamente indisponível. Para tanto, basta ler o artigo 51, *caput* e seu inciso I, do CDC, o qual informa serem nulas de pleno direito as cláusulas contratuais que "(...) impossibilitem, exonerem ou atenuem a responsabilidade do fornecedor por vícios de qualquer natureza dos produtos e serviços ou impliquem renúncia ou disposição de direitos". Ou seja, mesmo que o consumidor desejasse dispor de um direito que a Lei Protetiva lhe outorga não poderia fazê-lo. É o clássico exemplo da mensagem aposta em alguns restaurantes dizendo "os carros aqui estacionados não estão cobertos por seguro". Mesmo tendo os consumidores ciência do alerta, ele é nulo de pleno direito, porque implica disposição de garantias por parte do vulnerável.

Dessa forma, o fato de os consumidores saberem que alguns produtos têm caráter poluente não retira a responsabilidade daqueles que produzem inadequadamente tais produtos, sob pena de estar se fazendo o repasse dos riscos da atividade para o polo mais fraco do relacionamento de consumo, o que nega toda a sistemática da Lei Consumerista, que é a internalização dos custos por parte dos agentes econômicos para a socialização do prejuízo, e não a individualização do prejuízo no consumidor individual vulnerável.

Outra consideração básica é que o reconhecimento no sentido de que um produto é defeituoso não está restrita ao momento da sua utilização específica por parte do consumidor. Um produto ou serviço poderá ser considerado defeituoso, então, não apenas no âmbito fático do consumo *stricto sensu* (o uso e gozo específico e direto) mas, também, no âmbito jurídico. E no âmbito jurídico a existência de um defeito está, inevitavelmente, atrelada a todas as ocorrências necessárias para a confecção do produto ou do serviço.

Exatamente por isso que o CONMETRO (Conselho Nacional de Metrologia, Normalização e Qualidade Industrial) exarou a Resolução nº 3, de abril de 2010, que aprovou o Termo de Referência da Avaliação do Ciclo de Vida do Produto, o qual tem como fundamentos contextuais as seguintes diretrizes:

3.6 Avaliação do Ciclo de Vida (ACV)

Algumas definições referenciadas:

É um processo para:

i. Avaliar as cargas ambientais associadas a um produto, processo ou atividade, através da identificação e quantificação de energia e materiais usados e resíduos liberados;

ii. Avaliar o impacto da energia e materiais lançados no meio ambiente;

iii. Identificar e avaliar as oportunidades que afetam o melhoramento ambiental durante todo o ciclo de vida do produto, processo ou atividade, envolvendo a extração e o processamento de matérias-primas brutas, manufatura, transporte, distribuição, uso, reuso, manutenção, reciclagem e destinação final.

Compilação e avaliação das entradas, saídas e dos impactos ambientais potenciais de um sistema de produto ao longo do seu ciclo de vida.

(ABNT NBR ISO 14040:2009)

A ACV, como ferramenta sistemática e integradora, provou também ser um instrumento apropriado para apoiar a tomada de decisões relacionadas às questões ambientais e a sustentabilidade. Têm potencial para orientar a gestão ambiental de companhias e direcioná-las ao desenvolvimento de novos materiais, processos e produtos, que apresentem melhor desempenho ambiental. A relação entre a gestão e a inovação ambiental engloba vários problemas, especificamente relacionados à melhoria do desempenho ambiental da companhia, o impacto da aplicação da legislação ambiental nas inovações tecnológicas, e como as empresas podem participar num procedimento de eco-gestão por pressão dos clientes.

Neste contexto, a ACV se apresenta como uma ferramenta de avaliação do impacto ambiental, capaz de reconhecer o caráter multifacetado da inovação ambiental (conforme definido por Kemp et al., 1999[1]), considerando os fatores internos e externos no desenvolvimento de uma inovação:

• As inovações ambientais consistem em inovações tecnológicas ambientais e em inovações orgânicas ambientais (mudanças internas às estruturas/instituições).

• As tecnologias ambientais são produtos e processos que foram projetados para reduzir os impactos ambientais negativos.

• As inovações orgânicas ambientais são diretivas que identificam e executam mudanças internas, para caracterizar problemas ambientais associados com os produtos e processos existentes, e estimulam a criação de estruturas, programas e procedimentos inovadores para resolver estes problemas.

A inovação ambiental é parte de um processo complexo e indica os problemas básicos para a investigação empírica. Os indicadores convencionais de desempenho de inovação tecnológica e de competitividade não são capazes de avaliar a efetividade do sistema produtivo em um sentido amplo. Dessa forma, uma nova e mais abrangente categoria de indicadores faz-se necessária, como por exemplo, a quantificação, qualificação de recursos tangíveis e intangíveis e as relações sociais entre os atores econômicos e sociais, aplicadas não só às companhias, mas também aos estabelecimentos de ensino, às instituições de investigação, ao governo e aos diversos grupos sociais.

Em longo prazo, a ACV pode provocar outro efeito potencial para a inovação tecnológica na mudança do padrão de comportamento a favor do ambiente, pressionando a cadeia produtiva e impactando a inovação dos produtos, porque os clientes passarão a exigir, cada vez mais, produtos ambientalmente amigáveis.

Na seqüência, deve-se esperar que até mesmo às PME seja requerida a existência de alguma infraestrutura de administração ambiental, principalmente em decorrência de exigências oriundas dos seus clientes que já mantenham um sistema de eco-administração.

Os comentários acima são particularmente claros quando se analisa sistematicamente o Código de Defesa do Consumidor, em especial quando se lê com as lentes da sustentabilidade o conceito de impropriedade incluso no artigo 18, §6º, do CDC. Transcrevo:

§ 6º São impróprios ao uso e consumo:

II – os produtos deteriorados, alterados, adulterados, avariados, falsificados, corrompidos, fraudados, *nocivos à vida ou à saúde, perigosos, ou, ainda, aqueles em desacordo com as normas regulamentares de fabricação, distribuição ou apresentação*; (grifos meus)

A proposta que faço, então, envolve a singela interpretação dos dispositivos infraconstitucionais disponíveis a todos no CDC, sob a ótima dos direitos fundamentais insculpidos na Constituição Federal. Com tal exegese fica fácil entender que o conceito de produto defeituoso envolve não somente o momento da sua utilidade material direta para o consumidor, mas também todas as realidades que integram a sua fabricação, distribuição e apresentação, a menos que desejemos negar a realidade das coisas, a realidade vivida, o contato social.[177]

Como resultado do raciocínio ora empreendido, entendimento diverso, com o devido respeito, nega vigência ao artigo 4º, inciso III, do CDC, o qual é assim escrito:

Harmonização dos interesses dos participantes das relações de consumo e compatibilização da proteção do consumidor com a necessidade de desenvolvimento econômico e tecnológico, *de modo a viabilizar os princípios nos quais se funda a ordem econômica (art. 170, da Constituição Federal)*, sempre com base na boa-fé e equilíbrio nas relação entre consumidores e fornecedores;" (grifos meus)

Ora, no artigo 170 da CF temos os seguintes princípios que importam para este tema:

III – função social da propriedade;

(...)

---

[177] Sobre o *contato social* ver SANSEVERINO, Paulo de Tarso Vieira. *Responsabilidade civil no Código do Consumidor e a Defesa do Fornecedor*. São Paulo: Saraiva, 2002, p. 193-201.

V – *defesa do consumidor;*

VI – *defesa do meio ambiente*, inclusive mediante tratamento diferenciado conforme o impacto ambiental dos produtos e serviços *e de seus processos de elaboração e prestação;* (grifos meus)

Assim, não há a menor dúvida de que, para a viabilização dos princípios do artigo 170 da Constituição Federal, é imprescindível que seja considerado defeituoso o produto ou serviço cuja "(...) elaboração e prestação" tragam como resultado algum tipo de mácula ao meio ambiente.

Em decorrência de todos esses raciocínios e *inovações*, impõe-se mais uma nova *reflexão*.

De fato, a expressão responsabilidade pós-consumo não é representativa dos fenômenos de *ecocomplexidade* verificados na sociedade atual, porque focaliza apenas até a terceira etapa do conceito atinente ao ciclo de vida do produto, não abrangendo a última e, talvez, mais importante etapa, que é a disposição final.

Por isso, a visualização material e jurídica da *macrorrelação ambiental de consumo* é um avanço, uma inovação que merece reflexão, na medida em que o consumo deve ser analisado no contexto da realidade massificada, coletiva, urbanizada, globalizada, em que vivemos, sob pena de estarmos desprezando elementos fáticos básicos para uma justa e sustentável solução dos conflitos que surgem do consumismo, da fabricação e criação de produtos e serviços em larga escala e o direito ambiental.

Minha proposta, por isso, é que o estudo e o reconhecimento da responsabilidade pós-consumo envolva, igualmente, a disposição final, não somente do produto especificamente elaborado, mais de todos os componentes que, de alguma forma, foram necessários para a sua produção (dejetos, rejeitos do processo produtivo etc.).

Em realidade, o que se identifica por intermédio deste raciocínio fulcrado nos paradigmas apontados e, acima de tudo, na *realidade vivida*, é que o *Direito Ambiental amplia as restritas noções e conceitos do Código de Defesa do Consumidor.*

Com efeito, o *paradigma ambiental* e *o paradigma da contextualização*, inafastáveis na apreciação das questões da chamada pós-modernidade, obrigam ao entendimento no sentido de que os participantes dos processos de produção e consumo e, em maior medida, os que lucram com isso, não podem estar alheios e imunes às necessárias responsabilizações pelos seus atos, sob pena de se configurar flagrante e inaceitável injustiça.

Na atualidade, e de forma até mesmo inacreditável, os agentes econômicos criam produtos e serviços, os colocam no mercado e, a partir daí, simplesmente "lavam as mãos". Pior ainda, o entendimento estatal do momento é conivente com tal postura, pois não impõe sanções, muito menos medidas de prevenção, aos reais poluidores.

O presente estudo, então, tem como um dos seus objetivos demonstrar que os custos ambientais que deveriam ser impingidos aos seus geradores acabam sendo suportado pelos Entes Públicos Estatais e, por consequência, pela sociedade como um todo, que paga impostos e culmina sofrendo os prejuízos pela incorreta disposição final de resíduos sólidos nas chamadas áreas contaminadas.

O mais perverso de tudo isso é que tais danos de monta e grande parcela dos custos ambientais são transferidos para o Sistema Único de Saúde – SUS –, o qual é obrigado a custear os reflexos da farra de produtos e serviços inadequados colocados no mercado de consumo e que atingem a vida e a saúde das pessoas de maneira direta ou indireta, na forma ora apontada.

Enquanto isso, os agentes econômicos, em uma postura que somente pode ser atribuível a uma ainda existente herança cultural do individualismo do século XVIII[178] – isto é notório e realmente incrível, pois já se passaram mais de 200, o que somente pode ser explicado pela força das ideologias e dos ícones filosóficos – transitam livres pelo mercado de consumo, como se a disposição final ambientalmente adequada fosse uma obrigação do poder público, e não deles.

Ao que parece, a Lei de Política de Resíduos Sólidos vem para tentar corrigir tal descalabro, sendo um verdadeiro marco filosófico e normativo para o Brasil, na medida em que consagra conceitos como

---

[178] A postura comentada e semelhante a do século XIX. Ver em LOPES, José Reinaldo de Lima. *Responsabilidade Civil do Fabricante e a Defesa do Consumidor*. São Paulo: Revista dos Tribunais, 1992, p. 19: "Para nós, a responsabilidade do fabricante coloca de maneira nova, no fim deste século XX, a apreciação do tema. Até os fins do século XIX, quando o surgimento da indústria pesada contava com grandes sacrifícios dos trabalhadores e dos proprietários de bens afetados pelo desenvolvimento industrial, a consciência jurídica inclinava-se a proteger este mesmo desenvolvimento limitando as hipóteses de reparação de dano. O eixo do raciocínio era que os eventuais danos provocados pelas máquinas ou pelas indústrias constituíam um acidente inevitável, preço que de bom grado deveria ser pago em troca dos avanços que a ciência e a técnica faziam. Estas, por seu turno, propiciariam no futuro a todos um nível de vida muito mais satisfatório, confortável, materialmente mensurável pelo consumo de novos bens e pela ampliação das oportunidades. Em 1873, uma corte de justiça do Estado de Nova Iorque assim se pronunciava: 'Precisamos ter fábricas, máquinas, represas, canais e ferrovias. São exigidos pelas diversas demandas da humanidade e constituem a base de nossa civilização. Se eu tiver qualquer destas coisas em minhas terras, e não forem um distúrbio e não forem usadas de modo a se tornarem tal, não sou responsável por qualquer dano que acidental ou inevitavelmente causem ao meu vizinho. Ele recebe sua compensação por um tal dano pelo bem geral, de que participa, e pelo direito que tem de fazer as mesmas coisas nas suas terras".

o do *ciclo de vida do produto,* da *logística reversa,* da *responsabilidade compartilhada,* os quais se afinam perfeitamente com a definição atinente à *macrorrelação ambiental de consumo* ora exposta, conceito este que evidencia e concretiza os paradigmas da *contextualização* e o paradigma *ambiental,* ambos fundamentais para que a vida do ser humano possa ter continuidade neste planeta.

A Lei 12.305/10 é explícita no sentido, bastando, para tanto, transcrever o artigo 1º e seu §1º:

> Art. 1º Esta lei institui a Política Nacional de Resíduos Sólidos, dispondo sobre seus princípios, objetivos e instrumentos, bem como sobre as diretrizes relativas à gestão integrada e ao gerenciamento de resíduos sólidos, incluídos os perigosos, às responsabilidades dos geradores e do poder público e aos instrumentos econômicos aplicáveis.
>
> § 1º *Estão sujeitas à observância desta Lei as pessoas físicas ou jurídicas, de direito público ou privado, responsáveis, direta ou indiretamente, pela geração de resíduos sólidos* e as que desenvolvam ações relacionadas à gestão integrada ou ao gerenciamento de resíduos sólidos. (grifos meus)

A Lei é clara. Estão sujeitos a ela todos aqueles "(...) responsáveis, direta ou indiretamente, pela geração de resíduos sólidos (...)".

Como decorrência lógica e de justiça, então, se aqueles responsáveis direta ou indiretamente pela geração de resíduos sólidos causarem danos a consumidores *expostos* a tais resíduos, ou se alguém for vitimado na sua saúde ou vida por causa dos rejeitos da *macrorrelação ambiental de consumo,* aplica-se também o Código de Defesa do Consumidor, como forma de melhorar o nível de proteção individual e coletiva.

Aliás, esta última palavra acima referida dá o tom do equívoco que até então vinha sendo praticado. A consideração das questões da vida e do Direito como se os seres humanos fossem meros indivíduos – o ser humano atomizado do século XVIII, nas palavras de Michel Miaille, comentadas no início deste trabalho.

Em realidade, com o surgimento dos chamados direitos fundamentais de segunda dimensão, o ser humano passou a ser *pessoa* – a conhecida *repersonalização do Direito Privado* –, ou seja, o *ser humano contextualizado,* que merece uma proteção eficaz no tocante aos seus direitos básicos vivenciais.

Para ilustrar, cito Marcelo Gomes Sodré,[179] o qual expressa posição semelhante à aqui defendida:

> A questão é a de contextualizar o consumo, isto é, repensar a produção a partir dos efeitos que os produtos e seus processos de fabricação causam ao meio ambiente; discutir as reais necessidades dos consumidores e as informações distorcidas que criam neces-

---

[179] Padrões de Consumo e Meio Ambiente. *Revista Direito do Consumidor,* v. 31. São Paulo: Revista dos Tribunais. Julho/setembro de 1999, p. 30.

sidades nem sempre tão essenciais; questionar a produção de resíduos e o desperdício que a cerca; analisar a globalização dos impactos, com a internacionalização da economia; refletir a respeito das causas das desigualdades sociais; e analisar o papel que os consumidores podem ter na mudança do atual quadro de degradação. Nesta nova contextualização sempre será importante pensar o ciclo completo de vida dos produtos – da matéria prima –, passando pela produção até o uso e o descarte (redução, reutilização e reciclagem) – a partir de dois princípios básicos: fechamento do ciclo, com o menor desperdício de matéria e energia, e a viabilização econômica da manutenção do próprio ciclo.

No mesmo sentido é a lição de Eládio Lecey:[180]

Os delitos contra o ambiente e as relações de consumo apresentam semelhanças e características comuns a repercutirem, principalmente, no tema da autoria e do concurso de agentes.

Ambas são infrações de massa, contra a coletividade, atentando contra interesses coletivos e difusos.

Possuem, no dizer de José Henrique Pierangelli, caráter pluriofensivo que "obriga ao rompimento com princípios e regras assentes no direito penal liberal".

Como será oportunamente destacado (...) os bens juridicamente tutelados pelas normas incriminadoras ambientais e consumeristas não são, apenas, os bens individuais, como a segurança, a saúde e a vida das pessoas.

O Direito Penal do Consumidor, ao contrário do Direito Penal comum protege, não o consumidor em si, mas *a relação jurídica de consumo* (CDC, art. 61), que é um "bem jurídico autônomo, supraindividual (depassa a pessoa do consumidor individual)".[181]

No Direito Penal Ambiental, que incrimina não só colocar em risco direito a vida, a saúde dos indivíduos, mas a perpetuação da espécie humana – basta destacar os efeitos radiativos de poluição ambiental de que podem decorrer danos genéticos com propagação e generalização a ameaçar as condições de procriação – o bem tutelado, além da vida, saúde e perpetuação da espécie humana, é a própria natureza. Como destaca Nestor José Forster, o homem nasce, vive e cresce dentro da natureza, de modo que *o meio ambiente tem seu valor e como tal (como meio ambiente da espécie humana)* deve ser preservado e objeto de tutela, a justificar a incriminação de ofensa ao próprio ambiente como bem de extrema relevância jurídica.

Assim ditas infrações atentam contra as próprias *relações de consumo* e o *ambiente*, como bens supraindividuais a transcenderem a tutela dos indivíduos.

Inafastável, portanto, uma visão *coletiva* dos fenômenos sociais, pois não vivemos cada um em uma caverna ou em uma ilha. Vivemos de maneira *massificada, urbanizada, globalizada, contextualizada*, sendo essa uma realidade presente e constante que precisa ser considerada para a solução dos problemas da humanidade neste momento históri-

---

[180] Autoria Singular e Coletiva nas Infrações Contra o Ambiente e as Relações de Consumo – Ambiente e As Relações de Consumo – A Problemática da Criminalidade Pela Pessoa Jurídica. *Revista de Direito do Consumidor*, nº 22. São Paulo: Revista dos Tribunais, abril-junho de 1997, p. 53 e 54.

[181] BENJAMIN, Antonio Herman. O Direito Penal do Consumidor: Capítulo do Direito Penal Econômico. São Paulo: *RDC*, 1/111.

co, sob pena de estar próximo o nosso fim como raça humana, pois uma reformulação na nossa postura ambiental, respeitando tal paradigma, é premente.

Empreenderei, agora, no sentido de demonstrar os grandes benefícios que a aplicação das disposições do Código de Defesa do Consumidor fornecem para a defesa do meio ambiente e vice-versa.

9. Operacionalização e consequências da *macrorrelação ambiental de consumo* – *macro* – em relação à responsabilidade civil e à tutela ambiental e do consumidor

9.1. O princípio da precaução e o princípio da prevenção

A tomada de consciência no tocante à necessidade de regulação pelo direito ambiental e pelo direito do consumidor relativamente aos *novos riscos* e *novas vivências* da pós-modernidade é bastante recente.

Em sua magnífica obra *Princípio da Precaução e Evolução da Responsabilidade Civil*,[182] Teresa Ancona Lopez bem esclarece sobre esta importante constatação (tendo em vista a importância, repito parte da transcrição já feita linhas atrás):

> A "sociedade de risco", fenômeno social recente, nascida no 2º Pós-Guerra com o desenvolvimento amplo e acelerado das pesquisas tecnológicas e científicas, vem criar também a era do medo e da incerteza, na qual a única certeza é o presente, sendo que mesmo este nos escorre pelas mãos.
>
> (...)
>
> Porém, com as novas tecnologias e com as novas descobertas científicas aparecem os *novos riscos* que, até meados dos anos 70, não haviam sido percebidos. Esses riscos podem ser traduzidos por incertezas sobre possíveis e graves danos. Como mostra U. Beck, na verdade a "sociedade de risco" (termo cunhado por ele) é ainda a sociedade industrial com o acréscimo da ciência e da tecnologia avançadas.
>
> (...)
>
> Os direitos do consumidor começaram timidamente há 40 anos, na típica sociedade de consumo, ou seja, nos Estados Unidos, tendo como líder desse movimento o famoso Ralf Nader, que passava por Robim Hood dos "oprimidos e explorados" pelas grandes empresas. Tal direito se desenvolve nos anos 60 e 70 e a partir dos anos 80 entra no ordenamento de todos os países do mundo ocidental. Em todos os sistemas de prote-

---
[182] Op. cit., p. 15, 48 e 188.

ção ao consumidor, o *valor da segurança* é o princípio fundamental de toda a dogmática consumerista. (grifos meus)

Ou seja, tratamos de direitos recentes. Essa constatação nos remete à ideia de que vivemos em uma época propícia para novos empreendimentos, criações,[183] evoluções, tendentes a adequar as experiências vividas a um nível satisfatório de harmonia e de segurança social.

Apenas não concordo com a afirmação de que a *sociedade de risco* tenha começado no 2º Pós-Guerra, na medida em que, em verdade, o início dos riscos está associado ao surgimento da economia de produção massificada ocorrido na *Revolução Industrial*, momento em que surgem novos produtos, a possibilidade de serem fabricados em larga escala e sem qualidade, o que culmina na colocação no mercado de bens carentes de segurança.

De qualquer forma, está na questão do risco dos produtos e serviços e, de maneira indissociável, das suas embalagens, processos de fabricação e concepção, a razão para que busquemos uma melhor regulação, por intermédio da unificação do estudo ambiental com o consumerista, para os problemas que envolvem os danos ambientais complexos.

Outra razão para o unificação proposta é que uma das *pedras fundamentais* do sistema consumerista é a segurança, o que também é referido por Teresa Ancona Lopez,[184] palavras que transcrevo:

> O direito consumerista tem como fundamento principal a *segurança* do consumidor contra os riscos à sua vida e saúde provocados por práticas no fornecimento de produtos e serviços considerados perigosos ou nocivos (cf. art. 6º, I, e art. 4º, *caput*, CDC). A segurança é direito básico do consumidor como o é também a efetiva *prevenção e reparação* de danos patrimoniais e morais (cf. art. 6º, VI, CDC). Dessa forma, todo o arcabouço jurídico do sistema de proteção ao consumidor tem como princípios implícitos a precaução e a prevenção de riscos à saúde e à segurança do consumidor (segurança legitimamente esperada). O fornecedor de produtos e serviços não poderá colocar no mercado produtos ou serviços que ofereçam esses riscos ou que sejam potencialmente nocivos ou perigosos (art. 8º a 10º, CDC) aos consumidores.
>
> Em outras palavras, os princípios da precaução e da prevenção estão consagrados pelo direito do consumidor.

---

[183] Sobre o desenvolvimento nanotecnológico (termo que está associado "à manipulação de estruturas atômicas e moleculares para aplicação em tecnologias que estão presentes em uma escala que corresponde a um bilionésimo de metro...", segundo FAGAN, Solange Binotto. *Cadernos IHU Idéias* 7/4, n. 125. São Leopoldo, 2009) ver o trabalho de CATALAN, Marcos. Desenvolvimento nanotecnológico e o dever de reparar os danos ignorados pelo processo produtivo. *Revista Direito do Consumidor* nº 74. São Paulo: Revista dos Tribunais, abril-junho 2010, p. 113 a 153.

[184] Op. cit., p. 174.

A mesma posição é acolhida por Ivar Alberto Martins Hartmann[185] ao discorrer sobre a proteção do direito de informação no tocante aos Organismos Geneticamente Modificados – OGMs – , doutrina que cito para mais ainda ilustrar o tema, haja vista que parece ser pacífica a aplicação do princípio da precaução no direito do consumidor:

> Essa tarefa inicial foi cumprida principalmente para demonstrar que o princípio da precaução é aplicável ao direito do consumidor e inclusive agasalhado pelo código consumerista. Dentre suas perspectivas mais importantes, o debate democrático e a informação, optamos por trabalhar a segunda, apontando que um direito de informação extensiva, cujo titular é o consumidor e o destinatário é o fornecedor, em sede de precaução, encontra-se previsto no art. 9º do CDC.

Dito isso, penso que uma das formas de operacionalizar a proteção ambiental do consumidor e da natureza, por intermédio do reconhecimento da *macrorrelação ambiental de consumo*, seja o princípio da precaução, pois, além da possibilidade qualificada de resolução de problemas que este ícone axiológico encerra, é ele comum aos dois subsistemas protetivos objeto do presente estudo.

Fazendo um breve histórico do princípio da precaução, pois não é objeto deste trabalho uma abordagem completa do mesmo, Teresa Ancona Lopez[186] assim comenta:

> A noção de precaução como medida preventiva de riscos potenciais ou hipotéticos da sociedade contemporânea ("novos riscos") é, portanto, recente. A primeira manifestação escrita de que se tem notícia do "princípio da precaução" seria a *Charte* que Jean de Lévis de Mirapoix editou, em 1303, para regulamentar a venda de carne nessa cidade a fim de enfrentar os perigos não identificados nessa época.
> (...)
> O princípio da precaução no mundo contemporâneo foi introduzido pelo direito ambiental. Surge no direito alemão na década de 70 com vistas à proteção ambiental – é o *Vorsorgeprinzip*.
> (...)
> Durante a década de 80, essa idéia ganha força, tendo sido afirmado expressamente pela primeira vez em 1987, na Conferência sobre o Mar do Norte, depois incorporado em diversos tratados e declarações internacionais sobre questões ambientais, como o controle de poluição. Porém, sua consagração como *princípio* somente acontece em 1992, na "Declaração do Rio de Janeiro – Eco – 92". Assim, foi a partir daí que o *princípio da precaução tomou força não só no direito ambiental, mas também começou a ser aplicado no direito sanitário (sangue contaminado), direito alimentar ("vaca louca") e foi aceito nos ramos do direito que têm como finalidade proteger a incolumidade física e a saúde dos indivíduos.* (grifos finais meus)

---

[185] O Princípio da precaução e sua aplicação no direito do consumidor: dever de informação. *Revista Direito do Consumidor* nº 70. São Paulo: Revista dos Tribunais, abril-junho de 2009, p. 230.

[186] Op. cit., p. 87 e 98.

O princípio da precaução tem como finalidade proteger a incolumidade física e a saúde dos indivíduos, por isso, não poderia deixar de ser uma ferramenta operativa para a implementação das propostas acima formuladas.

Mas o que é o princípio da precaução? Mais uma vez, cito os precisos ensinamentos de Teresa Ancona Lopez,[187] evitando com isso divagações inúteis, imprecisas e demoradas:

> O princípio da precaução é conteúdo daquele da prevenção e o da *prudência* é continente de ambos.
>
> Assim, tanto a precaução quanto a prevenção constituem medidas antecipatórias que tentam evitar o dano; projetam-se para o futuro, diferentemente da reparação, que somente vê o passado depois do acontecimento danoso. A diferença entre elas vem da diferença entre risco potencial e risco provado. A precaução diz respeito aos *riscos-potenciais*, como, por exemplo, riscos à saúde com o consumo de alimentos geneticamente modificados; a prevenção a *riscos constatados*, como aqueles que vêm das instalações nucleares. Esses últimos são conhecidos e provados.
>
> Às vezes há confusão entre esses dois conceitos, pois em ambos há a possibilidade de acontecimento danoso. Porém, como explicam Viney e Kourilsky, as probabilidades não são da mesma natureza: no caso da precaução, trata-se da probabilidade de que a hipótese esteja certa; no caso da prevenção, o perigo é estabelecido e se trata de *probabilidade de acidente*. Os *riscos potenciais*, a despeito do seu caráter hipotético, podem ter uma probabilidade de realização elevada. Na prática, a precaução pode estar compreendida como prolongamento dos métodos de prevenção aplicados aos *riscos incertos*.
>
> Portanto, o princípio da precaução vai se aplicar a todas as questões que dizem respeito à segurança social e a do cidadão (grifos finais meus)

Outra pergunta: O princípio da precaução incide sobre qual espécie de realidade?

Resposta: sobre os *riscos*.[188]

E a prevenção? Sobre o *perigo*.

---

[187] Op. cit., p. 101 e 102.

[188] Sobre os chamados *Riscos de Desenvolvimento* ver EBERLIN, Fernando Büscher Von Teschenhausen. Responsabilidade dos fornecedores pelos danos decorrentes dos riscos de desenvolvimento: análise sob a ótima dos princípios da atividade econômica. *Revista Direito do Consumidor* nº 64. São Paulo: Revista dos Tribunais, outubro-dezembro de 2007, p. 9-42. Também sobre *Riscos de Desenvolvimento* ver SANSEVERINO, Paulo de Tarso Vieira. Op. cit., p. 312-321. A doutrina brasileira predominantemente não acolhe os *Riscos de Desenvolvimento* como excludente de responsabilidade, em que pese existirem doutrinadores de respeito que não seguem tal orientação, sendo exemplo ALVIM, Arruda, ALVIM, Thereza, ALVIN, Eduardo Arruda e MARINS, James. *Código de Defesa do Consumidor Comentado*, 2ª ed. rev. e ampl. São Paulo: Revista dos Tribunais, 1995, p. 112-114. Sobre os *Riscos de Desenvolvimento* na Espanha ver GARCÍA, María Paz. Los riesgos de desarrollo en la responsabilidad por daños causados por los productos defectuosos. Su impacto em el derecho español. *Revista Direito do Consumidor* nº 30. São Paulo: Revista dos Tribunais, abril/junho de 1999, p. 66 a 84.

Teresa Ancona Lopez[189] apresenta as distinções:

> Perigo é tudo aquilo que ameaça ou compromete a segurança de uma pessoa ou uma coisa. É conhecido e real. Perigo é concreto. Às situações de perigo deve ser aplicado o princípio da prevenção.
>
> Álea é um acontecimento totalmente inevitável para o qual não há, geralmente, possibilidade de previsão. Os perigos que vêm daí são incalculáveis. Como exemplo temos o Tsunami, onda gigante que matou centenas de pessoas na Tailândia, sem que ninguém pudesse prever ou adotar medidas de precaução para evitar a catástrofe que veio com esse inesperado maremoto. É o acaso (...)
>
> O *risco* é o perigo eventual mais ou menos previsível, diferentemente da álea (imprevisível) e do perigo (real). O risco é abstrato. A ele se aplica o princípio da precaução.

Cita a autora o Relatório ao Primeiro-Ministro francês, elaborado por Philippe Kourilsky e Geneviève Viney, sobre o princípio da precaução, no qual foi apresentada a distinção entre risco potencial (hipotético) ou comprovado. Risco potencial é o *risco do risco*, ou seja, diante da incerteza usa-se a razão e a intuição para formular possibilidades de dano, enquanto no risco comprovado a ameaça é de perigo. Assim, refere que muitos riscos comprovados originariamente eram potenciais. A precaução está associada aos riscos potenciais, enquanto que a prevenção se associa aos riscos comprovados.

O Superior Tribunal de Justiça vem reiteradamente acolhendo o princípio da precaução como fundamento para resolver questões de cunho ambiental complexo, acórdãos esses que serão transcritos ao longo deste trabalho. Entretanto, apenas para ilustrar, menciono recentíssima decisão exarada na Suspensão de Liminar nº 1.655, Ministro Felix Fischer, julgamento ocorrido em 12.11.2012:

> Isso porque, para o êxito do pedido de suspensão é *insuficiente* a mera alegação de que a manutenção da r. decisão atacada poderá causar grave lesão à economia pública. Deverá haver, para o sucesso da pretensão, a *demonstração cabal e precisa*, com o devido lastro probatório, de que a ordem econômica será gravemente afetada pela r. decisão que se pretende suspender. Vale dizer, é *imprescindível* a comprovação do potencial lesivo que a medida causará às finanças do Estado, cabendo ao requerente da medida excepcional, de *forma inequívoca e fundamentada*, demonstrar que o cumprimento imediato da medida atacada provocará sérios prejuízos aos bens jurídicos listados no art. 4º da Lei nº 8.437/992. A propósito, cito os seguintes precedentes da c. *Corte Especial*: AgRg na SLS 1.045/SP, Rel. Min. *Cesar Asfor Rocha*, DJe de 12/11/2009 e AgRg na SLS 845/PE, Rel. Min. *Humberto Gomes de Barros*, DJe de 23/6/2008. *In casu*, limitou-se a requerente a alegar que o adiamento do funcionamento da hidrelétrica de Simplício ocasionaria atraso na conclusão do programa do governo federal denominado PAC, o que, por sua vez, significaria um possível aumento nas tarifas de energia elétrica repassadas aos consumidores.

---

[189] Op. cit., p. 24 e 25.

A par das afirmações da requerente de que o não funcionamento imediato da hidrelétrica poderia causar danos ao meio ambiente, verifica-se da leitura do v. acórdão atacado ser o caso de um conflito de *natureza eminentemente técnica* . Neste contexto, *depreende-se que o voto condutor buscou evitar a ocorrência de danos, decorrentes do enchimento do reservatório sem a completa implantação das redes coletoras de esgoto, à luz dos princípios ambientais da precaução e do desenvolvimento sustentável. Com isso, a r. decisão que se busca suspender, não teve, aparentemente , o poder de causar grave lesão a qualquer dos bens tutelados pela lei de regência. Ao contrário, como já destacado, intentou evitar consequências nefastas e possivelmente irreversíveis ao meio ambiente e a saúde pública. Ante o exposto, indefiro o pedido de suspensão apresentado. P. e I"*

Esse o quadro, revela-se *impertinente o pedido de suspensão* do v. acórdão proferido nos autos do Agravo de Instrumento nº 2012.02.01.003569-0, na medida em que *não há nenhum fato novo* que justifique a prolação de outra decisão por esta Presidência. Conforme consignado na decisão acima transcrita, a discussão instaurada na ação principal possui um *nítido caráter técnico*, cuja solução demanda exame pormenorizado de prova de igual envergadura eventualmente produzida. *A propósito do tema, vale consignar que, a despeito da autorização do IBAMA para o início da operação da AEH Simplício, outros órgãos técnicos manifestaram-se contrariamente a essa possibilidade (Instituto Estadual Ambiental, Conselho Regional de Engenharia e Agronomia do Rio de Janeiro, Grupo de Apoio Técnico Especializado – GATE – do MP/RJ e analista pericial do MPF). Portanto, a questão, polêmica e tormentosa, não cabe ser dirimida na via eleita, circunstância que, no caso em exame, justifica, a meu ver, que se de primazia ao princípio da precaução. Ademais, insta consignar, por necessário, ser inegável que o atraso no início das operações da hidrelétrica de Simplício possa acarretar dano à economia pública.* Entretanto, *não vislumbro a gravidade necessária* para a concessão da medida excepcional, tampouco "risco à segurança do abastecimento de energia elétrica no país" (fl. 32). Em primeiro lugar, deve-se destacar que a energia a ser produzida pela referida hidrelétrica não pode ser, como pretendem fazer crer os requerentes, tão essencial ao País a ponto de, ao se retardar a sua produção, como no caso, ocasionar um caos no setor elétrico.

Em um país, como o Brasil, com 192 milhões de habitantes, não pode ser considerada grave a lesão à economia, a ponto de justificar a suspensão ora pretendida, o adiamento de funcionamento de uma hidrelétrica que irá atender, segundo estimativa do Poder Público, 500 mil pessoas (fl. 10), as quais, ao que consta, *não estão à margem da prestação desse serviço*. Repito, dano há, inegavelmente, mas não o suficiente para o deferimento do pedido. Deve prevalecer, portanto, *a defesa da saúde pública* até que haja o término das obras referentes ao sistema de coleta e tratamento de esgoto. Não custa relembrar, neste contexto, a decisão por mim proferida no bojo da SLS 1643/RJ, na qual ficou consignado que "o acórdão vergastado intentou evitar consequências nefastas e possivelmente irreversíveis ao meio ambiente e a saúde pública". Além disso, as próprias requerentes apontam soluções possíveis para compensar o atraso no funcionamento de AEH Simplício, como, por exemplo, a utilização de energia eólica ou por fontes termelétricas, o que permite concluir haver alternativas para a minoração dos efeitos ocasionados pelo retardo do início das operações da hidrelétrica. Por último, vale transcrever trecho do parecer do Ministério Público Federal, que se manifestou pelo indeferimento do pedido de suspensão da liminar:

"No caso dos autos, apesar de ter sido demonstrado que o atraso na entrada em operação do AHE Simplício tem acarretado prejuízos à ordem econômica, o pedido de suspensão há de ser indeferido. É que para evitar a ocorrência de maiores prejuízos econômicos teria que ser sacrificada a integridade do meio ambiente, com riscos de danos graves, quiçá irreversíveis, ao equilíbrio ambiental da área em que está situado o empreendimento.

(...)

Dentre os princípios norteadores da tutela do meio ambiente, merece destaque o princípio da precaução/prevenção. Inicialmente, cumpre assinalar que não há unanimidade na doutrina quanto à definição do seu conteúdo ou mesmo quanto à nomenclatura a ser utilizada. Para parte dos doutrinadores, existiriam dois princípios diversos, residindo a diferença entre eles no grau de certeza quanto à ocorrência do dano ambiental. Seria aplicável o princípio da precaução quando a informação científica sobre determinada atividade é insuficiente/inconclusiva, mas existem indícios da possibilidade de degradação ambiental. O princípio da prevenção, por sua vez, incidiria quando existissem elementos seguros sobre lesividade do ato para o meio ambiente. Discussões doutrinárias à parte, é certo que tal(is) princípio(s) revela(m) que a tutela do meio ambiente deve ser prioritariamente preventiva, conforme doutrina *Édis Milaré:a'Daí a assertiva, sempre repetida, que os objetivos do Direito Ambiental são fundamentalmente preventivos. Sua atenção está voltada para momento anterior à da consumação do dano – o do mero risco.* Ou seja, diante da pouca valia da simples reparação, sempre incerta e, quando possível, excessivamente onerosa, a prevenção é a melhor, quando não a única, solução. De fato, como averba Fábio Feldmann, 'não podem a humanidade e o próprio Direito contentar-se em reparar e reprimir o dano ambiental. A degradação ambiental, como regra, é irreparável. Como reparar o desaparecimento de uma espécie? Como trazer de volta uma floresta de séculos que sucumbiu sob a violência do corte raso? Como purificar um lençol freático contaminado por agrotóxico?'. Com efeito, muitos danos ambientais são compensáveis, mas sob a ótica da ciência e da técnica, irreparáveis.' No caso dos autos, o Ministério Público apresentou laudos técnicos que concluem pela existência de riscos de graves danos ambientes no caso de enchimento do reservatório do AHE Simplício sem a realização das obras de infraestrutura previstas na Licença de Instalação nº 456/2007.

(...)

Por fim, não custa lembrar que todo esse imbróglio poderia ter sido evitado se Furnas Centrais Elétricas S/A tivesse cumprido rigorosamente as condicionantes estabelecidas na Licença de Instalação, sendo certo que a demonstração do cumprimento satisfatório de todas as exigências terá como consequência lógica a revogação da liminar pelo juízo de primeira instância" (fls. 2781/2785).

Ante o exposto, indefiro o pedido. (grifos meus).

Não se despreze, entretanto, o princípio da prevenção, o qual perpassa as estruturas do Código de Defesa do Consumidor e das legislações ambientais. Sobre a prevenção, comentam Agostinho Oli Kippe Pereira, Henrique Mioranza Kippe Pereira e Cleide Calgaro:[190]

---

[190] A prevenção como elemento de proteção ao consumidor: a saúde a segurança do consumidor no Código de Defesa do Consumidor Brasileiro. *Revista Direito do Consumidor* nº 63. São Paulo: Revista dos Tribunais, julho/setembro de 2007, p. 18-19.

Quando o legislador do CDC, no título do Capítulo IV, expressamente fala (...) da prevenção (...), mostra nitidamente sua preocupação com a intenção de não esperar o acontecimento do dano, mas evitá-lo através de medidas que impeçam seu surgimento.

Quando se aborda o direito do consumidor, um dos elementos que está vinculado à prevenção é a informação, que, analisada sob esse tipo de direito, mostra-nos que existe, por parte do fornecedor, o que se denomina de *obrigação de informar*.

(...)

Os objetivos da informação são, dentre outros, apresentar dados que propiciem ao consumidor: condições de decidir se irá ou não contratar; verificar se, ao assinar o contrato, está contratando com todas as cláusulas previamente combinadas; utilizar o produto ou serviço sem correr riscos à sua saúde ou à segurança.

Também sobre o princípio da prevenção[191] e sua importância são os comentários de Roberto M. López Cabana:[192]

En el mercado de la sociedad industrial, en el cual la competencia se plantea en función de los precios, naturalmente incididos por los costos, quien los disminuye al no recurrir a los medios necesarios para evitar la contaminación distorsiona la competencia, por lo menos en dos aspectos: ofrece sus productos a menor precio – al no asumir los gastos para impedirla –, e impone el daño ambiental a terceros, como un costo que éstos se ven precisados a tomar a su cargo, sin compensación. En tal situación el costo no es *comercial*, sino *social*, en cuanto repercute injustamente sobre la comunidad, o alguno de sus sectores.

El elaborador que contamina obtiene un subsidio indebido, mediante una ineficiente asignación de los recursos sociales, a través de un mercado falseado.

(...)

Como alternativa, debe ofrecerse un modelo ético de justicia, que enaltezca la prevención, en ordem a respetar exigências de calidad de vida cuyo lema debe ser: no contamine. Los mecanismos del mercado pueden bastar para estos logros, en tanto la demanda priviligie esa calidad. Pero con frecuencia pueden resultar insuficientes, caso en el cual, como ha expresado Su Santidad, el Papa Juan Pablo II en *Centesimus Annus*, es deber del Estado proveer a la defensa y tutela de los bienes colectivos, como son el ambiente natural y el ambiente humano, considerando necesaria y urgente una gran obra educativa y cultural.

Cabe coincidir con la preocupación que contiene el mismo documento pontifício cuando alerta sobre el consumismo y estrictamente vinculado con el, la cuestión ecológica: *el hombre, impulsado por ele deseo de tener y gozar, más que de ser y de crecer, consume de manera excesiva y desordenada los recursos de la tierra y su misma vida*. (grifos meus)

---

[191] Também sobre *prevenção* e *informação* ver PEREIRA, Agostinho Oli Koppe, PEREIRA, Henrique Mioranza Kippe e CALGARO, Cleide. A prevenção como elemento de Proteção ao Consumidor: a saúde e segurança do consumidor no Código de Proteção e Defesa do Consumidor Brasileiro. *Revista Direito do Consumidor* nº 63. São Paulo: Revista dos Tribunais, julho setembro de 2007, p. 09-26.

[192] Ecologia y Consumo. *Revista Direito do Consumidor*, nº 12. São Paulo: Revista dos Tribunais, outubro/dezembro de 1994, p. 28.

Pois bem, apresentadas essas conceituações necessárias, é preciso destacar que os riscos além de serem de difícil identificação e medição, muitas vezes são invisíveis, na forma já afirmada neste trabalho. Podem possuir eles, também, a natureza de serem cumulativos e atemporais, sendo que inúmeras vezes dizem respeito a questões fáticas e técnicas de alta complexidade, incapazes de ser identificadas pelos sistemas ordinários de controle e fiscalização disponíveis na maioria dos municípios brasileiros.

Tais elementos, portanto, reforçam a ideia no sentido de que formas mais amplas e eficazes de proteção ao meio ambiente e aos consumidores, tais como a inversão do ônus da prova, da flexibilização do nexo causal como elemento fundamental para a imputação e mesmo os princípios da precaução e da prevenção, precisam ser estimuladas, a fim de que possamos *IGUALAR* (paradigma axiológico da Face da Idealidade no Triângulo do Direito) no plano jurídico a imensa desigualdade que impera no plano material, quando agentes econômicos auferem os bônus da produção e do lucro, mas não são responsabilizados pelos ônus que decorrerem da utilização abusiva dos escassos recursos naturais e das agressões aos direitos fundamentais dos consumidores individuais e coletivos *expostos*, bem como das *vítimas da macrorrelação de consumo*.

9.2. Flexibilização e coletivização do nexo causal e a releitura da Teoria do Risco

Sobre esse assunto, assim comentam José Rubens Morato Leite e Patryck de Araújo Ayala:[193]

> Em matéria de danos ambientais, apesar da prova do dano ser, em muitos casos, uma tarefa dotada de grande complexidade, indubitavelmente, a relação de causalidade se configura no "problema primordial" desta responsabilidade civil, quer na determinação da extensão da participação de um determinado agente, quer na própria existência ou não de uma relação de causa e efeito.
>
> Como efeito direto da formação da Sociedade Industrial, encontra-se o surgimento dos danos de exposição massificada (*mass exposure torts*), segundo os quais a concorrência de vários atores e causas converge para a ocorrência dos danos difusos. Assim, os danos ambientais são, frequentemente, produtos de várias causas concorrentes, simultâneas ou sucessivas, não se apresentando linearmente (causalidade simples). Da mesma maneira, a própria complexidade inerente ao ambiente ecológico e às interações entre os bens ambientais e seus elementos fazem da incerteza científica um

---

[193] Op. cit. *Dano Ambiental do Individual ao Coletivo Extrapatrimonial. Teoria e prática*, p. 172 e 173.

dos maiores obstáculos à prova do nexo causal para a imputação da responsabilidade objetiva.

(...)

Sinteticamente, demonstra-se a extraordinária dificuldade da prova do nexo de causalidade da lesão ambiental, nas seguintes hipóteses: 1.complexidade de verificação técnica para poder dar probabilidade à lesão; 2. algumas consequências danosas só se manifestam no transcurso de um longo período de tempo; 3. o dano pode ser oriundo de emissões indeterminadas e acumuladas; 4. muitas vezes existem enormes distâncias entre possíveis locais emissores e os efeitos danosos transfronteiriços.

Assim, em inúmeras situações, as teorias relativas ao nexo causal são insuficientes. Para melhor verificar isso, realizarei rápida abordagem do sistema brasileiro sobre o assunto.

Raimundo Gomes de Barros[194] comenta sobre o conceito de nexo de causalidade ou relação de causalidade:

> A relação de causalidade é um liame que se estabelece entre o comportamento do ofensor e o evento. Definindo a relação causal. Sérgio Cavaliere Filho, entende que "o conceito de nexo causal não é jurídico; decorre das leis naturais". Do mesmo pensar é Caio Mário da Silva Pereira, para quem a *relação de causalidade consiste na determinação de elementos objetivos, externos, consistentes na atividade ou inatividade do sujeito, atentatórios do direito alheio.* E Carlos Roberto Gonçalves (...) enfatiza que *não pode haver uma questão de nexo causal senão tanto quanto se esteja diante de uma relação necessária entre o fato incriminado e o prejuízo. É necessário que se torne absolutamente certo que, sem esse fato, o prejuízo não poderia ter lugar.*

Entretanto, um dos melhores estudos sobre o tema, é o incluso na obra da já citada Professora Patrícia Faga Iglecias Lemos, a partir da folha 139 do seu livro *Resíduos Sólidos e Responsabilidade Civil Pós-Consumo*, motivo pelo qual transcrevo suas lições:[195]

> Neste início de século XXI, é necessário que o homem perceba na responsabilização e, portanto, na perquirição do nexo causal, não um limite para o desenvolvimento das atividades econômicas, mas um instrumento de conciliação entre tal desenvolvimento e a conservação do meio ambiente, cuja irreversibilidade dos danos apenas agora começa a ser percebida.
>
> (...)
>
> A responsabilidade pós-consumo insere-se nessa dinâmica e obriga um estudo inovador do nexo causal, sem o qual o liame lógico-científico impediria que se alcançasse a reparação de um dano que, embora presente *ab initio*, pode manifestar-se apenas em um momento futuro, ou mesmo surgir após a suposta atividade danosa. A própria distensão temporal de um dano pós-consumo obriga a uma visão ampliada do nexo causal, a fim de que não sirva apenas para criar um laço empírico entre dois fatos, mas para que

---

[194] Relação de Causalidade e o Dever de Indenizar. *Revista Direito do Consumidor*, nº 28. São Paulo: Revista dos Tribunais, julho/setembro de 1998, p. 36-38.

[195] Op. cit., p. 142-143.

possa evitar condutas que, justamente por se subtraírem dessa lógica natural, acabam desvencilhadas de qualquer responsabilidade.

(...)

A ideia de uma responsabilidade preventiva não é nova, mas tem visto no desenvolvimento do nexo causal precioso fator de expansão, como já apontamos, ao repousar as suas bases não mais em uma relação direta entre dano e agente, mas também na relação entre o dano e a potencialidade do agente de evitá-lo. Essa função preventiva da responsabilidade civil, tão cara à problemática do pós-consumo, é, talvez, a mais representativa de uma flexibilização do nexo causal, em face da incapacidade da lógica natural de fornecer proteção a bens jurídicos tutelados por nosso ordenamento.

A elasticidade do nexo causal torna-se instrumento precioso da consagração do princípio da reparação integral (...) insere-se na lógica da proteção à vítima, que se torna o centro das atenções da responsabilidade civil contemporânea ao colocar a discussão acerca da conduta do ofensor em um segundo plano.

Além disso, a flexibilização do nexo causal permite que se admita não apenas um liame certo e determinado, mas também um elo provável, que se insere na referida visão de responsabilidade civil como disciplina preventiva, o que tem sido amplamente debatido no Continente europeu. Ora, a flexibilização da definição e da prova da causalidade jurídica tende a atenuar a exigência de um nexo de causalidade certo entre o fato gerador da responsabilidade e o dano, admitindo-se um nexo causal provável. Tal evolução acaba por favorecer a consideração dos riscos somente suspeitos atinentes à noção de precaução, o que acentua o papel preventivo da responsabilidade, como instrumento para evitar a concretização do dano.

A prevenção do dano corporifica o princípio do desenvolvimento sustentável, haja vista que permite uma maior abrangência das potencialidades, não sendo mister que o prejuízo se concretize para colocar seu mecanismo em execução.

A flexibilização do nexo causal, portanto, é uma necessidade do nosso tempo para que seja implementada uma responsabilização integral e compatível com a *macrorrelação ambiental de consumo*, sabido que os danos atualmente são invisíveis, complexos, atemporais, cumulativos, sinérgicos, plurais, difusos, na forma vista em item anterior deste trabalho.

Dessa forma, se não forem juridicamente definidos critérios para superar a dificuldade de prova, a incerteza e a ignorância da ciência, a multiplicidade de agentes poluidores e tantas outras, é evidente que perdurarão as práticas danosas de agressão ao meio ambiente a aos consumidores (*expostos, vítimas* ou mesmo na dimensão do conceito *stricto sensu*), com resultados nefastos para a vida do planeta.

Para tanto, abordarei as teorias que comentam como deva ser fixado o nexo causal e, ao final, concluirei apresentando o entendimento que me parecer mais adequado.

Em uma apresentação rápida, poderíamos dizer que o Direito Brasileiro abarca a *Teoria da Equivalência dos Antecedentes*, segundo a qual todos os fatos e condições que com maior ou menor intensidade colaboraram para a ocorrência de determinado prejuízo são considerados causa do evento danoso.[196] A causa deve, apenas, ter uma eficiência mínima para provocar o resultado lesivo. Tal teoria é acolhida na esfera penal, entendendo a doutrina que não seria razoável para a esfera civil, pois poderia levar a absurdos de imputação.

Essa teoria é de difícil aplicação com êxito no campo do direito ambiental, porque justamente nele impera a dificuldade de identificação no sentido de que a causa tenha tido eficiência para provocar o resultado, diante da já referida incerteza manifestada pela ciência. Além disso, segundo Patrícia Faga Iglecias Lemos,[197] sua aplicação acabaria por "(...) isentar certos atores sociais com a simples prova de que o evento, sobretudo em matéria ambiental, teria ocorrido independentemente de sua conduta".

A segunda teoria diz respeito à da *Causalidade Adequada*. O fato será causa adequada do dano sempre que se constitua uma consequência normal ou típica daquele, ou seja, sempre que verificado o fato, se possa prever o dano como consequência natural ou como um efeito provável dessa verificação. A causa adequada é a condição que se mostra imprescindível para a ocorrência de determinado resultado.

Paulo de Tarso Vieira Sanseverino[198] afirma que no Brasil o Código Penal adota a teoria da equivalência de antecedentes no artigo 13 do Código Penal, sendo que o Código Civil não teria se orientado por nenhuma. Entretanto, refere que o Superior Tribunal de Justiça usa ora uma ora outra, mas para *acidentes de consumo* entende que a melhor é a da causalidade adequada.

Sem dúvida, a *Teoria da Causalidade Adequada* é melhor que a anterior, mas ainda insuficiente, por que continuará a difícil demonstração de que a causa foi adequada para a produção do dano, bem como se a causa era idônea, suficiente, para tanto.

A terceira teoria seria a da *causa próxima*. Conforme ensina Patrícia Faga Iglecias Lemos,[199] seria aquela em que o evento está em contato direto com o prejuízo e estaria prevista no artigo 403 do Código Civil. As procedentes críticas que a autora faz a esta Teoria[200] orientam-se no sentido de que ela negligencia "(...) casos em que as condições an-

---

[196] SANSEVERINO, Paulo de Tarso Vieira. *Responsabilidade Civil no Código do Consumidor e a Defesa do Fornecedor*. São Paulo: Saraiva, 2002, p. 238.

[197] Op. cit., p. 162.

[198] Op. cit., p. 243.

[199] Op. cit., p. 166.

[200] Op. cit., p. 168 e 169.

teriores são mais gravosas que a causa próxima (...)". Assim, citando Gisela Sampaio Cruz,[201] "'muitas vezes a carga de nocividade não está no último fator atenuante, senão em outro que o precede'. É o exemplo de alguém que, dolosa ou culposamente, troca um remédio por uma substância tóxica, e a enfermeira, ignorando a substituição, dá o suposto remédio causando a morte do paciente. Embora autora da causa imediata, foram as condições anteriores que, verdadeiramente, resultaram no dano".

A quarta é a *Teoria da Necessariedade*, assim explicada por Patrícia Faga Iglecias Lemos:[202]

> (...) a teoria da necessariedade nada mais é do que uma concepção sucessiva acerca do dano; isto é, o dano deve ser causado por uma condição seja próxima, seja remota, em seguida, essa mesma condição deverá se ligar ao dano diretamente, "ela é a causa necessária desse dano, porque ele a ela se filia necessariamente; é a causa única, porque opera por si, dispensadas as outras causas".[203]
>
> Dessa forma, segundo essa teoria, pouco importa a distância espaço-temporal entre o dano e a sua causa, pois essa não é sempre a que está mais perto do prejuízo, mas aquela que necessariamente o ensejou (...)
>
> (...)
>
> O que distinguirá a teoria da necessariedade da teoria da causalidade adequada é a intensidade do juízo de probabilidade relativo à ocorrência de determinado dano em função de certa conduta, que "na subteoria da necessariedade exigirá pelo menos a consequência extremamente provável, a traduzir a quase certeza, ao passo que a teoria da causa adequada ficaria apenas com a probabilidade menos intensa, dependendo esta, muitas vezes do conhecimento, ou da possibilidade de conhecimento, por parte do agente, das circunstâncias ocorrentes".[204]

Por exigir um grau ainda maior de certeza quanto à causa que efetivamente tenha sido a geradora do dano, por óbvio, não atende às necessidades no tocante à responsabilização em questões envolvendo danos ambientais complexos.

A quinta seria a *Teoria da Imputação Objetiva*. Esta "(...) baseava-se em uma atribuição ao indivíduo de uma valoração moral acerca de seus atos, partindo-se da premissa de que o homem pode prever as consequências de suas ações, não apenas dolosas – no que se sobrepõe

---

[201] Op. cit., p. 168 e 169.

[202] Op. cit., p. 170 e 171.

[203] ALVIM, Agostinho. *Das inexecuções das obrigações e suas conseqüências.* 5ª ed. São Paulo: Saraiva, 1980.

[204] MOREIRA ALVES, José Carlos. A causalidade nas ações indenizatórias por danos atribuídos ao consumo de cigarros. *In:* LOPEZ, Teresa Ancona (org.). *Estudos e pareceres sobre livre-arbítrio, responsabilidade e produto de risco inerente: o paradigma do tabaco. Aspectos civis e processuais.* Rio de Janeiro: Renovar, 2009, p. 250.

a Hegel – mas também culposas *stricto sensu* no que Larenz inova em relação a Hegel".[205]

Sobre tal *Teoria da Imputação Objetiva*, também comenta Teresa Ancona Lopez[206] na sua obra:

> (...) começa a tomar fôlego no direito civil a "teoria da imputação objetiva", criada pelo Direito Penal Alemão e que tem como fundamento a distinção entre relação causal e a "imputação objetiva". Por essa teoria, podem ser considerados causas do evento aqueles antecedentes que criaram o risco ou aqueles que aumentaram o risco já existente. É necessário que haja a criação do perigo e a realização do risco. Nessa teoria, as condutas e atividades não perigosas são sempre atípicas, mesmo que acabem causando danos a terceiros. Ela tem sido desenvolvida pelos Tribunais espanhóis para os casos de omissões graves. No Brasil não se conhecem casos julgados com fundamento na "imputação objetiva" da responsabilidade civil.

Na dimensão comentada por Patrícia Faga, entendo que seria inadequada tal Teoria para o direito ambiental e para o direito do consumidor, pois sequer é exigível o conhecimento do autor do dano nessas esferas de responsabilidade civil, bastando, para tanto, a leitura do artigo 23 do CDC, o qual informa que: "a ignorância do fornecedor sobre os vícios de qualidade por inadequação dos produtos e serviços não o exime de responsabilidade".

Entretanto, nos balizamentos indicados pela Professora Teresa Ancona Lopez, a teoria da imputação objetiva poderá ser útil na apreciação dos danos complexos.

Por último, a *Teoria do Escopo da Norma Jurídica Violada*. Por essa é necessário analisar nos casos concretos "(...) não tanto se determinada condição era causa adequada para a ocorrência de um dano, mas qual o interesse jurídico protegido pela norma violada pela conduta danosa; passa-se, pois, a um juízo de mérito, invertendo a lógica das teorias causais, partindo-se do dano, a fim de saber porque o ordenamento considera-o uma conduta antijurídica".[207]

Conclui Patrícia Faga Iglecias Lemos[208] que esta seria a melhor teoria, porque se alicerça em "(...) um fundamento quase que exclusivamente jurídico, ideal para a aplicação em campos do direito em que os prejuízos são dificilmente conectados a determinada conduta. Por essa razão é que já defendemos em nosso estudo sobre o nexo causal no direito ambiental que, 'após o estudo das teorias do escopo da norma jurídica violada, seja na responsabilidade civil ambiental em geral, seja

---

[205] LEMOS, Patrícia Faga Iglecias. Op. cit., p. 172.

[206] Op. cit., p. 135.

[207] LEMOS, Patrícia Faga Iglecias. Op. cit., p. 173-174.

[208] SANSEVERINO, Paulo de Tarso Vieira. Op. cit., p. 174-180.

no descumprimento da função socioambiental da propriedade'. Assim, veja-se na teoria do escopo da norma violada uma tendência assaz generalizada de separação das causalidades naturais das causalidades jurídicas, o que de fato auxilia na solução do problema da responsabilidade pós-consumo, posto que é possível falar em responsabilização sem dano, como veremos a seguir".[209]

Sobre a pluralidade de causadores, existem basicamente três teorias.

A primeira delas é a da *Concausalidade*. Por esta o dano é fruto de fatos diversos que, isoladamente, não teriam eficácia suficiente para causá-lo. Mesmo assim, na medida em que uma delas se revele suficiente para dar início e causa ao fato danoso, a existência das demais não excluirá o dever de indenizar daquele responsável pela primeira causa. Paulo de Tarso Vieira Sanseverino[210] exemplifica com situação concreta em que paciente com bronquite teve prescrito medicamento que deveria ser aplicado por intermédio de injeção no glúteo, sendo que a farmácia ministrou no braço, o qual passou a apresentar isquemia. Após passar por vários médicos e tratamentos, o braço teve de ser amputado. A farmácia alegou a culpa dos vários médicos e tratamentos, o que foi afastado, porque a incorreta injeção no braço, mesmo que outras causas tivessem concorrido no evento, não exclui o dever de indenizar da farmácia.

Tais situações são bastante comuns em se tratando de *macrorrelações ambientais de consumo* envolvendo áreas contaminadas, haja vista que essas, normalmente, se constituem a partir de embalagens e resíduos provenientes de agentes econômicos variados, revelando que esse tipo de possível conclusão pode ser bastante útil para o tema que se discute.

A *Teoria da Causalidade Concorrente* indica que nas situações em que causas independentes agirem de forma paralela e simultânea na provocação do dano, ambos agentes causadores de cada uma delas poderão ser responsabilizados. Ex: dois ou mais fabricantes envenenam o meio ambiente com resíduos industriais e não é sabido qual deles espe-

---

[209] Como exemplos de responsabilidade com base na *teoria do escopo da norma jurídica violada*, Patrícia Faga cita na folha 182 do seu livro a aquisição de áreas contaminadas e a responsabilidade pelo passivo ambiental. Sobre a responsabilidade sem dano também pode ser visto no livro da Professora Patrícia Faga, folhas 203 e 204, quando comenta acórdão em que foi mantida a autuação impondo multa ambiental, por causa do armazenamento inadequado de resíduos sólidos, mesmo que eles ainda não tivessem causado qualquer dano ambiental. Eu ainda citaria a logística reversa prevista na Lei de Resíduos Sólidos, a qual determina a responsabilidade dos agentes econômicos pela coleta dos resíduos decorrentes do consumo *stricto sensu*, sem que, necessariamente, tenha havido dano.

[210] Op. cit., p. 248.

cificamente teria causado a mortandade de peixes. O resultado por esta teoria seria a responsabilização dos dois agentes econômicos.

Por último, a *Teoria da Causalidade Alternativa*.[211] Esta ocorre quando o dano é causado por pessoa incerta proveniente de um grupo determinado, embora os integrantes não apresentem vínculo entre si. O exemplo fornecido por Paulo de Tarso Vieira Sanseverino é o em que "(...) dois caçadores, atuando separadamente, desfecham tiros de espingarda sobre o mesmo pássaro, mas um dos tiros erra o alvo e atinge uma criança. Não sendo possível definir, por meio da prova, qual dos caçadores errou o alvo, deve-se estabelecer, ainda assim, quem é o responsável".

Todas essas Teorias poderão ser aplicadas às questões atinentes a danos ambientais complexos, umas com maior outras com menor grau de adequação em termos de eficaz promoção de harmonia social e proteção ambiental, motivo pelo qual as apresentei, como forma de, didaticamente, oferecer possibilidades eficientes para uma melhor resolução de casos concretos.

Todavia, gostaria de agregar outros elementos aos temas que têm sido discutidos pela doutrina especializada. Invoco, então, os ensinamentos de José Rubens Morato Leite e Patryck de Araújo Ayala para a demonstração de tais novas possibilidade, pois realizaram pesquisa abrangente e didática sobre as alternativas de resolução do problema do nexo causal. Vamos a elas.

A primeira delas seria a da *probabilidade satisfatória*. Citando Gilles Martin,[212] referem os autores que: "prevalece uma forte tendência, tanto em nível legislativo como doutrinário, em relaxar a carga probatória do nexo causal, e isso faz sentido, pois, caso contrário, o dano, em muitos casos, ficaria irreparável (...)".

Em situações envolvendo danos ambientais complexos, conforme referem, a probabilidade satisfatória de que os agentes econômicos tenham causado o dano não fará com que se desconsidere a demonstração do nexo de causalidade, mas sim preconiza-se o seu "(...) abrandamento (...) fugindo dos limites restritos da quase certeza (...)".[213] A partir de exames de probabilidade sérios e fundados em análises científicas

---

[211] Sobre a *teoria da causalidade alternativa* aplicada pela jurisprudência ver TEPEDINO, Gustavo. Nexo de Causalidade: Conceito, Teorias e Aplicação na Jurisprudência Brasileira. In: *Responsabilidade Civil Contemporânea. Em homenagem a Sílvio de Salvo Venosa*. RODRIGUES JUNIOR, Otavio Luiz, MAMEDE, Gladston e ROCHA, Maria Vital da. (orgs.). São Paulo: Atlas, 2011, p. 116-119.

[212] Op. cit., p. 178.

[213] Ibidem.

evidenciadoras do nível de probabilidade incidente em cada situação concreta.

À alternativa ora proposta se adiciona a própria consideração do princípio da precaução, haja vista que a base estrutural da probabilidade satisfatória e a deste princípio é a mesma, ou seja, a existência de hipótese plenamente aceitável como possível e a necessidade imperiosa de concretização do paradigma ambiental, o que respalda com suficiência uma solução dessa espécie.

Citam, ainda, Antonio Menezes Cordeiro,[214] palavras que transcrevo, porque trazem novas possibilidades que poderão ser imensamente úteis no trato dos problemas que decorrem da *ecocomplexidade*:

> O direito civil chegara, após diversas elaborações, à fórmula vazia da *causalidade adequada*. Este tem vindo a ser substituído pela ideia de *causalidade normativa*, enquadrada nesta fórmula: é imputado ao agente o conjunto de danos correspondentes às posições que são garantidas pelas normas violadas. Há que partir de uma *condictio sine qua non*, posto que caberá indagar, por meio de valorações jurídicas, se tais danos correspondem a bens tutelados pelas normas violadas pelo agente. Este caminho rasga vastos horizontes no domínio ambiental. Mas há outros interessantes pontos em crescimento: a *causalidade estatística*, isto é, aquela que, saltando por cima da própria *condictio sine qua non* se torna aparente, afinal, em um conjunto alargado de fatos incolores, quando isoladamente tomados; a imputação conjunta em hipóteses de *causalidade alternativa*, ou seja: quando um de dois agentes tenham causado o dano sem que se saiba qual, respondem os dois; a facilitação da causalidade que se segue, desde logo, com *presunções de causalidade*; a corresponsabilização de todos os intervenientes nas hipóteses de *multicausalidade*.

A mesma posição sobre a *Teoria das Probabilidades* é compartilhada por Teresa Ancona Lopez,[215] motivo pelo qual cito para ilustrar a tendência da doutrina mais atualizada:

> Essas transformações sociais, culminando com os "novos riscos", forçaram mudanças na responsabilidade civil, levando-a a galgar mais um degrau em direção à evolução. Para que isso acontecesse, foi preciso a flexibilização da interpretação e aplicação dos institutos de sua estrutura clássica (no Brasil essa transformação por enquanto não existe, somente no direito ambiental).
>
> Essa flexibilização começa pelo nexo causal para casos de "danos graves e irreversíveis", baseadas na probabilidade e estatística. A probabilidade, assim como a verossimilhança, se aproxima da verdade, diferentemente da estatística, que não diz nada com relação ao caso concreto. A estatística só serve para cálculo em contrato de seguro. As "Presunções de causalidade" têm sido aplicadas aos danos à saúde, como a presunção de contaminação com o vírus HIV, depois de receber transfusão de sangue. Pode ser que não seja de fato verdadeiro, mas juridicamente é tida como verdadeira essa deci-

---

[214] Op. cit., p. 178.
[215] Op. cit., p. 134-135.

são. Aliás, essa é a aplicação da regra da *res ipsa loquitur*, ou seja, a coisa fala por si mesma, já usada nos casos de erro médico há muito tempo.

O exemplo acima bem ilustra a abordagem matriz deste trabalho, esclarecendo que ao falarmos de *macrorrelação ambiental de consumo*, estamos tratando diretamente da proteção do direito à saúde e à vida dos consumidores, individuais e, principalmente, dos coletivamente considerados, no âmbito dos artigos 29 e 17 do Código de Defesa do Consumidor.

Referem os dois autores,[216] então, que a

(...) Teoria das Probabilidades não se trata de nenhuma presunção de causalidade, como acima enfrentado, mas de um instrumento hermenêutico destinado a facilitar a prova do nexo causal à vítima. Assim não é suficiente a existência de dano e de uma atividade perigosa, devendo haver uma relação de probabilidade entre estes. A partir da tensão entre os enfoques científico e jurídico, a causalidade deve restar comprovada quando os elementos apresentados levam a "um grau suficiente de probabilidade", a uma "alta probabilidade", ou, ainda, quando levam a uma probabilidade "próxima da certeza". Sensível à complexidade e às incertezas científicas, esta teoria estabelece que o legitimado ativo não estará obrigado a demonstrar essa relação de causa e consequência com exatidão científica. A configuração do nexo causal se dará sempre que o juiz obter a convicção de que existe uma "probabilidade determinante" ou "considerável".

Para sintetizar tudo o quanto foi dito até aqui, e dando relevo à questão da identificação do nexo causal pelo critério da probabilidade, cabe trazer à baila as lições inclusas no REsp. nº 1330027, da Relatoria do Ministro Villas Bôas Cuevas, julgado em 06.11.2012:

RECURSO ESPECIAL. PROCESSUAL CIVIL. NEGATIVA DE PRESTAÇÃO JURISDICIONAL. AUSÊNCIA. DIREITO CIVIL E DIREITO AMBIENTAL. CONSTRUÇÃO DE USINA HIDRELÉTRICA. REDUÇÃO DA PRODUÇÃO PESQUEIRA. SÚMULA Nº 7/STJ. NÃO CABIMENTO. DISSÍDIO NOTÓRIO. RESPONSABILIDADE OBJETIVA. DANO INCONTESTE. NEXO CAUSAL. PRINCÍPIO DA PRECAUÇÃO. INVERSÃO DO ÔNUS DA PROVA. CABIMENTO. PRECEDENTES.

(...)

4. A Lei nº 6.938/81 adotou a sistemática da responsabilidade objetiva, que foi integralmente recepcionada pela ordem jurídica atual, de sorte que é irrelevante, na espécie, a discussão da conduta do agente (culpa ou dolo) para atribuição do dever de reparação do dano causado, que no caso é inconteste.

5. O princípio da precaução, aplicável à hipótese, pressupõe a inversão do ônus probatório, transferindo para a concessionária o encargo de provar que sua conduta não ensejou riscos para o meio ambiente e, por consequência, aos pescadores da região.

6. Recurso especial parcialmente conhecido e nesta parte provido para determinar o retorno dos autos à origem para que, promovendo-se a inversão do ônus da prova, proceda-se a novo julgamento.

---

[216] MORATO LEITE; AYALA. Op. cit., p. 185.

(...) a Terceira Turma, por unanimidade, conhecer parcialmente do recurso especial e nesta parte provido para determinar o retorno dos autos à origem para que, promovendo-se a inversão do ônus da prova, proceda-se a novo julgamento, nos termos do voto do(a) Sr(a). Ministro(a) Relator(a). Os Srs. Ministros Nancy Andrighi, Massami Uyeda, Sidnei Beneti e Paulo de Tarso Sanseverino votaram com o Sr. Ministro Relator.

(...)

Ora, é de conhecimento geral que a construção de reservatórios em cursos d'água para a geração de energia elétrica exige estruturas imensas que represam volumes incomensuráveis de água e reestruturam volumes fluviais, refletindo indubitavelmente na piscicaptura em um rio. Isso é indiscutível.

E cotejando os fundamentos dos acórdãos, recorrido e paradigmas, percebe-se que a análise sobre a responsabilidade pelo dano ambiental junto aos pescadores não prescinde do reexame de provas, pois a construção da hidrelétrica e a redução da quantidade de peixes na região são fatos incontestáveis, devendo a questão ser dirimida, portanto, pela interpretação das leis aplicáveis e à luz dos princípios norteadores do direito ambiental.

E diante dessas considerações, quanto à ré, concessionária de serviço público, é de se aplicar, em um primeiro momento, as regras da responsabilidade objetiva da pessoa prestadora de serviços públicos, independentemente da demonstração da ocorrência de culpa.

Isso porque a recorrida está inserta na "Teoria do Risco", pela qual se reconhece a obrigação daquele que causar danos a outrem, em razão dos perigos inerentes a sua atividade ou profissão, de reparar o prejuízo.

Assim, se é desempenhada determinada atividade de risco e, sobretudo, colhem-se lucros desta, deve a empresa de igual modo responder pelos danos que eventualmente ocasione a terceiros, independentemente da comprovação de dolo ou culpa em sua conduta.

Essa é a orientação contida no artigo 927, parágrafo único, do Código Civil:

"Art. 927. Aquele que, por ato ilícito (arts. 186 e 187), causar dano a outrem, fica obrigado a repará-lo.

Parágrafo único. Haverá obrigação de reparar o dano, independentemente de culpa, nos casos especificados em lei, ou quando a atividade normalmente desenvolvida pelo autor do dano implicar, por sua natureza, risco para os direitos de outrem."

(...)

Feitas essas considerações, não obstante a responsabilidade ser objetiva, o dano ser evidente e a necessidade de comprovação do nexo de causalidade ser a regra, não se pode deixar de ter em conta os princípios que regem o direito ambiental (precaução, prevenção e reparação), principalmente, para a hipótese, o Princípio da Precaução, no qual o meio ambiente deve ter em seu favor o benefício da dúvida no caso de incerteza (por falta de provas cientificamente relevantes) sobre o nexo causal entre determinada atividade e um efeito ambiental negativo.

A propósito:

PROCESSUAL CIVIL – COMPETÊNCIA PARA JULGAMENTO DE EXECUÇÃO FISCAL DE MULTA POR DANO AMBIENTAL – INEXISTÊNCIA DE INTERESSE DA

UNIÃO – COMPETÊNCIA DA JUSTIÇA ESTADUAL – PRESTAÇÃO JURISDICIONAL – OMISSÃO – NÃO-OCORRÊNCIA – PERÍCIA – DANO AMBIENTAL – DIREITO DO SUPOSTO POLUIDOR – PRINCÍPIO DA PRECAUÇÃO – INVERSÃO DO ÔNUS DA PROVA.
(...)
3. O princípio da precaução pressupõe a inversão do ônus probatório, competindo a quem supostamente promoveu o dano ambiental comprovar que não o causou ou que a substância lançada ao meio ambiente não lhe é potencialmente lesiva.

4. Nesse sentido e coerente com esse posicionamento, é direito subjetivo do suposto infrator a realização de perícia para comprovar a ineficácia poluente de sua conduta, não sendo suficiente para torná-la prescindível informações obtidas de sítio da internet.

5. A prova pericial é necessária sempre que a prova do fato depender de conhecimento técnico, o que se revela aplicável na seara ambiental ante a complexidade do bioma e da eficácia poluente dos produtos decorrentes do engenho humano.

6. Recurso especial provido para determinar a devolução dos autos à origem com a anulação de todos os atos decisórios a partir do indeferimento da prova pericial" (REsp 1.060.753/SP, Rel. Ministra ELIANA CALMON, SEGUNDA TURMA, julgado em 1º/12/2009, DJe 14/12/2009 – grifou-se).

Nesse contexto, portanto, **bastando que haja um nexo de causalidade provável entre a atividade exercida e a degradação, como foi o caso dos autos, deve ser transferida para a concessionária todo o encargo de provar que sua conduta não ensejou riscos para o meio ambiente, bem como a responsabilidade de indenizar os danos causados**.

Ademais, a inversão do ônus da prova ainda recebe reforço na interpretação interligada das leis aplicáveis ao caso, conforme se extrai dos dispositivos com relação direta com a questão:

Código de Defesa do Consumidor
"Art. 6º São direitos básicos do consumidor:
(...)
VIII – a facilitação da defesa de seus direitos, inclusive com a inversão do ônus da prova, a seu favor, no processo civil, quando, a critério do juiz, for verossímil a alegação ou quando for ele hipossuficiente, segundo as regras ordinárias de experiências;"
Lei nº 7.347/1985
"Art. 21. Aplicam-se à defesa dos direitos e interesses difusos, coletivos e individuais, no que for cabível, os dispositivos do Título III da lei que instituiu o Código de Defesa do Consumidor."
Código Civil
"Art. 927. Aquele que, por ato ilícito (arts. 186 e 187), causar dano a outrem, fica obrigado a repará-lo.
Parágrafo único. Haverá obrigação de reparar o dano, independentemente de culpa, nos casos especificados em lei, ou quando *a atividade normalmente desenvolvida pelo autor do dano implicar, por sua natureza, risco para os direitos de outrem*". (grifou-se)

E ainda que se leve em consideração o caráter público do bem jurídico tutelado, outra não seria a conclusão de que alguns dos direitos do consumidor também devem ser estendidos aos autores dessas ações, porquanto, indiretamente, buscam reparar também o patrimônio coletivo, consubstanciado no meio ambiente.

Sobre o tema, traz-se a elucidativa lição do eminente Ministro Herman Benjamin:

"(...)

Uma das justificativas para a constituição de um regime diferenciado (= fragmentado) para a responsabilidade civil pelo dano ambiental reside no fato de que a proteção do meio ambiente é informada por uma série de princípios que a diferenciam na vala comum dos conflitos humanos.

O primeiro deles, princípio da precaução, já escrevemos em outro momento, responde a uma pergunta simples mas chave para o sucesso ou insucesso de uma ação judicial ou política de proteção ao meio ambiente: diante da incerteza científica quanto à periculosidade ambiental de uma dada atividade, quem tem o ônus de provar sua inofensividade? O proponente ou o órgão público/vítima? Em outras palavras, suspeitando que a atividade traz riscos ao ambiente, devem o Poder Público e o Judiciário assumir o pior e proibi-la (ou regulá-la, impondo-lhe padrões de segurança rigorosos), ou, diversamente, deve a intervenção pública ocorrer somente quando o potencial ofensivo tenha sido claramente demonstrado pelo órgão regulador ou pelos representantes não-governamentais do interesse ambiental, *amparados num raciocínio de probabilidades*, ou, nos termos do Direito Civil codificado, num regime de previsibilidade adequada?

(...)

Com isso, pode-se dizer que o princípio da precaução inaugura uma nova fase para o próprio Direito Ambiental (...) impõe-se aos degradadores potenciais o ônus de corroborar a inofensividade de sua atividade proposta, principalmente naqueles casos em onde eventual dano possa ser irreversível, de difícil reversibilidade ou de larga escala.

Noutro prisma, a precaução é o motor por trás da alteração radical que o tratamento de atividades potencialmente degradadoras vem sofrendo nos últimos anos. Firmando-se a tese – inclusive no plano constitucional – de que *há um dever genérico e abstrato de não-degradação do meio ambiente, inverte-se, no campo dessas atividades, o regime de ilicitude, já que, nas novas bases jurídicas, esta se presume até prova em contrário*" (Responsabilidade Civil pelo Dano Ambiental, Revista de Direito Ambiental, São Paulo, v. 9, ano 3, págs. 17/18, jan/mar. 1998 – grifou-se).

(...)

Assim, deve-se recorrer, por analogia, ao artigo 6º, inciso VIII, do Código de Defesa do Consumidor, que prevê a possibilidade de inversão do ônus da prova pelo juiz, não somente em prol dos autores, mas também pela coletividade, porquanto esta tem o direito de saber se houve ou não danos ao meio ambiente.

Diante desse contexto, evidenciada na espécie a *presunção do dano*, deve o magistrado inverter o ônus da prova para determinar que a parte ré prove a não existência ou irrelevância dos prejuízos alegados pelos autores, **bastando aos autores, por sua vez, provar a potencialidade lesiva da atividade**, *o que, na espécie, como dito, já se evidencia, a condição de pescadores, e que esta atividade é a sua fonte de renda.*

Em vista de todo o exposto, conheço em parte do recurso e, nesta parte, dou-lhe provimento para determinar o retorno dos autos à origem para que, promovendo-se a inversão do ônus da prova, proceda-se a novo julgamento da causa.

É o voto. (grifos meus)

Aliados a tais possibilidades teóricas, que, como visto, estão cada vez mais sendo utilizadas na prática jurisprudencial, os conceitos jurídicos indeterminados que emergem das novas legislações (*função social* – art. 421 do CC, ao tratar do *contrato, boa-fé* – art. 422 do CC, *risco* – art. 927, parágrafo único do CC, *desvantagem exagerada* – art. 51, IV, do CDC) igualmente contribuirão de maneira decisiva para a justa regulação do tema da responsabilidade civil envolvendo danos ambientais complexos.

Tais conceitos indeterminados serão preenchidos pelo *Culturalismo* antes comentado, à luz dos princípios e iluminados pelos subsídios fáticos do mundo concreto, concretizando aquilo que é comentado no ambiente acadêmico como sendo a união do pensamento sistemático ao pensamento tópico, por intermédio de uma interpretação sistemática do Direito, hierarquizando valores, com vistas a chegar à melhor escolha para a solução do problema posto.

Com isso, ou seja, estruturas normativas flexíveis e dinâmicas, é permitida uma atualização constante do sistema jurídico às *novas vivências*, consolidando-se desta forma, a propalada resistematização do Direito com base na Teoria Tridimensional e nos Direitos Fundamentais insculpidos na Constituição Federal, na forma antes colocada. Ou seja, nada de Códigos *milagrosos*, rígidos e ilusoriamente completos, notadamente insuficientes, na forma vista no princípio deste trabalho, mas sim de um sistema que acompanhe os avanços e evoluções da sociedade pós-moderna em termos valorativos e de maneira unitária (unidade sistemática).

As lições abordadas acima se encaixam como uma luva ao conceito de *macrorrelação ambiental de consumo*. Quando fiz a mesma proposta de consideração desta realidade que é a *macro* (codinome que uso para facilitar), em meu livro *Código de Defesa do Consumidor: o Princípio da Vulnerabilidade*,[217] dizendo que: "a relação de consumo (...) *inicia-se no momento da concepção de um produto ou serviço e se prolonga até a mais remota das conseqüências advindas do seu uso* (...)", tal ideia deve ter passado *em branco* para a maioria dos que não trabalham no trato corriqueiro do problema. Já naquela época, entretanto, 1997, eu tinha plena convicção de que as questões evoluiriam imensamente nesse campo, o mesmo sentimento me arrebatando neste momento quanto às novidades ora apresentadas, porque a pressão dos fatos, das ocorrências, das tragédias, da necessidade de defender o direito de saúde e de viver, imporão alterações significativas na resolução dos problemas relativos aos danos ambientais complexos, o que não poderá ser evitado.

---

[217] Op. cit., p. 190.

As lições referidas acima se encaixam como uma luva à *macro*, também porque, na atualidade, propostas tais como a responsabilização das fábricas de pneus por terem sido encontrados produtos seus boiando em rios e lagos, ou a de responsabilização ambiental pela identificação de garrafas PET entulhando os bueiros das cidades não mais serão considerados devaneios, loucuras, mas situações reais em que o nexo causal estará evidenciado pela consideração da *macrorrelação ambiental de consumo*, impondo o dever de indenizar e, em um momento anterior, obrigando à reformulação das políticas de venda e de colocação de produtos no mercado, por intermédio da responsabilidade compartilhada e de uma eficaz e séria implementação de processos profissionalizados de logística reversa, aspectos estes últimos que discutirei em item específico, tamanha a sua importância.

Ainda citam os dois autores ora comentados[218] a *responsabilização por parcela de mercado* (*market share liability*), "(...) mediante a qual à vítima lhe cabe a prova do dano por uma concreta atividade industrial e não do nexo de causalidade entre a atividade da empresa e a produção de dano, levando em conta que o risco se encontra difundido simultaneamente por vários sujeitos aptos a produzi-los (...)". Com isso surgiria a responsabilização entre todas as empresas, o que seria uma aplicação extensiva da *teoria da causalidade alternativa*.

Citando Günther Teubner, esclarecem que: "(...) a complexidade ambiental é incompatível, em muitos casos, com a individualização e a pessoalidade (...)",[219] características da responsabilidade civil tradicional, o que autoriza a consideração da existência, pois é algo real, de *unidades coletivas* produtora de riscos ambientais (*risk pools*), trazendo como consequências possíveis e, até mesmo, salutares, a mitigação ou, quiçá, o abandono do nexo causal como requisito para a responsabilização civil ambiental.

Já que falei de pneus em parágrafo anterior, lembro que no Brasil temos a Resolução nº 416/09 do CONAMA, a qual traz regras que respaldam o que aqui é dito. Transcrevo algumas:

> Art. 3º A partir da entrada em vigor desta resolução, para cada pneu novo comercializado para o mercado de reposição, as empresas fabricantes ou importadoras deverão dar destinação adequada a um pneu inservível.
>
> Art. 7º Os fabricantes e importadores de pneus novos deverão elaborar um plano de gerenciamento de coleta, armazenamento e destinação de pneus inservíveis (PGP), no prazo de 6 meses a partir da publicação desta Resolução, o qual deverá ser amplamente divulgado e disponibilizado aos órgãos do SISNAMA.

---

[218] Op. cit., p. 179.
[219] MORATO LEITE; AYALA. Op. cit., p. 179.

§ 1º O PGP deverá conter no mínimo os seguintes requisitos:

I – descrição das estratégias para coleta dos pneus inservíveis, acompanhada de cópia de eventuais contratos, convênios ou termos de compromisso, para este fim;

II – indicação das unidades de armazenagem, informando as correspondentes localização e capacidade instalada, bem como informando os dados de identificação do proprietário, caso não sejam próprias;

III – descrição das modalidades de destinação dos pneus coletados que serão adotadas pelo interessado;

IV – descrição dos programas educativos a serem desenvolvidos junto aos agentes envolvidos e, principalmente, junto aos consumidores;

V – número das licenças ambientais emitidas pelos órgãos competentes relativas às unidades de armazenamento, processamento, reutilização, reciclagem e destinação;

VI – descrições de programas pertinentes de auto-monitoramento.

§ 2º O PGP deverá incluir os pontos de coleta e os mecanismos de coleta e destinação já existentes na data da entrada em vigor desta Resolução.

§ 3º Anualmente, os fabricantes e importadores de pneus novos deverão disponibilizar os dados e resultados dos PGPs.

§ 4 Os PGPs deverão ser atualizados sempre que seus fundamentos sofrerem alguma alteração ou o órgão ambiental licenciador assim o exigir.

Art. 8º Os fabricantes e os importadores de pneus novos, de forma compartilhada ou isoladamente, deverão implementar pontos de coleta de pneus usados, podendo envolver os pontos de comercialização de pneus, os municípios, borracheiros e outros.

Sobre a questão dos pneus, cito importante decisão do Supremo Tribunal Federal, que é a Arguição de Descumprimento de Preceito Fundamental nº 101, Rel. Ministra Carmen Lúcia, julgado em 24.06.2009:

ARGÜIÇÃO DE DESCUMPRIMENTO DE PRECEITO FUNDAMENTAL: ADEQUAÇÃO. OBSERVÂNCIA DO PRINCÍPIO DA SUBSIDIARIEDADE. ARTS. 170, 196 E 225 DA CONSTITUIÇÃO DA REPÚBLICA. CONSTITUCIONALIDADE DE ATOS NORMATIVOS PROIBITIVOS DA IMPORTAÇÃO DE PNEUS USADOS. RECICLAGEM DE PNEUS USADOS: AUSÊNCIA DE ELIMINAÇÃO TOTAL DE SEUS EFEITOS NOCIVOS À SAÚDE E AO MEIO AMBIENTE EQUILIBRADO. AFRONTA AOS PRINCÍPIOS CONSTITUCIONAIS DA SAÚDE E DO MEIO AMBIENTE ECOLOGICAMENTE EQUILIBRADO. COISA JULGADA COM CONTEÚDO EXECUTADO OU EXAURIDO: IMPOSSIBILIDADE DE ALTERAÇÃO. DECISÕES JUDICIAIS COM CONTEÚDO INDETERMINADO NO TEMPO: PROIBIÇÃO DE NOVOS EFEITOS A PARTIR DO JULGAMENTO. ARGUIÇÃO JULGADA PARCIALMENTE PROCEDENTE.

1. Adequação da arguição pela correta indicação de preceitos fundamentais atingidos, a saber, o direito à saúde, direito ao meio ambiente ecologicamente equilibrado (arts. 196 e 225 da Constituição Brasileira) e a busca de desenvolvimento econômico sustentável: princípios constitucionais da livre iniciativa e da liberdade de comércio interpretados e aplicados em harmonia com o do desenvolvimento social saudável. Multiplicidade de ações judiciais, nos diversos graus de jurisdição, nas quais se têm interpretações e decisões divergentes sobre a matéria: situação de insegurança jurídica acrescida da

ausência de outro meio processual hábil para solucionar a polêmica pendente: observância do princípio da subsidiariedade. Cabimento da presente ação.

2. Argüição de descumprimento dos preceitos fundamentais constitucionalmente estabelecidos: decisões judiciais nacionais permitindo a importação de pneus usados de Países que não compõem o Mercosul: objeto de contencioso na Organização Mundial do Comércio – OMC, a partir de 20.6.2005, pela Solicitação de Consulta da União Europeia ao Brasil.

3. Crescente aumento da frota de veículos no mundo a acarretar também aumento de pneus novos e, consequentemente, necessidade de sua substituição em decorrência do seu desgaste. Necessidade de destinação ecologicamente correta dos pneus usados para submissão dos procedimentos às normas constitucionais e legais vigentes. Ausência de eliminação total dos efeitos nocivos da destinação dos pneus usados, com malefícios ao meio ambiente: demonstração pelos dados.

4. Princípios constitucionais (art. 225) a) do desenvolvimento sustentável e b) da equidade e responsabilidade intergeracional. Meio ambiente ecologicamente equilibrado: preservação para a geração atual e para as gerações futuras. Desenvolvimento sustentável: crescimento econômico com garantia paralela e superiormente respeitada da saúde da população, cujos direitos devem ser observados em face das necessidades atuais e daquelas previsíveis e a serem prevenidas para garantia e respeito às gerações futuras.

Atendimento ao princípio da precaução, acolhido constitucionalmente, harmonizado com os demais princípios da ordem social e econômica.

5. Direito à saúde: o depósito de pneus ao ar livre, inexorável com a falta de utilização dos pneus inservíveis, fomentado pela importação é fator de disseminação de doenças tropicais. Legitimidade e razoabilidade da atuação estatal preventiva, prudente e precavida, na adoção de políticas públicas que evitem causas do aumento de doenças graves ou contagiosas.

Direito à saúde bem não patrimonial, cuja tutela se impõe de forma inibitória, preventiva, impedindo-se atos de importação de pneus usados, idêntico procedimento adotado pelos Estados desenvolvidos, que deles se livram.

6. Recurso Extraordinário n. 202.313, Relator o Ministro Carlos Velloso, Plenário, DJ 19.12.1996, e Recurso Extraordinário n. 203.954, Relator o Ministro Ilmar Galvão, Plenário, DJ 7.2.1997: Portarias emitidas pelo Departamento de Comércio Exterior do Ministério do Desenvolvimento, Indústria e Comércio Exterior – Decex harmonizadas com o princípio da legalidade; fundamento direto no art. 237 da Constituição da República.

7. Autorização para importação de remoldados provenientes de Estados integrantes do Mercosul limitados ao produto final, pneu, e não às carcaças: determinação do Tribunal ad hoc, à qual teve de se submeter o Brasil em decorrência dos acordos firmados pelo bloco econômico: ausência de tratamento discriminatório nas relações comerciais firmadas pelo Brasil.

8. Demonstração de que: a) os elementos que compõem o pneus, dando-lhe durabilidade, é responsável pela demora na sua decomposição quando descartado em aterros; b) a dificuldade de seu armazenamento impele a sua queima, o que libera substâncias tóxicas e cancerígenas no ar; c) quando compactados inteiros, os pneus tendem a voltar à sua forma original e retornam à superfície, ocupando espaços que são escassos e de

grande valia, em especial nas grandes cidades; *d)* pneus inservíveis e descartados a céu aberto são criadouros de insetos e outros transmissores de doenças; *e)* o alto índice calorífico dos pneus, interessante para as indústrias cimenteiras, quando queimados a céu aberto se tornam focos de incêndio difíceis de extinguir, podendo durar dias, meses e até anos; *f)* o Brasil produz pneus usados em quantitativo suficiente para abastecer as fábricas de remoldagem de pneus, do que decorre não faltar matéria prima a impedir a atividade econômica. Ponderação dos princípios constitucionais: demonstração de que a importação de pneus usados ou remoldados afronta os preceitos constitucionais de saúde e do meio ambiente ecologicamente equilibrado (arts. 170, inc. I e VI e seu parágrafo único, 196 e 225 da Constituição do Brasil).

9. Decisões judiciais com trânsito em julgado, cujo conteúdo já tenha sido executado e exaurido o seu objeto não são desfeitas: efeitos acabados. Efeitos cessados de decisões judiciais pretéritas, com indeterminação temporal quanto à autorização concedida para importação de pneus: proibição a partir deste julgamento por submissão ao que decidido nesta arguição.

10. Arguição de Descumprimento de Preceito Fundamental julgada parcialmente procedente.

Mesmo diante de normas e princípios tão claros e específicos, ainda são comuns cenas em que pneus entulham rios e lagos, ficando os agentes econômicos que integram tais mercados absolutamente impunes, por causa do simplista e incorreto argumento de que a "culpa foi de consumidor que jogou lá", esquecendo-se os autores de tais *pérolas de raciocínio*, da vulnerabilidade ambiental do consumidor, da falta de informação, da falta de educação, da responsabilidade compartilhada e da logística reversa prevista em Lei, circunstâncias essas que, mesmo isoladamente, já seriam suficientes para responsabilizar os agentes econômicos por intermédio da *market share liability*.

Fala-se aqui, ainda, em *coletivização da responsabilidade civil*, comentando os autores que a

(...) partir de perspectiva sistêmica (das atividades de risco) seria possível a formação de grupos coorporativos de risco em detrimento do tratamento jurídico focado no individualismo da atribuição de responsabilidade civil tradicional. Isto seria possível a partir da configuração de uma estrutura unitária interna da "cúpula", formada pelas atividades passíveis de terem ocasionado um determinado dano ambiental, cuja relação de causalidade seria demasiadamente difusa para a atribuição pessoalizada. Assim, a atribuição de responsabilidade civil ambiental seria deslocada da perspectiva do ator individual para centrar o foco na comunicação de risco. Estes *grupos de risco* ("*risk pools*") estariam sujeitos à responsabilização não apenas por suas falhas (individuais) em atender aos padrões ambientais, mas, também, por falhar em sua atuação cooperativa de gerenciamento coletivo de risco.

A consideração destes *grupos de risco* será particularmente útil quando tratarmos da logística reversa e abordarmos a já existente consideração e identificação de alguns desses grupos na Lei de Resíduos Sólidos.

Relevante frisar, ainda, que a consideração dos *grupos de risco* é compatível com a coletivização do trato atinente às questões da pós-modernidade, caracterizada pelos paradigmas da *massificação, da urbanização, da globalização, do paradigma ambiental* e da *contextualização*, motivo pelo qual posso dizer que a proposta está perfeitamente adequada ao Direito na sua concepção *Culturalista* e *Tridimensional*, bastando, então, que seja aplicado este tipo de solução aos casos concretos.

Está compatível, da mesma forma, com a formulação dos interesses coletivos *lato sensu* (interesses difusos, coletivos *stricto sensu* e individuais homogêneos do artigo 81, parágrafo único do CDC, os quais se aplicam à Lei da Ação Civil Pública, como é sabido de todos, com base no artigo 117 do CDC, norma de intercâmbio esta que, juntamente com o artigo 90 do CDC, fazem a união processual coletiva entre o Direito do Consumidor e o Direito Ambiental), pois, se do lado dos possíveis lesados (os *EXPOSTO* do artigo 29 do CDC e as vítimas ou *bystanders* do artigo 17 do mesmo Código) temos pessoas unidas entre si por circunstâncias fática (interesses difusos) ou pessoas unidas entre si e com a parte contrária por uma relação jurídica base (interesses coletivos *stricto sensu*), que podem ser defendidas coletivamente, nada mais justo que seja utilizado o mesmo raciocínio coletivo no âmbito dos possíveis agentes causadores de danos, como forma de equilibrar a *macrorrelação ambiental de consumo*, tornando a resolução dos casos concretos mais justa e coerente.

Desejo ressaltar, ao final, a importância das abordagens doutrinárias, filosóficas e sociológicas empreendidas no início deste trabalho, sem as quais propostas como as aqui declinadas poderiam parecer para alguns irresponsáveis ideias "jogadas ao vento".

Quem iria imaginar no início do século XIX, em 1804, com o surgimento do Código Napoleônico, que apareceria no final do mesmo século e início do século XX uma teoria chamada *teoria do risco*? Quem iria imaginar, na mesma época, que o ser humano voaria em algo chamado *avião* ou "veria, ouviria, participaria, viveria" o mundo por intermédio da inimaginável *televisão* e da inacreditável *internet*? Quem previria que o ser humano estaria orbitando por intermédio de uma sonda não tripulada (a Cassini-Huygens) a atmosfera de Titã, uma das luas de saturno, que tem mares de metano iguais aos mares de água da terra e na qual a chuva de metano se precipita no terreno lunar sob a forma de grandes e quase pastosos pingos que caem como flocos de neve?

Por isso, importantes aquelas colocações iniciais. Para facilitar a abertura das mentes a, no mínimo, aceitar a reflexão sobre essas *inovações*.

Apresentando uma conclusão parcial a este item, cabe mencionar a lição didática final de José Rubens Morato Leite e Patryck de Araújo Ayala,[220] no sentido de que a lógica do sistema da modernidade era operacionalizada pelos juízos de *certeza* quanto à eventual culpa de alguém pelo evento dano. No auge da modernidade industrial do início do século XX passa-se para um juízo vinculado aos riscos concretos, ou seja, aqueles previsíveis à atividade que é desenvolvida. Desta última fase da Sociedade Industrial para a

> (...) Sociedade Pós-Industrial (ou de Risco), o incremento na complexidade das relações causais desencadeou, na própria ciência, a assimilação da incerteza científica como um fator de avaliação científica (Ilya Prigogine) e, por sua vez, o Direito ficou exposto a ter de oferecer soluções a problemas de maior complexidade, tendo de tomar decisões jurídicas não mais apenas com base apenas em eventos "possíveis" ou riscos "concretos" (Ulrich Beck), mas sim sustentando suas decisões em "probabilidades" para a imputação objetiva.

Com isso, impõe-se uma nova reflexão sobre a *teoria do risco*, agregando esses novos elementos impostos pelas realidades atuais, como forma de manter o sistema jurídico com um nível satisfatório de utilidade, credibilidade e de adequação axiológica.

9.3. A macrorrelação ambiental de consumo e a responsabilidade pelo fato do produto ou do serviço – acidentes de consumo

Neste trabalho, defendo a existência da *macrorrelação ambiental de consumo*, não sendo, entretanto, apenas uma tese jurídica, uma criação intelectual, mas sim, uma *realidade* inegável. Para tanto, basta que você, meu interlocutor, olhe pela janela da sua residência ou do seu local de trabalho.

Na verdade, pretendo descortinar ocorrências da Face da Normalidade (triângulo tridimensional) da pós-modernidade, mostrando que é melhor trabalhar o Direito Ambiental com o simultâneo e recíproco manejo do Direito do Consumidor.

Isso porque as situações tratadas por ambos os ramos do Direito estão imbricadas, o que obriga a uma formulação conjunta das hipóteses jurídicas, com o objetivo de que seja alcançada a máxima eficácia nas conclusões fornecidas pelos detentores de poder decisório judicial e extrajudicial (Termos de Compromissos de Ajustamento, outros tipos de conciliação, e mesmo conciliações entre agentes econômicos e agentes econômicos e vítimas).

---

[220] Op. cit., p. 185-186.

Partindo dessas premissas, constato que existem institutos jurídicos do Direito Ambiental que estão mais desenvolvidos comparativamente com os do Direito do Consumidor e vice-versa, devendo ser feita uma opção pela solução mais benéfica para os vulneráveis, quando da existência de antinomias surgidas no âmbito normativo. É a já exposta interpretação sistemática do Direito alicerçada em princípios.[221]

Em que pese existir um inegável avanço na área do Direito Ambiental, por exemplo, relativamente ao princípio da precaução, no tocante às regras de inversão do ônus da prova a legislação consumerista é melhor desenvolvida. O mesmo se diga quanto à concretização do princípio da reparação integral, haja vista a *fluid recovery* do artigo 200 do CDC, ou, até mesmo, a despersonalização da pessoa jurídica, assuntos esses que tratarei a seguir.

Para chegar a tais abordagens, todavia, antes sou obrigado a tecer alguns comentários sobre a Responsabilidade Civil no Código de Defesa do Consumidor e nas Leis Ambientais.

Na forma já mencionada rapidamente, o Código de Defesa do Consumidor possui dois âmbitos de responsabilidade civil,[222] quais sejam a *Responsabilidade pelo Fato do Produto e do Serviço*[223] (artigos 12 até 17 do CDC) e a *Responsabilidade por Vícios do Produto e do Serviço*[224] (artigos 18 até 25 do CDC).

Enquanto a *Responsabilidade por Vícios do Produto e do Serviço*, os chamados vícios de qualidade por *inadequação* ou *incidente de consumo*, tratam da lesão ao *bolso* e, portanto, situações exclusivamente patrimoniais (Ex.: compramos um fogão e dele não sai fogo. Gastamos dinheiro sem motivo; compramos uma geladeira, e ela não gela), a *Responsabi-*

---

[221] Para tanto ver MORAES, Paulo Valério Dal Pai. *Código de Defesa do Consumidor: o Princípio da Vulnerabilidade no Contrato*. Op. cit..

[222] Sobre a sintonia entre as Responsabilidade Civil do CDC e a do Novo Código Civil ver o importante trabalho de CAVALIERI FILHO, Sérgio. Responsabilidade Civil no Novo Código. *Revista da EMERJ* nº 24. Rio de Janeiro: EMERJ. v.6, 2003, p. 30-46. E do mesmo autor: Novo Código Civil e o Código de Defesa do Consumidor. Convergências ou Antinomias? *Revista da EMERJ* nº 20. Rio de Janeiro: EMERJ. , volume 5, 2002, p. 100-114.

[223] Sobre este tema, ver FREITAS, Aristóbulo de Oliveira. Responsabilidade Civil Objetiva no Código de Defesa do Consumidor. *Revista de Direito do Consumidor* nº 11. São Paulo: Revista dos Tribunais, julho/setembro de 1994, p. 101-127 e SÉLLOS, Viviane Coêlho de. Responsabilidade do Fornecedor Pelo Fato do Produto. *Revista Direito do Consumidor* nº 11. São Paulo: Revistas dos Tribunais, , julho/setembro de 1994, p. 128-160. Ainda ALVIM, Eduardo Arruda Responsabilidade Civil Pelo Fato do Produto no Código de Defesa do Consumidor. *Revista Direito do Consumidor* nº 15. São Paulo: Revista dos Tribunais, julho/setembro 1995, p. 132-150. Ainda JORGE, Flávio Cheim. Responsabilidade Civil por Danos Difusos e Coletivos sob a ótima do Consumidor. *Revista Direito do Consumidor* nº 17. São Paulo: RT, janeiro/março de 1996, p. 97-138.

[224] Sobre o tema, ver HADDAD, Marcelo Mansur. Os vícios de produto nos contratos de compra e venda internacional: uma análise de direito comprado. *Revista Direito do Consumidor* nº 23-24. São Paulo: Revista dos Tribunais, ,julho/setembro de 1997, 1997, p. 164-192.

lidade pelo Fato do Produto e do Serviço diz respeito aos defeitos de qualidade por *insegurança* ou *acidentes de consumo*, quando tenha havido alguma lesão à incolumidade física ou psíquica (dano moral) dos consumidores.

É bem verdade que alguns doutrinadores[225] realizam uma sintonia fina na conceituação dos *Acidentes de Consumo*, dizendo que eles objetivam proteger a incolumidade física, psíquica e patrimonial, o que está correto, pois, por exemplo, na explosão de um fogão dentro de uma residência, que tenha ocasionado queimaduras nos residentes e danos generalizados em toda a cozinha, por óbvio que é no âmbito da *Responsabilidade pelo Fato do Produto* que iremos buscar reparação completa, seja física, psíquica ou patrimonial. Todavia, para fins didáticos e de melhor compreensão, normalmente digo que a *Responsabilidade pelo Fato do Produto ou do Serviço* trata de lesões ou potenciais lesões à incolumidade física ou psíquica, para ostentar o elemento fundamental do instituto, que é a *segurança* em relação à saúde e à vida dos consumidores individual ou coletivamente considerados.

Comentando sobre o assunto assim se manifesta Antonio Herman de Vasconcelos e Benjamin:[226]

Como reflexo de desmembramento, em duas esferas, com que idealizamos o direito do consumidor, a *teoria da qualidade* – nos termos da formulação que propomos – comporta dois aspectos distintos: a *proteção do patrimônio do consumidor* (com o tratamento dos vícios de qualidade por inadequação) e a *proteção da saúde do consumidor* (com o tratamento dos vícios de qualidade por insegurança). Logo, a teoria da qualidade tem um pé na órbita da tutela da incolumidade físico-psíquica do consumidor e outro na tutela de sua incolumidade econômica. Na noção de vício de qualidade por inadequação o elemento básico é a carência – total ou parcial – de aptidão ou idoneidade do produto ou serviço para a realização do fim a que é destinado. Distintamente, no vício de qualidade por insegurança o dado essencial é a carência de segurança do produto ou serviço, isto é, a sua capacidade para provocar danos à saúde do consumidor.

(...)

O tratamento que o Código dá a esta matéria teve por objetivo superar, de uma vez por todas, a dicotomia clássica entre responsabilidade contratual e responsabilidade extracontratual. Isso porque *o fundamento da responsabilidade civil do fornecedor deixa de ser a relação contratual (responsabilidade contratual) ou o fato ilícito (responsabilidade aquiliana)* para se materializar em função da existência de um outro tipo de vínculo: *relação jurídica de consumo, contratual ou não*. O legislador deu, portanto, um tratamento

---

[225] SANSEVERINO, Paulo de Tarso Vieira. Op. cit., p. 113-116.

[226] *Comentários ao Código de Proteção ao Consumidor*. São Paulo: Saraiva, 1991, p. 40, 41 e 44. Também sobre o tema ver CALIXTO, Marcelo Junqueira. *A Responsabilidade Civil do Fornecedor de Produtos pelos Riscos de Desenvolvimento*. Rio de Janeiro: Renovar, 2004. QUEIROZ, Odete Novais Carneiro. *Da Responsabilidade por Vício do Produto e do Serviço*. São Paulo: Revista do Tribunais, 1998 e LISBOA, Roberto Senise. *Responsabilidade Civil nas Relações de Consumo*. São Paulo: Revista dos Tribunais, 2001.

unitário ao assunto, não cabendo ao intérprete, quando da análise do novo modelo, qualquer tentativa de utilizá-lo como se fora uma mera reforma das categorias dicotômicas. O texto legal simplesmente não as teve em mente. Muito ao contrário, procurou delas se afastar, sepultando, por assim dizer, a *summa divisio* clássica. (grifos meus)

Com isso, no âmbito da *Responsabilidade pelo Fato do Produto ou do Serviço*, não é pré-requisito para a conclusão quanto à sua configuração a existência de um contrato, bastando, para tanto, a mera ocorrência de uma relação de consumo ou de uma cadeia de relacionamentos de consumo.

A *Responsabilidade pelo Fato do Produto ou do Serviço*, em verdade, quer expressar que será responsabilizado todo (os) aquele (s) que tenha (m) produzido ou colocado no mercado um produto ou serviço que tenha causado lesões à incolumidade física ou psíquica de consumidores, em virtude de sua simples existência geradora de efeitos difusos no meio ambiente, aí incluída a natureza, seres não humanos e seres humanos.

Por intermédio da *Responsabilidade pelo Fato do Produto ou do Serviço*, portanto, estará regulada a atuação de quaisquer dos nominados nos artigos 12 e 14 do CDC (o fabricante, o produtor, o construtor e o importador, no 12, e o prestador, no 14) e mesmo dos comerciantes, em situações específicas, em que pese não estarem explicitadas todas elas no artigo 13 do CDC, o que demonstrarei logo a seguir.

Para aprofundar o tema, cito Sílvio Luís Ferreira da Rocha,[227] o qual comenta sobre os princípios do CDC que regem a proteção à saúde e segurança e que devem ser seguidos pelos fornecedores:

> a) os produtos introduzidos no mercado de consumo não devem acarretar riscos à saúde ou segurança dos consumidores (art. 8º) (...); b) são aceitos apenas os riscos à saúde e segurança do consumidor considerados normais e previsíveis, já que não se pode almejar a completa inocuidade dos produtos colocados no mercado (...); c) deverá o fornecedor dar as informações adequadas e necessárias a respeito do produto (art. 8º, última parte). O dever de informar é qualificado quando o produto for potencialmente nocivo ou perigoso à saúde ou à segurança (...); d) é proibido a introdução no mercado de produto que apresente alto grau de nocividade ou periculosidade à saúde ou segurança dos consumidores. No caso do conhecimento da periculosidade ocorrer após a introdução do produto no mercado de consumo, ao fornecedor competirá o dever de comunicar o fato imediatamente às autoridades competentes e aos consumidores, mediante anúncios publicitários (art. 10, § 1º).
> (...)
> A violação de qualquer um desses deveres implicará na responsabilização do fornecedor com fundamento nos arts. 12 e ss. do Código de Defesa do Consumidor.

---

[227] *Responsabilidade Civil do Fornecedor pelo Fato do Produto no Direito Brasileiro*. São Paulo: Revista dos Tribunais, 1992, p. 62-63.

Feitas essas considerações, passarei a transpô-las para o foco do trabalho.

Na forma acima vista, para que tenhamos caracterizada a responsabilização, não é necessária a existência de um contrato ou mesmo qualquer tipo de vínculo jurídico entre os fornecedores e os consumidores individual ou coletivamente considerados.

Basta, nas palavras do Ministro Herman Benjamin, a existência de uma *relação de consumo*.

Em linhas atrás demonstrei que o princípio da *contextualização* nos revela a existência de uma evidente *macrorrelação ambiental de consumo*, no seio da qual os fornecedores simplesmente colocam os produtos no mercado e, repito, "lavam as mãos", querendo com isso dizer que não realizam qualquer postura protetiva aos consumidores quanto aos resíduos sólidos produzidos por esse relacionamento massificado, seja decorrentes do processo produtivo ou mesmo no chamado pós-consumo.

Veja-se que a *produção e colocação de produtos e serviços* no mercado é uma *ocorrência difusa* em que fatos múltiplos acontecem.

Em uma primeira dimensão, para a produção profissional de produtos ou serviços são utilizados insumos, os quais, em grande medida são descartados, sendo que outros se agregam ao bem. Assim, na produção de camisas, pedaços de tecido, de couro, tintas, material de escritório da empresa, pneus dos veículos da empresa produtora, embalagens inutilizadas, matéria-prima inutilizada no processo de manufatura etc., são insumos, mas também se caracterizam como ocorrências que se incluem no *relacionamento massificado de consumo*, haja vista que não é possível a elaboração dos produtos sem considerar os variados elementos e fatos que se conjugaram para que eles fossem produzidos.

Dessa forma, os descartes de produção igualmente integram a *relação de consumo* e geram efeitos, os quais são caracterizados como efeitos da *macrorrelação de consumo*.

Tais descartes, por sua vez, ou ficam inadequadamente armazenados no fundo das empresas, vindo a contaminar a área e o entorno, ou são transferidos para Centrais de Resíduos Sólidos. Em outras ocasiões, o descarte é feito pela empresa em áreas afastadas, na calada da noite, sendo que em outras, simplesmente é colocado um punhado de areia por cima, para depois servir de área base, onde será implementada a construção de loteamentos populares.

Não somente em São Paulo proliferam parcelamentos dessa espécie, conforme demonstrado no início deste trabalho, mas em qualquer parte deste imenso Brasil continental é cada vez maior o surgimento de parcelamentos do solo erigidos sobre áreas contaminadas, não estando restritos tais abusos às pessoas de baixa renda, pois mesmo as ditas "de posse" são vulneráveis, sendo essa uma realidade que independe da maior ou menor riqueza, conforme já comentado.

Em uma segunda dimensão, as áreas contaminadas surgem pela inadequada disposição final do próprio produto no mercado de consumo, nesta conceituação estando incluída a sua embalagem, haja vista que inexiste um nível de educação e de informação suficientes, acessíveis à coletividade de consumidores, sobre os graves danos que lhes podem advir da contaminação de áreas por agentes poluentes.

Vejam que estou aqui tratando de garrafas PET, pilhas, pneus, sacolas plásticas, embalagens de plástico e de papel em geral, tintas, solventes, material de limpeza, agrotóxicos, remédios, produtos químicos e tudo mais. Apenas para que se ilustre a complexidade e a profundidade dos problemas ambientais, estudos demonstraram os preocupantes níveis de antibióticos encontrados nos esgotos,[228] advindos de medicamentos usados normalmente pelas pessoas, pois podem estar gerando o surgimento de micro-organismos mais resistentes, acarretando o surgimento de doenças cada vez mais graves e de difícil cura.

Todos esses *relacionamentos* – quanto a isso não existem dúvidas – estão englobados ou identificados pelo conceito atinente à *macrorrelação ambiental de consumo*, porque sempre que tais vínculos, diretos ou indiretos, tenham o condão de causar agressões ao meio ambiente, nele estando incluído o ser humano, teremos configurada a responsabilização pelo fato do produto ou do serviço, com base no Código de Defesa do Consumidor.

Com efeito, a área contaminada por resíduos industriais, seja no caso Niágara Falls, Condomínio Mauá e tantas outras existentes espalhadas pelo nosso país, na forma já dita, não causam prejuízos apenas à saúde, à segurança e à vida dos seus moradores. É fácil tal conclusão, porque o chorume, a contaminação por metais pesados e leves, além de poder atingir lençóis freáticos, riachos, rios etc., tem o potencial de gerar gases, os quais se espalharão pela atmosfera, alcançando pessoas indeterminadas unidas pela mesma origem comum ilegal (interesse difuso – pessoas unidas por circunstâncias fáticas – artigo 81, inciso I, do CDC), que é a atividade poluente.

---

[228] Disponível em <www.ensp.fiocruz.br/portal-ensp/informe/site/material/detalhe/17509>, acesso em 10.07.2012: "Um trabalho inédito no Brasil, que verificou a presença de bactérias resistentes a antibióticos em um sistema de tratamento de esgoto hospitalar, publicado na *Revista Letters in Applied Microbiology* e premiado no 24º Congresso da Associação Brasileira de Engenharia Sanitária e Ambiental, foi coordenado pelo pesquisador da ENSP, Dalton Marcondes Silva (DSSA/ENSP), e realizado em parceria com o Instituto Oswaldo Cruz. A pesquisa alerta para o cuidado no tratamento dos efluentes hospitalares e a dificuldade orçamentária para utilizar modelos que eliminem completamente esses patógenos".

Nesses casos, teremos a possibilidade de produção de doenças em relação não somente aos consumidores *stricto sensu* (situações em que tenha havido comercialização, aquisição ou mero uso, pois consumidor *stricto sensu* ou *standard* é o que adquire ou usa), como também aos *bystanders* (vítimas da relação de consumo) e aos *expostos* às práticas ilegais, no caso a poluição e contaminação da área, na forma do artigo 29 do CDC.

Não fosse por essa apreciação direta em relação aos constituidores do parcelamento ilegal, mesmo os que contribuíram para o surgimento da contaminação da área, os quais podem ser identificados pelas embalagens existentes, marcas de pneus descartados, de tintas, de solventes, de agrotóxicos etc., da mesma forma poderão e deverão ser responsabilizados, devendo ser agregados para tal entendimento os comentários antes procedidos relativamente ao nexo de causalidade e a necessidade de que avancemos nestes pontos ainda complicados para alguns.

Já referi em outras passagens, mas renovarei rapidamente o comentário, pois tenho como objetivo apreciar o tema com mais profundidade quando tratar da logística reversa, que tenho consciência do assombro que causa a todos a proposta de responsabilizar aqueles identificados pelas embalagens jogadas em bueiros, rios etc. A tal assombro respondo com algumas perguntas: continuaremos a aceitar como razoável que plásticos, borrachas, metais, novos tecidos[229] etc. possam ser jogados em qualquer lugar e ninguém seja responsabilizado por isso?

Outra pergunta: se o ciclo de vida do produto inicia com o seu desenvolvimento indo até a disposição final, nos termos do artigo 3º, IV, da Lei de Resíduos Sólidos, como é possível desprezar a penalização dos responsáveis pelas agressões aos *consumidores-ambientais* durante tal ciclo?

---

[229] Sobre a importação absurda de retalhos de tecidos ver <www.noticias.r7.com/economia/noticias/brasil>, acesso em 10.07.2012. Por ARAHETA, Diego: "*O Brasil importa restos de roupas de outros países porque não recicla*. Mais de 90% dos retalhos produzidos pela indústria nacional são desperdiçados. Brasil produz por ano 170 mil toneladas de resíduos da indústria têxtil. São retalhos de calças, camisas e meias que poderiam ser reaproveitados por outras indústrias. No entanto, mais de 90% dos restos de tecido são descartados incorretamente, de acordo com a Abit (Associação Brasileira da Indústria Têxtil e de Confecção). O problema é que milhares de confecções espalhadas pelo País não sabem o que fazer com os resíduos produzidos, como explicou ao R7 o presidente do Sinditêxtil-SP, Alfredo Bonduki. No final do dia, as confecções juntam todos os retalhos em sacos de lixo de 200 litros. Parte disso é coletada pelos caminhões e acaba indo para os aterros, onde vai demorar a se decompor. Outra parte pode ser recolhida pelos catadores. Só que muitos retalhos ficam espalhados na rua e, com a chuva, vão parar em bueiros ou ir até para o rio. Se esses trapos fossem dispensados corretamente, eles serviriam de matéria-prima para diversos setores. Com retalhos de roupas, é possível produzir barbantes, forro de carros (bancos e teto), mantas, cobertores e feltros".

Mais uma questão: é aceitável que perdure como razoável no seio da sociedade uma prática ilegal e suicida, quando ela ofende frontalmente às mínimas e evidentes exigências de segurança à vida e à saúde da coletividade?

A quarta pergunta: será utopia imaginar que a implementação profissionalizada de uma política de logística reversa possa ser agregada à nossa vivência com naturalidade, com vistas à proteção da própria existência do ser humano?

A resposta a este último questionamento é a de que tenho esperança e luto por isso. Do contrário não estaria gastando tempo e energia produzindo este trabalho.

É óbvio que temos de resolver as questões com bom-senso[230] e pautados pelos princípios da razoabilidade[231] e da proporcionalidade. Assim, por exemplo, verificado que garrafas *pet* de um determinado

---

[230] Conforme refere LEMOS, Patrícia Faga Iglecias. Op. cit., p. 176: "Ao comentar o Anteprojeto de Reforma do Direito das Obrigações, na França, Paula Giliker critica a falta de conceituação do nexo de causalidade neste texto, o que afirma ser 'preocupante', todavia, lembra que o próprio Anteprojeto qualificou como 'ilusório' tal esforço, e que há uma tendência de alguns magistrados ingleses de considerar 'que o nexo de causalidade nada mais é do que uma questão de bom senso'".

[231] Na sua obra de referência sobre os *Princípios*, AVILA, Humberto. *Teoria dos Princípios – da definição à aplicação dos princípios jurídicos*, 8ª ed. São Paulo: Malheiros, 2008, p. 155-160, reconhece o princípio da razoabilidade a partir dos requisitos da *eqüidade, da congruência e da equivalência*: "(...) o postulado da razoabilidade exige a harmonização da norma geral com o caso individual. (...) a razoabilidade impõe, na aplicação das normas jurídicas, a consideração daquilo que normalmente acontece. (...) o postulado da razoabilidade exige a harmonização das normas com suas condições externas de aplicação. (...) exige, para qualquer medida, a recorrência a um suporte empírico existente. Alguns exemplos o comprovam. Uma lei estadual instituiu adicional de férias de um-terço para os inativos. Levada a questão a julgamento, considerou-se indevido o referido adicional, por traduzir uma vantagem *destituída de causa* e do necessário coeficiente de razoabilidade, na medida em que só deve ter adicional de férias quem tem férias. (...) A razoabilidade também exige uma relação de equivalência entre a medida adotada e o critério que a dimensiona". Sobre o princípio da proporcionalidade, o mesmo AVILA, Humberto. Op. cit., p. 159 adverte: "O postulado da proporcionalidade exige que o Poder Legislativo e o Poder Executivo escolham, para a realização de seus fins, meios adequados, necessários e proporcionais. Um meio é adequado se promove o fim. Um meio é necessário se, dentre todos aqueles meios igualmente adequados para promover o fim, for o menos restritivo relativamente aos direitos fundamentais. E um meio é proporcional, em sentido estrito, se as vantagens que promove superam as desvantagens que provoca. A aplicação da proporcionalidade exige a relação de causalidade entre meio e fim, de tal sorte que, adotando--se o meio, promove-se o fim". Quanto aos princípios da razoabilidade e da proporcionalidade, também a renomada administrativista DI PIETRO, Maria Sylvia Zanella. *Direito Administrativo*, 20ª ed. São Paulo: Atlas, 2006, p. 71-72, leciona que eles têm como escopo impor limitações à discricionariedade da Administração, a fim de evitar abuso na prática do ato administrativo. Reportando-se ao mestre publicista Gordillo, afirma a professora DI PIETRO: "Segundo Gordillo (1977, p. 183-184), 'a decisão discricionária do funcionário será ilegítima, apesar de não transgredir nenhuma norma concreta e expressa, se é 'irrazoável', o que pode ocorrer, principalmente, quando: a) não dê os fundamentos de fato ou de direito que a sustentam ou; b) não leve em conta os fatos constantes do expediente ou públicos e notórios; ou c) não guarde uma proporção adequada entre os meios que emprega e o fim que a lei deseja alcançar, ou seja, que se trate de uma medida desproporcionada, excessiva em relação ao que se deseja alcançar'".

depósito de bebidas tenham obstruído os bueiros e causado inundações na área urbana, evidentemente tal ocorrência ocasionará a responsabilização da Empresa causadora do dano.

Outro exemplo: pneus obstruindo o livre fluxo dos recursos hídricos, da mesma forma são provas evidentes de agressão ao meio ambiente, cuja imputação poderá se valer não somente da *market share liability* acima exposta, mas, de maneira mais direta, por intermédio da responsabilidade compartilhada e do dever de implementação da logística reversa, agora ostensivamente previstos na Lei de Resíduos Sólidos.

Aliás, aqui faço um parêntese, pois o exemplo dos pneus é emblemático: um dos grandes problemas da responsabilização na atualidade, em decorrência dos novos riscos, é a ignorância e a incerteza da ciência no tocante à determinação do nexo causal. Pois nessa situação costumeira dos pneus nos rios o nexo causal está *ali, na cara, a um palmo da nossa face*, não precisa de perícia especializada, é evidente, e mesmo assim encontramos resistência quanto à responsabilização dos agentes econômicos que deixaram de descumprir *solenemente* à Lei (logística reversa). Faço este destaque para que possamos também trabalhar e estarmos atentos à subjacente força das ideologias[232] e da *cultura* individualista-patrimonialista do século XIX, que, em um primeiro momento, faz emergir em profissionais mais tradicionais da área do Direito arroubos de indignação, de espanto e, até mesmo, jocosas manifestações contra os que defendem a responsabilização neste tipo de situação.

Tenho convicção, então, de que a consideração da *macrorrelação ambiental de consumo* possui o condão de evidenciar que consumidores individual e coletivamente considerados estão sendo lesados na sua incolumidade física, psíquica e patrimonial, gastando com despesas decorrentes de mortes ou tratamentos de doenças gerados em decorrência desse relacionamento massificado e difuso, custos estes, na maior das vezes, repassado em massa para o SUS, o que induz à conclusão no sen-

---

[232] Sobre o conceito de *Ideologia*, CHAUI, Marilena. *O Que é Ideologia*, 2ª reimp. São Paulo: Brasiliense, 1997, p. 113, apresenta a seguinte definição: "a ideologia é um conjunto lógico, sistemático e coerente de representações (idéias e valores) e de normas ou regras (de conduta) que indicam e prescrevem aos membros da sociedade o que devem pensar e como devem pensar, o que devem valorizar e como devem valorizar, o que devem sentir e como devem sentir, o que devem fazer e como devem fazer. Ela é, portanto, um corpo explicativo (representações) e prático (normas, regras, preceitos) de caráter prescritivo, normativo, regulador, cuja função é dar aos membros de uma sociedade dividida em classes uma explicação racional para as diferenças sociais, políticas e culturais, sem jamais atribuir tais diferenças à divisão da sociedade em classes, a partir das divisões na esfera da produção. Pelo contrário, a função da ideologia é a de apagar as diferenças como de classes e de fornecer aos membros da sociedade o sentimento da identidade social, encontrando certos referenciais identificadores de todos e para todos, como, por exemplo, a Humanidade, a Liberdade, a Igualdade, a Nação, ou o Estado".

tido de que *as áreas contaminadas e danos ambientais complexos causados em decorrência da relação de consumo na dimensão aqui desvelada envolvem o reconhecimento e a aplicação da responsabilidade pelo fato do produto e do serviço, prevista no CDC, oportunizando a utilização de todo o instrumental protetivo consumerista.*

A simples leitura do artigo 12 do CDC é suficiente para ilustrar a assertiva acima. Transcrevo:

> Art. 12. O fabricante, o produtor, o construtor, nacional ou estrangeiro, e o importador respondem, independentemente da existência de culpa, pela reparação dos danos causados aos consumidores por *defeitos* decorrentes de *projeto, fabricação, construção, montagem, fórmulas, manipulação,* apresentação ou acondicionamento de seus produtos, bem como por informações insuficientes ou inadequadas sobre sua utilização e riscos. (grifos meus).

Aqui temos o conceito fundamental de defeito do produto ou do serviço, correspondendo a toda anomalia, imperfeição ou ocorrência que decorra da concepção, da produção, da criação, da distribuição, da formulação, da manipulação, da construção, da montagem, da apresentação, do acondicionamento e da inadequada informação sobre produtos ou serviços e que tenha o condão de frustrar as expectativas legítimas do consumidor ou, de qualquer forma, ofenda a saúde, a vida e a segurança dos consumidores individuais ou coletivamente considerados.

Portanto, o conceito de defeito envolve a consideração de todas as ocorrência danosas que advenham da *macrorrelação ambiental de consumo*, seja na fase da cogitação, do planejamento, da prospecção de mercado, da criação de produtos e serviço, seja nas fases posteriores, notadamente na colocação no mercado até a disposição final ambientalmente adequada.

Bruno Miragem,[233] com maestria, comenta sobre a ampliação do conceito de defeito e o direito à vida:

> O direito à vida constitui, dentre os direitos básicos do consumidor, aquele que assume o caráter mais essencial. Consagra-o o artigo 6º, I, do CDC, quando relaciona como primeiro direito básico do consumidor *o direito à proteção da vida*. O reconhecimento deste direito subjetivo admite múltiplas eficácias. Por um lado, determina a proteção da vida do consumidor individualmente considerado em uma relação de consumo específica, o que indica a necessidade de proteção de sua integridade física e moral e, neste sentido, o vínculo de dependência da efetividade deste direito com os demais de proteção da saúde e da segurança, igualmente previstos no CDC.
>
> Uma segunda dimensão, que podemos indicar como *dimensão transindividual do direito à vida*, é sua proteção de modo comum e geral a toda a coletividade de consumidores

---

[233] *Curso de Direito do Consumidor.* 3ª ed. rev., atual. e ampl. São Paulo: Revista dos Tribunais, 2012, p. 165-449.

efetivos e potenciais, com relação aos riscos e demais vicissitudes do mercado de consumo, o que no caso, determina a vinculação deste direito subjetivo e outros como o direito à segurança, e ao *meio ambiente sadio*.

O direito à vida, contudo, antes de ser um direito básico do consumidor, configura-se como direito essencial da personalidade, e direito fundamental consagrado na Constituição da República (artigo 5º, *caput*). Portanto, é nesta dimensão que deve ser compreendido, razão pela qual será um direito cuja proteção e garantia terá preferência com relação aos demais direitos em hipótese de colisão. Trata-se, da mesma forma, de um direito indisponível, não podendo sofrer qualquer espécie de limitação voluntária, de natureza contratual, ou por intermédio de renúncia à proteção oferecida pelo ordenamento jurídico.

(...)

Em matéria de proteção difusa de um direito transindividual do consumidor à proteção da vida, sua eficácia será percebida tanto no que diz respeito à *prevenção de riscos e danos causados a consumidores pelos produtos e serviços introduzidos no mercado de consumo, quanto tudo o que diga respeito a tais atividades, como os procedimentos anteriores e posteriores ao oferecimento do produto ou serviço no mercado e sua eliminação no meio ambiente – do que deriva a proteção e promoção do consumo sustentável*, por exemplo.

(...)

Daí porque, no que se refere ao dano transindividual, este será a espécie de dano que atinge todo um grupo ou coletividade de pessoas, devendo-se presumir que, pertencendo ao mesmo grupo ou coletividade ofendida, cada um dos seus integrantes terá sido atingido. E neste caso, dada sua indivisibilidade, o modo de reparação destes danos só pode se dar de modo coletivo, não se admitindo a ação individual dos membros do grupo. *Desta natureza serão, por exemplo, os danos causados por um fornecedor que em sua atividade produtiva provoque danos ao meio ambiente,* ou ainda o fornecedor que promova publicidade enganosa ou abusiva. Nestes casos, tem-se tipicamente a ofensa a um número indeterminado de consumidores (direitos difusos), razão pela qual a responsabilidade civil pelo fato do produto ou do serviço tenha por objetivo indenizar danos transindividuais.

Em trabalho recente, Cláudia Lima Marques e Bruno Miragem[234] reforçam o ideia de que os produtos que ofendem o meio ambiente possuem evidente defeito de qualidade por insegurança:

> Dessa disciplina normativa resulta um vínculo indissociável entre o direito à sadia qualidade de vida e a proteção e promoção do bem-estar da população. O direito à saúde e à vida compreende a manutenção e promoção da qualidade de vida, o que, por conseguinte, depende em boa medida da preservação do meio ambiente.
>
> Não se desconhece que a atividade econômica implica, *per se*, impacto ambiental. Nem é possível pretender que por intermédio do direito se pretenda assegurar a oferta de produtos e serviços eliminando-se as consequências ambientais decorrente de sua produção e, mesmo, do consumo. Contudo, deve-se reconhecer como integrante da noção

---

[234] *O Novo Direito Privado e a Proteção dos Vulneráveis*. São Paulo: Revista dos Tribunais, 2012, p. 177.

de qualidade de produtos e serviços o atendimento a normas ambientais que buscam controlar ou minimizar este impacto. Esta compreensão tem como fundamento técnico-jurídico a interpretação extensiva do dever de segurança imposto ao fornecedor de produtos e serviços, e da noção de risco de danos dele decorrentes, de modo a abranger não apenas os consumidores individualmente considerados, mas a coletividade. E, sucessivamente, não apenas os consumidores atuais, mas igualmente, as gerações futuras.

Relevantes, também, os ensinamentos de Patrícia Faga Iglecias Lemos,[235] quando faz a diferenciação entre resíduos e rejeitos:

Na falta de definição legal de resíduos, adotamos o conceito de resíduos sólidos da PNRS, vinculando-o ao material, substância, objeto ou bem descartado a cuja destinação final se procede, se propõe proceder ou se está obrigado a proceder. Os rejeitos, por sua vez, são os resíduos que não permitem mais reciclar, reutilizar, realizar valorização energética, cabendo apenas e tão somente a disposição final ambientalmente adequada.

Defendemos a classificação dos resíduos e dos rejeitos não como objetos estáticos, mas como bens socioambientais, razão pela qual ficam sujeitos à dupla titularidade e ao cumprimento da função socioambiental da propriedade e da posse, tomando por base todo o ciclo de vida do produto. Essa nova interpretação da propriedade, da posse e da função socioambiental se dá a partir da atual concepção do meio ambiente como direito fundamental de terceira geração, de forma a impedir a apropriação do meio ambiente como bem imaterial.

Os descartes de materiais, peças, produtos químicos e tudo mais que tenha sido utilizado na criação de produtos e serviços são, dessa forma, rejeitos que decorrem da *macrorrelação ambiental de consumo*, e por eles responderão os agente econômicos que os geraram.

Não há dúvida, portanto, que qualquer tipo de mácula ao direito fundamental à saúde e à vida dos consumidores individuais e coletivamente considerados, principalmente envolvendo o meio ambiente, é considerada defeito, caracterizando, assim, *acidente de consumo*, o que remete à aplicação dos princípios e regras atinentes à responsabilidade pelo fato do produto ou do serviço, insculpidos no CDC.

É necessário destacar, entretanto, que não devem ser aplicadas as excludentes de responsabilidade previstas na Lei do Consumidor, limitando-se a utilização das regras de inversão do ônus da prova à demonstração da ausência do nexo causal.

Digo isso, porque predomina na doutrina o entendimento de que é aplicável à área ambiental a *Teoria do Risco Integral*, entendimento este que, inclusive, pode ser extraído do artigo 51 da Lei de Resíduos Sólidos, na medida em que nele não consta prevista qualquer excludente de responsabilidade.

---

[235] Op. cit., p. 241.

Como consequência, há a *presunção legal* de existência do nexo causal em relação ao Agente Econômico, se provado o dano e a sua possível relação com o tipo de atividade por ele executada, cabendo a tal Agente Econômico a prova da não ocorrência do nexo de causalidade.

Este é um ponto fundamental de reflexão, porque não é possível confundir *inversão do ônus da prova* com *presunção*. Conforme esclarece Marcelo Abelha Rodrigues:[236]

> Estabelecida uma presunção, tal como o estado de inocência, existe, sob tal aspecto, um posição de vantagem estabelecida pelo legislador, de forma que, por disposição de lei, é desnecessária, v.g., a prova do estado de inocência, de forma que a condenação depende da contraprova que fulmine a presunção legal estabelecida em favor do cidadão.
>
> Não há aqui, como querem e dizem muitos, nenhuma técnica de "inversão de ônus", senão porque a situação presumida está "provada" pelo legislador, cabendo à parte contra a qual é estabelecida a presunção controprovar a sua inocorrência pré-estabelecida pelo legislador. Na inversão prova-se a inocorrência do fato constitutivo do adversário, porque não se pôde, por insuficiência técnica, econômica, cultural, provar o referido fato. Já na presunção não se provou o fato constitutivo porque a presunção legal dispensou a prova.
>
> Há sensível diferença entre os casos porque a presunção legal é amiga da verdade, enquanto a técnica de inversão, nos moldes como preconizada pela maior parte da doutrina (regra de julgamento), é amiga da incerteza e da dúvida.

Por isso, incidem em equívoco aqueles que dizem da dispensabilidade da inversão do ônus da prova em questões ambientais, porque a responsabilidade pelo risco integral não elimina a possibilidade de o Agente Econômico contra quem é feita a imputação realizar prova no sentido de que inexiste o nexo causal, circunstância esta que excluirá a sua responsabilização.

---

[236] *Processo Civil Ambiental*. São Paulo: Revista dos Tribunais, 2012, p. 172. Na folha 148 Marcelo Abelha apresenta as distinções entre *inversão, presunção* e *ficção*: "Como bem diz Alessandro Gropalli, emérito professor da Universidade de Milão, às vezes os sistemas jurídicos, para corresponderem melhor às necessidades da vida, valem-se de artifícios técnicos, como quando recorrem: 1) às chamadas *ficções legais* (*fictiones iuris*), pelas quais se considera como existente aquilo que na realidade não existe ou como inexistente o que existe na realidade (por exemplo, no direito civil, a *representação* – Código Civil, art. 467 – faz subentrar os descendentes legítimos no lugar e no grau do seu ascendente, em todos os casos em que este não pode ou não quer aceitar a herança ou o legado, e no direito penal os navios e os aviões são considerados como território do Estado onde quer que se encontrem – art. 4º [ver art. 7º do CP brasileiro]); 2) às *presunções* (*praesumptiones*), pelas quais se determina que seja considerado como absolutamente certo, sem possibilidade de prova em contrário, ou como certo até que o interessado faça a prova do contrário, aquilo que efetivamente não é certo mas apenas mais ou menos provável, como consequência que se pode tirar de um facto conhecido (Código Civil, art. 2.727): como exemplo de presunção absoluta (*iuris et de iure*) pode citar-se a responsabilidade dos patrões e comitentes (Código Civil, art. 2.049) e como exemplo de presunção relativa (*iuris tantum*) a responsabilidade dos pais (Código Civil, art. 2.048)".

O acima ressaltado não significa dizer que existam excludentes de responsabilidade, mas sim, que não restou comprovado o nexo causal, requisito este fundamental para a responsabilização civil.

Mais uma vez Marcelo Abelha Rodrigues[237] comenta essa questão:

> Apesar de todas as críticas que se fazem às ficções jurídicas, muito se tem comentado que um salutar mecanismo para facilitar a comprovação dos fatos em matéria de responsabilidade civil ambiental é a criação de presunções legais em desfavor do lesante, partindo-se de que a própria atividade do *risco* faz com que exista essa presunção. Com base nela, bastaria ao lesado a comprovação do seu dano e do tipo de atividade do suposto lesante, para que coubesse a este o encargo de demonstrar que não se confirma a *presunção de que o dano tal credita-se à atividade tal*. A criação de presunções legais em favor da coletividade que teve o meio ambiente lesado não é a mesma coisa que *inversão do ônus da prova*. Na presunção criada por ficção jurídica, o legislador, por exemplo, reputa como existente o nexo de causalidade se provado o dano e o tipo de atividade e, nesse caso, caberá, ao lesante, a prova da não ocorrência do nexo de causalidade.

Sobre a não aplicação de excludentes quando estejamos tratando de questões ambientais envolvendo a periculosidade de produtos ou de atividades, é o comentário de Giselda Hironaka:[238]

> Segundo nossa visão, e a partir da incansável reflexão acerca do assunto, uma *mise em danger otimizada* tenderia a corresponder ao que chamamos de *responsabilidade pressuposta*, e poderiam ser assim descritos os traços principais que ela contém: (1) *risco caracterizado* (fator qualitativo) – é a *potencialidade*, contida na atividade, de se realizar um dano de *grave intensidade*, potencialidade esta que não pode ser inteiramente eliminada, não obstante toda a diligência que tenha sido razoavelmente levada a cabo, nesse sentido; (2) *atividade especificamente perigosa* (fator quantitativo) – subdivide-se em: (a) *probabilidade elevada* – corresponde ao caráter inevitável do risco (não da ocorrência danosa em si, mas do risco da ocorrência). A impossibilidade de evitar a ocorrência nefasta acentua a periculosidade, fazendo-a superior a qualquer hipótese que pudesse ter sido evitada pela diligência razoável; (b) *intensidade elevada* – corresponde ao elevado índice de ocorrências danosas advindas de certa atividade (as subespécies desse segundo elemento podem, ou não, aparecer juntas; não obrigatoriamente).
>
> Portanto, e a partir dessa súmula do que se idealiza quanto a uma *mise en danger*, provavelmente seria possível retratar o critério buscado para lhe conferir o *status* de uma *règle de valeur*, da seguinte maneira: (1) esse critério deve descrever a potencialidade perigosa das atividades que podem ensejar a responsabilização pelo viés da *mise en danger*; (2) não deve ser taxativo ou enumerativo, para não "fechar aas portas" a futuros danos (ainda não conhecidos); (3) não deve ser tão elástico que acabe por suportar (ou por deixar entrar) variáveis que não se encaixem na verdadeira potencialidade perigosa

---

[237] Op. cit., p. 204 e 205.

[238] Responsabilidade Civil Pressuposta: Evolução de Fundamentos e de Paradigmas da Responsabilidade Civil na Contemporaneidade. *In: Responsabilidade Civil Contemporânea. Em homenagem a Sílvio de Salvo Venosa*. Op. cit., p. 59.

de uma atividade; (4) estabelecido o nexo causal (dano x atividade perigosa), o executor da atividade é considerado o responsável pela reparação (*tout court*); (5) essa responsabilidade civil deve ter como finalidade exclusivamente a reparação da vítima, sem qualquer abertura à exoneração dos responsáveis, diante de provas liberatórias (assemelhadas às contraprovas nas presunções *juris tantum*); (6) não deve admitir excludente de responsabilidade; (7) pode, eventualmente, admitir o regresso (ação de regresso), mas este ocorrerá pelas provas que o demandado possa fazer nessa outra ação, e que demonstrariam a culpa de outrem, contra o qual regressaria.

No mesmo sentido, os comentários de Antonio Herman V. Benjamin:[239]

> O Direito Ambiental brasileiro abriga a responsabilidade civil do degradador na sua forma objetiva, baseada na *teoria do risco integral*,[240] doutrina essa que encontra seu fundamento "na ideia de que a pessoa que cria o risco deve reparar os danos advindos de seu empreendimento. Basta, portanto, a prova da ação ou omissão do réu, do dano e da relação de causalidade".[241]
>
> Espelhando-se no tratamento dado aos acidentes do trabalho e levando em conta o perfil constitucional do bem jurídico tutelado – o meio ambiente, direito de todos, inclusive das gerações futuras, de fruição comum do povo, essencial à sadia qualidade de vida e, por isso mesmo, de preservação assegurada – é que o sistema jurídico ambiental adota a modalidade mais rigorosa de responsabilização civil, aquela que dispensa a prova de culpa.
>
> Também pelas mesmas razões, o Direito Ambiental nacional não aceita as excludente do fato de terceiro, de culpa concorrente da vítima (que vítima, quando o meio ambiente tem como titular a coletividade?) e do caso fortuito ou força maior, como estudaremos mais abaixo. Se o evento ocorreu *no curso ou em razão* de atividade potencialmente degradadora, incumbe ao responsável por ela reparar eventuais danos causados, ressalvada sempre a hipótese de ação regressiva.

Não posso deixar de apresentar, entretanto, a interessante posição de Annelise Monteiro Steigleder:[242]

> Finalmente, há um posição intermediária, que nos parece a mais correta, que admite apenas a força maior e o fato de terceiro como causas excludentes, eis que consistem em fatos externos, imprevisíveis e irresistíveis, nada tendo a ver com os riscos intrínsecos ao estabelecimento ou atividade. E desde que não se trate de empresa exploradora de atividade de risco. É a posição de Leite, ao afirmar que "o motivo de força maior, para sua caracterização, requer a ocorrência de três fatores: imprevisibilidade, irresistibilidade e exterioridade. Se o dano foi causado somente por força da natureza, como um

---

[239] Responsabilidade Civil Pelo Dano Ambiental. *Revista de Direito Ambiental*, n° 9/5. São Paulo: Revista do Tribunais, janeiro-março, 1998, p. 122-123.

[240] Cita BENJAMIN o trabalho de ATHIAS, Jorge Alex Nunes, Responsabilidade civil e meio ambiente – breve panorama do direito brasileiro. *In:* BENJAMIN, Antonio Herman V. *Responsabilidade Civil pelo Dano Ambiental.* Op. cit., p. 245; CAVALIERI FILHO, Sergio. *Programa de Responsabilidade Civil.* São Paulo: Malheiros, 1997, p. 142.

[241] GONÇALVES, Carlos Roberto. *Responsabilidade Civil.* São Paulo: Saraiva, 1994, p. 73.

[242] *Responsabilidade Civil Ambiental* – As dimensões do Dano Ambiental no Direito Brasileiro. Porto Alegre: Livraria do Advogado, 2004, p. 212-214.

abalo sísmico, sem a ocorrência do agente poluidor, dita força maior, nestas condições, faz excluir o nexo de causa entre prejuízo e ação ou omissão da pessoa a quem se atribuiu a responsabilidade pelo prejuízo. Porém, se, de alguma forma, o agente concorreu para o dano, não poderá excluir-se da responsabilidade, prevalecendo a regra segundo a qual a imprevisibilidade relativa não exclui a responsabilidade do agente".

O autor conclui que a responsabilidade somente será exonerada quando: a) o risco não foi criado; b) o dano não existiu; c) o dano não guarda relação de causalidade com aquele que criou o risco.

De fato, o chamado fortuito interno integra os riscos do empreendimento, que deverão ser internalizados pelo empreendedor da atividade, desde uma perspectiva moderna, que valoriza a mais ampla reparação e o ressarcimento dos danos. Assim, se ocorrer, por exemplo, sabotagem por parte de um funcionário da empresa na estação de tratamento de efluentes, o rompimento de um duto, a subtração de resíduos sólidos perigosos por terceiros do interior do pátio da empresa, não haverá a exclusão de responsabilidade civil, já que o empreendedor é o garante da segurança do seu empreendimento, sob ponto de vista ambiental. E, com relação à força maior, cumprirá ao empreendedor provar que se trata efetivamente de um fato externo, imprevisível e irresistível, devendo os três requisitos apresentarem-se conjugados. Daí que, um incêndio provocado por um raio, que culmina na degradação ambiental, não representa uma situação imprevisível.

Já o fato de terceiro, desde que completamente estranho ao empreendimento do pretenso poluidor, implica negativa de autoria deste, pois a degradação foi causada exclusivamente por terceira pessoa, nada tendo a ver com o empreendedor da atividade. Trata-se de excludente também admitida para fins de afastar a responsabilidade objetiva do Código de Defesa do Consumidor.

O fato de lesado, por sua vez, não excluirá a responsabilidade, pois a "vítima" do dano ecológico puro é toda a coletividade.

Em termos jurisprudenciais, o Superior Tribunal de Justiça vem demonstrando posição firme no sentido da responsabilidade pelo risco integral.

De fato, o STJ no Ag. em Recurso Especial nº 95.463, de 30.04.2012 e no Recurso Especial nº 1346430, de 18.10.12, ambos da lavra do Ministro Luis Felipe Salomão, bem como no REsp. 1330027, Rel. Ministro Villas Bôas Cuevas, julgado em 06.11.2012, restou definido que a responsabilidade ambiental é objetiva e pautada pelo risco integral, não cabendo excludentes. Cabe ao infrator, então, internalizar custos, concretizando, assim, o princípio do poluidor-pagador.

O fato é que em matéria de *ecocomplexidade* fica muito difícil assumir uma posição categórica no tocante ao reconhecimento ou não de excludentes de responsabilidade, me parecendo que será o caso concreto que nos orientará, iluminará, com todas as suas vicissitudes e circunstâncias, para que sopesemos as questões envolvidas e possamos encontrar a melhor solução.

Digo isso, porque a *vida vivida* nos apresenta surpresas, que a ordem normativa muitas vezes não consegue resolver a contento. Lembro, por exemplo, da Lei nº 6.453/77 (Dispõe sobre a responsabilidade civil e criminal relativamente aos danos nucleares), que para juristas de alta expressão, como o Professor Sérgio Cavalieri Filho, traria uma responsabilidade pelo risco integral (a diferença básica entre o risco integral e a responsabilidade objetiva é que nesta última são admitidas excludentes, enquanto na primeira não).[243] Entretanto, a literalidade da Lei demonstra o contrário, haja vista que prevê várias excludentes de responsabilidade, seja por culpa da vítima, seja por conflitos armados ou mesmo fato da natureza.[244]

De fato, no caso de acidentes nucleares a Lei específica prevê hipóteses de causas liberatórias da responsabilização. Todavia, os acontecimentos vivenciados pelo povo japonês em decorrência do Tsunami de 2011 abrem novamente reflexões sobre a correção ou não quanto ao fato de estarem as Empresas que exploram atividade com tal nível de risco eximidas de qualquer tipo de responsabilidade. Não podemos esquecer que o direito à saúde e à vida, na forma explicitada na transcrição de Bruno Miragem, devem orientar a interpretação das normas disponível sempre no sentido da maior efetividade de tais paradigmas valorativos, o que induziria ao reconhecimento, em situações específicas, de que, efetivamente, sequer acontecimentos da natureza poderiam ser reconhecidos como causas excludentes de responsabilidade.

No caso do adquirente de área contaminada e, portanto, com passivo ambiental, poderíamos encontrar questão semelhante, na qual o comprador nada fez para a criação das agressões ao ambiente, mas, mesmo assim, poderá ser responsabilizado.

Até mesmo no âmbito da referida *market share liability*, ou responsabilidade por parcela do mercado, é criada uma presunção de nexo de causalidade (seria uma espécie de imputação normativa), mas que teria grandes fundamentos de justiça, na medida em que atribui àqueles agentes econômicos que desenvolvem determinada atividade de risco para a

---

[243] Sobre tal diferença, ver MARINS, James. *Responsabilidade da Empresa pelo Fato do Produto*. São Paulo: Revista dos Tribunais, 1993, p. 95.

[244] Art. 6º Uma vez provado haver o dano resultado exclusivamente de culpa da vítima, o operador será exonerado, apenas em relação a ela, da obrigação de indenizar. Art. 7º O operador somente tem direito de regresso contra quem admitiu, por contrato escrito, o exercício desse direito, ou contra a pessoa física que, dolosamente, deu causa ao acidente. Art. 8º O operador não responde pela reparação do dano resultante de acidente nuclear causado diretamente por conflito armado, hostilidades, guerra civil, insurreição ou excepcional fato da natureza. Art. 9º A responsabilidade do perador pela reparação do dano nuclear é limitada, em cada acidente, ao valor correspondente a um milhão e quinhentas mil Obrigações Reajustáveis do Tesouro Nacional. Parágrafo único – O limite fixado neste artigo não compreende os juros de mora, os honorários de advogado e as custas judiciais. Art. 10. Se a indenização relativa a danos causados por determinado acidente nuclear exceder ao limite fixado no artigo anterior, proceder-se-á ao rateio entre os credores, na proporção de seus direitos.

sociedade o dever de *pagar* por eventuais danos ambientais complexos que indiciariamente tenham sido causados por esta atividade específica.

Os fundamentos de justiça para esse tipo de entendimento estão não somente na possibilidade de internalização dos custos advindos da responsabilização, como também no fato de que a imputação a um determinado ramo de atividades produtivas fará com que cada empresa fiscalize a atividade como um todo, inclusive seus próprios *colegas* de setor, o que trará resultados ótimos para a efetiva proteção ambiental e para o consumidor coletivamente considerado.

Por fim, destaco que também poderá envolver a questão dos danos ambientais complexos a aplicação apenas das regras relativas à responsabilidade pelo vício do produto ou do serviço, na medida em que, eventualmente, é possível que tenham ocorrido somente prejuízos patrimoniais. É o caso, por exemplo, de consumidores que pagaram por vários anos o preço de lotes integrantes de loteamento que fora construído sobre resíduos sólidos, parcelamento este que, posteriormente, foi interditado antes do ingresso de moradores por causa dos riscos advindos do solo, situação esta que seria resolvida nos termos do artigo 18 do CDC, pois diz respeito, em princípio, a dano patrimonial, sendo considerado, então, *incidente de consumo*.[245]

9.4. A responsabilidade civil do comerciante em danos ambientais complexos[246]

Tema tormentoso é o relativo ao artigo 13 do CDC, que trata da responsabilidade do comerciante, ou seja, o responsável aparente.[247]

---

[245] Sobre a *Responsabilidade pelos vícios do produto ou do serviço (incidentes de consumo)*, ver LOBO, Paulo Luiz Neto. Responsabilidade do fornecedor por vício do produto ou do serviço. *Revista Direito do Consumidor* nº 19. São Paulo: Revista dos Tribunais, julho/setembro de 1996, p. 102.

[246] Este compartimento do trabalho dedico ao eminente professor Sérgio Cavalieri Filho, cumprindo promessa que lhe fiz, na EMERJ, em 11.09.2008, após painel em que proferimos palestras, no I Seminário Internacional de Direito do Consumidor do Instituto dos Advogados Brasileiros. Depois de encerrado o painel, tive a honra de receber o estímulo do professor Cavalieri, o qual me solicitou que escrevesse o que havia sido falado sobre "Responsabilidade Civil Indireta no Código de Defesa do Consumidor", sendo o que faço neste momento, como forma de agradecimento pelas relevantíssimas lições ministradas pelo Professor a todos nós operadores do Direito.

[247] Sobre os tipos de responsáveis no CDC ver BENJAMIN, Antonio Herman de Vasconcelos e. *Comentários ao Código de Proteção ao Consumidor*. São Paulo: Saraiva, 1991, p. 56: "O Código prevê três modalidades de responsáveis: o *real* (o fabricante, construtor e produtor), o *presumido* (o importador) e o *aparente* (o comerciante quando deixa de identificar o responsável real). Ademais, ao contrário de legislações estrangeiras, acrescenta às figuras do 'fabricante' e 'importador' as do 'construtor' e do 'produtor'...". Apresenta classificação diferente MARINS, James. *Responsabilidade da Empresa pelo Fato do Produto*. São Paulo: Revista dos Tribunais, 1993, p. 98: "Dentro desta enu-

Isso porque o preceito possui imensas falhas valorativas e de linguagem, o que causa perplexidades que acabam tendo de ser resolvidas pela doutrina e pela jurisprudência.

Transcrevo o artigo 13:

O comerciante é igualmente responsável, nos termos do artigo anterior, quando:

I – o fabricante, o construtor, o produtor ou o importador não puderem ser identificados;

II – o produto for fornecido sem identificação clara do seu fabricante, produtor, construtor ou importador;

III – não conservar adequadamente os produtos perecíveis.

Parágrafo único. Aquele que efetivar o pagamento ao prejudicado poderá exercer o direito de regresso contra os demais responsáveis, segundo sua participação na causação do evento danoso.

A doutrina refere que o artigo 13 trata da chamada responsabilidade subsidiária[248] ou indireta,[249] [250] porque, na forma do que pode ser visto nos incisos I e II da transcrição acima, quando não puder ser identificado o construtor, o fabricante, o produtor ou importador, será o comerciante responsabilizado.

---

meração podem-se agrupar os fornecedores em três classes distintas, que comportarão estratificadamente as espécies pertencentes ao gênero comum (fornecedor) que aparecem elencadas nos arts. 12 e 13: 1) *fornecedor real* (fabricante, produtor, construtor); 2) *fornecedor aparente* (detentor do nome, marca ou signo aposto no produto); e, 3) *fornecedor presumido* (importador e comerciante de produto anônimo), classificação esta que segue a orientação da doutrina estrangeira (...)". Ressalto de sigo a classificação de Herman Benjamin.

[248] Sobre tal posição ver LISBOA, Roberto Senise citando ROCHA, Sílvio Luis Ferreira da. *Responsabilidade Civil nas Relações de Consumo*. Op. cit., p. 239.

[249] Sobre o tema ver CAVALIERI FILHO, Sergio. *Programa de Responsabilidade Civil*. São Paulo: Malheiros, 2001, p. 110-111: "A regra, em sede de responsabilidade civil extracontratual subjetiva, é que cada um responda por seus próprios atos, exclusivamente pelo que fez, conforme salientado quando tratamos da conduta. É o que se chama de responsabilidade direta, ou responsabilidade por fato próprio, cuja justificativa está no próprio princípio informador da teoria da reparação. Excepcionalmente, uma pessoa pode vir a responder pelo fato de outrem. Temos, então, a responsabilidade indireta, ou responsabilidade pelo fato de terceiro. Isso, entretanto, não ocorre arbitrária e indiscriminadamente. Para que a responsabilidade desborde do autor material do dano, alcançando alguém que não concorreu diretamente para ele, é preciso que esse alguém esteja ligado por algum vínculo jurídico ao autor do ato ilícito, de sorte a resultar-lhe, daí, um dever de guarda, vigilância ou custódia. (...) Na realidade, a chamada *responsabilidade por fato de outrem*, expressão originária da doutrina francesa, é responsabilidade por fato próprio omissivo, porquanto as pessoas que respondem a esse título terão sempre concorrido para o dano por falta de cuidado ou vigilância. Assim, não é muito próprio falar em fato de outrem. O ato do autor material do dano é apena a causa imediata, sendo a omissão daquele que tem o dever de guarda ou vigilância a causa mediata, que nem por isso deixa de ser causa eficiente. Em apertada síntese, a responsabilidade pelo fato de outrem constitui-se pela infração de dever de vigilância. Não se trata, em outras palavras, de responsabilidade por culpa alheia, mas por culpa própria decorrente da violação do dever de vigilância. Por isso, alguns autores preferem falar em *responsabilidade por infração dos deveres de vigilância*, em lugar de responsabilidade pelo fato de outrem".

[250] Também sobre a responsabilidade civil por fato de terceiro QUEIROGA, Antônio Elias de. *Responsabilidade Civil e o Novo Código Civil*. Rio de Janeiro: Renovar, 2003, p. 51 a 59.

Fazendo uma redução um pouco exagerada, uma das grandes questões da responsabilidade civil seria *definir quem é o melhor para pagar a conta*. No caso do artigo 13, sobrariam apenas o próprio consumidor vitimado e o comerciante, pelo fato de não poder ser identificado o fornecedor mediato.[251] Assim, a Lei optou, de maneira correta, pela responsabilização do comerciante.

Todavia, conforme dito antes, existem inúmeros problemas no artigo 13.

Em primeiro lugar, entendo que a responsabilidade no caso dos incisos I e II não é indireta, mas sim direta, haja vista que não é possível somente atribuir ao fabricante, ao construtor, ao produtor e ao importador a responsabilidade específica por algum dano à incolumidade física ou psíquica do consumidor em decorrência de produto com defeito. Isso porque, em tendo o comerciante optado por oferecer ao consumidor determinado produto, chamou para si a responsabilidade por ter eleito os fornecedores dos produtos que comercializa.

Em assim sendo, até mesmo por culpa *in eligendo* poderia ser diretamente responsabilizado.

Por isso, não seria, então, subsidiária, mas direta a responsabilização do comerciante, porque se ele não tivesse posto o consumidor em contato com o produto, por certo que o eventual dano não teria ocorrido.

O mesmo se diga em relação ao inciso III do artigo 13, e com muito mais razão. Veja-se que tal previsão indica que será o comerciante responsabilizado se "não conservar adequadamente os produtos perecíveis".

Ora, o inciso III está a indicar hipótese em que o dano teria sido causado por uma ação direta do comerciante, que é o fato de não ter conservado adequadamente um produto perecível. Desta forma, também esta hipótese não trata de responsabilidade subsidiária ou indireta, mas sim de responsabilidade direta, pois foi por causa de condutas comissivas ou omissivas quanto à conservação de produto perecível que o dano teria acontecido.

Outra falha que, infelizmente, não é abordada na doutrina, é que a responsabilização do comerciante não se limita no inciso III à hipótese "não conservar adequadamente o produto perecível".

De fato, o inciso III do artigo 13 *ao desejar restringir ampliou* as hipóteses de responsabilização do comerciante.

---

[251] Sobre o conceito de *fornecedor mediato* ver LISBOA, Roberto Senise. Op. cit., p. 238.

Isso é evidente e se explica por um singelo raciocínio teleológico: ora, se deve o comerciante ser responsabilizado por não ter "conservado adequadamente um produto perecível", sua responsabilização é definida nesta hipótese porque um *ato seu* foi o gerador do dano (ato de não conservar adequadamente o produto perecível). Assim, se é o ato próprio do comerciante a fonte de responsabilização, por um critério de justiça, de teleologia da Lei e de lógica, concluo que *o comerciante será responsabilizado de forma direta sempre que por ato seu venham a ser causados danos aos consumidores.*

Exemplos singelos são suficientes para explicar o que ora menciono: a) se o comerciante, mesmo sabendo que o produto está fora do prazo de validade, vende o bem a consumidor, vindo a causar a morte do mesmo, não poderá o comerciante ser responsabilizado? Tal hipótese se enquadra na previsão "não conservar adequadamente os produtos perecíveis"? Seria aceitável eximir o comerciante de responder por tal ocorrência sob o argumento de que ele somente seria responsabilizado se ocorresse a hipótese prevista na literalidade do inciso III do artigo 13? b) o comerciante, para auferir lucro indevido, coloca água nos tanques de combustível do seu posto de abastecimento e, em decorrência disso, o motor trava, o carro capota, ferindo os consumidores. Da mesma forma, não será o comerciante responsabilizado porque não teria se configurado especificamente a hipótese do inciso III?

Há, em realidade, evidente lacuna no artigo 13 do CDC, a qual deve ser colmatada por intermédio de uma interpretação sistemática do Direito, sob pena de se configurarem soluções evidentemente teratológicas, caso seja seguida em termos estritos a literalidade do inciso III da norma em questão.

Não bastasse isso, o parágrafo único do artigo 13 expressa que aquele que "(...) efetivar o pagamento ao prejudicado poderá exercer o direito de regresso contra os demais responsáveis, segundo sua participação na causação do evento danoso".

Ou seja, o critério por excelência para identificar o dever de responder pelo dano é a "participação na causação do evento danoso", o qual, por óbvio, também deverá ser válido para o comerciante. Do contrário, estaria configurada flagrante incoerência no artigo 13, pois estaria prevendo no artigo específico dos *comerciantes* a "participação na causação do evento danoso" como um critério de imputação, mas o parágrafo único não valeria para *comerciantes*.

Um outro argumento reforça essa nova tese. O *caput* do artigo 13 prevê que: "o comerciante é igualmente responsável, nos termos do artigo anterior, quando (...)". Ora se o comerciante é *igualmente respon-*

sável, este *igualmente* deve ser interpretado como sendo *igualmente em relação a alguém*, pois não é possível entender que ele será *igualmente responsável* em relação a ele próprio. Na referência *igualmente* do *caput* é possível perceber, portanto, que a Lei autoriza o reconhecimento de solidariedade entre o comerciante e o fabricante, o produtor, o construtor e o importador por danos causados a consumidores, porque, em não sendo esse o entendimento, o *igualmente* ficaria sem sentido.

Enfocando o tema de maneira inversa, faço as seguintes provocações: e se o comerciante não conservar adequadamente o produto perecível e vier a ser causada, por exemplo, a morte de criança pela ingestão de iogurte, somente ele será responsabilizado? E se o comerciante for um pequeno dono de mercadinho – antiga *venda* – do interior do Estado, percebendo remuneração mensal de R$ 800,00, terá ele condições de indenizar o evento danoso *morte*? Em tais circunstâncias, se o comerciante não tiver dinheiro para indenizar pela morte da criança e sendo ele o único entendido como responsável, não serão os pais da criança falecida que ficarão com a totalidade do prejuízo? Neste exemplo, teria sido esta a melhor solução, considerando-se que a responsabilidade civil é uma questão de definir quem é o *melhor para pagar a conta*?

Por isso a proposta que faço é que, mesmo não tendo o comerciante conservado adequadamente o produto perecível, seja responsabilizado solidariamente o fabricante, ou o produtor, ou o importador ou o construtor, os quais, de um modo geral, possuem melhores condições financeiras para custear satisfatoriamente tais danos. Este raciocínio parte da constatação de que "a todo bônus deve corresponder seus respectivos ônus", por um simples critério de justiça. Se os fornecedores de iogurte ou de leite em caixinhas, por exemplo, têm o bônus de conseguir levar seu produto aos mais longínquos rincões, por intermédio das vendas de pequenos mercadinhos, lucrando com isso, deverão igualmente suportar os ônus de tal benefício, decorrentes de problemas ocorridos na ponta da relação de consumo. Este entendimento é reforçado pelo artigo 34 do CDC, o qual informa que: "(...) o fornecedor do produto ou serviço é solidariamente responsável pelos atos de seus prepostos ou representantes autônomos".

Pergunto: o dono do pequeno mercadinho pode ser reconhecido como um representante autônomo? Entendo que sim, estando autorizado por uma singela interpretação sistemática do direito positivo o reconhecimento da solidariedade entre comerciante e fabricante em tais circunstâncias.

A última *provocação* diz respeito àquela situação em que o comerciante, no caso uma grande rede de supermercados, *ter conservado ade-*

quadamente um produto perecível. Por exemplo, alfaces. Mas, por elas conterem agrotóxicos não identificados pelo comerciante, acabaram causando a morte de pessoas. Nesta hipótese, o produtor é um agricultor que está identificado na embalagem plástica que envolve o produto e realiza a atividade de plantio de alfaces em regime familiar de subsistência, auferindo remuneração mensal de R$ 1.000,00. Seria admissível a exclusão da responsabilidade da grande rede de supermercados por ela ter provado que conservou adequadamente o produto perecível? A resposta é evidentemente negativa, até porque haveria uma culpa *in eligendo* do supermercado, mas principalmente por um critério de justiça.

Aliás, o exemplo é interessante, porque a legislação atinente a agrotóxicos é lacunosa. Basta ler o artigo 14, alínea "c", da Lei nº 7.802/89 (dispõe sobre os agrotóxicos),[252] no qual está escrito que a responsabilidade do comerciante ocorrerá quando efetuar a venda dos produtos sem o respectivo receituário. Por óbvio que a previsão é insuficiente, devendo, portanto, haver a aplicação do Código de Defesa do Consumidor para a justa resolução de tais danos ambientais complexos.

Sobre o assunto, transcrevo as lições de Paulo Afonso Leme Machado:[253]

> Há uma responsabilização civil geral e uma responsabilização civil específica que se interpenetram. Foi meritório que a responsabilidade específica tivesse sido detalha na lei, mas isso não quer dizer que cada partícipe do tema "agrotóxico" tenha sua responsabilidade dimensionada somente na alínea em que é referido no art. 14, esquecendo-se o *caput* desse mesmo artigo. Exemplifiquemos a que situações estaríamos sendo conduzidos se fosse compartimentalizada a interpretação da responsabilidade de cada um dos envolvidos com agrotóxicos: um usuário pretenderia utilizar um produto cujo registro foi suspenso, porque já estaria de posse da receita do produto; um comerciante venderia um produto cujo registro estivesse cancelado, porque estaria de posse da receita prescrevendo o produto.

---

[252] Art. 14. As responsabilidades administrativas, civil e penal pelos danos causados à saúde das pessoas e ao meio ambiente, quando a produção, comercialização, utilização, transporte e destinação de embalagens vazias de agrotóxicos, seus componentes e afins, não cumprirem o disposto na legislação pertinente, cabem: a) ao profissional, quando comprovada receita errada, displicente ou indevida; b) ao usuário ou ao prestador de serviços, quando proceder em desacordo com o receituário ou as recomendações do fabricante e órgãos registrantes e sanitário-ambientais; c) ao comerciante, quando efetuar venda sem o respectivo receituário ou em desacordo com a receita ou recomendações do fabricante e órgãos registrantes e sanitário-ambientais; d) ao registrantes que, por dolo ou culpa, omitir informações ou fornecer informações incorretas; e) ao produtor, quando produzir mercadorias em desacordo com as especificações constantes do registro do produto, do rótulo, da bula, do folheto e da propaganda, ou ao der destinação às embalagens vazias em conformidade com a legislação pertinente; f) ao empregador, quando não fornecer e não fizer manutenção dos equipamentos adequados à proteção da saúde dos trabalhadores ou dos equipamentos na produção, distribuição e aplicação dos produtos.

[253] *Direito Ambiental Brasileiro*, 7ª ed. São Paulo: Malheiros, 1998, p. 535.

Por todos esses motivos, falhas, carências, lacunas legais etc., é que se impõe sempre uma interpretação atenta ao caso concreto e aos princípios, principalmente quando tratamos de acidentes de consumo envolvendo a figura do comerciante, sempre lembrando que a responsabilidade civil possui funções importantes não somente para o caso concreto, mas para todo o mercado de consumo.

Isto é facilmente aferível quando temos bem presente as noções de boa-fé objetiva[254] e das funções da responsabilização civil.

De fato, às empresas em geral cabe atuar com base na boa-fé objetiva.

A boa-fé objetiva traduz a necessidade de que as condutas sociais estejam adequadas a padrões aceitáveis de procedimento que não induzam a qualquer resultado danoso para o indivíduo e para a coletividade, não sendo perquirido da existência de culpa ou de dolo, pois o relevante na abordagem do tema é a absoluta ausência de artifícios, atitudes comissivas ou omissivas, que possam alterar o justo e perfeito convívio das pessoas na chamada *macrorrelação ambiental de consumo*.

Cláudia Lima Marques[255] comenta que: "o CDC trouxe como grande contribuição à exegese das relações contratuais no Brasil a positivação do princípio da boa-fé objetiva, como linha teleológica de interpretação, em seu art. 4º, III e como cláusula geral, em seu art. 51, IV, positivando em todo o seu corpo de normas a existência de uma série de deveres anexos às relações contratuais".

Conforme manifestado neste ensinamento doutrinário, vários deveres anexos decorrem do princípio da boa-fé objetiva, os quais se encontram espalhados pelo CDC, emergindo sob a forma do dever de completa *transparência*, de *integral informação* ao consumidor[256] (arts. 30, 31 e outros, do CDC), da *não aceitação de linguagem complexa* (art. 54, parágrafo 3º, e outros, do CDC), da *interpretação em favor do consumidor* em caso de dúvida no tocante a cláusulas contratuais (art. 47 do CDC), o dever de *cooperação* (obrigação do fornecedor de agir com lealdade e de auxiliar o consumidor, proibindo qualquer conduta tendente a di-

---

[254] Sobre o tema o excelente artigo de PEZZELLA, Maria Cristina Cereser. Princípio da Boa-fé Objetiva no Direito Privado Alemão e Brasileiro. *Revista Direito do Consumidor* nº 23-24. São Paulo: Revista dos Tribunais, julho/dezembro de 1997, p. 199-224. Também sobre a diferença entre boa-fé objetiva e boa-fé subjetiva o excelente trabalho de AGUIAR JUNIOR, Ruy Rosado de. *Revista da Ajuris* nº 126. Proteção da boa-fé subjetiva. Porto Alegre: AJURIS, 2012. v. 39, p. 187-233.

[255] *Contratos no Código de Defesa do Consumidor*, op. cit., p. 83.

[256] Sobre o direito de informação do consumidor ver KUNISAWA, Viviane Yumy M.. O Direito de Informação do Consumidor e a Rotulagem de Alimentos Geneticamente Modificados. *Revista Direito do Consumidor* nº 53. São Paulo: Revista dos Tribunais, janeiro-março de 2005, p. 135-150.

ficultar o cumprimento da obrigação, por parte do outro contratante), além dos deveres de *cuidado e de proteção* aos consumidores.

É importante frisar na abordagem do tema em questão, que os contratos (loteamentos,[257] incorporações imobiliárias, cooperativas habitacionais etc.) e as vivências massificadas não podem mais ser aceitas como ocorrências isolada do contexto social, nas quais *tício* e seja lá quem for do outro lado executam um negócio jurídico do qual dispõem plenamente.

O massificado mercado de consumo atual obriga a uma nova e atualizada maneira de observar a vida pós-moderna, de modo que os profissionais do mercado de consumo tenham a obrigação de adimplir suas obrigações de boa-fé objetiva no executar suas atividades de produção e prestação de serviços, com vistas à proteção dos vulneráveis, no caso, o meio ambiente e os consumidores coletivamente considerados.

Com efeito, existiriam dois enfoques para a consideração do contrato como instituição jurídica (contrato na dimensão de redes contratuais massificadas de produção de variados produtos, inclusive lotes, áreas parceladas e outras ocorrências comuns à *macro*) que está contextualizada no seio da sociedade: um externo e outro interno.

Discorrendo sobre o assunto, em brilhante artigo, o Ministro Ruy Rosado de Aguiar Júnior[258] assim se manifesta:

> A aproximação dos termos ordem econômica – boa-fé serve para realçar que esta não é apenas um conceito ético, mas também econômico, ligado à funcionalidade econômica do contrato e a serviço da finalidade econômico-social que o contrato persegue. São dois os lados, ambos iluminados pela boa-fé: externamente, o contrato assume uma função social e é visto como um dos fenômenos integrantes da ordem econômica, nesse contexto visualizado como um fator submetido aos princípios constitucionais de justiça

---

[257] Tratando da responsabilidade civil do Estado em situações que não digam respeito a relacionamentos de consumo AGUIAR JUNIOR, Ruy Rosado de. Responsabilidade Civil do Médico. *In: Direito e Medicina.* TEIXEIRA, Sálvio de Figueiredo (coord.). Belo Horizonte: Del Rey, 2000, p. 160, comenta o que segue: "O dissídio que lavrou na doutrina sobre a prevalência da teoria do risco integral ou do risco administrativo não tem maior relevância, pois os defensores de ambas as correntes aceitam a possibilidade de exclusão ou atenuação da responsabilidade do Estado sempre que provada a atuação de fatores causais estranhos ao Estado, como a culpa exclusiva ou concorrente da vítima. Apenas corrente minoritária apregoa que o Estado responde sempre, ainda quando a vítima seja culpada pelo evento. O STF tem reiteradamente acolhido a teoria do risco administrativo. Essa responsabilização do Estado pelo fato de serviço, porém, não pode ser submetida a um regime único. Assim, quando se trata de *omissão* do Estado em evitar um resultado que deveria impedir, em razão da sua posição de garantidor do bem (por exemplo: danos decorrentes de inundação), a sua responsabilidade somente se estabelece uma vez demonstrada a culpa do serviço...".

[258] A Boa-fé na Relação de Consumo. *Revista Direito do Consumidor.* São Paulo: RT. v. 14, p. 22. Também sobre a boa-fé ver AGUIAR JÚNIOR, Ruy Rosado de. *Extinção dos Contratos Por Incumprimento do Devedor – Resolução.* Rio de Janeiro: AIDE Editora, 2003, p. 241-256.

social, solidariedade, livre concorrência, liberdade de iniciativa etc., que fornecem os fundamentos para uma intervenção no âmbito da autonomia contratual; internamente, o contrato aparece como o vínculo funcional que estabelece uma planificação econômica entre as partes, às quais incumbe comportar-se de modo a garantir a realização dos seus fins e a plena satisfação das expectativas dos participantes do negócio. O art. 4º do Código se dirige para o aspecto externo e quer que a intervenção na economia contratual, para a harmonização dos interesses, se dê com base na boa-fé, isto é, com a superação dos interesses egoísticos das partes e com a salvaguarda dos princípios constitucionais sobre a ordem econômica através de comportamento fundado na lealdade e na confiança.

A magnífica exposição doutrinária demonstra, portanto, que não mais são aceitáveis aquelas alegações comumente encontradas em juízo, no sentido de que o Estado não pode intervir nos contratos e no modo de comercialização massificado de produtos e serviços. Poderá sim, desde que seja necessário o comando da Lei para corrigir eventuais desigualdades, pois o princípio maior da igualdade é o fundamento de todos os demais, pelo que deve sempre ter prevalência.

Em acréscimo a tais considerações, James Marins[259] esclarece sobre os fundamentos da responsabilidade objetiva, apontando quatro elementos: a) *previsibilidade* – o risco e os danos devem ser assumidos por quem possui melhores condições de prevê-los; b) *melhor distribuição dos recursos* – por intermédio da internalização dos custos feita pela empresa, ela agrega os gastos com indenizações aos seus cômputos de despesas com a realização do serviço, imediatamente após repassando-os aos consumidores coletivamente considerados, por intermédio dos preços que são cobrado no mercado de consumo. Assim, concretiza-se a socialização dos prejuízos, os quais não ficam individualizados no consumidor que eventualmente tenha participado do evento danoso específico, o que fatalmente aconteceria, caso continuassem mantidas as disposições relativas à prova da *culpa*; c) *critério da eficiência econômica* – por sucessivas condenações, a empresa no futuro buscará melhorias em termos de qualidade e de segurança; d) *critério de justiça* – quem criou o risco do dano que pague por ele.

Impõe-se, portanto, uma vinculação constante a tais fundamentos da responsabilidade civil e da boa-fé objetiva no tratar questões envolvendo danos ambientais complexos em que tenha havido a participação de comerciantes, como forma de que, com justiça e com fulcro na realidade, seja adotada solução que possa ser compatível com os valores da sociedade e com as expectativas dos destinatários da norma.

Dito isso, desejo ressaltar que também os comerciantes que tenham participado da venda de lotes em áreas contaminadas podem ser

---

[259] *Responsabilidade da empresa pelo fato do produto*. São Paulo: Revista dos Tribunais, 1993, p. 96.

responsabilizados quando tenham sido causados *acidentes de consumo* a consumidores.

Isto poderá acontecer por intermédio da infração aos deveres de informação[260] que possuem as imobiliárias, os consultores de venda de loteamentos ou empresas em geral que comercializam empreendimentos imobiliários. Assim, na medida em que sejam sonegadas informações fundamentais, tais como sobre o solo do empreendimento ter sido compactado com resíduos sólidos perigosos, este tipo de omissão resultará na responsabilização também dos comerciantes, indubitavelmente. Para tanto, basta que sejam lidos os artigos 7º, parágrafo único, 18, 25, § 1º, e 34 do Código de Defesa do Consumidor – mais adiante serão comentados especificamente quando tratarmos da responsabilidade compartilhada –, os quais informam, basicamente, que todo aquele que de alguma forma contribuir para o evento danoso será por ele responsabilizado.

Exatamente por isso que procedi à ampla discussão a respeito do artigo 13 do CDC, única maneira de demonstrar que a literalidade da Lei é insuficiente, pois tradutora de flagrantes possibilidades de injustiças massificadas.

Dessa forma, também no âmbito da responsabilidade pelo fato do produto ou do serviço atinente aos comerciantes a *macrorrelação ambiental de consumo* promoverá a correta, adequada e ampla proteção exigida aos bens jurídicos objeto deste trabalho, desde que se faça a interpretação sistemática do direito à luz de princípios, mas sempre iluminado pelo caso concreto.

Esta é, de fato, uma inovação importante em que fica evidenciado o benefício que é a aplicação do Código de Defesa do Consumidor para a resolução de questões ambientais complexas, principalmente no trato de assuntos relativos a agrotóxicos, onde a atuação dos comerciantes é bastante intensa.

---

[260] Sobre a vinculação da publicidade, ver MARQUES, Cláudia Lima. Vinculação Própria Através da Publicidade? A Nova Visão do Código de Defesa do Consumidor. *In: Revista Direito do Consumidor* nº 10. São Paulo: Revista dos Tribunais, abril/junho 1994, p. 07-20.

10. Questões processuais atinentes à macrorrelação ambiental de consumo

10.1. A inversão obrigatória do ônus da prova

Outro instrumento de proteção à *macrorrelação ambiental de consumo* é a inversão do ônus da prova, a qual será imensamente útil inclusive para o efeito de se resolver as questões atinentes ao nexo de causalidade anteriormente abordado, transferindo para os agentes econômicos mais potentes no relacionamento de produção de rejeitos todo o dever de provar a inexistência de qualquer probabilidade quanto à geração de riscos eventualmente imputados a eles.

A inversão do ônus da prova, como já dito, tem sido aceita na área ambiental por obra da doutrina e da jurisprudência, por uma construção correta que se alicerça na vulnerabilidade do ser humano, dos seres não humanos e da natureza em geral, frente às agressões ambientais. Aliás, o princípio da vulnerabilidade, conforme já escrevi, é um princípio não somente do direito do consumidor, sendo também do direito ambiental, assim como de qualquer ramo do direito em que tenhamos relacionamentos de desigualdade em confronto (previdenciário, trabalhista, tributário etc.).

Entretanto, é comum verificar que os doutrinadores da área ambiental se valem normalmente da inversão prevista o artigo 6º, VIII, do CDC,[261] quando poderiam adotar postura mais adequada e profícua na utilização dos instrumentos normativos disponíveis.

Para demonstrar as dificuldades evidenciadas pela doutrina e jurisprudência quanto à inversão do ônus da prova, cito os comentários de Carolina Medeiros Bahia[262] quando assim refere:

> Ponto polêmico diz respeito à pertinência da inversão do ônus da prova nas demandas ambientais. O art. 21 da Lei n. 7.347/85 (Lei da Ação Civil Pública), determinou a apli-

---

[261] Exemplo disso está em MORATO LEITE E AYALA. Op. cit., p. 181.
[262] *Dano Ambiental na Sociedade de Risco*. Op. cit., p. 71.

cação da Título III da Lei n. 8.078/90, o Código de Defesa do Consumidor, que dispõe sobre a defesa do consumidor em juízo, à defesa dos direitos e interesses difusos, coletivos e individuais homogêneos. A discussão surge porque, apesar da sua natureza processual, o dispositivo que consagra a inversão do ônus da prova no Código de Defesa do Consumidor não se encontra no Título III, mas no Título I (art. 6º, VIII). Embora boa parte da doutrina defenda essa aplicação, a análise de algumas decisões pode evidenciar a controvérsia.

De fato é incrível, diante de tudo o que foi dito até aqui, que ainda perdure controvérsia relativamente à inversão do ônus da prova envolvendo a *macrorrelação ambiental de consumo*. Ou seja, relacionamentos ambientais em que esteja envolvida a relação de consumo coletivamente considerada!

Vou demonstrar os motivos.

Inicialmente, deve ser ressaltado de forma ostensiva que o Código de Defesa do Consumidor possui dois tipos de inversão do ônus da prova, e não apenas um. O primeiro tipo é a inversão do ônus da prova prevista no artigo 6º, inciso VIII, do CDC, norma inserida entre os direitos básicos do consumidor. Transcrevo:

Art. 6º. São direitos básicos do consumidor:

(...)

VIII – a facilitação da defesa dos seus direitos, inclusive com a inversão dos ônus da prova, a seu favor, no processo civil, quando, a critério do juiz, for verossímil a alegação ou quando for ele hipossuficiente, segundo as regras ordinárias da experiência;

Esta inversão é chamada pela doutrina de *ope iudicis*, porque é pela *mão* do juiz que ela será deferida ou não (por isso é chamada de *facultativa*). Isto está expresso no artigo acima citado, quando é dito que "(...) *a critério do juiz*, for verossímil a alegação ou quando for ele hipossuficiente, segundo as regras ordinárias de experiência". (grifos meus)

Caberá ao magistrado, portanto, verificar a verossimilhança, ou seja, a suficiente possibilidade do direito alegado ou com um grau de certeza suficiente[263] ou a hipossuficiência e, então, decidir sobre a inversão ou não.

Aqui é importante ressaltar que a partícula *ou* significa de fato uma alternativa. Assim, verificada uma ou outra ocorrência, poderá o juiz inverter o ônus da prova.

O inciso VIII do artigo 6º do CDC igualmente se revela flagrantemente *culturalista*, sendo expresso em dizer que serão as "regras ordinárias da experiência" os padrões informadores da decisão.

---

[263] ALVIM, Arruda. Tutela Antecipatória. *Revista Direito do Consumidor* nº 21. São Paulo: Revista dos Tribunais, janeiro/março de 1997, p. 84.

Ainda informa este rico preceito que tudo isso é válido para o processo civil, o que evidencia uma outra diferença entre vulnerabilidade e hipossuficiência. *Vulnerabilidade é um conceito de direito material, enquanto hipossuficiência, no CDC, é um conceito estritamente de direito processual*, servindo para equilibrar as forças no processo, na medida em alguém esteja fragilizado em nível técnico ou econômico e, por exemplo, sequer tenha condições de custear o feito antecipando honorários periciais ou outros gastos eventualmente necessários.

Dessa forma, uma coisa é vulnerabilidade e outra é hipossuficiência. Fazendo uma blague: "uma coisa é uma coisa e outra coisa é outra coisa". Assim, pode o autor de uma demanda de consumo ser vulnerável, mas não hipossuficiente. A fórmula estaria assim colocada: todo consumidor é, por presunção legal do artigo 4º do CDC, vulnerável, mas nem todo consumidor é hipossuficiente. Ofereço alguns exemplos para ilustrar: a) a morte do Presidente dos EUA John Kennedy é um deles. Na época, era o homem mais hipersuficiente do planeta, detendo o comando da maior força bélica da Terra. Mesmo assim, isto não evitou que fosse vulnerado com um tiro certeiro na cabeça. Não era hipossuficiente, mas era vulnerável, tanto é que foi vulnerado; b) o trágico ataque às Torres Gêmeas, em 11.09.2001, segue o mesmo raciocínio; c) imaginemos um megaempresário que desce do 15º andar do seu edifício na Avenida Paulista e se desloca até uma pequena fábrica de berços artesanais localizada na esquina e adquire o melhor produto da empresa. À noite, reúne a família, monta o berço e, ao colocar sua netinha no *maravilhoso* produto, comprado diretamente com carinho por ele, o estrado da cama cede, e a criança cai no chão aos prantos. Imediatamente, ele sofre o ataque da família por ter comprado produto inadequado e, logo após, liga para seus assessores determinando o ingresso de uma demanda de consumo para acabar com a pequena fábrica familiar. É intentada uma demanda com 50 advogados na procuração, três assistentes técnicos e, em audiência de conciliação determinada pelo juiz, o acordo não acontece, sendo que o empresário-autor pede a inversão do ônus da prova. Provavelmente não será deferido o pedido, porque, em que pese o empresário ser vulnerável – tanto é que foi vulnerado – não é ele hipossuficiente, podendo antecipar os honorários periciais e custear normalmente o feito. Caso fosse deferida a inversão, entendo que teria sido incorreta a decisão, porque o proprietário da pequena empresa litiga pela Defensoria Pública, exercendo uma atividade de subsistência, motivo pelo qual, uma eventual inversão contra o pequeno fabricante desigualaria ainda mais no plano processual aqueles já desigualados no plano material.

São fundamentais tais esclarecimentos, porque equívocos conceituais como a equiparação de vulnerabilidade e hipossuficiência acabam gerando consequências importantes no mundo material, ocasionando soluções incorretas.

Como resultado de tudo o que se disse, a inversão *ope iudicis* do artigo 6º, inciso VIII, do CDC é, portanto, *facultativa*. O juiz inverte se quiser, respeitados os parâmetros acima apontados.

O segundo tipo de inversão do CDC está previsto em três preceitos:

Art. 12 (...).

§ 3º O fabricante, o construtor, o produtor ou importador *só não será responsabilizado quando provar:*

I – que não colocou o produto no mercado;

II – que, embora haja colocado o produto no mercado, o defeito inexiste;

III – a culpa exclusiva do consumidor ou de terceiro;

Art. 14 (...)

§ 3º O fornecedor de serviços só não será responsabilizado quando provar:

I – que, tendo prestado o serviço, o defeito inexiste:

II – a culpa exclusiva do consumidor ou de terceiro;

Art. 38. O ônus da prova da veracidade e correção da informação ou comunicação publicitária cabe a quem as patrocina. (grifos meus)

Sem ingressar no mérito das excludentes de responsabilidade existentes no CDC e acima transcritas, pois entendo que a responsabilidade ambiental poderá ser fixada com base no *risco integral* (lembro que isso não invalida a necessidade de que se use a inversão do ônus da prova para que o fornecedor demonstre que não houve dano, bem como que ele não está relacionado à sua atividade, na forma antes comentada), ou seja, não admitiria excludentes,[264] o que releva neste momento é a demonstração de que nos preceitos acima o CDC traz a inversão do ônus da prova *ope legis*. Assim, é a própria Lei que determinada a inversão, motivo pelo qual ela é *obrigatória*.

---

[264] Deixo o tema, entretanto, sempre à reflexão, pois os incisos II do art. 12 e 14 do CDC tratam da excludente de responsabilidade por intermédio da qual o fornecedor poderá provar que o *defeito inexiste*. Ou seja, nas situações de danos ambientais complexos em que exista a suspeita de que determinado fabricante tenha despejado em um rio produtos químicos utilizados, por exemplo, na produção de sapatos, se ele provar que não realizou tais lançamentos poluidores a consequência será o entendimento de que o produto não possui *defeito*, considerado o conceito antes exposto, que indica ser defeituoso e sem qualidade o produto que cause danos ambientais e tenha o potencial de causar agressões às futuras gerações. Em não tendo *defeito*, não será responsabilizada a Empresa investigada. Volto a destacar que a responsabilidade pelo *risco integral* não invalida que o fornecedor tenha a possibilidade de provar que o dano inexiste ou que não está ele relacionado à sua atividade e, assim, não ser respnsabilizado, devido à inexistência de nexo causal.

Em assim sendo, nos casos concretos que discutam as questões previstas nos três artigos transcritos, não será admitido que o juiz disponha a respeito da inversão, sendo ela automaticamente imposta pela Lei. Consequentemente, se não forem obedecidos tais comandos legais claros, estará aberta a possibilidade de recurso especial por negativa de vigência de Lei Nacional.

Agora um outro raciocínio importante.

Ora, o artigo 12, § 3º, trata da *responsabilidade pelo fato do produto – acidente de consumo* envolvendo só produto –, o artigo 14, § 3º, trata da *responsabilidade pelo fato do serviço – acidente de consumo* envolvendo só serviço; para que se tenha uma relação de consumo, é fundamental a existência de um ou vários consumidores em um lado e um ou vários fornecedores em outro (dimensão subjetiva da relação de consumo) e um produto ou um serviço ou ambos (dimensão objetiva da relação de consumo). Assim, somente existem três possibilidades relativamente ao âmbito objetivo da relação de consumo: a) ou é um *acidente de consumo* gerado por produto; b) ou *acidente de consumo* gerado por serviço; c) *acidente de consumo* gerado por ambos. Em assim sendo, a conclusão lógica que extraio é a de que, *em se tratando de Responsabilidade pelo Fato do Produto ou do Serviço, a inversão do ônus da prova será sempre obrigatória, e não facultativa.*

Para quais situações, então, servirá a inversão facultativa, *ope iudicis*, do artigo 6º, inciso VIII, do CDC? Somente para casos concretos envolvendo *Incidentes de Consumo*. Ou seja, os preceitos inclusos na Lei Consumerista, que vão do artigo 18 até o artigo 25, ambos do CDC, e tratam da *Responsabilidade pelos Vícios do Produto ou do Serviço*.

Com isso, concluo que, no caso de danos ambientais complexos, decorrentes, como visto, de *macrorrelação ambiental de consumo*, a inversão do ônus da prova será *sempre obrigatória*, porque tais ocorrências massificadas evidenciam a existência potencial e concreta de lesões à incolumidade física e psíquica (dano moral) dos consumidores individual e coletivamente considerados.

Útil, portanto, a união do Direito do Consumidor com o Direito Ambiental também quanto aos aspectos ora abordados, porque oportunizará uma melhor proteção da coletividade vulnerável, principalmente em questões atinentes à identificação do nexo causal antes comentado, mas também para situações variadas que possam surgir no caso concreto e que importem em uma necessária distribuição do dever de provar fatos e circunstâncias.

Não posso deixar de mencionar, ao final, que existe forte doutrina e jurisprudência que defendem a inversão *ope legis* do ônus da prova com base no princípio da precaução. Exemplo disso são os ensinamentos de Marcelo Abelha:[265]

> No caso da ação de responsabilidade civil ambiental, o que se tem é a técnica de inversão do ônus da prova no processo civil por aplicação subsidiária do art. 6º, VIII, do CDC c/c art. 117 do mesmo diploma. No segundo caso, quando se trata de incerteza científica da atividade supostamente poluidora, é o princípio da precaução ambiental que determina que cabe ao suposto poluidor a prova de que não há risco de poluição.
>
> (...)
>
> 51. Já falamos alhures, em tópico específico sobre o princípio da precaução, que a cada dia este princípio tem alargado sua aplicação e incidência, de modo que a tendência é de que a precaução não sirva apenas para as incertezas científicas, colocando-se como postulado-base, fundamental, que orienta toda a política ambiental. Em tal momento, a regra acima aludida no texto (de inversão do ônus *probandi*) será obrigatória para todas as hipóteses e não apenas para os casos em que a atividade não possui certeza científica sobre a possibilidade de se causar dano. É o que esperamos e defendemos.

Na jurisprudência, cito como exemplo o REsp. nº 883656, onde o Relator, Ministro Herman Benjamin, aponta a inversão *ope legis* indireta operada pelo princípio da precaução:

> PROCESSUAL CIVIL E AMBIENTAL. AÇÃO CIVIL PÚBLICA. RESPONSABILIDADE CIVIL AMBIENTAL. CONTAMINAÇÃO COM MERCÚRIO. ART. 333 DO CÓDIGO DE PROCESSO CIVIL. ÔNUS DINÂMICO DA PROVA. CAMPO DE APLICAÇÃO DOS ARTS. 6º, VIII, E 117 DO CÓDIGO DE DEFESA DO CONSUMIDOR. *PRINCÍPIO DA PRECAUÇÃO*. POSSIBILIDADE DE INVERSÃO DO *ONUS PROBANDI* NO DIREITO AMBIENTAL. PRINCÍPIO *IN DUBIO PRO NATURA*.
>
> 1. Em Ação Civil Pública proposta com o fito de reparar alegado dano ambiental causado por grave *contaminação com mercúrio*, o Juízo de 1º grau, em acréscimo à imputação objetiva estatuída no art. 14, § 1º, da Lei 6.938/81, determinou a inversão do ônus da prova quanto a outros elementos da responsabilidade civil, decisão mantida pelo Tribunal *a quo*.
>
> 2. O regime geral, ou comum, de distribuição da carga probatória assenta-se no art. 333, *caput*, do Código de Processo Civil. Trata-se de modelo abstrato, apriorístico e estático, mas não absoluto, que, por isso mesmo, sofre abrandamento pelo próprio legislador, sob o influxo do *ônus dinâmico da prova*, com o duplo objetivo de corrigir eventuais iniquidades práticas (a *probatio diabólica*, p. ex., a inviabilizar legítimas pretensões, mormente dos sujeitos vulneráveis) e instituir um ambiente ético-processual virtuoso, em cumprimento ao espírito e letra da Constituição de 1988 e das máximas do Estado Social de Direito.
>
> 3. No processo civil, a técnica do ônus dinâmico da prova concretiza e aglutina os cânones da solidariedade, da facilitação do acesso à Justiça, da efetividade da prestação jurisdicional e do combate às desigualdades, bem como expressa um renovado *due process*, tudo a exigir uma genuína e sincera cooperação entre os sujeitos na demanda.

---

[265] *Processo Civil Ambiental,*. 3ª ed. rev. e atual. São Paulo: Revista dos Tribunais, 2011, p. 199 e 200, nesta última página na nota 51.

4. O legislador, diretamente na lei (= *ope legis*), ou por meio de poderes que atribui, específica ou genericamente, ao juiz (= *ope judicis*), modifica a incidência do *onus probandi*, transferindo-o para a parte em melhores condições de suportá-lo ou cumpri-lo eficaz e eficientemente, tanto mais em relações jurídicas nas quais ora claudiquem direitos indisponíveis ou intergeracionais, ora as vítimas transitem no universo movediço em que convergem incertezas tecnológicas, informações cobertas por sigilo industrial, conhecimento especializado, redes de causalidade complexa, bem como danos futuros, de manifestação diferida, protraída ou prolongada.

5. *No Direito Ambiental brasileiro, a inversão do ônus da prova é de ordem substantiva e ope legis, direta ou indireta (esta última se manifesta, p. ex., na derivação inevitável do princípio da precaução),* como também de cunho estritamente processual e *ope judicis* (assim no caso de hipossuficiência da vítima, verossimilhança da alegação ou outras hipóteses inseridas nos poderes genéricos do juiz, emanação natural do seu ofício de condutor e administrador do processo).

6. Como corolário do princípio *in dubio pro natura*, "Justifica-se a inversão do ônus da prova, transferindo para o empreendedor da atividade potencialmente perigosa o ônus de demonstrar a segurança do empreendimento, a partir da interpretação do art. 6º, VIII, da Lei 8.078/1990 c/c o art. 21 da Lei 7.347/1985, conjugado ao Princípio Ambiental da Precaução" (REsp 972.902/RS, Rel. Min. Eliana Calmon, Segunda Turma, DJe 14.9.2009), técnica que sujeita aquele que supostamente gerou o dano ambiental a comprovar "que não o causou ou que a substância lançada ao meio ambiente não lhe é potencialmente lesiva" (REsp 1.060.753/SP, Rel. Min. Eliana Calmon, Segunda Turma, DJe 14.12.2009).

7. A inversão do ônus da prova, prevista no art. 6º, VIII, do Código de Defesa do Consumidor, contém comando normativo estritamente processual, o que a põe sob o campo de aplicação do art. 117 do mesmo estatuto, fazendo-a valer, universalmente, em todos os domínios da Ação Civil Pública, e não só nas relações de consumo (REsp 1049822/RS, Rel. Min. Francisco Falcão, Primeira Turma, DJe 18.5.2009).

8. Destinatário da inversão do ônus da prova por hipossuficiência – juízo perfeitamente compatível com a natureza coletiva ou difusa das vítimas – não é apenas a parte em juízo (ou substituto processual), mas, com maior razão, o sujeito-titular do bem jurídico primário a ser protegido.

9. Ademais, e este o ponto mais relevante aqui, importa salientar que, em Recurso Especial, no caso de inversão do ônus da prova, eventual alteração do juízo de valor das instâncias ordinárias esbarra, como regra, na Súmula 7 do STJ. "Aferir a hipossuficiência do recorrente ou a verossimilhança das alegações lastreada no conjunto probatório dos autos ou, mesmo, examinar a necessidade de prova pericial são providências de todo incompatíveis com o recurso especial, que se presta, exclusivamente, para tutelar o direito federal e conferir-lhe uniformidade" (REsp 888.385/RJ, Segunda Turma, Rel. Min. Castro Meira, DJ de 27.11.2006. No mesmo sentido, REsp 927.727/MG, Primeira Turma, Rel. Min. José Delgado, DJe de 4.6.2008).

10. Recurso Especial não provido.

(Recurso Especial nº 883.656 – RS – 2006/0145139-9, julgado em 09.03.2010). (grifos meus)

De qualquer forma, a inversão obrigatória com base no reconhecimento de que danos ambientais complexos podem configurar *acidentes de consumo* (*responsabilidade pelo fato do produto ou do serviço*) decorrentes da má qualidade do produto, considerado este a partir do conceito de *ciclo de vida do produto*, é mais uma ferramenta útil para a defesa do meio ambiente dos consumidores coletivamente considerados, porque está prevista nos artigos 12, § 3º, e 14, § 3º, ambos do CDC, sendo, portanto, mais fácil a sua aplicação e aceitação, principalmente se enfocarmos a lida ordinária nos foros brasileiro, ainda bastante marcada pelo positivismo e pelas orientações fundamentadas na Lei estrita e escrita.

Por isso, considero os comentários supra sobre a inversão do ônus da prova como uma grande *inovação* em se tratando de direito ambiental.

10.2. Direitos fundamentais e direitos indisponíveis e sua aplicação às questões processuais relativas à tutela coletiva

Ao fazer a discussão sobre o ônus da prova no item anterior, verificamos que o artigo 6º, VIII, do CDC trata como um Direito do Consumidor à *facilitação da defesa dos seus direitos*.

Portanto, é um mandamento legal e, mesmo, constitucional, que no tratamento dos problemas surgidos a partir da *macrorrelação ambiental de consumo*, adotemos posturas processuais e extraprocessuais tendentes à facilitação da defesa dos direitos dos consumidores coletivamente considerados e do meio ambiente, visto que é inafastável a proteção simultânea de ambos, quando o enfoque seja a defesa de direitos fundamentais.

Aliás, a abordagem que me parece mais adequada do processo civil atual somente pode ser a que dá prevalência à proteção dos direitos fundamentais e não à forma, prática essa que tem se espalhado até mesmo para a lides de cunho individual.

O processo, então, é instrumento, e não adjetivo ou qualidade do direito material,[266] devendo atender às necessidades que o mundo dos fatos possui de resolução e pacificação das relações em sociedade.

Nesse sentido são os comentários de Cassio Scarpinella Bueno:[267]

---

[266] LACERDA, Galeno, citado por ZANETI JÚNIOR, Hermes. *Processo Constitucional – O Modelo Constitucional do Processo Civil Brasileiro*. Rio de Janeiro: Lumen Juris, 2007, p. 223.

[267] *Curso Sistematizado de Direito Processual Civil – Teoria Geral do Direito Processual Civil*, 3ª ed. São Paulo: Saraiva. v. 1, 2009, p. 56-58.

(...) Cândido Rangel Dinamarco, Professor Titular da Faculdade de Direito da Universidade de São Paulo, é o mentor daquilo que foi chamado (e com este nome amplamente divulgado) de "instrumentalidade do processo", ou seja, a concepção de que o direito processual civil como um todo e o processo em particular só podem ser concebidos e entendidos como *instrumentos* do direito material, como instrumentos do exercício do poder pelo próprio Estado. Mas – e é aqui que reside o fundamental de sua construção –, como todo instrumento, sua perfeita compreensão repousa na identificação de quais são suas *finalidades* ou, como prefere o próprio Dinamarco, os seus *escopos*. A própria *utilidade* do processo só tem condições de ser medida e avaliada na proporção em que se saiba quais são os fins que ele deve atingir e em que grau estes fins são ou conseguem ser alcançados.

De acordo com a obra de Dinamarco, são escopos do processo o "social", o "político" e o "jurídico".

Os escopos *sociais* relacionam-se intimamente com a idéia de justiça, de paz social, de apaziguação, de permitir aos cidadãos e à sociedade como um todo as fruições garantidas desde o plano do direito material. Na análise dos escopos sociais do processo, não há como perder de vista que o fundamento último do direito – e isto é expresso na Constituição brasileira, em seu art. 1º, III, e no art. 3º, I, III e V – é a dignidade da pessoa humana.

(...)

É como se fosse dito que o próprio Estado, (aqui, a parcela jurisdicional dele, o Estado-juiz) precisa, ele próprio, do "processo" e, mais amplamente, das normas processuais civis, para realizar os seus próprios valores, os seus próprios objetivos, as suas próprias finalidades e necessidades. É no atingimento destas finalidade – que justificam a própria razão de ser do Estado Democrático de Direito – que repousam, em última análise, os escopos sociais do "processo".

(...)

A perfeita compreensão do "escopo jurídico do processo" pressupõe, destarte, a necessária *releitura* dos institutos processuais, com vistas à sua compreensão em seu adequado contexto e missão teleológica.

(...)

É dizer de forma bem direta: o direito processual civil e todos os seus institutos devem ser compreendidos de maneira a realizar os direitos fundamentais tais quais assegurados no plano constitucional.

Em assim sendo, é fundamental que seja aferido em cada caso concreto que tipo de interesse estará sendo discutido, pois, na eventualidade de estarmos diante de interesses indisponíveis,[268] que é o caso da

---

[268] Sobre a impossibilidade de transação em se tratando de direitos indisponíveis ver a melhor doutrina no tocante ao assunto em GAVRONSKI, Alexandre Amaral. *Técnicas Extraprocessuais de Tutela Coletiva – A Efetividade da tutela coletiva fora do processo judicial – Inquérito civil – Audiência Pública – Recomendação – Compromisso de Ajustamento de Conduta – Outros instrumentos de tutela coletiva*. São Paulo: Revista dos Tribunais, 2012, p. 163-165, quando assim aponta: "Importa explicitar, contudo, que a observância à ordem jurídica positiva não retira toda a liberdade do legitimado na concretização do direito pelas técnicas extraprocessuais. Como referimos na seção 3.2, naquilo em que a lei não disciplina os critérios para essa concretização, pode o legitimado atuar com certa

liberdade, ainda que deva, para construir uma solução jurídica correta, legítima, observar a regra da proporcionalidade, ficando eventual inobservância sujeita à revisão judicial, objeto do próximo tópico. Por ora, interessa analisar apenas a liberdade referida. É, de fato, natural que nas sociedade complexas a lei não discipline todos os aspectos para a concretização do direito, a 'dessubstantivação' que se apresenta como característica do direito pós-moderno induz à generalização dessa tendência. Todos temos direito a um meio ambiente ecologicamente equilibrado (art. 225 da CF), portanto livre de poluição, e a um atendimento integral à saúde garantido e custeado pelo Estado, inclusive no que se refere à assistência farmacêutica (arts. 196 e 198, II, da CF c/c art. 6, I, *d*, da Lei 8.080/90), mas a lei não especifica todos os aspectos relacionados ao modo, tempo e lugar para a implementação desses direitos. Sobre esses aspectos não especificados, diferentemente do que ocorre com a própria essência do direito, há considerável liberdade de parte dos legitimados coletivos, que atuam, então, na lacuna da lei. Nos exemplos dados, nenhum legitimado coletivo teria liberdade para, por médio de um consenso (neste caso, ilegítimo) dispensar o responsável pela poluição de adotar medidas destinadas a eliminá-la ou a reduzi-la a níveis toleráveis; tampouco dispensar o Estado de fornecer medicamentos eficazes para o tratamento de determinada doença. Um tal consenso seria ilegítimo, pois contrário à ordem jurídica vigente. Todavia, diante da notícia concreta de que uma determinada empresa está lançando dejetos poluentes em um rio ou da ciência quanto à negativa de fornecimento de medicamentos para determinada doença pelo Sistema Único de Saúde, o legitimado coletivo depara-se com uma situação real em que o direito precisa ser concretizado, vale dizer, detalhado a ponto de ser passível de realização material diante da situação concreta que se apresente, i.e., de alcançar efetividade. Há que se precisar o modo de atendimento a esses direitos – qual filtro deverá o poluidor instalar, qual medicamento deverá ser adquirido pelo Estado e quais os critérios para sua distribuição –, bem como o prazo em que será implementada uma e outra obrigação. No caso dos medicamentos, ainda surgirá a questão sobre se o Estado deve fornecer esses medicamentos em todos os postos de saúde ou apenas em determinada unidade de saúde do município ou, ainda, só nos municípios que servem de polos-regionais. Em qualquer uma das duas situações, a concretização pode se dar pela via judicial, enfrentando as dificuldades a ela inerentes analisadas no capítulo quinto, valendo referir: a acentuada interdisciplinaridade envolvida (e a provável necessidade de perícia), o risco de longo decurso de tempo até ser efetivamente viabilizada a realização do direito (dificuldades para concessão da liminar, e, uma vez concedida, para cumpri-la, recursos cabíveis etc.) e, no caso dos medicamentos, a controvertida judiciabilidade das políticas públicas. Pode, outrossim, dar-se por consenso estabelecido entre o obrigado à implementação desses direitos ou interesses e o legitimado coletivo, viabilizado pelas técnicas extraprocessuais por este conduzidas. Nos exemplos dados, é inerente a essa concretização alguma liberdade para disciplinar modo, tempo (prazos) e, no caso do fornecimento do medicamento, também lugar. São todos aspectos que, embora não disciplinados em lei, são imprescindíveis à concretização de que depende a efetivação dos direitos. Na verdade, antes da fixação desses aspectos não previstos especificamente em lei, não há concretamente *direito coletivo* a um *determinado prazo* ou à implementação de *dado modo* ou em *dado lugar* sobre o qual se possa dispor. Tachar a pactuação de um prazo para correção da conduta ilegal como uma permissão ou chancela a essa conduta durante esse tempo – e então uma disposição des direito – é desconsiderar que ela persistiria, sem que se pudesse falar em disponibilidade, até que uma autoridade (judicial ou administrativa) fixasse o prazo para cumprimento da ordem e, após seu decurso, viabilizasse em concreto a efetivação do direito, podendo inclusive fazer uso da força para tanto. Antes dessa fixação, pois, não se pode falar propriamente em disposição de direito, pois não há do que se dispor. Entender o contrário é desconsiderar a moderna hermenêutica da concretização; é visualizar a existência de um direito em todos os seus aspectos antes que eles sejam fixados, enfim, antes que existam. Não há disposição sobre aspecto omisso da lei, mas tão somente preenchimento de suas lacunas. Não há que se falar, pois, em 'disposição' ou disponibilidade sobre direitos e interesses coletivos na disciplina construída consensualmente entre aqueles que foram, por lei, legitimados para a defesa desses direitos e interesses e aqueles que devem implementá-los. Há aí, na verdade, concretização de direito, não disposição. Negar legitimidade à concretização viabilizada por aquele que foi eleito pela lei para defender, por meio de instrumentos extraprocessuais que lhe são disponibilizados também pela lei, os direitos e interesses coletivos de forma consensual com aquele que os deve implementar contradiz tudo o que vimos até aqui neste capítulo, principalmente o conteúdo da primeira seção, e atenta contra a efetividade da tutela coletiva. Assim, não estará o legitimado coletivo *dispondo* do direito

maioria das demandas coletivas, a postura no tocante à adoção dos institutos processuais será diversa.

Isso é assim, porque eventuais falhas quanto à técnica jurídica ou mesmo condutas de disposição de direitos eventualmente manifestadas pela parte não poderão ser chanceladas pelo Estado-juiz, quando interesses indisponíveis maiores estiverem na iminência de ser maculados em virtude de tais condutas inadequadas.

Sobre o tema, também aborda Cassio Scarpinella Bueno:[269]

> Se é verdade que em determinados casos há uma certa *disponibilidade* do direito material controvertido que pode e que realmente afetará a atuação do próprio Estado-juiz (fazendo com que prevaleça a inércia da jurisdição, bem retratada no "princípio da vinculação do juiz ao pedido"...), em outros casos, a *indisponibilidade* do direito material controvertido afastará, necessariamente, a incidência do "princípio *dispositivo*", dando espaço à aplicação do seu contraposto, "princípio *inquisitorial*".

Isso é bastante recorrente em situações envolvendo direitos individuais de pessoas que vivem com o auxílio de aparelhos alimentados por energia elétrica ou em situações em que creches pobres buscam o abastecimento de água que fora suspenso por falta de pagamento. A relevância do bem jurídico protegido (art. 82, §1º do CDC antes comentado), no caso a vida e a saúde, evidencia a presença de interesses indisponíveis, obrigando à adoção de entendimento flexível no trato dos problemas processuais. Exatamente por isso, são comuns julgamentos

---

ao pactuar determinado prazo para a colocação do filtro ou permitir que a empresa coloque determinado filtro em vez de outro, ou em pactuar que o Estado forneça determinado medicamento e não outro e que faça apenas nas cidades em que o Sistema Único de Saúde preste atendimento integral à doença tratada com o medicamento em questão (desde que, neste caso, disponibilize o transporte e custeio necessário aos pacientes do SUS, como ocorre no chamado programa de tratamento fora do domicílio). Sem essa disciplina, o direito não está concretizado; não há *disponibilidade* em estabelecê-la, mas *concretização*, como a que seria feita em juízo ou pela via administrativa, nestes casos com a possibilidade de imposição forçada independentemente do consenso. Disponibilidade ilegítima poderia ocorrer se eventual acordo se fizesse *após* uma decisão judicial que estabelecesse os referidos critérios de implementação de forma a prejudicar os direitos e interesses coletivos envolvidos, pelo que uma tal alteração deve se sujeitar à homologação do mesmo juízo. Convém reafirmar que qualquer concretização extraprocessual quanto aos aspectos omissos da lei (lacunas) deve atender, pelos motivos já expostos anteriormente, a uma pretensão de correção que não a subordina apenas ao ordenamento vigente (incluindo regras e princípios gerais positivados como o da priorização da tutela específica 118), mas também a um critério de proporcionalidade: deve ser adequada e suficiente a atender o direito ou interesse violado ou ameaçado e prever modo, prazo e lugar proporcionais à complexidade e ao custo de implantação. Um consenso que atenda a todas as condicionantes mencionadas para a satisfação da pretensão de correção é legítimo e retira a necessidade e utilidade (interesse de agir) da via judicial tanto para o legitimado que viabilizou a solução extraprocessual quanto para qualquer outro. Obviamente, como se verá no próximo tópico, não se pretende, com essa afirmativa, atentar contra a garantia constitucional de inafastabilidade do acesso ao Poder Judiciário, ao qual sempre caberá a aferição derradeira quanto à propugnada correção, a exemplo do que ocorre com a discricionariedade administrativa quanto à respectiva proporcionalidade. Pretende-se, tão só, apresentar critérios que norteiem essa aferição".

[269] Op. cit., p. 506.

que não extinguem ações cautelares para o restabelecimento dos serviços públicos essenciais, sem que posteriormente tenha sido intentada a ação principal. Ao invés da aplicação da *letra fria* da Lei Processual Civil, que indicaria a extinção do processo cautelar nestas circunstâncias, tais feitos são convertidos em ações de conhecimento e é mantido o abastecimento dos serviços essenciais de água ou de energia elétrica.

Dessa forma, aplica-se às ocorrências que discutem direitos fundamentais indisponíveis o princípio da *adequação formal* ou, nas palavras de Fredie Fidier Jr.,[270] princípio da *adaptabilidade do procedimento*, devendo a ação ser acolhida como sendo uma demanda ordinária e, assim, não cabendo ser extinta sem resolução de mérito.

Igualmente relevante sobre o assunto é a lição de Carlos Alberto Alvaro de Oliveira:[271]

RELATIVISMO DAS BASES INTERNAS DO FORMALISMO.
Vencida a época das certezas e dos dogmas, a modernidade está cônscia dos conflitos de valores, cada vez mais complexos, que permeiam a aventura humana: tudo que é sólido desmancha no ar, já dizia o velho Marx, embora em contexto totalmente diverso. O direito processual não pode fugir a esse destino porque, como vimos, não se resume a simples técnica, embebido como está em inafastáveis vertentes axiológicas. Mostra-se preciso, portanto, aprender a lidar com essas antinomias e procurar meios e critérios para resolvê-las.
Esse relativismo encontra justificativa, além das peculiaridades próprias a cada situação de vida trazida ao conhecimento e decisão do órgão judicial, na admissão de conflitos de valores entre direitos fundamentais, próprios a todo problema humano, e na aptidão do direito para resolvê-los. Os princípios básicos para sua solução, embora em contexto mais restrito, foram alinhados com grande propriedade em recente elaboração doutrinária brasileira[272]: a) *princípio da necessidade*, segundo o qual a regra de solução, limitadora do direito fundamental, somente será legítima se real o conflito, ou seja, quando efetivamente não for possível estabelecer a convivência simultânea dos direitos fundamentais em tensão; b) *princípio da menor restrição possível*, ou *princípio da proibição de excessos*, ligado sob certo aspecto ao *princípio da proporcionalidade*, tão caro à doutrina alemã, a determinar que a restrição ao direito fundamental, operada pela regra de solução, não poderá ultrapassar o limite mínimo indispensável à harmonização pretendida; e c) *princípio da salvaguarda do núcleo essencial*, tornando ilegítima a regra de solução que, a pretexto de harmonizar o conflito, opere a eliminação de um dos direitos fundamentais confrontados, ou retire-lhe a substância nuclear.
Princípio da adaptação do procedimento.
(...)

---

[270] Sobre o princípio da *adaptabilidade do procedimento*, disponível em <jus.com.br/revista/texto/2986/sobre-dois-importantes-e-esquecidos-principios-do-processo>, acesso em 17.12.2012.

[271] *Do Formalismo no processo civil*. São Paulo: Saraiva. 1997, p. 115-206.

[272] ZAVASCKI, Teori Albino. Antecipação da tutela e colisão de direitos fundamentais. *Revista da AJURIS nº 64*. Porto Alegre: Ajuris, jul. 1995: 395-417, esp., p. 397-8, com adequada invocação ao pensamento de Gomes Canotilho, Karl Larenz e Paulo Bonavides.

Vigora no particular o princípio fundamental da adequação, também chamado da adaptabilidade. O principal sustentáculo dessa ideia encontra-se, sem dúvida, na necessidade de se emprestar a maior efetividade possível ao direito processual no desempenho de sua tarefa básica de realização do direito material.

(...)

Feição relevante adquire ainda a adequação *teleológica*, a interferir tanto na adaptação do procedimento às diversas funções da jurisdição quanto nos ritos internos a cada um dos processos. Aliás, a existência de regras especiais para determinados procedimentos, em função da relação jurídica substancial submetida à apreciação do órgão jurisdicional, revela exatamente a necessidade de adequação do processo ao direito material.

(...)

Assim, constituiria sinal indiscutível de formalismo excessivo deixar de receber como arresto o pedido de apreensão e depósito de algum bem para prevenir dano, permitindo a futura execução de provável crédito. Da mesma impropriedade padeceria o indeferimento de pedido de arresto por não atender às abstrusas exigências do art. 813 do Código de Processo Civil, ao argumento de que se deveria ter arrimado no poder cautelar gera do juiz previsto no art. 798. O nome é o que menos importa!

A regra de ouro nesta matéria consiste em considerar plenamente válido o ato se, realizado de outra forma, atingir a sua finalidade essencial.

Nos atuais ordenamentos não só vige, de modo geral, o princípio da instrumentalidade das formas como também os princípios da convalidação, da conservação, da causalidade, do interesse e da economia processual, todos pretendendo salvar ou diminuir as consequência do ato nulo, relativizando assim o desatendimento à forma em sentido estrito. As tentativas realizadas no sentido de salvar o processo significam não anulá-lo nem extingui-lo sem julgamento do mérito, evitando-se dessa maneira possa o instrumento processual vir sucumbir em virtude de erros de pura forma. A tanto colima a regra basilar contida no art. 244, a que se ajunta o disposto no art. 250, ambos do Código de Processo Civil.

No mesmo sentido, converge Marcus Vinicius Rios Gonçalves:[273]

Exemplo de aplicação dessa regra, é o de erro no procedimento, matéria de ordem pública, que não fica à escolha das partes. Se o autor propuser a ação com o procedimento errado, deverá o juiz, de ofício, determinar a correção. Mas, se não o fizer, e o processo prosseguir com o procedimento equivocado, só haverá nulidade se houver prejuízo. Assim, se o procedimento era o sumário, e o processo seguiu pelo ordinário, o juiz não declarará a invalidade do processo, porque nenhum prejuízo terá havido.

Cassio Scarpinella Bueno[274] também discorre sobre essa abordagem:

Alguns autores mais recentemente têm sustentado a necessidade, sempre extraída do "modelo constitucional do processo civil", de os rigores dos princípios acima destacados serem relativizados. A proposta, que rende ensejo ao "princípio da adequação formal" (Carlos Alberto Alvaro de Oliveira) e da "adaptabilidade do procedimento" (Fredie Didier Jr.), tem expressa adesão deste *Curso*. De acordo com estes princípios, é permitido,

---

[273] *Novo Curso de Direito Processual Civil*, 6ª edição. São Paulo: Saraiva. v. 1, 2009, p. 260.

[274] Op. cit., p. 509.

em graus variáveis, ao magistrado alterar o procedimento preestabelecido pelo legislador, para viabilizar melhor a prestação da tutela jurisdicional à luz das características do direito material controvertido e, até mesmo, em função de outros fatores, como, por exemplo, as pessoas envolvidas no litígio e sua situação socioeconômica (Fernando da Fonseca Gajardoni). Sua consecução, de qualquer sorte, pressupõe, sempre, a *prévia* observância do contraditório.

Princípio da fungibilidade entre as tutelas jurisdicionais preventivas.

Em função do que dispõem os arts. 272, § 7º, e 805 é correto o entendimento de que também neste campo há espaço para ampla aplicação da "fungibilidade" entre as tutelas jurisdicionais preventivas.

(...)

Assim, até por força do "modelo constitucional do processo civil" e da identidade de fundamento das tutelas jurisdicionais preventivas no inciso XXXV do art. 5º da Constituição Federal, é irrecusável que a formalização de *uma* ou de *outra* forma de tutela não pode trazer prejuízo para aquele que provoca a atuação do Estado-juiz. Os dispositivos do Código de Processo Civil acima destacados, por isto mesmo, apenas tornam mais claro o que poderia ser traçado desde a Constituição e, no plano infraconstitucional, a partir dos princípios de que tratou o n. 5, *supra*.

Como consequência, no exemplo individual acima citado, com a utilização do *princípio da fungibilidade*, a propositura da ação cautelar (ação cautelar para impedir o corte do fornecimento de água) será tratada como mera irregularidade formal, que não pode prevalecer sobre o interesse substancial da parte, que é a destinatária do direito processual sob o prisma dos direitos fundamentais, ainda mais quando é tratado do direito à vida e à saúde,[275] porque água é saúde.[276]

---

[275] Neste sentido é a lição de PORTO, Sérgio Gilberto; USTÁRROZ, Daniel. *Manual dos Recursos Cíveis*. Porto Alegre: Livraria do Advogado, 2007, p. 41.

[276] Nesse sentido é a jurisprudência do Tribunal de Justiça do Estado do Rio Grande do Sul: "APELAÇÃO CÍVEL. AÇÃO CAUTELAR INOMINADA (SATISFATIVA). Cautelar que apresenta pedido de CUNHO SATISFATIVO. Fungibilidade entre a ação cautelar satisfativa e medida de antecipação dos efeitos da tutela. POSSIBILIDADE. ATENÇÃO À EFETIVIDADE E INSTRUMENTALIDADE DO PROCESSO. Jurisprudência DESTA CORTE. APELO PROVIDO, SENTENÇA DESCONSTITUÍDA. (Décima Segunda Câmara Cível, Apelação Cível nº 70049413149, Relatora Desa. Ana Lúcia Carvalho Pinto Vieira Rebout, julgado em 11.10.2012). APELAÇÃO. DIREITO PÚBLICO NÃO ESPECIFICADO. FORNECIMENTO DE ENERGIA ELÉTRICA. REPRESENTAÇÃO PROCESSUAL. CONTRATO SOCIAL. AUSÊNCIA DE DÚVIDA FUNDADA. DESNECESSIDADE. Inexistindo dúvida fundada acerca da representação processual, não se mostra imprescindível a juntada de cópia do contrato social da concessionária. Precedentes do TJ/RS e do STJ. CAUTELAR SATISFATIVA. DESNECESSIDADE DE AJUIZAMENTO DA AÇÃO PRINCIPAL. Não é necessário o ajuizamento da ação principal quando a ação cautelar tem natureza satisfativa. Entendimento consolidado no STJ no sentido de que há fungibilidade entre a cautelar e a antecipação de tutela. SUSPENSÃO DO FORNECIMENTO.Sendo líquida a fatura, a suspensão do fornecimento de energia elétrica é possível porque realizada a notificação do consumidor. APELAÇÃO PROVIDA. DECISÃO MONOCRÁTICA. AÇÃO JULGADA IMPROCEDENTE, NOS TERMOS DO ART. 515, § 3º, DO CPC.(...)Na espécie, pretende a parte autora a manutenção do fornecimento de energia elétrica, o qual foi interrompido em razão de inadimplemento, salientando que ingressaria com ação para ser indenizada por danos morais sofridos. A despeito do não ajuizamento do supracitado feito, firmou-se entendimento no Superior Tribunal

de Justiça no sentido de se admitir a fungibilidade entre a ação cautelar satisfativa e a medida de antecipação dos efeitos e tutela. Assim, sendo satisfativa a medida cautelar proposta, não há necessidade de se ajuizar a ação principal no prazo previsto no artigo 806 do Código de Processo Civil. Nesse sentido, colaciono os precedentes do Superior Tribunal de Justiça: RESP 875.993/RS, REL. MINISTRO TEORI ALBINO ZAVASCKI, PRIMEIRA TURMA, JULGADO EM 13/02/2007, DJ 01/03/2007 P. 245 ADMINISTRATIVO E PROCESSUAL CIVIL. AÇÃO DENOMINADA "CAUTELAR". NATUREZA SATISFATIVA. DEFICIÊNCIA FORMAL. SUSPENSÃO DO FORNECIMENTO DE ENERGIA ELÉTRICA. INADIMPLEMENTO. DÉBITOS ANTIGOS E JÁ CONSOLIDADOS. IMPOSSIBILIDADE. 1. É dispensável a propositura da "ação principal" quando a ação denominada "cautelar" contém pedido de natureza satisfativa de direito material – deficiência formal superada. Precedentes: REsp 682.583/RS, Min. Denise Arruda, 1ª T., DJ 31.08.2006; REsp 139.587/RS, Min. João Otávio de Noronha, 2ª T., DJ 28.02.2005; REsp 541.410/RS, Min. Cesar Asfor Rocha, 4ª T., DJ 11.10.2004. 2. A Lei 8.987/95, que dispõe sobre o regime de concessão e permissão da prestação de serviços públicos previsto no art. 175 da Constituição Federal, prevê, nos incisos I e II do § 3º do art. 6º, duas hipóteses em que é legítima sua interrupção, em situação de emergência ou após prévio aviso: (a) por razões de ordem técnica ou de segurança das instalações; (b) por inadimplemento do usuário, considerado o interesse da coletividade. 3. Todavia, quando se tratar de cobrança de débitos antigos e consolidados, essa Corte firmou o entendimento de que é indevido o corte de energia elétrica, devendo os mencionados débitos serem cobrados pelas vias ordinárias de cobrança. 4. Recurso especial a que se nega provimento. RESP 682.583/RS, REL. MINISTRA DENISE ARRUDA, PRIMEIRA TURMA, JULGADO EM 03/08/2006, DJ 31/08/2006 P. 209 PROCESSUAL CIVIL E ADMINISTRATIVO. RECURSO ESPECIAL. "AÇÃO CAUTELAR PREPARATÓRIA". FORNECIMENTO DE ENERGIA ELÉTRICA. NÃO-AJUIZAMENTO DA AÇÃO PRINCIPAL NO PRAZO LEGAL. ALEGADA VIOLAÇÃO DOS ARTS. 535, II, 796, 801, 806 e 808, I, DO CPC. NÃO-OCORRÊNCIA. PRETENSÃO DE CARÁTER SATISFATIVO E DEFINITIVO. DESNECESSIDADE DE AJUIZAMENTO DA "AÇÃO PRINCIPAL". DIVERGÊNCIA JURISPRUDENCIAL. SÚMULA 83/STJ. SUSPENSÃO DO ABASTECIMENTO. LEGALIDADE (LEI 8.987/95, ART. 6º, § 3º, II). PRECEDENTES. 1. Não viola o art. 535 do CPC, nem importa negativa de prestação jurisdicional, o acórdão que, mesmo sem ter examinado individualmente cada um dos argumentos trazidos pelo vencido, adotou, entretanto, fundamentação suficiente para decidir de modo integral a questão controvertida. 2. A recorrida ajuizou ação rotulada, equivocadamente, de "ação cautelar com pedido de liminar", postulando, na verdade, pretensão de direito material de cunho satisfativo: o restabelecimento do fornecimento de energia elétrica em imóvel de sua propriedade, que havia sido suspenso em virtude de inadimplência. 3. O fato de a ação ter sido ajuizada e processada como "ação cautelar" constitui inequívoco erro de ordem formal que, contudo, não descaracteriza a natureza satisfativa do provimento pretendido (obrigação de fazer), de modo que a recorrida não possui, concretamente, interesse de agir (CPC, art. 3º) para ajuizar nova demanda com o mesmo pedido mediato. 4. "Não se conhece do recurso especial pela divergência, quando a orientação do tribunal se firmou no mesmo sentido da decisão recorrida " (Súmula 83/STJ). 5. O STJ pacificou entendimento de que é lícito à concessionária interromper o fornecimento de energia elétrica se, após aviso prévio, o usuário permanecer inadimplente (Lei 8.987/95, art. 6º, § 3º, II). 6. É possível a interrupção de serviços públicos essenciais nas hipóteses em que há necessidade de se preservar a continuidade e a qualidade da prestação dos serviços à coletividade. 7. Recurso especial parcialmente conhecido e, nessa parte, provido, apenas para se reconhecer a legalidade da suspensão do fornecimento de energia elétrica em caso de inadimplência. Idêntico é o entendimento desta Corte: AGRAVO Nº 70042004572, VIGÉSIMA SEGUNDA CÂMARA CÍVEL, TRIBUNAL DE JUSTIÇA DO RS, RELATOR: CARLOS EDUARDO ZIETLOW DURO, JULGADO EM 28/04/2011. AGRAVO. APELAÇÃO CÍVEL. CABIMENTO DO JULGAMENTO SINGULAR PELO RELATOR, DIANTE DE RECURSO MANIFESTAMENTE IMPROCEDENTE. A manifesta improcedência do recurso autoriza o julgamento monocrático acerca da matéria, uma vez que em consonância com a jurisprudência da Câmara, além de outros órgãos do Tribunal, bem como precedentes do STJ. APELAÇÃO CÍVEL. DIREITO PÚBLICO NÃO ESPECIFICADO. ENERGIA ELÉTRICA. AÇÃO CAUTELAR. A divergência doutrinária e jurisprudencial acerca da possibilidade do ajuizamento de ação cautelar objetivando o deferimento de medida satisfativa, depois da criação do instituto da antecipação de tutela, pela Lei n.º 8.952/94, autoriza o processamento da medida na forma escolhida pela parte. Cabível o pedido de fornecimento de energia, em sede de cautelar ou em sede de antecipação de tutela, tendo em vista a mesma finali-

Com muito mais razão será imperativa a utilização de tais conceitos, quando estejamos tratando de interesses indisponíveis veiculados por intermédio de ações coletivas ou ações civis públicas.

Não se olvide, ainda, que temos no Brasil um sistema de processo civil bastante dinâmico, amplo e integrado.

De fato, até mesmo a Lei nº 8.429/92 (Lei de Improbidade Administrativa) e a Lei nº 4.717/65 (a Lei da Ação Popular, igualmente está diretamente vinculada à Lei 8.429/92, bastando, para tanto ler o artigo 17, § 3º)[277] fazem parte do microssistema de tutela coletiva brasileiro, integrado pela Lei da ação civil pública, pelo Código do Consumidor, pela lei do mandado de segurança coletivo e outras de cunho constitucional.[278]

---

dade prática de ambos os institutos, de modo que a forma não pode obstar o reconhecimento de eventual direito da parte. Precedentes do TJRGS e STJ. AÇÃO ANULATÓRIA DE DÉBITO C/C INDENIZATÓRIA. CORTE DE FORNECIMENTO. DESCABIMENTO. Havendo ação em tramitação, onde a parte autora discute os valores cobrados a título de recuperação de consumo, inadmissível a suspensão do fornecimento antes do término do processo. Precedentes do TJRS e STJ. Agravo desprovido. APELAÇÃO CÍVEL Nº 70041098377, SEGUNDA CÂMARA CÍVEL, TRIBUNAL DE JUSTIÇA DO RS, RELATOR: PEDRO LUIZ RODRIGUES BOSSLE, JULGADO EM 13/04/2011. DIREITO TRIBUTÁRIO. IMPOSTOS. IPTU. AÇÃO CAUTELAR. Provimento cautelar de natureza satisfativa. Possibilidade. Desnecessidade de ajuizamento da ação principal. Imóvel desmembrado em unidades autônomas. Responsabilidade do adquirente, mas limitada à sua fração-ideal. Solidariedade inexistente. Apelo improvido. Dessa feita, admitindo-se o ajuizamento da cautelar satisfativa, tenho que não deve ser extinto o feito pela não propositura da ação principal. (Vigésima Segunda Câmara Cível, Apelação Cível nº 70050751718, Rela. Desa. Denise Oliveira Cezar, julgado em 09.10.2012). Apelação cível. Seguros. Medida cautelar inominada. Irrelevância do Nomem Juris atribuído à ação. Observância da natureza do pedido. Cautelar que apresenta pedidos de fundo condenatório. Fungibilidade entre ação cautelar satisfativa e a medida de antecipação dos efeitos e tutela. Aplicação do art. 515, § 3º, do Código de Processo Civil. Cesariana. Os contratos de plano de saúde firmados na vigência da Lei 9.656/98 dispensam a carência avençada, tornando obrigatória a cobertura nos casos de emergência, risco imediato de vida ou de lesões irreparáveis. Demonstrada por atestado médico a situação de emergência e a necessidade de internação em ambiente hospitalar, o prazo de carência a ser considerado é de apenas 24 horas. Apelo provido. (Sexta Câmara Cível, Apelação Cível nº 70050029487, Rel. Des. Ney Wiedemann Neto, julgado em 30.08.2012).

[277] "§ 3º No caso de a ação principal ter sido proposta pelo Ministério Público, aplica-se, no que couber, o disposto no § 3º do art. 6º da Lei nº 4.717, de 29 de junho de 1965".

[278] Sobre o tema ver FIORILLO, Celso Antônio Pacheco. *Princípios do Direito Processual Ambiental*. São Paulo: Saraiva, 2012, p. 272-281, tratando do mandado de injunção ambiental. Aliás, sobre esta ação constitucional prevista no art. 5º, LXX ("conceder-se-á mandado de injunção sempre que a falta de norma regulamentadora torne inviável o exercício dos direitos e liberdades constitucionais e das prerrogativas inerentes à nacionalidade, à soberania e à cidadania") é importante dizer que não se trata de lacuna, pois o direito já existe na CF, mas da inexistência de regulamentação para a forma de exercício do direito. Cabe ao juiz determinar o *modus faciendi*, a fim de que o impetrante não fique privado do direito constitucional a pretexto de que não há norma inferior (NERY JÚNIOR, Nelson. *Princípios de Processo Civil na Constituição*, p. 103). Segundo FIORILLO, Celso, op. cit., p. 279, aplica-se o CDC e a LACP e não a Lei do Mandado de Segurança, pois se trata de jurisdição coletiva de proteção ambiental, em que pese a Lei nº 8.038/90 (Institui normas procedimentais para processos perante o STF e STJ), especificamente no artigo 24, parágrafo único, dizer que se aplica a Lei do Mandado de Segurança, norma esta extensiva ao *habeas data*. Exemplo de mandado de injunção é o M. Inj. 712-8 PA, no qual o STF

Nesse sentido, inclusive, é a lição de Rodolfo de Camargo Mancuso.[279] Transcrevo:

> O próprio legislador já se deu conta disso, valendo recordar que o sistema processual do Código de Defesa do Consumidor incorporou inovações bastante progressistas, advindas da experiência estrangeira, e, para evitar um descompasso com outros textos reguladores de ações coletivas, ali se cuidou de estabelecer uma *interação* com os sistemas da ação popular, da ação civil pública e do Código do Consumidor. Assim é que o art. 1º, da Lei da Ação Civil Pública faz remissão expressa à ação popular; e o CDC – Lei 8.078/90 (art. 117), acrescentando um artigo (n.21) à Lei 7.347/85, possibilitou que na tutela aos direitos e interesses objetivados naquela ação civil pública fosse aplicado o regime processual do Código de Defesa do Consumidor.
>
> Está, assim, instaurado, entre nós, um sistema processual todo voltado para a apreciação e julgamento dos conflitos metaindividuais, e que já se vai ramificando, como são exemplos as ações civis públicas em assuntos diversos, como *improbidade administrativa* (Lei 8.429/92), *mercado imobiliário* (Lei nº 7.913/89), *criança e adolescente* (Lei nº 8.069/90), *deficientes físicos* (Lei nº 7.853/89); *defesa da ordem econômica* (Lei nº 8.884/94); *engenharia genética* (Lei nº 8.974/95), *ordem urbanística* (art. 1º, VI, da Lei 7.347/85, cf. Med. Prov. 2.180-35/2000). A ação popular não se mostrou refratária a essa tendência ampliativa da ação co-irmã: objeto inicial (art. 1º, e §1º da Lei 4.717/65) ampliou-se com o advento da vigente Constituição Federal (art. 5º, LXXVIII) e se vai abrindo para outras vertentes, possibilitando a sindicabilidade das omissões administrativas e das políticas públicas; da moralidade administrativa como fundamento autônomo; a par de ensejar incursões pelo campo tributário.

Abro essa reflexão, por que é possível a defesa não somente do meio ambiente por intermédio da ação popular constitucional prevista no artigo 5º, inciso LXXIII,[280] da CF, mas também do consumidor

---

reconheceu a falta de norma regulamentadora do direito de greve para os trabalhadores do Judiciário do Pará, tornando viável supletivamente o exercício deste direito do art. 37, VII, da CF, inclusive com a utilização da Lei nº 7.783/89 (Lei de Greve). Ainda destaco o *habeas data* ambiental, que pode ser intentado com fulcro no art. 5º, LXXII, da CF: "a) para assegurar o conhecimento de informações relativas à pessoa do impetrante, constantes de registros ou bancos de dados de entidades governamentais ou de caráter público; b) para a retificação de dados, quando não se prefira fazê-lo por processo sigiloso, judicial ou administrativo". Em que pese não constar na Lei nº 9.507/97 (Lei de Acesso a Informações e que regula o *habeas data*) a legitimidade coletiva, ela decorre do art. 5º, LXXII da CF e da Lei 10.650/03, que regula o acesso público a dados e informações inclusas em Entidades integrantes do SISNAMA, sendo útil principalmente para a tutela do patrimônio genético, objetivando saber dados sobre a constituição de organismos geneticamente modificados, bem como seus reflexos para a saúde humana identificados em experimentos efetuados pela Empresa (FIORILLO, Celso. Op. cit., p. 151, que, aliás, é o criador da expressão *habeas data* ambiental).

[279] *Ação Popular – Proteção ao erário, do patrimônio público, da moralidade administrativa e do meio ambiente.* 5ª ed., rev. atual. e ampl. São Paulo: Revista dos Tribunais. 2003, p. 30.

[280] "LXXIII – qualquer cidadão é parte legítima para propor ação popular que vise anular ato lesivo ao patrimônio público ou de entidade de que o Estado participe, à moralidade administrativa, ao meio ambiente e ao patrimônio histórico e cultural, ficando o autor, salvo comprovada má-fé, isento de custas judiciais e do ônus da sucumbência;".

coletivamente considerado. Sobre o tema cito novamente Rodolfo de Camargo Mancuso:[281]

> E ademais, embora na CF e na LAP não haja menção expressa a respeito, parece-nos possível, também, o uso da ação popular em face do Estado e da sociedade civil na área do consumo, porque: a) o objeto da ação civil pública inclui a defesa do consumidor (Lei 7.347/85, art. 1º, II), sendo que o *caput* remete, subsidiariamente, à ação popular; b) o parágrafo único do art. 2º do CDC (Lei 8.078/90) equipara a consumidor "a coletividade de pessoas, ainda que indetermináveis, que haja intervindo nas relações de consumo", donde enquadrar-se a espécie no conceito de *interesse difuso* (CDC, art. 81, I); c) os órgão públicos e os entes que os compõem são incluídos no conceito legal de "fornecedores" (CDC, arts. 3º e 22). Afigura-se-nos possível, assim, v.g., uma ação popular movida contra a União (Ministério da Saúde), órgão competente na área da regulamentação publicitária e a entidade que congrega as empresas fabricantes de cigarros, ao argumento de que a saúde pública não está satisfatoriamente preservada com a singela "advertência", em letras miúdas, de que "fumar é prejudicial à saúde".
>
> (...) é pensável uma ação popular em que o autor intente provar, v.g., que um Município vem adquirindo gêneros alimentícios para a merenda escolar a preços superiores aos de mercado e de baixa qualidade, estando assim a Fazenda Pública sendo lesada pelo fornecedor, a par do risco à saúde dos consumidores finais (alunos das escolas municipais).

Como consequência, os mesmos fundamentos e questões processuais válidos para ações populares e de improbidade administrativa, igualmente são aplicáveis a questões ambientais e do consumidor.

Igualmente é relevante ressaltar que se aplicará prioritariamente o CDC e a Lei nº 7.347/85 para a resolução de questões atinentes à tutela coletiva ambiental ou do consumidor. Nesse sentido é a conclusão de Celso Fiorillo,[282] palavras que merecem transcrição:

> A defesa do meio ambiente, em razão da natureza do bem tutelado, que, como sabemos é difuso, e conforme determina o art. 19 da Lei da Ação Civil Pública, receberá tratamento direto e primário das normas procedimentais previstas na jurisdição coletiva (CDC + LACP) e somente de forma *secundária* (subsidiariamente) deverão ser aplicados o Código de Processo Civil e os demais diplomas. Como exemplo, tratando-se de ação popular ambiental, apenas de modo subsidiário e naquilo que não contrariar o procedimento da jurisdição civil coletiva, é que a Lei n. 4.717/65 deverá ser aplicada. Conclui-se, dessarte, que, quando se tratar de ação coletiva para defesa do meio ambiente, deverão ser utilizadas as regras previstas no Título III do Código de Defesa do Consumidor, combinado com o que dispõe a Lei da Ação Civil Pública.

A importância desta última referência é extrema, pois em muitas situações as normas do CDC e da LACP (Lei da Ação Civil Pública) serão mais benéficas para a facilitação da defesa do direitos coletivos, podendo ser citado como exemplo o artigo 84, § 3°, do CDC, quando

---

[281] *Ação Popular*. Op. cit., p. 46-47.
[282] Op. cit., p. 176.

confrontado com o artigo 273 do CPC. O § 3º do artigo 84 do CDC contém como requisitos para a antecipação de tutela, primeiro, que *seja relevante o fundamento da demanda,* sendo que, em segundo lugar, que *haja justificado receio de ineficácia do provimento final.* Já o artigo 273 do CPC exige *prova inequívoca* e *verossimilhança da alegação.* Além disso, conforme explica Celso Fiorillo:[283] "(...) as normas da jurisdição civil coletiva *não reclamam postulação das partes* para a concessão da tutela antecipada, *podendo o juiz concedê-las de ofício.* De forma diferente estabelece a jurisdição civil individual, que exige, no art. 273 do Código de Processo Civil, entre outros requisitos, o requerimento das partes".[284]

Feitas essas abordagens básicas relativamente à tutela coletiva, passarei, agora, a apontar os princípios que informam a defesa dos direitos fundamentais do meio ambiente e do consumidor coletivamente considerado.

10.3. Princípios da tutela coletiva

10.3.1. Princípio da aplicabilidade imediata das normas definidoras de direitos e garantias fundamentais

O Direito Ambiental e o Direito do Consumidor, conforme já mencionei, são direitos fundamentais, pois estão atrelados ao artigo 225 da CF e ao Preâmbulo da Lei Maior, onde encontramos os direitos à *vida sadia,* à *segurança* e ao *bem-estar.*

No artigo 5º, § 1º, da Constituição Federal, igualmente está prevista norma de extrema relevância, a qual é assim escrita: "As normas definidoras dos direitos e garantias fundamentais têm aplicação imediata".

Consequentemente, não há que se falar mais em normas de cunho meramente programático, em se tratando de direitos básicos da pessoa humana e de um meio ambiente saudável, porque a Carta Magna manda que sejam aplicadas de maneira direta, ou seja, devem ser concretizados os direitos e garantias fundamentais.

Assim, quando da dúvida quanto ao caminho a seguir, por exemplo, em se tratando de reconhecimento ou não de legitimidade para a propositura de ação coletiva, de extensão da coisa julgada, de compe-

---

[283] Op. cit., p. 215.

[284] Sobre isso lembro mais uma vez que as normas do CDC, de acordo com o seu artigo 1º, são de ordem pública e de interesse social, natureza legal esta que autoriza a aplicação de ofício das mesmas.

tência e tantas outras questões processuais que surgem no caso concreto, é preciso que o aplicador da Lei se valha das normas que melhor implementem a defesa dos direitos fundamentais, sendo esse um mandamento constitucional.

10.3.2. Princípio da inafastabilidade da prestação jurisdicional coletiva

Existem vários grandes doutrinadores[285] que trataram da sistematização dos princípios da tutela coletiva, entretanto, adoto a classificação de Helton Venturi, no seu livro *Processo Civil Coletivo*.[286] Nesta obra, o autor aponta que o princípio da inafastabilidade da prestação jurisdicional coletiva está alicerçado no artigo 5°, XXXV, da CF, sendo cláusula pétrea e, portanto, protegido pelo artigo 60, § 4°, IV, da CF.[287]

Consiste, basicamente, segundo Venturi,[288] em uma "(...) *profunda alteração paradigmática*, traduzida na efetividade da tutela preventiva e repressiva de quaisquer danos provocados a direitos individuais e meta-individuais, através de todos os instrumentos adequados, suscitando a plena operacionalidade das ações individuais e coletivas".

Assim, não são admissíveis restrições de qualquer ordem à plena eficácia dos direitos fundamentais, sejam elas de cunho legislativo ou

---

[285] ZANETTI JUNIOR, Hermes; DIDIER JUNIOR, Fredie. *Curso de Direito Processual Civil – Processo Coletivo*. Salvador: 4ª ed. JusPODIVM. v. 4, 2009. Dividem em: a) princípio do devido processo legal; b) princípio da indisponibilidade da demanda coletiva; c) princípio do microssistema: aplicação integrada das leis de tutela coletiva; d) princípio da reparação integral; e) princípio da não taxatividade ou da atipicidade da ação e do processo coletivo; f) princípio do ativismo judicial. Ainda CARNEIRO, Paulo Cézar Pinheiro. *Acesso à justiça – Juizados especiais cíveis e ação civil pública: uma nova sistematização da Teoria Geral do Processo*. Rio de Janeiro: Forense, 2000. Divide em: a) princípio da acessibilidade; b) princípio da operosidade; c) princípio da utilidade; d) princípio da proporcionalidade. Também ALMEIDA, Gregório Assagra de. *Direito Processual coletivo brasileiro – Um novo ramo do direito processual*. São Paulo: Saraiva, 2003. Divide os por ele chamados princípios específicos do direito processual coletivo comum em: a) princípio do interesse jurisdicional no conhecimento do mérito do processo coletivo; b) princípio da máxima prioridade jurisdicional da tutela jurisdicional coletiva; c) princípio da disponibilidade motivada da ação coletiva; d) princípio da presunção da legitimidade *ad causam* ativa pela afirmação do direito; e) princípio da não-taxatividade da ação coletiva; f) princípio do máximo benefício da tutela jurisdicional coletiva comum; g) princípio da máxima efetividade do processo coletivo; h) princípio da máxima amplitude da tutela jurisdicional coletiva comum; i) princípio da obrigatoriedade da execução coletiva pelo Ministério Público.

[286] *Processo Civil Coletivo – A tutela jurisdicional dos direitos difusos, coletivos e individuais homogêneos no Brasil. Perspectivas de um Código Brasileiro de Processos Coletivos*. São Paulo: Malheiros, 2007.

[287] Ob. cit., p. 135. Nesta mesma página cita CARNEIRO, Paulo Cézar Pinheiro. *Acesso à justiça – Juizados especiais cíveis e ação civil pública: uma nova sistematização da Teoria Geral do Processos*, p. 55-102, que estabelece como princípios do acesso à justiça a *acessibilidade*, a *operosidade*, a *utilidade* e a *proporcionalidade*.

[288] Op. cit., p. 136.

judicial, sob pena de, em assim ocorrendo, ser reconhecida a postura como inconstitucional.

Infelizmente, a tutela coletiva tem sofrido vários ataques, um dos mais escancarados deles sendo o acréscimo introduzido pela Medida Provisória nº 2.180-35, de agosto de 2001, no parágrafo único do artigo 1º da Lei nº 7.347/85, o qual estabeleceu a vedação à ação civil pública para impugnar tributos, contribuições previdenciárias, FGTS e outros fundos de natureza institucional. Assim, se em uma cidade como Porto Alegre existir uma ilegalidade no IPTU, a qual atinge 800.000 mil contribuintes, obrigará ao ingresso de 800.000 mil ações individuais iguais, quando apenas uma ACP seria necessária para definir a ilegalidade. Um *monstrengo* normativo como este nem merece maiores comentários quanto à sua inconstitucionalidade, pois é óbvia (mesmo assim os Tribunais Superiores têm reconhecido a aplicação desta absurda norma, a qual é unanimemente rechaçada pela doutrina brasileira).

Outra anomalia criada foi a alteração do artigo 16 da Lei da Ação Civil Pública, que pretendeu restringir a eficácia *erga omnes* das ações coletivas, buscando estabelecer que a sentença coletiva trânsita em julgado somente abrangeria àqueles que estivessem domiciliados na competência territorial do órgão prolator. Desta forma, diante de um dano ambiental de cunho difuso e individual homogêneo – por exemplo, a emissão de poluentes em rio que acabou atingindo o mar e toda a costa brasileira –, se a decisão tiver sido proferida em Florianópolis e lá tiver transitado em julgado, a sentença valerá só para Florianópolis, em que pese existam pessoas integrantes do grupo individual homogêneo lesados pela *origem comum* ilegal (lançamentos de poluentes no rio) em todo o Brasil, a espera de ressarcimento. Tal solução engendrada é inaceitável, pois os danos ambientais, aí estando incluídos os *consumidores-ambientais* lesados, precisariam ser reparados em quaisquer locais onde quer que os efeitos dos poluentes tenham gerado consequências, e não somente em Florianópolis.

Tal norma, por incrível que pareça (uma norma processual de fato *mágica*, pois ela pretende restringir a própria realidade material, como se um *canetaço* pudesse impedir que os poluentes se espraiassem pelos rios e mares), ainda está em vigor e sendo utilizada em profusão pelo Poder Judiciário Brasileiro e, até bem pouco tempo, era jurisprudência majoritária do Superior Tribunal de Justiça.

Graças à sensibilidade e ao espírito público de grandes julgadores que insistiram lutando pelos Direitos Fundamentais, parece que está sendo revertida tal inexplicável orientação. Exemplo disso são as seguintes decisões:

REsp. 901548. Voto-vista de Nancy Andrighi.17.04.2012. Reconheceu a Ministra que não é possível a restrição da eficácia da sentença a um Estado. Reacendeu a discussão sobre o art. 16;

REsp. nº 1.243.386. Nancy Andrighi. 12.06.12. 354 Sindicatos no RS pediram tutela antecipada para que os agricultores possam depositar em juízo a taxa tecnológica ou royalties à Monsanto, pois buscam o direito de reter, doar ou replantar as sementes transgênicas de "Round-up ready" sem pagar novamente à empresa. A distinção, defendida inicialmente por Liebman, entre os conceitos de eficácia e de autoridade da sentença, torna inócua a limitação territorial dos efeitos da coisa julgada estabelecida pelo art. 16 da LAP. A coisa julgada é meramente a imutabilidade dos efeitos da sentença. Mesmo limitada aquela, os efeitos da sentença produzem-se *erga omnes*, para além dos limites da competência territorial do órgão julgador

REsp. 1326477. Nancy Andrighi.06.09.12. Em ação civil coletiva os efeitos e a eficácia da sentença prolatada não estão circunscritos a lindes geográficos, mas aos limites objetivos e subjetivos do que foi decidido.

Igual tentativa de restrição ao acesso à justiça foi objetivada pelos autores do artigo 2º-A da Lei nº 9.494/97. Aliás, este artigo foi acrescido pela muito famosa Medida Provisória nº 2.180-35, de 24 de agosto de 2001 (dígito "35" porque esta Medida Provisória foi republicada 35 vezes!!). Costumo dizer que esta *colcha de retalhos* normativa foi uma das maiores atrocidades legais que o Direito brasileiro já sofreu, somente se sobrepondo a ela a Emenda Constitucional nº 32/01 (que jocosamente denomino de *trenzinho da alegria*), a qual, por intermédio de seu artigo 2º (um verdadeiro *passe de mágia*)[289] converteu em Lei todas as medidas provisórias até então publicadas e republicadas no Brasil, inclusive, a acima apontada.

O artigo 2º-A da Lei nº 9.494/97 assim dispôs:

A sentença civil prolatada em ação de caráter coletivo proposta por entidade associativa, na defesa dos interesses e direitos dos seus associados, abrangerá apenas o substituídos que tenham, na data da propositura da ação, domicílio no âmbito da competência territorial do órgão prolator.

No parágrafo único do mesmo artigo foi escrito:

Nas ações coletivas propostas contra a União, os Estados, o Distrito Federal, os Municípios e suas autarquias e fundações, a petição inicial deverá obrigatoriamente estar instruída com a ata da assembléia da entidade associativa que a autorizou, acompanhada da relação nominal dos seus associados e indicação dos respectivos endereços.

Não bastasse a tentativa de neutralização da coisa julgada *erga omnes* supra comentada, também por intermédio de Medida Provisória e

---

[289] "Art. 2º As medidas provisórias editadas em data anterior à da publicação desta emenda continuam em vigor até que medida provisória ulterior as revogue explicitamente ou até deliberação definitiva do Congresso Nacional. Brasília, 11 de setembro de 2001".

do artigo 2º-A da Lei nº 9.494/97 foi promovida a aniquilação da coisa julgada *ultra partes*.

Em se tratando de interesses coletivos *stricto sensu*, na forma do que determina o artigo 103, II, do CDC, a coisa julgada é *ultra partes*, o que significa dizer que abrangerá todas as pessoas que pertençam ao grupo, categoria ou classe lesados pela *origem comum* declarada como abusiva ou ilegal.

Apenas para ilustrar, transcrevo lições da Professora Ada Pellegrini Grinover:[290]

> O regime dos limites subjetivos da coisa julgada, nas ações em defesa de interesses coletivos, é exatamente o mesmo traçado para as ações em defesa de interesses difusos (...)
>
> A única diferença reside na diversa extensão dos efeitos da sentença com relação a terceiros, consoante se trate de interesses difusos ou de interesses coletivos. No primeiro caso, é própria da sentença a extensão da coisa julgada a toda a coletividade, sem exceção; no segundo, a natureza mesma dos interesses coletivos restringe os efeitos da sentença aos membros da categoria ou classe, ligados entre si ou com a parte contrária por uma relação jurídica base. Eis a razão da redação do inc. II do art. 103, seja no que concerne à substituição da expressão *erga omnes*, do inc. I, pela mais limitada ultra partes, seja no que se refere à expressa limitação "ao grupo, categoria ou classe".
>
> É preciso ter presente, contudo, que a indivisibilidade do objeto dos interesses coletivos (...) freqüentemente importará na extensão dos efeitos da sentença a pessoas estranhas ao vínculo associativo.
>
> *Exemplifique-se: quando uma entidade associativa ingressa em juízo com uma ação coletiva que vise à tutela dos interesses coletivos de seus filiados, será a todos estes – tenha ou não havido autorização expressa (...) que se estenderão os efeitos da sentença, para beneficiá-los. Mas a própria indivisibilidade do objeto estenderá necessariamente os efeitos favoráveis da sentença a todos que se encontrarem na mesma situação em relação à parte contrária: assim, todos os contribuintes de um determinado tributo, ou todos os mutuários do sistema habitacional, pertençam ou não à associação autora, serão necessariamente beneficiados pela sentença que declarar a nulidade da imposição tributária ou fixar benefícios, in genere, para os mutuários. Eis aí a eficácia ultra partes, mas sempre circunscrita ao grupo, classe ou categoria ligada pelo vínculo jurídico.* (grifos meus)

Dessa forma, a partir do momento em que o artigo 2º-A estabelece que a sentença abrangerá apenas os substituídos associados está excluindo todos os demais que pertencem ao grupo lesado, mas que não são associados.

Além de excluir os substituídos não associados, a mesma norma descreve consequência insólita, pois a sentença "abrangerá apenas os substituídos que tenham, na data da propositura da ação, domicílio no

---

[290] *Código Brasileiro de Defesa do Consumidor Comentado pelos Autores do Anteprojeto.* 7ª ed. Rio de Janeiro: Forense Universitária, 2001, p. 856-857.

âmbito da competência territorial do órgão prolator". Imagino exemplo em que o sindicato dos professores do Estado do Rio Grande do Sul tenha ingressado com demanda contra o Estado, objetivando pagamento do piso salarial aos professores. Caso pudesse ser aceita a dicção do art. 2º-A, julgada procedente a ação coletiva na Capital, Porto Alegre, paradoxalmente, a postura processual mais adequada do Procurador do Estado seria não recorrer, pois, em assim o fazendo, a sentença faria coisa julgada apenas para os substituídos que tivessem, na data da propositura da ação, domicílio no âmbito da competência territorial do órgão prolator. Seguindo no mesmo exemplo, imagino o que diriam os professores de Passo Fundo, de Bagé e de tantas outras cidades do interior gaúcho que, mesmo sendo associados do sindicato autor da demanda, não receberiam os reflexos da eficácia *in utilibus* da sentença coletiva de procedência, ficando estes restritos aos seus colegas de Porto Alegre.

A norma do parágrafo único ainda traz mais disposições que negam o acesso à Justiça. A primeira delas, que seja juntada com a petição inicial a ata da assembleia que autorizou o ingresso da ação – já está consagrado na jurisprudência que isso não é necessário, conforme Súmula 629 do STJ –, e a segunda, que também esteja anexada à peça vestibular a "(...) relação nominal dos seus associados e indicação dos respectivos endereços". No caso do sindicato dos professores do Rio Grande do Sul, exemplo acima utilizado, como o Sindicato tem perto de 70.000 mil professores associados, a petição inicial da ação coletiva deveria estar acompanhada do nome o do endereço dos 70.000 mil professores, ou seja, a petição inicial certamente teria de ser levada de caminhão até o distribuidor do foro, tendo vista a sua extensão. E a pergunta final seria: porque apresentar com a petição inicial o nome dos 70.000 professores espalhados pelo Rio Grande do Sul se após a sentença do Juiz de Porto Alegre a decisão ficaria limitada a esta Comarca, à "(...) competência territorial do órgão prolator"?

Usando a mesma expressão supradeclinada, é incrível que exista no Direito Brasileiro uma norma como essa. Infelizmente, ela existe e ainda é aplicada em larga escala nos foros brasileiros.[291] Entretanto, no STJ está sendo evidenciado o absurdo em que se constitui a norma, havendo recentes julgamentos que a afastam, por ser completamente

---

[291] Ag. Rg. no REsp. 1338029. Mauro Campbell. 13.11.12. A sentença coletiva somente surte efeitos nos limites da competência territorial do órgão prolator, seja cidade ou estado, e limitada aos substituídos ali domiciliados na data da propositura da ação. Válido para sindicatos ou quaisquer outras associações. Aplicação o art. 2-A da Lei nº 9.494/97.

inconstitucional[292] e, também, porque não se aplica no caso de empresas concessionárias, conforme decisão que infra transcrevo, na qual foi demandada a CEF:

AgRg no Agravo de Instrumento nº 601.827 – PR. Rel. Mina. Nancy Andrighi. Brasília 21.10.2004.

Processual. Agravo no agravo de instrumento. Embargos do devedor. Execução. Título executivo judicial. Sentença proferida em ação civil pública contra empresa pública, favoravelmente aos poupadores do Estado. Extensão da coisa julgada.

– Porquanto a sentença proferida na ação civil pública estendeu os seus efeitos a todos os poupadores do Estado do Paraná que mantiveram contas de caderneta de poupança iniciadas ou renovadas até 15/6/87 e 15/1/89, a eles devem ser estendidos os efeitos da coisa julgada, e não somente aos poupadores vinculados à associação proponente da ação.

Agravo não provido.

ACÓRDÃO

TERCEIRA TURMA do Superior Tribunal de Justiça, na conformidade dos votos e das notas taquigráficas constantes dos autos, por unanimidade, negar provimento ao agravo regimental. Os Srs. Ministros Castro Filho, Antônio de Pádua Ribeiro e Humberto Gomes de Barros votaram com a Sra. Ministra Relatora. Ausente, ocasionalmente, o Sr. Ministro Carlos Alberto Menezes Direito.

(...)

RELATÓRIO

Agravo interposto pela CAIXA ECONÔMICA FEDERAL – CEF contra decisão unipessoal que negou seguimento ao agravo de instrumento por ela interposto, assim ementada:

Processual civil. Agravo de instrumento. Prequestionamento

– O prequestionamento do dispositivo legal tido por violado constitui requisito específico de admissibilidade do recurso especial.

– Para a comprovação da legitimidade ativa de credor-poupador que propõe ação de execução com lastro no título executivo judicial exarado na ação civil pública, despicien-

---

[292] VENTURI, Helton. *Processo Civil Coletivo*. São Paulo: Malheiros. 2007, p. 208-209: "Sob o ponto de vista material, a inconstitucionalidade do referido dispositivo decorre da restrição do acesso à justiça pela via coletiva, na medida em que cria obstáculo por vezes intransponível para que as associações civis proponham demandas em defesa de direitos inerentes ao grupo, categoria ou classe envolvida, sobretudo quando se pensa na atuação das associações civis de âmbito nacional, com óbvias dificuldades operacionais para conseguir tempestivamente uma autorização assemblear e a relação nominal dos seus associados, com a comprovação dos respectivos domicílios (...). Vale dizer, a se seguir com o novo regramento do dispositivo comentado, jamais conseguiriam as entidades de classe uma eficácia realmente *ultra partes* do julgado em demanda coletiva, não sendo útil para beneficiar sequer todos os seus associados, pois somente aqueles domiciliados no território do órgão prolator estariam submetidos à decisão. Isso conduziria, aliás, à necessidade da propositura de tantas ações (não mais coletivas, perceba-se, mas individuais, movidas a título de representação) quantos fossem as circunscrições territoriais do Poder Judiciário nas quais fossem domiciliados os associados da entidade autora – solução, que, a par de manifestamente arcaica e contraproducente, significaria a própria negação do sistema da tutela coletiva".

da se mostra a comprovação de vínculo com a associação proponente da ação ou a apresentação de relação nominal e de endereço dos associados. Precedentes.

Recurso não provido.

Alega a agravante, além de pugnar pela existência de prequestionamento, que somente aqueles que eram associados da APADECO quando da propositura da ação podem ser beneficiados.

É o breve relatório.

RELATORA: MINISTRA NANCY ANDRIGHI

VOTO

Conforme já consignado na decisão agravada, a sentença proferida na ação civil pública em questão, que, saliente-se, transitou em julgado, estendeu os seus efeitos a todos os poupadores do Estado do Paraná que mantiveram junto à agravante contas de caderneta de poupança iniciadas ou renovadas até 15/6/87 e 15/1/89, e não somente aos associados da APADECO.

Dessa forma, para se evidenciar a legitimidade ativa do credor-poupador para a causa, basta que ele demonstre possuir domicílio nos limites da competência territorial do TRF/4ªR, órgão que confirmou a sentença em segundo grau de jurisdição (art. 16 da Lei nº 7.347/85), e também comprove ser titular de conta de poupança junto à agravante em qualquer dos períodos aludidos.

Porquanto o art. 2.º-A da Lei nº 9.494/97 limita os efeitos da coisa julgada aos associados somente quando a ação é proposta exclusivamente no interesse deles, é de se concluir que não se aplica à situação em exame, de modo que a todos os poupadores beneficiados com a sentença proferida devem ser estendidos os efeitos da coisa julgada.

Ademais, há que se consignar que, nas ações coletivas propostas por entidades associativas, o parágrafo único do art. 2.º-A da Lei nº 9.494/97 só exige a apresentação da relação nominal e de endereços dos associados quando a ação é proposta contra entidades da administração direta, autárquica e fundacional da União, dos Estados, do Distrito Federal e dos Municípios.

Portanto, por se tratar a agravante de empresa pública, os efeitos do referido dispositivo legal a ela não se estendem.

Esse entendimento restou sufragado quando do julgamento do REsp 651.037, por mim relatado, julgado em 5/8/2004.

Por fim, assinale-se que a jurisprudência do STJ também é pacífica no tocante à legitimidade da APADECO para a propositura de ação civil pública visando ao pagamento das diferenças de remuneração de cadernetas de poupança que porventura não tenham sido depositadas nas respectivas contas de seus poupadores.

Nesse sentido confiram-se o REsp 240.383, Rel. Min. Carlos Alberto Menezes Direito, DJ de 13/8/2001, o REsp 132.502, Rel. Min. Barros Monteiro, DJ de 10/11/2003, e o REsp 157.713, Rel. Min. Eduardo Ribeiro, DJ de 21/8/2000.

Conclui-se, pois, que a decisão recorrida não merece reparo, visto que guarda consonância com a jurisprudência do STJ sobre o tema.

Portanto, incide à espécie o óbice da Súmula 83/STJ.

Forte em tais razões, NEGO PROVIMENTO ao agravo no agravo de instrumento. (grifos meus)

Ainda sobre a não aplicação do artigo 2º-A da Lei nº 9.494/97, são as decisões abaixo:

AgRg no AREsp 236310. Ministro Herman Benjamin. J. 23/10/2012. Benefício de Alimentação. Mandado de Segurança Coletivo.Nos termos da Súmula 629/STF, a associação ou o sindicato, na qualidade de substituto processual, atua na esfera judicial na defesa dos interesses coletivos de toda a categoria que representa, dispensando-se a relação nominal dos afiliados e suas respectivas autorizações.

REsp. nº 1.243.386. Nancy Andrighi. 12.06.12. O art. 2º-A da Lei 9.494/94 restringe territorialmente a substituição processual nas hipóteses de ações propostas por entidades associativas, na defesa de interesses e direitos dos seus associados. A presente ação não foi proposta exclusivamente para a defesa dos interesses trabalhistas dos associados da entidade. Ela foi ajuizada objetivando tutelar, de maneira ampla, os direitos de todos os produtores rurais que laboram com sementes transgênicas de Soja RR, ou seja, foi ajuizada no interesse de toda a categoria profissional. Referida atuação é possível e vem sendo corroborada pela jurisprudência do STF. A limitação do art. 2-A, da Lei nº 9.494/97, portanto, não se aplica. Ação coletiva de 354 Sindicatos do RS pretendendo liminar para depositar em juízo taxa tecnológica e royalties exigidos pela Monsanto. Agricultores querem o dir. de doar, replantar, reter sementes sem pagar os valores à Empresa, buscando a aplicação da Lei 9.456/97 (Lei de Cultivares, art. 10, IV, § 3º).

Tratando especificamente do princípio da inafastabilidade, também cito o REsp. 1257975, da lavra do Min. Mauro Campbell, julgado em 06.09.2011, que analisou de Ação Civil Pública movida pelo Ministério Público Estadual buscando o reconhecimento de irregularidades praticadas na ordem urbana. Foi obrigada a administração municipal a promover a fiscalização efetiva do comércio, respeitando o código de posturas local e as leis cabíveis, em obediência ao princípio da inafastabilidade da jurisdição previsto no art. 5º, XXXV da CF, não importando se a lesão perpetrada é ínfima.

É para situações abusivas como as acima comentadas que se aplica o princípio da inafastabilidade da prestação jurisdicional coletiva, como forma de que sejam respeitados os mandamentos constitucionais.

10.3.3. Princípio do devido processo social

Helton Venturi[293] comenta com muita lucidez sobre este importante princípio da tutela coletiva:

É preciso despertar para uma nova realidade: se os alvos de proteção de garantia do devido processo legal ainda são fundamentalmente os mesmos (vida/liberdade/propriedade), não é menos verdade que as perspectivas pelas quais tais alvos são encarados hoje são profundamente diferentes. De fato, os múltiplos e complexos pressupostos

---

[293] Op. cit., p. 147-151.

para se qualificar o *ser humano livre e digno*, para além daqueles religiosa e filosoficamente estáticos, cabiam naturalmente, de acordo com o próprio contexto social.

(...)

A atual essência da garantia do devido processo legal, numa sociedade acostumada a assistir diariamente ao vilipêndio dos mais básicos e indisponíveis direitos individuais (como o direito à vida privada, à intimidade e à honra) e à ignorância ou inacessibilidade dos direitos sociais (saúde, moradia, educação, segurança etc.), mais do que nunca, assenta-se na defesa da *dignidade* do ser humano, valor que lhe permite *ser* antes de *possuir* – ou mesmo se *possuir*, viabilizado pela intangibilidade de um mínimo necessário à própria caracterização da personalidade.

É preciso que se atente para a realidade do objeto de tutela do ordenamento jurídico brasileiro atual. O que se deseja demonstrar, pois, é que, na medida em que a passagem do Estado Liberal para o Estado Social transformou sensivelmente as funções e os objetivos anteriormente voltados à realização meramente individual dos valores *vida/liberdade/propriedade*, a própria concepção de *devido processo legal* deve levar em consideração a predeterminação constitucional no sentido da realização social através da *solidariedade* e da *reciprocidade*.[294]

(...)

Por isso, as garantias processuais – sobretudo a do devido processo legal – ou são urgentemente revisitadas, ou restarão obsoletas diante da realidade social do século XXI. Torna-se necessário emprestar um novo enfoque à *due process clause*, consentâneo com um *garantismo coletivo*, eis que há muito já se percebeu a insatisfatoriedade da proteção eventual e fragmentada dos valores essenciais do ser humano considerado individualmente, por ser incapaz de imunizá-lo contra a intolerância, as opressões sociais, a carência, a miséria ou a desgraça alheia.

Sob tais perspectivas é possível determinar-se, assim, uma *releitura do princípio do devido processo legal*, passa a assumir uma *vocação coletiva*, daí mensurando-se os contornos do *devido processo social*, dependente, muito mais que da ampliação e da desburocratização do aparelho judiciário ou de alterações legislativas, do abandono da dogmática em prol da efetividade da prestação da justiça, da compreensão do papel que o Poder Judiciário deve desempenhar na construção do Estado Democrático mediante a afirmação dos direitos individuais e sociais fundamentais.

Por fim, assevere-se que a releitura do devido processo legal acima preconizada não constitui, em absoluto, qualquer *subversão*. Trata-se apenas de emprestar efetiva vigência a um princípio geral de hermenêutica acentuado por expressa disposição normativa implementada no ordenamento jurídico brasileiro em 1942, todavia praticamente esquecida. Cuida-se do art. 5º do Decreto-Lei 4.657, de 4.7.1942 (Lei de Introdução ao Código

---

[294] Conforme COMPARATO, Fábio Konder, citado por VENTURI, op. cit., p. 150, "o princípio da solidariedade passou a atuar como verdadeiro 'dever jurídico', sendo resultado do movimento socialista como forma de correção e superação do individualismo da civilização burguesa, prendendo-se à idéia de 'responsabilidade de todos perante as carências ou necessidades de qualquer indivíduos ou grupo social', com base no qual 'passaram a ser reconhecidos como direitos humanos os chamados direitos sociais, que se realizam pela execução de políticas públicas, destinadas a garantir amparo e proteção social aos mais fracos e mais pobres; ou seja, aqueles que não dispõem de recursos próprios para viver dignamente'. (A *afirmação histórica dos direito humanos*, cit., p. 64)".

Civil), segundo o qual "na aplicação da lei, o juiz atenderá aos fins sociais a que ela se dirige e às exigências do bem comum. (grifos meus)

É fundamental, portanto, a ressignificação do conceito de devido processo legal, porque dificilmente as questões atinentes a consumidores e ao meio ambiente, na chamada pós-modernidade, são exclusivamente individuais, sendo sempre coletivas. José Augusto Garcia[295] assim comenta sobre o princípio da dimensão coletiva das relações de consumo:

> Não há lides verdadeiramente individuais no campo das relações de consumo. Mesmo aquelas aparentemente individuais acham-se recobertas pela inevitável sombra de uma problemática muito mais ampla – coletiva! Assim, se um simplório radinho de pilha de determinada marca apresentou algum vício, provavelmente muitos outros da mesma marca ostentarão idêntica falha, prejudicando um número indeterminado de consumidores. Impossível e extremamente nocivo, portanto, cuidar das lides de consumo como se fossem lides individuais, impermeáveis à *sombra coletiva* de que falamos.

Especificamente tratando de loteamentos erigidos sobre áreas contaminadas, os casos concretos vivenciados nos foros e tribunais informam que as soluções eventualmente propostas pelos autores de demandas coletivas são insuficientes e inadequadas para uma efetiva e concreta produção de efeitos protetivos das populações.

De fato, muito pouco adianta ingressar com uma demanda coletiva para a regularização de um loteamento em área contaminada em que são propostos pedidos na peça vestibular para que sejam ajustadas, por exemplo, as 50 residências e lotes que integram determinado parcelamento, com a consequente regularização de todos os equipamentos urbanísticos exigidos pela Lei e não fazer o mesmo com outros loteamentos do entorno, igualmente irregulares, os quais também já estarão sofrendo a contaminação advinda do loteamento originalmente identificado na petição inicial, pois esta é uma realidade inevitável, tendo em vista as próprias características dos danos ambientais antes apontadas.

Conforme dito em várias passagens deste trabalho, parcelamentos urbanos, e mesmo rurais, envolvem múltiplas ocorrências, podendo ser caracterizados como situações *problemáticas difusas*, porque a contaminação inicialmente existente sob as 50 casas e lotes, em breve espaço de tempo, não mais terá limites, haja vista que, normalmente, são atingidos cursos d'água, águas subterrâneas, o ar e o próprio solo do entorno.

---

[295] O princípio da dimensão coletiva das relações de consumo: reflexos no "processo do consumidor", especialmente quanto aos danos morais e às conciliações. *Revista Direito do Consumidor* nº 28. São Paulo: Revista do Tribunais, outubro/dezembro de 1998, p. 90.

Não bastasse isso, as contaminações geram doenças, como foi exemplificado no caso Niágara Falls, as quais se alastram e não podem ser limitadas, obviamente, por ruas, logradouro ou qualquer medida de contenção meramente física, envolvendo, em verdade, soluções de cunho sanitário.

Em assim sendo, a regularização de um loteamento sobre áreas contaminadas deverá não somente proteger àqueles que adquiriram os lotes e foram lesados diretamente, como também a todos os que, em decorrência da *macrorrelação ambiental de consumo*, tenham ou estejam na iminência de ser lesados.

O Código de Defesa do Consumidor traz quatro conceitos de consumidor, conforme já visto. Vou citá-los novamente para consolidar os conceitos:

a) conceito *standard* ou *stricto sensu* incluso no artigo 2º do CDC;

b) conceito coletivo e concreto, previsto no parágrafo único do artigo 2º do CDC;

c) conceito coletivo e abstrato, previsto no artigo 29 do CDC;

d) conceito do artigo 17 do CDC, que trata da vítima do acidente de consumo, chamado de *bystander*.[296]

No caso ora tratado, então, são considerados consumidores não somente os que adquiriram os lotes, usam o lotes, mas todos os que eventualmente venham a ser lesados pelos rejeitos contaminantes ou qualquer outra prática poluente decorrente do irregular loteamento, que lhes cause prejuízo à vida, à saúde ou à segurança.

Assim, sempre que algum tipo de lesão à incolumidade física ou psíquica esteja na iminência de ocorrer em decorrência de uma *macro*, será o eventual lesado ou potencialmente lesado enquadrado no artigo 17 (o chamado *bystander*), no artigo 29 (o *exposto*) ou, até mesmo, nos demais, sabido que o adquirente do lote individual (art. 2º, conceito *standard,* do CDC) e os adquirentes coletivamente considerados estariam abrangidos, respectivamente, pelo conceito *standard* e pelo conceito *coletivo e concreto* do artigo 2º, parágrafo único do CDC, por terem intervindo (intervir significa ter adquirido ou usado os lotes) na relação de consumo como destinatários finais.

Ademais, o Código de Defesa do Consumidor, legislação que serviu de paradigma para o Código Civil, contém vários preceitos em

---

[296] Ver DONATO, Maria Antonieta Zanardo. *Proteção ao Consumidor – Conceito e Extensão*. São Paulo: Revista do Tribunais, 1993, p. 196: "Se a abrangência do conteúdo do art. 17 estivesse contida do art. 2º, seria despicienda a sua disposição (...). São, na verdade, as vítimas de que trata esse dispositivo legal, verdadeiros *bystanders*, isto é, meros espectadores, que casualmente foram atingidos pelo defeito provocador do acidente de consumo".

que o *culturalismo* aparece de maneira evidente, transformando radicalmente toda a formulação do direito que vinha sendo praticada em nível normativo. Exemplo disso é o artigo 29 do CDC.

Esta singela palavra *expostas*, conforme já afirmado, causou uma verdadeira revolução no Direito brasileiro, tendo permitido que pudessem ser coibidas inúmeras práticas ilegais, delituosas ou não, seja no setor bancário, securitário, imobiliário, de parcelamento do solo urbano, de agressão à infância é à juventude, ao erário e, principalmente, ambiental, conforme verificamos na prática cotidiana dos trâmites processuais.

Agora, basta a mera *exposição* para que tenhamos o reconhecimento de vários sujeitos de direitos coletivos, pessoas *indeterminadas*, mas que merecem a proteção do Estado.

Por que merecem a proteção do Estado? Por uma razão muito simples e simplesmente cultural: porque a cultura, a vivência, a obviedade fática, apontam que, após inúmeras ocupações irregulares em áreas contaminadas, continuam as agressões aos consumidores e ao meio ambiente. Ora, se assim continuará a acontecer, certamente pessoas, as *indeterminadas*, estão e estarão *expostas* a práticas afrontosas à Lei. Por isso, está o Estado obrigado a defendê-las, antes que venham a ser lesadas de maneira mais intensa ainda, na sua saúde, na sua vida (doenças, enchentes etc.), ou alguém ainda tem alguma dúvida disso?

Ou seja, o processo civil coletivo traz novos conceitos e novas consequências para as lides postas ao Poder Judiciário. Não mais existem apenas pretensões tendentes a obter condenação, declaração ou sentenças de cunho meramente constitutivo. Labora o processo coletivo brasileiro com pretensões de natureza predominantemente executivas *lato sensu* e mandamentais.

Em assim sendo, para o pleno cumprimento dos comandos necessários para a resolução dos casos concretos, fundamental que o Magistrado se utilize de todas as possibilidades de julgamento inclusas no artigo 84, § 5º, do CDC, ou, se alguém desejar outra norma semelhante, no artigo 461, § 5º, do CPC. Transcrevo:

> Art. 84, § 5º Para a tutela específica ou para a obtenção do resultado prático equivalente, poderá o juiz determinar as medidas necessárias, tais como busca e apreensão, remoção de coisas ou pessoas, desfazimento de obra, impedimento da atividade nociva, além de requisição de força policial.
>
> Art. 461, § 5º Para a efetivação da tutela específica ou a obtenção do resultado prático equivalente, *poderá o juiz, de ofício ou a requerimento*, determinar as medidas necessárias, tais como a imposição de multa por tempo de atraso, busca e apreensão, remoção

de pessoas e coisas, desfazimento de obras e *impedimento de atividade nociva*, se necessário com requisição de força policial. (grifos meus)

Dessa forma, na eventualidade de que venha a se vislumbrar inutilidade ou injustificável contradição nas decisões judiciais, não estará o Juiz adstrito a uma interpretação restrita do pedido formulado na petição inicial, podendo realizar uma exegese ampliada e compatível com a realidade, tendente a, efetivamente, regularizar o loteamento que eventualmente tenha originado a atuação protetiva estatal.

Regularizar o loteamento significa eliminar todas as consequências que dele possam advir e uma delas, certamente, é a de que, devido à omissão das autoridades – normalmente municipais – em deixar que parcelamentos se constituam sobre áreas contaminadas, as pessoas acabam entendendo que os terrenos do entorno também podem ser ocupados. Inegável, portanto, que as ilegais *permissões* do Poder Público, a partir da implementação de equipamentos urbanísticos, até mesmo em áreas de preservação permanente, redundam no caos hoje existente nas áreas urbanas, circunstâncias estas que precisam ser corrigida.

Assim, no trato das áreas contaminadas alterações profundas devem ser impingidas aos Órgãos Municipais e Estaduais de fiscalização, de modo a que exijam estudos específicos sobre as característica do solo sobre o qual será erigido o parcelamento, única forma de evitar que construções massificadas sejam estabelecidas em cima de verdadeiras bombas relógio, como é o caso Mauá, referido no início deste estudo.

Outra reflexão fundamental e que está amparada na realidade é a de que regularizar uma área contaminada parcelada, significa, acima de tudo, regularizar as demais áreas do entorno, e mesmo corrigir os focos contaminantes e seu alastramento, mesmo que os pontos de emissão estejam distantes da área de origem da contaminação.

Ressalto que não há como ser diferente, haja vista que os moradores dos loteamentos contaminados estão *contextualizados, unidos, vinculados* a tudo que acontece na área, sendo impossível regularizar a gleba que originou eventual processo de correção apartada das demais áreas contíguas ou que estejam muito além, mas tenham sofrido reflexos funestos em decorrência da primeira.

Decisão paradigmática no sentido do que foi escrito sobre o princípio do devido processo social é a Apelação Cível nº 70029643020, Relatora Desa. Liselena Robles, julgado em 24.06.2009:

APELAÇÃO. AÇÃO CIVIL PÚBLICA. PARCELAMENTO DE SOLO URBANO. OBRIGAÇÃO DE FAZER. LOTEAMENTO CLANDESTINO. REGULARIZAÇÃO. RESPON-

SABILIDADE DO LOTEADOR E SUBSIDIÁRIA DO MUNICÍPIO. APLICAÇÃO DA LEI Nº 6.766/79.

Responde o loteador pela regularização de loteamento irregular. A obrigação do Município está prevista nos arts. 30, VIII, e 182 da Constituição Federal, 174 da Constituição Estadual e 40 da Lei nº 6.766/79. É pacífico o entendimento de que o Município tem o poder-dever de agir para fiscalizar e regularizar loteamento irregular, pois é o responsável pelo parcelamento, uso e ocupação do solo urbano.

RECURSOS DESPROVIDOS.

(...)

A princípio, não há nulidade da sentença, embora tenha determinado a regularização de área maior do que a descrita na inicial, porquanto o problema acerca da irregularidade do parcelamento do solo na área extrapola os limites do loteamento de Sadi da Cruz, concluindo a prova pericial que a área de preservação permanente foi atingida também no entorno, devendo, por isso, esta área também ser regularizada.

Conforme a sentença, na fl. 338, "todas essas ponderações têm o objetivo principal de evidenciar que a intervenção a ser realizada no local – pelos Poderes do Estado –, destinada a implementar medidas de urbanização e de proteção ambiental, deve, necessariamente, vislumbrar a região como um todo homogêneo, não se apresentando razoável a concepção de um provimento judicial destinado a estabelecer uma 'ilha' no contexto territorial da Vila Paz, consistente nas fronteiras da propriedade do co-requerido Sadi. Impõe-se afirmar que eventual comando sentencial que ignore a transcendência geográfica da questão revelar-se-á inócuo sob o prisma urbanístico ou ambiental, pois não permitirá a visibilidade de qualquer resultado prático, na medida em que a área objeto da tutela permanecerá encravada em um mar de irregularidades.

Ademais, sob a ótica dos destinatários indiretos do provimento judicial – os moradores da Vila Paz – qualquer política pública ('lato sensu') que estabeleça limitações artificiais (no caso, processuais) entre áreas que se encontrem em idêntica situação ambiental, urbanística ou habitacional, será recebida como um comando estatal completamente alienígena, pois importará distinções incompreensíveis àqueles cidadãos".

Portanto, deve ser conferida interpretação ampliada dos pedidos, pois a conduta do Município em relação ao condomínio referido implicou na produção de danos ambientais e também a consumidores equiparados, na forma do art. 17 do CDC, ausente a nulidade invocada.

No mais, consoante dispõe o art. 30, inc. VIII, da Constituição Federal, compete ao Município:

VIII – promover, no que couber, adequado ordenamento territorial, mediante planejamento e controle do uso, do parcelamento e da ocupação do solo urbano;

A Constituição Estadual, no art. 174, estabelece a competência do Município para o controle das políticas urbanas, adequando o território mediante planejamento e controle do uso, do parcelamento e da ocupação do solo urbano.

Portanto, enquadra-se, nos atos do Município, o de compatibilizar o parcelamento do solo com os princípios da política de desenvolvimento urbano, segundo diretrizes legais gerais, de competência da União, visando ao pleno desenvolvimento das funções sociais da cidade e ao bem-estar dos munícipes, mediante planejamento e controle do solo (art. 182 da *Lex Fundamentalis*). E, ainda, exercer a competente fiscalização. (grifos meus)

Corroborando o que foi acima exposto, cito os comentários de Renato Franco de Almeida e Aline Bayerl Coelho:[297]

Dessa forma, vislumbramos que o limite imposto à atividade de conhecimento judicial nas ações individuais – por força da natureza do direito material (disponível) – dará ensejo à uma revisão de tais conceitos no concernente às ações coletivas. Isso porque, se certo é que a natureza de disponibilidade de direito material implicará em limites ao conhecimento judicial exatamente porque o juiz não pode se imiscuir na vida privada – considerado o indivíduo como entidade absoluta – a aparição de novos direitos – desta feita, sociais – cuja titularidade se espraia por toda uma comunidade, sendo de difícil ou quase impossível a sua individuação, com âmbito de abrangência alargado, cuja importância para o convívio social extrapola e muito o mundo individual, tornará aqueles limites judiciais inexistentes – o que seria ideal – ou, quando menos, mitigado à razão da importância e densidade da *res in iudicium deducta*.

Destarte, o espectro de conhecimento judicial em sede de ações coletivas deverá ser ilimitado, tendo por escopo o domínio intelectual de todos os aspectos envolvidos na demanda, mormente aqueles deduzidos da causa não expostos pelas partes, à símile do que ocorre nos países da *família socialista*.

René David, citado por Mauro Cappelletti, atine que:

Os tribunais civis requeridos pelas partes ou pelo Ministério Público não se limitam a ouvir os argumentos das partes e a decidir sobre suas demandas; conhecem o conjunto do negócio, que se esforçam em esclarecer em benefício das partes, e podem, inclusive, se for o caso, decidir *ultra petita*.

Como dito, impõem-se um redimensionamento aos limites impostos às atividades de conhecimento judiciais em virtude da natureza do direito material subjacente, nas ações de massa.

(...)

Via de conseqüência, a importância social do objeto litigioso trazido a juízo deverá suplantar o poder das partes de discutirem tão-somente o que lhes interessa, visto que, em razão de tal importância, a *res in iudicium deducta* extrapola os limites de propriedade dos contendores, espraiando-se por toda a sociedade, impondo-se, dessarte, o privilegiamento do interesse social na demanda em detrimento aos interesses egoísticos dos sujeitos da relação jurídica processual, tendo tal raciocínio por corolário a possibilidade dada ao Juiz de prolatar decisões cujo alcance fique *além* do controvertido pelas partes, ou seja, o julgamento *ultra petita*.

O princípio do devido processo social, como visto, é um avanço importantíssimo para que as contendas coletivas possam produzir resultados úteis e afinados com o contexto e as necessidades da sociedade.

---

[297] Princípio da Demanda nas Ações Coletivas do Estado Social de Direito. *In: Revista de Direito do Consumidor* nº 50. São Paulo: Revista dos Tribunais, abri-junho 2004, p. 130-131.

10.3.4. Princípio da tutela jurisdicional diferenciada

Atento às questões fáticas, sociais e circunstanciais que caracterizam os *macrorrelacionamentos ambientais de consumo*, fica fácil chegar à conclusão de que, de fato, aos Magistrados e mesmo agentes de fiscalização extrajudicial, como o são os membros do Ministério Público em nível de inquérito civil, cabe *de ofício* extrapolar os limites específicos da área originalmente contaminada, para que seja obtida uma solução adequada para o *todo*.

Em nível judicial, isso corresponde a dizer que, mesmo tendo sido delimitado no pedido inicial do autor coletivo a regularização específica do parcelamento X, poderá o magistrado, *de ofício*, estender sua decisão, ainda que sem pedido específico, para a regularização total da ÁREA *lato sensu considerada*.

Assim, se impõe uma interpretação ampliada dos pedidos formulados nas peças vestibulares, pois as condutas comissivas e omissivas dos Municípios em relação aos parcelamentos em áreas contaminadas ou irregulares (falta de esgoto, de saneamento básico, de iluminação etc.) contribuem decisivamente para a produção de danos ambientais, e também a consumidores equiparados (arts. 17 e 29 do CDC) do entorno, o mesmo, igualmente, sendo verdadeiro em relação aos consumidores *stricto sensu* que adquiriram os lotes.

Aplica-se, portanto, às questões envolvendo a *macrorrelação ambiental de consumo* posturas processuais e extraprocessuais diferentes, não ortodoxas e não meramente formais, no sentido da flexibilização do princípio da demanda (princípio dispositivo, que tem como corolário o princípio da adstrição do juiz ao pedido) previsto nos artigos 128 e 460 do CPC,[298] e de tantos outros quanto seja necessário para a concreta e eficaz proteção dos direitos fundamentais ambientais e do consumidor.

Os fundamentos para tais posturas estão nos princípios que informam o processo civil coletivo e que são diversos do processo civil individual. Aliás, é por causa da incompreensão desta verdade evidente, decorrente da própria natureza diversas dos interesses jurídicos protegidos – no primeiro caso difusos, coletivos *stricto sensu* e individuais homogêneos e no segundo individuais puros –, que são produzidos julgamentos absolutamente afastados da realidade e dos anseios das co-

---

[298] Art. 128, O juiz decidirá a lide nos limites em que foi proposta, sendo-lhe defeso conhecer de questões, não suscitadas, a cujo respeito a lei exige a iniciativa da parte.
Art. 460. É defeso ao juiz proferir sentença, a favor do autor, de natureza diversa da pedida, bem como condenar o réu em quantidade superior ou em objeto diverso do que lhe foi demandado.

munidades, seja decidindo pela ilegitimidade de entes coletivos, pela restrição da coisa julgada, aplicando de maneira limitada o princípio dispositivo ou, até mesmo, inviabilizando o ingresso de ações coletivas, conforme acontece, abusivamente, no que tange às questões tributárias de massa.

Por isso, impõe-se que sejam aprofundados os estudos relativamente aos princípios que informam a tutela coletiva, sendo fundamental citar os importantes ensinamentos de Elton Venturi,[299] quando discorre sobre o *princípio da tutela jurisdicional diferenciada*:

> Desta forma, mesmo que sob o ponto de vista normativo-procedimental ainda não se possa caracterizar os processos coletivos como exemplos de tutela jurisdicional diferenciada, ao menos segundo os critérios apontados por Proto Pisani, de pronto já é possível, mediante imprescindível sensibilidade do magistrado, deferir-se-lhes um tratamento diferenciado, abandonando-se ou flexibilizando-se a rigidez e a formalidade habitualmente empregadas para a efetiva proteção dos direitos individuais e sociais fundamentais.
>
> Na verdade, conforme preconiza Marinoni, não é indispensável (muito embora fosse inegavelmente importante) que a lei expressamente empreste tratamento procedimental diferenciado a determinadas pretensões substanciais, uma vez que, diante do princípio constitucional da efetividade da prestação jurisdicional, compete ao magistrado, antes de tudo, conformar o procedimento à finalidade última de efetivação concreta da tutela jurisdicional buscada através da ação. "O que falta, porém, é atentar para que, se a técnica processual é imprescindível para a efetividade da tutela dos direitos, não se pode supor que, diante da omissão do legislador, o juiz nada possa fazer. Isso por uma razão simples: o direito fundamental à efetividade da tutela jurisdicional não se volta apenas contra o legislador, mas também se dirige contra o Estado-juiz. Por isso, é absurdo pensar que o juiz deixa de ter dever de tutelar de forma efetiva os direitos somente porque o legislador deixou de editar uma norma processual mais explícita.
>
> Como consequência disso, **há que entender que o cidadão não tem simples direito à técnica processual evidenciada na lei, mas sim direito a um determinado comportamento judicial que seja capaz de conformar a regra processual com as necessidades do direito material e dos casos concretos** (...)
>
> O que se deseja evidenciar é que o juiz tem o **dever de interpretar a legislação processual à luz dos valores da Constituição Federal. Como esse dever gera o de pensar o procedimento em conformidade com as necessidades do direito material e da realidade social, é imprescindível ao juiz compreender as tutelas devidas ao direito material e perceber as diversas necessidades das vidas das pessoas**".
> (grifos meus)

---

[299] *Processo Civil Coletivo*. Op. cit., p. 142, obra paradigmática e de consulta obrigatória, resultado da apresentação da tese de doutoramento do autor, cuja banca foi integrada pelos professores Nelson Nery Jr., Teresa Arruda Alvim Wambier, Rodolfo de Camargo Mancuso, Paulo Cézar Pinheiro Carneiro e Patrícia Miranda Pizzol.

Exemplo de aplicação deste princípio é o REsp. 1107219,[300] Rel. Ministro Luiz Fux, julgado em 02.09.2010. Neste julgado foi decidido que

---

[300] PROCESSUAL CIVIL. ADMINISTRATIVO. AÇÃO CIVIL PÚBLICA. DANO AMBIENTAL. OCUPAÇÃO IRREGULAR DE ÁREA DE PRESERVAÇÃO PERMANENTE COM DEGRADAÇÃO AMBIENTAL. JULGAMENTO EXTRA E ULTRA PETITA. INOCORRÊNCIA. 1. A tutela ambiental é de natureza fungível por isso que a área objeto da agressão ao meio ambiente pode ser de extensão maior do que a referida na inicial e, uma vez assim aferida pelo conjunto probatório, não importa em julgamento *ultra* ou *extra petita*. 2. A decisão *extra petita* é aquela inaproveitável por conferir à parte providência diversa da almejada, mercê do deferimento de pedido diverso ou baseado em *causa petendi* não eleita. Consectariamente, não há decisão *extra petita* quando o juiz examina o pedido e aplica o direito com fundamentos diversos dos fornecidos na petição inicial ou mesmo na apelação, desde que baseados em fatos ligados ao fato-base. Precedentes do STJ: AgRg no REsp 1164488/DF, SEGUNDA TURMA, DJe 07/06/2010; RMS 26.276/SP, QUINTA TURMA, DJe 19/10/2009; e AgRg no AgRg no REsp 825.954/PR, PRIMEIRA TURMA, DJ de 15/12/2008. 3. Deveras, a análise do pedido dentro dos limites postos pela parte não incide no vício *in procedendo* do julgamento *ultra* ou *extra petita* e, por conseguinte, afasta a suposta ofensa aos arts. 460 e 461, do CPC. 4. Ademais, os pedidos devem ser interpretados, como manifestações de vontade, de forma a tornar o processo efetivo, o acesso à justiça amplo e justa a composição da lide. Precedentes do STJ: AgRg no Ag 1038295/RS, PRIMEIRA TURMA, DJe 03/12/2008; AgRg no Ag 865.880/RJ, PRIMEIRA TURMA, DJ 09/08/2007; AgRg no Ag 738.250/GO, QUARTA TURMA, DJ 05/11/2007; e AgRg no Ag 668.909/SP, QUARTA TURMA, DJ 20/11/2006; 5. *In casu*, o Juízo Singular decidiu a *questio iuris* dentro dos limites postos pelas partes, consoante se conclui do excerto do voto condutor do acórdão recorrido, *verbis*:" (...) A ação diz respeito a ocupação e supressão de vegetação nativa em área de cerca de 180 m² nos limites do Parque Estadual da Serra do Mar, e a construção de diversas edificações irregulares, que a perícia depois informou ocuparem 650 m² (fls. 262), sem aprovação dos competentes órgãos do Município e do Estado. Ou seja, o pedido inicial se refere a devastação de área de aproximadamente 180 m² e também a diversas construções, sem indicação da área que ocupam. Daí o pedido de cessação das agressões com paralisação de desmatamento, de construções e de ocupações, obviamente onde ainda não haviam ocorrido, além do pedido de demolição das edificações e culturas existentes, com restauração da vegetação primitiva, ou indenização. Irrelevante a menção à altitude de 180m, uma vez que os problemas são a situação em área de preservação permanente ou não e a irregularidade da ocupação e das construções, em terreno cuja acentuada declividade e situação de risco podem ser constatadas a olho nu (v. fls. 19, 31, 42, 73 e 131/132). E a perícia deixou clara a localização da área dentro do Parque Estadual com base na Planta Cartográfica Planialtimétrica do Instituto Geográfico e Cartográfico da USP (fls. 211 e 260/261), documento este cuja validade não foi infirmada pelo requerido. Mesmo o levantamento contratado pelo requerido para o PRAD confirmou estar a área construída acima da Cota 100 (v. fls. 288 e 297), porém o perito do Juízo observou que não houve comprovação da altimetria do ponto de referência (fls. 311/312). A contestação mostrou que, além das duas construções apontadas na petição inicial, outras já estavam feitas, com desrespeito aos embargos administrativo e judicial (v. fls. 176/181), não apenas no terreno de 180 m² de área estimada ocupada por aquelas construções, mas em toda a área de posse do ora apelante, constituída por duas aquisições, uma de 2100 m² e outra de 6000 m² aproximadamente (v. fls. 127/132). A alegação de que já havia no local uma construção (fls. 121 e 127) não afasta a responsabilidade do adquirente, que é objetiva e corresponde a obrigação propterrem. A perícia informou ter havido corte do terreno (v. fls. 224 e 232/243), em que nenhuma construção pode haver sem autorização dos órgãos competentes. E a inexistência de curso d'água tampouco pode mudar o desfecho desta ação. Os limites da lide ficaram pois, definidos no pedido inicial e na contestação e não se contém na área de 180 m² ocupada por duas construções, apenas, mas abrange as outras construções, como já dito. O perito oficial (fls. 204/243, 259/265 e 310/314) constatou que a ocupação já estava estendida por cerca de 1242 m² (fls. 211) com duas casas e uma igreja entre as Cotas 110 e 128 metros e verificou a degradação ambiental consumada (v. fls. 213/214 e 218/225) Como se vê, ficou provado que o ora apelante ocupou área de preservação permanente e ali fez várias edificações irregularmente; o fato de já não haver ali vegetação nativa, quando da ocupação, não o libera da responsabilidade objetiva e correspondente a obrigação propter rem de reconstituir essa vegetação. Terceiros eventualmente prejudicados poderão defender seus interesses pelas vias próprias." às fls. 402/404 6. Recurso Especial desprovido. Primeira Turma, Recurso Especial nº 1.107.219-SP 2008/0283147-0, Ministro LUIZ FUX, julgado em 02.09.2010.

não viola o artigo 128,[301] o art. 459,[302] parágrafo único, e o art. 460[303] a decisão que determina proteção ao meio ambiente de 650 m², mesmo na inicial tendo sido pedida a regularização só de 180 m². Neste julgado, o princípio dispositivo foi flexibilizado, para dar prevalência aos interesses indisponíveis da demanda.

Diferenciada, é a prestação na jurisdição coletiva, também porque o Magistrado assume um posição eminentemente ativa, podendo de ofício conceder tutela antecipada.[304]

Outra diferença importante entre o sistema coletivo e o individual é que, predominantemente na tutela coletiva, o Magistrado tem a função de produzir provas tendentes à melhor resolução do problema posto, igualmente não estando sujeitas à preclusão as normas do CDC, motivo pelo qual o Juiz poderá conhecê-las a qualquer tempo.

Sobre isso, mais uma vez cito Celso Fiorillo:[305]

> O Código de Defesa do Consumidor, em seu art. 1º, dispõe que todas as normas constantes no diploma são de ordem pública, o que significa dizer que não podem as partes convencionar de forma diversa ao estabelecido nem tampouco abrir mão das prerrogativas asseguradas. Tratando-se de normas de ordem pública, não estão sujeitas a preclusão, de modo que poderão ser conhecidas a qualquer tempo, em qualquer grau de jurisdição, pelo magistrado. Outrossim, independem de provocação das partes, cabendo ao juiz conhecê-las de ofício, o que nos permite concluir que o Código não é regido pelo princípio dispositivo, mas sim inquisitivo.

No mesmo sentido é a lição de Marcelo Abelha Rodrigues,[306] invocando os ensinamentos de Sérgio Luís Wetsel de Mattos (Iniciativa probatória do juiz e princípio do contraditório no processo civil, *Prova Cível*, p. 134):

> Mais do que isso, exige-se do juiz uma atuação voltada à busca da justiça, dotando-o de ilimitados poderes instrutórios, pautados na ética, que lhe permitam ser um caçador da

---

[301] Art. 128. O juiz decidirá a lide nos limites em que foi proposta, sendo-lhe defeso conhecer de questões, não suscitadas, a cujo respeito a lei exige a iniciativa da parte.

[302] Art. 459. O juiz proferirá a sentença, acolhendo ou rejeitando, no todo ou em parte, o pedido formulado pelo autor. Nos casos de extinção do processo sem julgamento do mérito, o juiz decidirá em forma concisa. Parágrafo único. Quando o autor tiver formulado pedido certo, é vedado ao juiz proferir sentença ilíquida.

[303] Art. 460. É defeso ao juiz proferir sentença, a favor do autor, de natureza diversa da pedida, bem como condenar o réu em quantidade superior ou em objeto diverso do que lhe foi demandado. Parágrafo único. A sentença deve ser certa, ainda quando decida relação jurídica condicional

[304] Sobre o tema FIORILLI, Celso, op. cit., p. 215: "Oportuno frisar que as normas da jurisdição civil coletiva *não reclamam postulação das partes* para a concessão da tutela antecipada, *podendo o juiz concedê-las de ofício*. De forma diferente estabelece a jurisdição civil individual, que exige, no art. 273 do Código de Processo Civil, entre outros requisitos, o requerimento das partes".

[305] Op. cit., p. 209.

[306] *Processo Civil Ambiental*. 3ª ed. rev. e atual. São Paulo: Revista dos Tribunais, 2011, p. 163-164.

verdade. Deve o juiz entender que a sua atuação no mundo das provas não é ofensiva à imparcialidade. Dar razão a quem tem razão é seu dever, e é com esse pensamento que deve nortear a sua atuação.

Tradicionalmente, nos termos da concepção liberal de processo, o princípio dispositivo determinava a vinculação do juiz não só às alegações das partes mas ainda às provas por elas apresentadas, encontrando expressão na máxima – que remonta aos glosadores – *judex debet judicare secundum allegata et probata a partibus*. A rigor, não poderia o juiz decidir senão com base nas alegações das partes, tampouco assumir provas de ofício, sob pena de comprometer a sua imparcialidade, requisito essencial para o correto exercício da função jurisdicional.

No entanto, em sua versão moderna, nos termos da concepção social de processo, o princípio dispositivo suporta uma remodelagem. Em particular, pode-se entrever o abrandamento, ou até a abolição, do aforismo *secundum probata partium judicare debet*. São, portanto, atribuídos poderes de iniciativa probatória ao juiz.

Nesta perspectiva, constitui dever específico do juiz assegurar o regular, leal e rápido desenvolvimento do processo, assumindo *ex officio* as provas, nos limites do material fático aportado à causa. A direção formal do processo (*formelle Prozessleitung*) não é assim mais "coisa das partes"(*Sache der Parteien*), mas do juiz.

Este entendimento é confortado pela jurisprudência, sendo exemplo o REsp. 1069155, Rel. Ministro Mauro Campbell, julgado em 07.12.2010, no qual foi definido que em questão de ordem pública o juiz pode produzir provas de ofício.

10.3.5. Princípio da absoluta instrumentalidade

Ainda aplicável o *princípio da absoluta instrumentalidade*, um dos pilares do processo civil coletivo.

Também falando sobre o princípio da absoluta instrumentalidade da tutela coletiva e dos artigos 5º, XXXV da CF e artigo 83 do CDC,[307] assim se manifesta Elton Venturi:[308]

> Para tanto, estão os magistrados autorizados a inovar até mesmo nos tipos de provimento, que poderão antecipar a tutela final ou assegurar seu resultado útil. Assim, incentiva o dispositivo analisado a criatividade tanto por parte daqueles que buscam a tutela como daqueles imbuídos da função de prestá-la em nome do Estado.
>
> Tal criatividade, que é o próprio fundamento de pretender-se uma tutela jurisdicional diferenciada aos direitos transindividuais, quanto à técnica processual, encontrará suas balizas na garantia do devido processo legal (...)
>
> Sob outra perspectiva, a instrumentalidade que se deseja imprimir aos processos coletivos torna completamente injustificáveis e inaceitáveis as decisões judiciais que ex-

---

[307] Art. 83. Para a defesa dos direitos e interesses protegidos por este código são admissíveis todas as espécies de ações capazes de propiciar sua adequada e efetiva tutela.

[308] Op. cit., p. 155.

tinguem ações coletivas sem apreciação do mérito (terminativas) fundamentadas em pretensa falta da legitimação ativa ou de interesse processual das entidades autoras, sem que antes se busque ao menos tentar suprir a carência da ação através, v.g., de intimação direta do outro legitimado (do Ministério Público, associação civil ou de ente público) ou da publicação de editais convocatórios para tal finalidade.

Assim, é preciso que a análise das condições da ação e pressupostos de desenvolvimento válido e regular do processo coletivo seja levada a termo de acordo com as perspectivas e aspirações da tutela coletiva, profundamente diferentes daquelas observadas nas demandas individuais, sob pena de se transformar a festejada *instrumentalidade do processo* em belo discurso jurídico, confinado, todavia, às obras doutrinárias.

Trata-se, pois, de emprestar o devido valor à prestação jurisdicional coletiva, relativizando-se ou flexibilizando-se as condições da ação (...).

A criatividade tendente à busca de utilidade e efetividade, portanto, é a nota que caracteriza *tal princípio da absoluta instrumentalidade*, sempre procurando o aproveitamento máximo de tudo que já foi processado e evitando soluções que ceifem a ação coletiva, quando outras posturas podem atender melhor à satisfação dos interesses das comunidades.

Tive a oportunidade de vivenciar situação em que membro do Ministério Público propusera ação civil pública objetivando que empresa que havia vencido licitação em determinado Município devolvesse todo o numerário ganho no cumprimento do contrato, porque teriam existido irregularidades no certame de escolha da mesma. Na petição inicial foi veiculado pleito de tutela antecipada pretendendo a devolução imediata do numerário por parte da Empresa, tendo sido negado o pedido pelo Magistrado, o qual fundamentou a negativa no fato de que não havia sido pedida a nulidade da licitação e, assim, não haveria como mandar devolver o dinheiro recebido pela Empresa sem antes declarar a nulidade do processo licitatório. Ainda disse o Julgador que também era inviável atender à postulação, porque o MP não havia posto o Município no polo passivo da relação processual.

Sob o ponto de vista do processo civil individual, sem a menor dúvida que estava correta a postura do Magistrado. Entretanto, a consequência lógica seria, após 5 anos de trâmite processual, a ocorrência de um possível julgamento final tendente à impossibilidade jurídica do pedido, por não ter como mandar devolver o dinheiro sem que antes tivesse sido anulada a licitação. Ainda haveria o problema de não estar como réu o Município, o que era fundamental, pois estava sendo impugnado contrato administrativo também por ele firmado.

Com o intuito de *salvar* o processo, sugeri ao Promotor de Justiça da Comarca que solicitasse ao Magistrado a possibilidade de realizar aditamento à petição inicial, ao qual o membro do MP respondeu que o

Juiz não aceitaria, porque inclusive já havia sido apresentada a réplica à contestação. De qualquer forma, insisti na solução proposta, explicando que na eventualidade de não haver a concordância de imediato do Magistrado, que o Promotor argumentasse que, então, o MP teria de ingressar com nova ação civil pública, colocando o Município do polo passivo, pleiteando a nulidade da licitação e pedindo que esta segunda ação fosse apensada à primeira. Com isso, estaria obrigado o Magistrado a seguir com dois processos até o julgamento final, atingindo o mesmo resultado, mas com dispêndio maior de tempo, de papel, ou seja, um *plano B* bem mais custoso e inadequado, se comparado com a primeira solução do *aditamento* que fora proposta.

O final da história acima contada é revelador, mas não é animador. O Promotor resolveu pedir a desistência da ação civil pública, a fim de que tivesse condições de corrigir as imperfeições da primeira em nova ação civil pública que seria proposta, adotando, desta forma, postura rígida e afinada com as regras do processo civil individual, quando a mera criatividade poderia ter sido utilizada.

Ressalto que em situações como esta, conforme mencionou Helton Venturi na transcrição acima, o balizador para tais medidas inovadoras não é o mero arbítrio, mas sim o devido processo legal. No caso supra apresentado, portanto, bastaria que o Magistrado tivesse recebido o aditamento à petição inicial, com as correções necessárias, e, após, determinasse a citação do Município. Com a contestação do Ente Público, seria aberta nova vista à parte ré, que já constava no processo, e nenhum princípio constitucional teria sido maculado, pelo contrário, teria sido obedecido o princípio da duração razoável do processo insculpido no artigo 5°, LXXVIII, da CF.

A doutrina já vem tratando de situações como a acima apontada, sendo exemplo as lições de Emerson Garcia e Rogério Pacheco Alves[309] sobre a flexibilização do princípio da adstrição e a criatividade necessária, oportunidade em que enfocam o princípio da obrigatoriedade da ação coletiva, bem como abordam a ampla possibilidade de aditamento à petição inicial, como forma de que a justiça seja efetiva e rápida:

Omissões Objetivas e Subjetivas da Inicial. Atuação Supletória dos Co-Legitimados

Vimos, acima, que a busca da recuperação do dano causado ao patrimônio público é um dever para os legitimados, construindo-se, a partir de tal premissa, o princípio da obrigatoriedade da ação civil por improbidade administrativa.

Tal obrigatoriedade, como soa evidente, significa que deve o legitimado concorrente buscar a responsabilização de todos aqueles que tenham concorrido para o ato de im-

---

[309] *Improbidade Administrativa*. 4ª ed. rev. e ampl. CARVALHO FILHO, José dos Santos (pref.) Rio de Janeiro: Lumen Juris, 2008, p. 632-633.

probidade, não sendo possível, se existentes indícios de responsabilidade, a exclusão de quem quer que seja. Razões de conveniência e oportunidade, neste momento, estão absolutamente afastadas, conclusão a que se chega não só em razão da indisponibilidade dos interesses em jogo como também pela própria disciplina contida na Lei nº 8.429/92, cujos artigos 1º, 2º, 3º e 6º não deixam "escapar" ninguém.

Por outro lado, a obrigatoriedade de agir também vai alcançar, pelos mesmos motivos, todos os fatos objeto de apuração, não podendo o autor optar por alguns, ao seu ver mais graves, deixando outras condutas ímprobas ao largo da incidência da lei.

O que fazer, no entanto, em hipóteses de omissão da inicial quanto a tais aspectos, subjetivos (agentes causadores de improbidade) ou objetivos (fatos caracterizadores de improbidade)?

(...)

Como quer que seja, mesmo à falta de norma expressa, consideramos possível, em virtude do princípio informativo da obrigatoriedade, a atuação supletiva dos demais legitimados sempre que verificada alguma omissão, subjetiva ou objetiva, por parte do Ministério Público. Assim, nada impede, antes recomenda, que, omissa a inicial do Parquet, possam eles aditá-la com o escopo de suprir a falta, buscando, desta forma, a total reparação do dano ao patrimônio público, com a conseqüente aplicação das sanções a todos aqueles que tenham concorrido para o evento, velando, no final das contas, pelo princípio reitor da obrigatoriedade.

É certo que, em hipóteses tais, nada impediria o ajuizamento de ação autônoma com relação ao aspecto omitido. Não obstante, a fim de que se possibilite ao magistrado uma visão unitária da prova, evitando-se, com isso, a prolação de sentenças contraditórias, melhor será que se adite a inicial do Parquet, procedimento mais célere e econômico que o ajuizamento de uma outra ação civil pública. Aplicável, neste passo, a regra de que "quem pode o mais (ajuizar a ação) pode o menos (aditar a inicial).

(...)

Pelas mesmas razões acima expostas (princípio da obrigatoriedade etc.), o legitimado, percebendo a omissão de sua inicial quanto a algum fato ou sujeito, poderá ele próprio aditá-la, prescindindo, deste modo, da atuação supletória dos demais substitutos processuais.

(...)

A nosso juízo, em qualquer momento, mesmo depois de realizada a citação do réu ou saneado o processo, desde que antes da sentença, será possível o aditamento objetivo/subjetivo da petição inicial, não incidindo as restrições do art. 264 do Código de Processo Civil em razão da natureza indisponível do interesse em jogo e da posição de substituto processual assumida pelo autor, parte meramente ideológica. Solução contrária colocaria nas mãos do legitimado e do réu a possibilidade de fixação definitiva dos contornos da lide em detrimento do interesse maior dos substituídos, esmaecendo o princípio da obrigatoriedade e colocando em xeque a meta constitucional de integral reparação do dano causado ao erário. Nesta linha, ao interesse superior da coletividade, fundamento ferido pelo atuar ímprobo, deve curvar-se o objetivo de celeridade na solução da lide perseguido pelo referido art. 264, regra cujo fundamento vai repousar numa concepção individualista do direito de ação. Não custa lembrar, outrossim, que a Lei da Ação Popular, atenta a tais peculiaridades, admite, a qualquer tempo, a alteração subjetiva da demanda ao prever que qualquer pessoa, beneficiada ou responsável pelo ato impugnado, cuja existência ou identidade se torne conhecida no curso do processo e antes de proferida a sentença final de primeira instância, deverá ser citada para a integração do contraditório, sendo-lhe restituído o prazo para contestação e produção de provas (art. 7, III), regra plenamente aplicável à ação civil de improbidade, inclusive, numa perspectiva mais ampla, no que respeita às omissões de caráter objetivo (fatos). (grifos meus)

Também com fundamento em tal princípio é que hoje está pacificada a jurisprudência do STJ, no sentido da plena cumulação de pedidos de condenação do réu a obrigações de fazer, de não fazer, de pagar, recompor, restaurar, ou seja, de reparar em termos amplos, como forma de que seja concretizado o *princípio da reparação integral do bem jurídico coletivo*.

10.3.6. Princípio da interpretação pragmática

Fundamental, também, *o princípio da interpretação pragmática*,[310] assim exposto por Venturi:

> A atividade interpretativa pragmática, analisada sob o ângulo jurisdicional, não se contenta com a mera *cognição e declaração* do sentido e do alcance da norma segundo a letra da lei, pois invoca a necessidade da assunção de uma postura por parte do intérprete para fazer atuá-la, condicionada pela teleologia da sistema normativo e comprometida segundo sua própria visão do mundo com o qual interage e deseja interferir. O sentido *pragmático* da interpretação, assim, revela o compromisso do seu operador com a possível e o plena realização das finalidades da lei no mundo exterior.
> (...)
> Em resumo, o que pretende o método pragmático é viabilizar soluções efetivamente úteis, e não formulações racionais formais que tenham fim em si mesmas, uma vez que "as considerações sobre o que seja, ou não, verdadeiro são, na pós-modernidade, deixadas de lado e substituídas pelas sobre o que seja, ou não, útil (neopragmatismo)".[311]
> Assim a defesa do pragmatismo como método a ser empregado na proteção dos direitos meta-individuais transveste-se em apelo à sensibilidade dos juristas em relação ao compromisso de efetividade do sistema de tutela jurisdicional coletiva, única forma possível para uma aproximação das utopias constitucionais voltadas à redução das desigualdades sociais e à preservação da dignidade da pessoa humana.

Trabalhei em caso concreto no qual um grande clube recreativo realizava festas nas sextas-feiras e nos sábados e o som perturbava os vi-

---

[310] VENTURI, Elton. Op. cit., p. 161.

[311] Como destaca AZEVEDO, Antônio Junqueira. O Direito pós-moderno e a codificação. *In: Revista Direito do Consumidor* 33/123. São Paulo: Revista dos Tribunais.

zinhos residentes no entorno. Na ação eu e meus colegas pleiteávamos a realização de obras de contenção acústica. Após o trânsito em julgado, o Clube não cumpriu a condenação e o magistrado da causa referiu que não sabia o que fazer. Requeremos, então, com base no artigo 84, § 5º, do CDC, o qual se aplica a questões ambientais por expressa determinação do artigo 117 do CDC, a interdição e lacramento do Clube, medida esta, entretanto, que não havia sido pleiteada na petição inicial. Todavia, para a obtenção do resultado prático equivalente ao da sentença, são admissíveis todas as espécies de provimento, e o impedimento da atividade nociva é um deles, o que se operou pela interdição. Acolhida a proposta e determinada a interdição do Clube, os sócios do mesmo passaram a pressionar a administração da entidade, porque desejavam utilizar as instalações, tendo como resultado que, em 30 dias, foram concluídas as obras de contenção acústica e resolvido o problema.

Outro exemplo está no REsp. nº 1161300, Rel. Ministro Herman Benjamin, julgado em 22.01.2011, no qual o STJ determinou a averbação da ação civil pública na matrícula do imóvel onde estava sendo erigido grande empreendimento imobiliário em Jurerê (Florianópolis), em cima de área de preservação permanente, objetivando com isso concretizar o direito à informação e à transparência a todos que pudessem vir a adquirir lotes. Ou seja, uma medida prática e concreta, com o objetivo de atender os direitos fundamentais das pessoas à moradia digna e segura.

Mais uma situação concreta, que abaixo transcrevo, na qual foi flexibilizado o princípio da adstrição, sendo adotada uma solução útil e prática para a efetiva resolução dos problemas ambientais:

> PROCESSUAL CIVIL E AMBIENTAL – VIOLAÇÃO DO ART. 535 DO CPC NÃO CARACTERIZADA – DISSÍDIO JURISPRUDENCIAL – INOBSERVÂNCIA DAS EXIGÊNCIAS LEGAIS E REGIMENTAIS – APLICAÇÃO DO PRINCÍPIO DO POLUIDOR PAGADOR.
>
> 1. Não ocorre ofensa ao art. 535 do CPC, se o Tribunal de origem decide, fundamentadamente, as questões essenciais ao julgamento da lide.
>
> 2. A ausência de cotejo analítico, bem como de similitude das circunstâncias fáticas e do direito aplicado nos acórdãos recorrido e paradigmas, impede o conhecimento do recurso especial pela hipótese da alínea "c" do permissivo constitucional.
>
> 3. O STJ alberga o entendimento de que o pedido não deve ser extraído apenas do capítulo da petição especificamente reservado aos requerimentos, mas da interpretação lógico-sistemática das questões apresentadas pela parte ao longo da petição.
>
> 4. De acordo com o princípio do poluidor pagador, fazendo-se necessária determinada medida à recuperação do meio ambiente, é lícito ao julgador determiná-la mesmo sem que tenha sido instado a tanto.
>
> 5. Recurso especial parcialmente conhecido e não provido.
>
> (...)

De fato, não houve pedido inicial explícito no sentido de que qualquer construção fosse demolida, nem mesmo que fossem suspensas as atividades da empresa ré. Ocorre que a constatação singela não pode conduzir imediatamente à nulidade por desobediência do dever de adstrição ao pedido. Como de geral sabença, esta Corte alberga o entendimento de que o pedido não deve ser extraído apenas do capítulo da petição especificamente reservado aos requerimentos, mas da interpretação lógico-sistemática das questões apresentadas pela parte ao longo da petição. (grifos meus)

Nesse sentido, os seguintes precedentes:

DIREITO ADMINISTRATIVO. PROCESSUAL CIVIL. RECURSO ESPECIAL. SERVIDOR PÚBLICO. PENSÃO. AFRONTA AO ART. 535, II, DO CPC. NÃO-OCORRÊNCIA. ARTS. 1º DO DECRETO 20.910/32 E 112 DA LEI 8.112/90. AFRONTA GENÉRICA. DEFICIÊNCIA DE FUNDAMENTAÇÃO. SÚMULA 284/STF. SÚMULA 85/STJ. APLICABILIDADE. DECISÃO EXTRA PETITA. NÃO-OCORRÊNCIA. PRECEDENTE DO STJ. AÇÃO AJUIZADA ANTES DA EDIÇÃO DA MP 2.180-35/01. JUROS MORATÓRIOS. 12% AO ANO. PRECEDENTE DO STJ. RECURSO ESPECIAL CONHECIDO E IMPROVIDO.

1. Tendo o Tribunal de origem se pronunciado de forma clara e precisa sobre a questão posta nos autos, assentando-se em fundamentos suficientes para embasar a decisão, não há falar em afronta ao art. 535, II, do CPC, não se devendo confundir "fundamentação sucinta com ausência de fundamentação" (REsp 763.983/RJ, Rel. Min. NANCY ANDRIGHI, Terceira Turma, DJ 28/11/05).

2. A indicação genérica de afronta a dispositivo de lei federal implica deficiência de fundamentação. Incidência da Súmula 284/STF.

3. "Nas relações jurídicas de trato sucessivo em que a fazenda pública figure como devedora, quando não tiver sido negado o próprio direito reclamado, a prescrição atinge apenas as prestações vencidas antes do quinquênio anterior a propositura da ação" (Súmula 85/STJ).

4. O juiz, ao decidir, deve restringir-se aos limites da causa, fixados pelo autor na petição inicial, sob pena proferir decisão citra, ultra ou extra petita. *No entanto, o pedido não deve ser extraído apenas do capítulo da petição especificamente reservado para os requerimentos, mas da interpretação lógico-sistemática das questões apresentadas pela parte ao longo da petição.* Precedente do STJ.

5. Nas condenações impostas à Fazenda Pública referentes às ações ajuizadas antes da edição da MP 2.180-35/01, que incluiu o art. 1º-F à Lei 9.494/97, devem os juros moratórios ser fixados em 12% ao ano, nos termos do art. 3º do Decreto-Lei 2.322/87. Precedentes do STJ.

6. Recurso especial conhecido e improvido.

(REsp 971.285/PR, Rel. Ministro ARNALDO ESTEVES LIMA, QUINTA TURMA, julgado em 23/06/2009, DJe 03/08/2009)

PROCESSUAL CIVIL. ADMINISTRATIVO. AGRAVO REGIMENTAL NO AGRAVO DE INSTRUMENTO. MULTA ADMINISTRATIVA. PRÁTICA DE ATO LESIVO AO MEIO AMBIENTE. ALEGAÇÃO DE JULGAMENTO EXTRA PETITA. ART. 460 DO CPC. NÃO-OCORRÊNCIA.

1. Alegação de que o magistrado de primeiro grau de jurisdição, ao declarar a nulidade da multa administrativa, proferiu sentença de natureza diversa da pedida pelo autor, que limitou-se a requerer a substituição da pena de multa que lhe foi aplicada pela de prestação de serviços relacionados à proteção do meio ambiente.

2. Não viola o art. 460 do CPC o julgado que interpreta de maneira ampla o pedido formulado na petição inicial, pois "o pedido é o que se pretende com a instauração da demanda e se extrai da interpretação lógico-sistemática da petição inicial, sendo de levar-se em conta os requerimentos feitos em seu corpo e não só aqueles constantes em capítulo especial ou sob a rubrica 'dos pedidos' (REsp 284.480/RJ, 4ª Turma, Min. Sálvio de Figueiredo Teixeira, DJ de 2.4.2001).

3. Hipótese, ademais, em que o magistrado de primeiro grau de jurisdição declarou a nulidade da pena de multa aplicada ao autor, sem prejuízo da aplicação de nova penalidade pelo IBAMA, desde que adequada aos princípios que regem a atividade administrativa.

4. Percebe-se, desse modo, que o ora agravante poderá impor nova penalidade ao administrado, convertendo-a, inclusive, se assim entender, em serviços de preservação, melhoria e recuperação da qualidade do meio ambiente, nos termos do § 4º do art. 72 da Lei 9.605/98.

5. Agravo regimental desprovido.

(AgRg no Ag 1038295/RS, Rel. Ministra DENISE ARRUDA, PRIMEIRA TURMA, julgado em 04/11/2008, DJe 03/12/2008)

Na presente hipótese, os provimentos supostamente desvinculados do pedido, antes mesmo de guardarem perfeita sintonia com os pedidos formulados pelo Ministério Público, constituem condição *sine qua non* do resultado almejado pela ação civil pública ambiental, conclusão a que chegou o TJRJ na seguinte passagem (fls. 734-736):

E diante de provas tão robustas, a magistrada de primeiro grau, com muita propriedade, reconheceu os danos ambientais existentes e condenou a ré à obrigação de fazer, consistente em elaborar e executar um plano de recuperação nas áreas danificadas, como bem salientado na decisão recorrida a seguir transcrita [604/614]:

(...)

O *decisum* não merece ser reformado, *pois somente dessa forma haverá séria e eficaz tutela ao direito ao meio ambiente.*

Há ainda, para além da conformação estritamente processual que a hipótese admite, que se considerar a natureza da causa em tela, a impor a adoção de modelos e paradigmas próprios do Direito Ambiental, o que se justifica a partir das diversas peculiaridades desse ramo do Direito. No contexto, encontra plena aplicação o princípio do poluidor pagador, a indicar que, fazendo-se necessária determinada medida à recuperação do meio ambiente, é lícito ao julgador determiná-la mesmo sem que tenha sido instado a tanto.

(Segunda Turma, Recurso Especial nº 967.375 – RJ 2007/0155607-3, Ministra Eliana Calmon, julgado em 02.09.2010). (grifos meus)

Ressalto que por vezes os princípios que estou abordando se entrelaçam, como no caso acima transcrito, mesclando-se o *princípio da interpretação pragmática* com o da *absoluta instrumentalidade* ou com o *princípio da jurisdição coletiva diferenciada*, servindo, entretanto, a classificação ora apresentada não somente para fins didáticos, como também para realçar situações concretas que precisam estar acopladas à mente dos operadores do direito, quando da aplicação das normas da tutela coletiva. Assim, a realidade da *diferenciação* (tutela coletiva diferenciada), a realidade da *instrumentalidade* (princípio respectivo) e o *pragmatismo* (postura prática) devem ser os orientadores das novas formulações aplicáveis aos danos ambientais complexos.

10.3.7. Princípio do "in dubio pro natura" e "in dubio pro consumidor"

Assim como no direito do trabalho e previdenciário temos o princípio do *in dubio pro misero*, no direito ambiental vige o princípio do *in dubio pro natura*, sendo que no direito do consumidor o *in dubio pro consumidor*.

Todos eles objetivam proteger o princípio da vulnerabilidade, identificado este ícone valorativo nas situações em que a disparidade de forças imponha ao mais frágil do relacionamento alguma ofensa, lesão ou mácula pelo mais forte.

No Código de Defesa do Consumidor, o princípio de que na dúvida a melhor interpretação deve pender para a defesa do consumidor permeia todo o sistema da Lei Consumerista, desde as regras da inversão do ônus da prova antes citadas até a questão contratual, onde é possível verificar no artigo 47 do CDC que: "as cláusulas contratuais serão interpretadas de maneira mais favorável ao consumidor". Aliás, igual preceito consta no artigo 423 do Código Civil, que é assim escrito: "Quando houver no contrato de adesão cláusulas ambíguas ou contraditórias, dever-se-á adotar a interpretação mais favorável ao aderente".

No tocante ao meio ambiente, da mesma forma, aplica-se o princípio hermenêutico da interpretação mais favorável à defesa da natureza, aqui, obviamente, simbolizando o termo *natureza* como representativo de todas as questões que envolvem a proteção ambiental *lato sensu*, a qual abrange a integralidade dos bens ambientais que integram esse universo de amparo legal.

De qualquer forma, apenas para ilustrar, cito a divisão dos tipos de meio ambiente, o chamado direito material ambiental, exposta por Celso Fiorillo:[312]

2.1. *patrimônio genético* (art. 225, § 1º, II e V CF e Lei nº 11.105/2005 – Lei de Biossegurança);

---

[312] Op. cit., p. 171.

2.2. *meio ambiente cultural* – arts. 215, 216, 225, todos da CF, abrangendo o meio ambiente digital (arts. 220 a 224 da CF);[313]

2.3. *meio ambiente artificial* – (art. 182 e 183 da CF) – tutela jurídica das cidades (Lei 10257/2001 – Estatuto da Cidade), da terra urbana, da moradia, saneamento, resíduos, dos serviços públicos etc.;

2.4. *meio ambiente do trabalho* – (art. 200, VIII, e 7º XXII, ambos da CF);

2.5. *meio ambiente natural* – (art. 2º, IV, da Lei nº 9.985/2000 = "recurso ambiental: a atmosfera, as águas interiores, superficiais e subterrâneas, os estuários, o mar territorial, o solo, o subsolo, os elementos da biosfera, a fauna e a flora");

Assim, quando do estabelecimento de controvérsias que imponham a ponderação de normas na resolução de casos atinentes à *macrorrelação ambiental de consumo*, a atividade hermenêutica mais acertada é a opção pela defesa do meio ambiente, e mesmo do consumidor coletivamente considerado.

Nesse sentido é a lição de Marcelo Abelha Rodrigues:[314]

Com isso queremos dizer que é regra de direito material, vinculada ao princípio da precaução, a que determina que, em toda ação de responsabilidade civil ambiental onde a existência do dano esteja vinculada a uma incerteza científica (hipossuficiência científica), o ônus de provar que os danos advindos ao meio ambiente não são do suposto poluidor a este cabe, de modo que *a dúvida é sempre em prol do meio ambiente*. Não se trata de técnica processual de inversão, mas de regra principiológica do próprio direito ambiental, e como tal já é conhecida pelo suposto poluidor desde que assumiu o risco da atividade. (grifos meus)

A jurisprudência já vem utilizando tal ferramenta axiológica, sendo exemplos as decisões que infra transcrevo:

RECURSO ESPECIAL Nº 883.656 – RS (2006/0145139-9)
RELATOR : MINISTRO HERMAN BENJAMIN
Brasília, 09 de março de 2010(data do julgamento).
RECORRENTE : ALBERTO PASQUALINI REFAP S/A
RECORRIDO : MINISTÉRIO PÚBLICO DO ESTADO DO RIO GRANDE DO SUL
INTERES. : PETRÓLEO BRASILEIRO S/A PETROBRAS
PROCESSUAL CIVIL E AMBIENTAL. AÇÃO CIVIL PÚBLICA. RESPONSABILIDADE CIVIL AMBIENTAL. CONTAMINAÇÃO COM MERCÚRIO. ART. 333 DO CÓDIGO DE PROCESSO CIVIL. ÔNUS DINÂMICO DA PROVA. CAMPO DE APLICAÇÃO DOS ARTS. 6º, VIII, E 117 DO CÓDIGO DE DEFESA DO CONSUMIDOR. PRINCÍPIO DA PRECAUÇÃO. POSSIBILIDADE DE INVERSÃO DO ONUS PROBANDI NO DIREITO AMBIENTAL. *PRINCÍPIO IN DUBIO PRO NATURA.*

1. Em Ação Civil Pública proposta com o fito de reparar alegado dano ambiental causado por grave contaminação com mercúrio, o Juízo de 1º grau, em acréscimo à imputa-

---

[313] FIORILLO, Celso. Op. cit., p. 100 e 101.
[314] *Processo Civil Ambiental.* São Paulo: Revista dos Tribunais, 2012, p. 201.

ção objetiva estatuída no art. 14, § 1º, da Lei 6.938/81, determinou a inversão do ônus da prova quanto a outros elementos da responsabilidade civil, decisão mantida pelo Tribunal *a quo*.

2. O regime geral, ou comum, de distribuição da carga probatória assenta-se no art. 333, caput, do Código de Processo Civil. Trata-se de modelo abstrato, apriorístico e estático, mas não absoluto, que, por isso mesmo, sofre abrandamento pelo próprio legislador, sob o influxo do ônus dinâmico da prova, com o duplo objetivo de corrigir eventuais iniquidades práticas (a probatio diabólica, p. ex., a inviabilizar legítimas pretensões, mormente dos sujeitos vulneráveis) e instituir um ambiente ético-processual virtuoso, em cumprimento ao espírito e letra da Constituição de 1988 e das máximas do Estado Social de Direito.

3. No processo civil, a técnica do ônus dinâmico da prova concretiza e aglutina os cânones da solidariedade, da facilitação do acesso à Justiça, da efetividade da prestação jurisdicional e do combate às desigualdades, bem como expressa um renovado due process, tudo a exigir uma genuína e sincera cooperação entre os sujeitos na demanda.

4. O legislador, diretamente na lei (= ope legis), ou por meio de poderes que atribui, específica ou genericamente, ao juiz (= ope judicis), modifica a incidência do onus probandi, transferindo-o para a parte em melhores condições de suportá-lo ou cumpri-lo eficaz e eficientemente, tanto mais em relações jurídicas nas quais ora claudiquem direitos indisponíveis ou intergeracionais, ora as vítimas transitem no universo movediço em que convergem incertezas tecnológicas, informações cobertas por sigilo industrial, conhecimento especializado, redes de causalidade complexa, bem como danos futuros, de manifestação diferida, protraída ou prolongada.

5. No Direito Ambiental brasileiro, a inversão do ônus da prova é de ordem substantiva e ope legis, direta ou indireta (esta última se manifesta, p. ex., na derivação inevitável do princípio da precaução), como também de cunho estritamente processual e *ope judicis* (assim no caso de hipossuficiência da vítima, verossimilhança da alegação ou outras hipóteses inseridas nos poderes genéricos do juiz, emanação natural do seu ofício de condutor e administrador do processo).

6. **Como corolário do princípio *in dubio pro natura*, "Justifica-se a inversão do ônus da prova, transferindo para o empreendedor da atividade potencialmente perigosa o ônus de demonstrar a segurança do empreendimento, a partir da interpretação do art. 6º, VIII, da Lei 8.078/1990 c/c o art. 21 da Lei 7.347/1985, conjugado ao Princípio Ambiental da Precaução" (REsp 972.902/RS, Rel. Min. Eliana Calmon, Segunda Turma, DJe 14.9.2009), técnica que sujeita aquele que supostamente gerou o dano ambiental a comprovar "que não o causou ou que a substância lançada ao meio ambiente não lhe é potencialmente lesiva" (REsp 1.060.753/SP, Rel. Min. Eliana Calmon, Segunda Turma, DJe 14.12.2009).**

7. A inversão do ônus da prova, prevista no art. 6º, VIII, do Código de Defesa do Consumidor, contém comando normativo estritamente processual, o que a põe sob o campo de aplicação do art. 117 do mesmo estatuto, fazendo-a valer, universalmente, em todos os domínios da Ação Civil Pública, e não só nas relações de consumo (REsp 1049822/RS, Rel. Min. Francisco Falcão, Primeira Turma, DJe 18.5.2009).

8. Destinatário da inversão do ônus da prova por hipossuficiência – juízo perfeitamente compatível com a natureza coletiva ou difusa das vítimas – não é apenas a parte em

juízo (ou substituto processual), mas, com maior razão, o sujeito-titular do bem jurídico primário a ser protegido.

9. Ademais, e este o ponto mais relevante aqui, importa salientar que, em Recurso Especial, no caso de inversão do ônus da prova, eventual alteração do juízo de valor das instâncias ordinárias esbarra, como regra, na Súmula 7 do STJ. "Aferir a hipossuficiência do recorrente ou a verossimilhança das alegações lastreada no conjunto probatório dos autos ou, mesmo, examinar a necessidade de prova pericial são providências de todo incompatíveis com o recurso especial, que se presta, exclusivamente, para tutelar o direito federal e conferir-lhe uniformidade" (REsp 888.385/RJ, Segunda Turma, Rel. Min. Castro Meira, DJ de 27.11.2006. No mesmo sentido, REsp 927.727/MG, Primeira Turma, Rel. Min. José Delgado, DJe de 4.6.2008).

10. Recurso Especial não provido.

ACÓRDÃO

A Turma, por unanimidade, negou provimento ao recurso, nos termos do voto do(a) Sr(a). Ministro(a)-Relator(a). Os Srs. Ministros Mauro Campbell Marques, Eliana Calmon, Castro Meira e Humberto Martins (Presidente) votaram com o Sr. Ministro Relator.

RECURSO ESPECIAL Nº 1.145.083 – MG (2009/0115262-9)
RELATOR : MINISTRO HERMAN BENJAMIN
Brasília, 27 de setembro de 2011(data do julgamento).
RECORRENTE : MINISTÉRIO PÚBLICO DO ESTADO DE MINAS GERAIS
RECORRIDO : JOSÉ ILÁRIO GALDINO
EMENTA
ADMINISTRATIVO. AMBIENTAL. AÇÃO CIVIL PÚBLICA. DESMATAMENTO EM ÁREA DE PRESERVAÇÃO PERMANENTE (MATA CILIAR). DANOS CAUSADOS AO MEIO AMBIENTE. BIOMA DO CERRADO. ARTS. 4º, VII, E 14, § 1º, DA LEI 6.938/1981, E ART. 3º DA LEI 7.347/1985. PRINCÍPIOS DO POLUIDOR-PAGADOR E DA REPARAÇÃO INTEGRAL. *REDUCTIO AD PRISTINUM STATUM*. FUNÇÃO DE PREVENÇÃO ESPECIAL E GERAL DA RESPONSABILIDADE CIVIL. CUMULAÇÃO DE OBRIGAÇÃO DE FAZER (RESTAURAÇÃO DA ÁREA DEGRADADA) E DE PAGAR QUANTIA CERTA (INDENIZAÇÃO). POSSIBILIDADE. DANO AMBIENTAL REMANESCENTE OU REFLEXO. ART. 5º DA LEI DE INTRODUÇÃO ÀS NORMAS DO DIREITO BRASILEIRO. **INTERPRETAÇÃO IN DUBIO PRO NATURA.**

1. Cuidam os autos de Ação Civil Pública proposta com o fito de obter responsabilização por danos ambientais causados por desmatamento de vegetação nativa (Bioma do Cerrado) em Área de Preservação Permanente. O Tribunal de Justiça do Estado de Minas Gerais considerou provado o dano ambiental e condenou o réu a repará-lo, porém julgou improcedente o pedido indenizatório cumulativo.

2. **A legislação de amparo dos sujeitos vulneráveis e dos interesses difusos e coletivos deve ser interpretada da maneira que lhes seja mais favorável e melhor possa viabilizar, no plano da eficácia, a prestação jurisdicional e a ratio essendi da norma de fundo e processual. A hermenêutica jurídico-ambiental rege-se pelo princípio *in dubio pro natura*.**

3. A jurisprudência do STJ está firmada no sentido de que, nas demandas ambientais, por força dos princípios do poluidor-pagador e da reparação *in integrum*, admite-se a

condenação, simultânea e cumulativa, em obrigação de fazer, não fazer e indenizar. Assim, na interpretação do art. 3º da Lei 7.347/1985, a conjunção "ou" opera com valor aditivo, não introduz alternativa excludente. Precedentes da Primeira e Segunda Turmas do STJ.

4. A recusa de aplicação, ou aplicação truncada, pelo juiz, dos princípios do poluidor-pagador e da reparação *in integrum* arrisca projetar, moral e socialmente, a nociva impressão de que o ilícito ambiental compensa, daí a resposta administrativa e judicial não passar de aceitável e gerenciável "risco ou custo normal do negócio". Saem debilitados, assim, o caráter dissuasório, a força pedagógica e o objetivo profilático da responsabilidade civil ambiental (= prevenção geral e especial), verdadeiro estímulo para que outros, inspirados no exemplo de impunidade de fato, mesmo que não de direito, do degradador premiado, imitem ou repitam seu comportamento deletério.

5. Se o meio ambiente lesado for imediata e completamente restaurado ao seu estado original (*reductio ad pristinum statum*), não há falar, como regra, em indenização. Contudo, a possibilidade técnica e futura de restabelecimento *in natura* (= juízo prospectivo) nem sempre se mostra suficiente para, no terreno da responsabilidade civil, reverter ou recompor por inteiro as várias dimensões da degradação ambiental causada, mormente quanto ao chamado dano ecológico puro, caracterizado por afligir a Natureza em si mesma, como bem inapropriado ou inapropriável. Por isso, a simples restauração futura – mais ainda se a perder de vista – do recurso ou elemento natural prejudicado não exaure os deveres associados aos princípios do poluidor-pagador e da reparação *in integrum*.

6. A responsabilidade civil, se realmente aspira a adequadamente confrontar o caráter expansivo e difuso do dano ambiental, deve ser compreendida o mais amplamente possível, de modo que a condenação a recuperar a área prejudicada não exclua o dever de indenizar – juízos retrospectivo e prospectivo. A cumulação de obrigação de fazer, não fazer e pagar não configura bis in idem, tanto por serem distintos os fundamentos das prestações, como pelo fato de que eventual indenização não advém de lesão em si já restaurada, mas relaciona-se à degradação remanescente ou reflexa.

7. Na vasta e complexa categoria da degradação remanescente ou reflexa, incluem-se tanto a que temporalmente medeia a conduta infesta e o pleno restabelecimento ou recomposição da biota, vale dizer, a privação temporária da fruição do bem de uso comum do povo (= dano interino, intermediário, momentâneo, transitório ou de interregno), quanto o dano residual (= deterioração ambiental irreversível, que subsiste ou perdura, não obstante todos os esforços de restauração) e o dano moral coletivo. Também deve ser restituído ao patrimônio público o proveito econômico do agente com a atividade ou empreendimento degradador, a mais-valia ecológica que indevidamente auferiu (p. ex., madeira ou minério retirados ao arrepio da lei do imóvel degradado ou, ainda, o benefício com o uso ilícito da área para fim agrossilvopastoril, turístico, comercial).

8. Recurso Especial parcialmente provido para reconhecer a possibilidade, em tese, de cumulação da indenização pecuniária com as obrigações de fazer voltadas à recomposição in natura do bem lesado, devolvendo-se os autos ao Tribunal de origem para que verifique se, na hipótese, há dano indenizável e fixe eventual *quantum debeatur*.

ACÓRDÃO

A Turma, por unanimidade, deu parcial provimento ao recurso, nos termos do voto do Sr. Ministro-Relator, sem destaque." Os Srs. Ministros Mauro Campbell Marques, Cesar Asfor Rocha, Castro Meira e Humberto Martins votaram com o Sr. Ministro Relator. (grifos meus)

Essas reflexões sobre práticas legais processuais e extraprocessuais possíveis no âmbito das ações coletivas também se constituem em *inovações* interessantes advindas da aplicação conjugada dos dispositivos do chamado processo civil coletivo, evidenciando, mais uma vez, a sintonia e a necessária aplicação dos mesmos preceitos às questões ambientais e de direito do consumidor.

Dessarte, decisões que premiam a efetiva prevenção, agilidade e correção *total* dos danos ambientais complexos envolvendo *macrorrelações ambientais de consumo*, em detrimento de posturas rígidas, formais e insuficiente, estão completamente amparadas nos princípios Constitucionais e nos princípios que informam a Tutela Coletiva, devendo, portanto, prevalecer.

11. Responsabilidade compartilhada – logística reversa – princípio da solidariedade e princípio da segurança

A Lei nº 12.305/10, além de ser uma legislação inovadora, apresenta-se como bastante didática, pois já no artigo 3º indica os conceitos úteis aplicáveis à matéria atinente aos resíduos sólidos.

Um outro mérito desta legislação é a implementação de uma atuação sistêmica da sociedade, não somente em termos normativos, o que é promovido pelo seu artigo 2º, como também em nível social, chegando a incluir como um dos princípios da Política Nacional de Resíduos Sólidos a *visão sistêmica* na gestão de resíduos sólidos, que leve em consideração os aspectos ambientais, sociais, culturais, econômicos, tecnológicos e de saúde pública, conforme consta expresso no artigo 6º, III, desta Lei Protetiva.

Aliás, esta *visão sistêmica* expressa justamente o que defendo neste trabalho, quando preconizo o reconhecimento da *macrorrelação ambiental de consumo*, evidenciada pelo *princípio da contextualização* e pelo conceito de *ciclo de vida do produto*.

Um outro ponto de grande importância da Lei nº 12.305/10 é que ela apresenta um planejamento interessante sobre os resíduos sólidos, organizando sistemas, por intermédio dos planos públicos e dos planos privados de gerenciamento de resíduos, o que está nos artigos 15 (plano nacional), 16 (planos estaduais), 18 (planos municipais) e 20 os planos de obrigação dos agentes econômicos privados.

Por último, talvez a função mais importante da Lei em questão, seja a promoção de alterações na estrutura cultural da sociedade, de modo que a atuação conjunta de todos os seus integrantes possa minimizar os efeitos catastróficos para a vida e para a saúde que a não contenção dos problemas advindos da incorreta disposição final dos resíduos sólidos pode acarretar.

De fato, somente uma mudança cultural poderá promover as alterações profundas necessárias, cabendo à doutrina, à jurisprudência e aos agentes de controle e fiscalização, em um primeiro momento – até que sejam implementadas com naturalidade as exigências legais –, cobrar dos agentes econômicos com poder no mercado de consumo a concretização das estruturas normativas recentemente previstas.

Duas dessas estruturas são a responsabilidade compartilhada e a logística reversa.

Quanto à primeira, ao contrário do que possa parecer a partir de uma leitura da literalidade do artigo 30 e dos incisos do seu parágrafo único, ela é um dever principalmente imposto aos agentes econômicos fornecedores, pois detêm eles a profissionalidade estrutural, econômica, financeira e jurídica para a organização dos sistemas necessários à efetividade dos objetivos da Lei.

O artigo 30 é assim escrito:

> Art. 30. É instituída a responsabilidade compartilhada pelo ciclo de vida dos produtos, a ser implementada de forma individualizada e encadeada, abrangendo os fabricantes, importadores, distribuidores e comerciantes, os consumidores e os titulares dos serviços públicos de limpeza urbana e de manejo de resíduos sólidos, consoante as atribuições e procedimentos previstos nesta Seção.
>
> Parágrafo único. A responsabilidade compartilhada pelo ciclo de vida dos produtos tem por objetivo:
>
> I – compatibilizar interesses entre os agentes econômicos e sociais e os processos de gestão empresarial e mercadológica com os de gestão ambiental, desenvolvendo estratégias sustentáveis;
>
> II – promover o aproveitamento de resíduos sólidos, direcionando-os para a sua cadeia produtiva ou para outras cadeias produtivas;
>
> III – reduzir a geração de resíduos sólidos, o desperdício de materiais, a poluição e os danos ambientais;
>
> IV – incentivar a utilização de insumos de menor agressividade ao meio ambiente e de maior sustentabilidade;
>
> V – estimular o desenvolvimento de mercado, a produção e o consumo de produtos derivados de materiais reciclados e recicláveis;
>
> VI – propiciar que as atividades produtivas alcancem eficiência e sustentabilidade;
>
> VII – incentivar as boas práticas de responsabilidade socioambiental.

Veja-se que a inclusão dos consumidores na responsabilidade compartilhada poderia dar a entender que haveria uma responsabilidade solidária entre todos os nominados, neles incluídos os próprios consumidores, e que tal responsabilidade se restringiria ao plano material e concreto de, em conjunto, todos realizarem a política de resíduos sólidos, sem que nesta política estivesse envolvida a questão da responsabilização civil preventiva e sancionatória.

Assim, caso houvesse algum problema decorrente da incorreta disposição final de resíduos sólidos, como é o caso das áreas contaminadas, os agentes econômicos procurariam se eximir de responder, simplesmente alegando que foram os consumidores os responsáveis por tudo, ao jogarem embalagens plásticas, borrachas etc., em locais inadequados.

Entretanto, essa não é a correta exegese do artigo 30 da LRS (Lei de Resíduos Sólidos), bastando, para tanto, realizar uma interpretação sistemática da legislação, a começar pelo artigo 51 da Lei n° 12.305/10. Transcrevo:

> Art. 51. Sem prejuízo da obrigação de, independentemente da existência de culpa, reparar os danos causados, a ação ou omissão das pessoas físicas ou jurídicas que importe inobservância aos preceitos desta Lei ou de seu regulamento sujeita os infratores às sanções previstas em lei, em especial às fixadas na Lei no 9.605, de 12 de fevereiro de 1998, que "dispõe sobre as sanções penais e administrativas derivadas de condutas e atividades lesivas ao meio ambiente, e dá outras providências", e em seu regulamento.

Analisando este artigo *chave*, é possível extrair várias conclusões preciosas.

A primeira delas, e a mais evidente, está na previsão da responsabilidade independentemente de culpa, ou seja, a responsabilidade é pelo risco integral, haja vista que a legislação não prevê excludentes de responsabilidade. Neste ponto, então, a legislação ambiental é mais benéfica e protetiva do que a legislação consumerista, sabido que esta última admite excludentes, sendo, portanto, caracterizada como responsabilidade objetiva,[315] ou, como alguns preferem denominar, responsabilidade pelo risco mitigado.

A segunda observação importante a partir do artigo 51 é a previsão de reparação dos danos causados por ação ou omissão das pessoas físicas ou jurídicas que: "importe inobservância aos preceitos desta Lei

---

[315] A doutrina refere que a distinção básica entre *responsabilidade objetiva* e pelo *risco integral* é que na responsabilidade objetiva são admissível excludente, enquanto no risco integral não. Sobre isso ver MARINS, James. *Responsabilidade da Empresa pelo Fato do Produto*. São Paulo: Revista dos Tribunais, p. 97, nota 212: "Sustenta-se que a diferença entre a responsabilidade por risco da empresa e a responsabilidade objetiva residiria no fato de que esta última admite a existência de provas liberatórias, inadmissíveis na responsabilidade por risco que inadmite atenuações em sua extensão. Assim, Galgano, que sustenta, acompanhado de Carlo Verardi: 'La responsabilità oggetiva, a differenza della responsabilità per rischio d'impresa, ammette la prova liberatori, ossia la prova della non imputabilità cause dell'altrui evento dannoso al fatto proprio' ('Responsabilità Del produttore', in *Contrato e impresa*, p. 996 e 997, *apud* Carlo Verardi, *ett alli*, *La Responsabilità per Danno da Prodotti Difettosi*, p. 67, Milão: Giuffrè Editore, 1990)".

ou de seu regulamento (...)", indicando que nestes casos os infratores estarão sujeitos às sanções previstas na Lei.

Dessa forma, sempre que não forem observados os preceitos desta Lei pelos agentes econômicos atuantes no mercado de consumo, poderão ser sancionados com base na responsabilidade pelo risco integral.

Mas quais são os preceitos que devem ser obedecidos?

Os primeiros são os artigos 20 e 21 da LRS:

Art. 20. Estão sujeitos à elaboração de plano de gerenciamento de resíduos sólidos:

I – os geradores de resíduos sólidos previstos nas alíneas "e", "f", "g" e "k" do inciso I do art. 13;

II – os estabelecimentos comerciais e de prestação de serviços que:

a) gerem resíduos perigosos;

b) gerem resíduos que, mesmo caracterizados como não perigosos, por sua natureza, composição ou volume, não sejam equiparados aos resíduos domiciliares pelo poder público municipal;

III – as empresas de construção civil, nos termos do regulamento ou de normas estabelecidas pelos órgãos do Sisnama;

IV – os responsáveis pelos terminais e outras instalações referidas na alínea "j" do inciso I do art. 13 e, nos termos do regulamento ou de normas estabelecidas pelos órgãos do Sisnama e, se couber, do SNVS, as empresas de transporte;

V – os responsáveis por atividades agrossilvopastoris, se exigido pelo órgão competente do Sisnama, do SNVS ou do Suasa.

Parágrafo único. Observado o disposto no Capítulo IV deste Título, serão estabelecidas por regulamento exigências específicas relativas ao plano de gerenciamento de resíduos perigosos.

Art. 21. O plano de gerenciamento de resíduos sólidos tem o seguinte conteúdo mínimo:

I – descrição do empreendimento ou atividade;

II – diagnóstico dos resíduos sólidos gerados ou administrados, contendo a origem, o volume e a caracterização dos resíduos, incluindo os passivos ambientais a eles relacionados;

III – observadas as normas estabelecidas pelos órgãos do Sisnama, do SNVS e do Suasa e, se houver, o plano municipal de gestão integrada de resíduos sólidos:

a) explicitação dos responsáveis por cada etapa do gerenciamento de resíduos sólidos;

b) definição dos procedimentos operacionais relativos às etapas do gerenciamento de resíduos sólidos sob responsabilidade do gerador;

IV – identificação das soluções consorciadas ou compartilhadas com outros geradores;

V – ações preventivas e corretivas a serem executadas em situações de gerenciamento incorreto ou acidentes;

VI – metas e procedimentos relacionados à minimização da geração de resíduos sólidos e, observadas as normas estabelecidas pelos órgãos do Sisnama, do SNVS e do Suasa, à reutilização e reciclagem;

VII – se couber, ações relativas à responsabilidade compartilhada pelo ciclo de vida dos produtos, na forma do art. 31;

VIII – medidas saneadoras dos passivos ambientais relacionados aos resíduos sólidos;

IX – periodicidade de sua revisão, observado, se couber, o prazo de vigência da respectiva licença de operação a cargo dos órgãos do Sisnama.

Ou seja, é obrigação da grande maioria dos agentes econômicos a elaboração e implementação dos seus planos de gerenciamento de resíduos sólidos (artigo 27 da LRS) e tal omissão, por ser evidente infração à legislação, autoriza a responsabilização civil, no âmbito da responsabilidade compartilhada, daqueles que eventualmente tenham ocasionado a criação de áreas contaminadas.

O artigo 27, § 1º, da LRS reforça tal entendimento, quando assim dispõe:

> § 1º A contratação de serviços de coleta, armazenamento, transporte, transbordo, tratamento ou destinação final de resíduos sólidos, ou de disposição final de rejeitos, não isenta as pessoas físicas ou jurídicas referidas no art. 20 da responsabilidade por danos que vierem a ser provocados pelo gerenciamento inadequado dos respectivos resíduos ou rejeitos.

A responsabilidade pelo risco integral que atuaria no âmbito da responsabilidade compartilhada igualmente emerge do artigo 31, basta que seja corretamente interpretado:

> Art. 31. Sem prejuízo das obrigações estabelecidas no plano de gerenciamento de resíduos sólidos e com vistas a fortalecer a responsabilidade compartilhada e seus objetivos, os fabricantes, importadores, distribuidores e comerciantes têm responsabilidade que abrange:
>
> I – investimento no desenvolvimento, na fabricação e na colocação no mercado de produtos:
>
> a) que sejam aptos, após o uso pelo consumidor, à reutilização, à reciclagem ou a outra forma de destinação ambientalmente adequada;
>
> b) cuja fabricação e uso gerem a menor quantidade de resíduos sólidos possível;
>
> II – divulgação de informações relativas às formas de evitar, reciclar e eliminar os resíduos sólidos associados a seus respectivos produtos;
>
> III – recolhimento dos produtos e dos resíduos remanescentes após o uso, assim como sua subsequente destinação final ambientalmente adequada, no caso de produtos objeto de sistema de logística reversa na forma do art. 33;
>
> IV – compromisso de, quando firmados acordos ou termos de compromisso com o Município, participar das ações previstas no plano municipal de gestão integrada de resíduos sólidos, no caso de produtos ainda não inclusos no sistema de logística reversa.

O artigo supracitado tem na sua teleologia o fortalecimento da responsabilidade compartilhada, prevendo *um degrau a mais* em termos de responsabilidade civil ao mencionar que: "sem prejuízo das obrigações estabelecidas no plano de gerenciamento de resíduos sólidos

(...)", os fabricantes, importadores, distribuidores e comerciantes têm responsabilidades excedentes, quais sejam: a) investimento na fabricação de produtos aptos, após o uso pelo consumidor, à reutilização, reciclagem e outras formas de destinação ambientalmente adequada; b) promover a divulgação de informações sobre as maneiras de reciclar e eliminar resíduos sólidos; c) recolhimento dos produtos e dos resíduos remanescentes após o uso e a sua destinação final adequada.

Em acréscimo a tais obrigações legais inafastáveis, igualmente existem as exigências do artigo 32:

> Art. 32. As embalagens devem ser fabricadas com materiais que propiciem a reutilização ou a reciclagem.
>
> § 1º Cabe aos respectivos responsáveis assegurar que as embalagens sejam:
>
> I – restritas em volume e peso às dimensões requeridas à proteção do conteúdo e à comercialização do produto;
>
> II – projetadas de forma a serem reutilizadas de maneira tecnicamente viável e compatível com as exigências aplicáveis ao produto que contêm;
>
> III – recicladas, se a reutilização não for possível.
>
> § 2º O regulamento disporá sobre os casos em que, por razões de ordem técnica ou econômica, não seja viável a aplicação do disposto no caput.
>
> § 3º É responsável pelo atendimento do disposto neste artigo todo aquele que:
>
> I – manufatura embalagens ou fornece materiais para a fabricação de embalagens;
>
> II – coloca em circulação embalagens, materiais para a fabricação de embalagens ou produtos embalados, em qualquer fase da cadeia de comércio.

É, portanto, obrigação legal dos agentes econômicos e, vejam, "(...) em qualquer fase da cadeia de comércio" (inciso II supra), a elaboração de produtos com embalagens recicláveis ou reutilizáveis, da mesma forma constituindo-se tal desobediência em fator de responsabilização por eventos danosos que promovam o surgimento de áreas contaminadas e de qualquer outro dano ambiental complexo.

Concluo, dessa forma, que não mais se aceita a alegação de que são os consumidores os responsáveis por sujar o meio ambiente com embalagens e resíduos sólidos em geral, porque *agora* a Lei atribui expressamente tal responsabilidade aos agentes econômicos que atuam em todas as cadeias de consumo e fornecimento.

Tal responsabilidade fulcrada na teoria do risco integral é reforçada ainda mais pela previsão da logística reversa inclusa no artigo 33:

> Art. 33. São obrigados a estruturar e implementar sistemas de logística reversa, mediante retorno dos produtos após o uso pelo consumidor, de forma independente do serviço público de limpeza urbana e de manejo dos resíduos sólidos, os fabricantes, importadores, distribuidores e comerciantes de:

I – agrotóxicos, seus resíduos e embalagens, assim como outros produtos cuja embalagem, após o uso, constitua resíduo perigoso, observadas as regras de gerenciamento de resíduos perigosos previstas em lei ou regulamento, em normas estabelecidas pelos órgãos do Sisnama, do SNVS e do Suasa, ou em normas técnicas;

II – pilhas e baterias;

III – pneus;

IV – óleos lubrificantes, seus resíduos e embalagens;

V – lâmpadas fluorescentes, de vapor de sódio e mercúrio e de luz mista;

VI – produtos eletroeletrônicos e seus componentes.

§ 1º Na forma do disposto em regulamento ou em acordos setoriais e termos de compromisso firmados entre o poder público e o setor empresarial, os sistemas previstos no *caput* serão estendidos a produtos comercializados em embalagens plásticas, metálicas ou de vidro, e aos demais produtos e embalagens, considerando, prioritariamente, o grau e a extensão do impacto à saúde pública e ao meio ambiente dos resíduos gerados.

§ 2º A definição dos produtos e embalagens a que se refere o § 1º considerará a viabilidade técnica e econômica da logística reversa, bem como o grau e a extensão do impacto à saúde pública e ao meio ambiente dos resíduos gerados.

§ 3º Sem prejuízo de exigências específicas fixadas em lei ou regulamento, em normas estabelecidas pelos órgãos do Sisnama e do SNVS, ou em acordos setoriais e termos de compromisso firmados entre o poder público e o setor empresarial, cabe aos fabricantes, importadores, distribuidores e comerciantes dos produtos a que se referem os incisos II, III, V e VI ou dos produtos e embalagens a que se referem os incisos I e IV do *caput* e o § 1º tomar todas as medidas necessárias para assegurar a implementação e operacionalização do sistema de logística reversa sob seu encargo, consoante o estabelecido neste artigo, podendo, entre outras medidas:

I – implantar procedimentos de compra de produtos ou embalagens usados;

II – disponibilizar postos de entrega de resíduos reutilizáveis e recicláveis;

III – atuar em parceria com cooperativas ou outras formas de associação de catadores de materiais reutilizáveis e recicláveis, nos casos de que trata o § 1º.

§ 4º Os consumidores deverão efetuar a devolução após o uso, aos comerciantes ou distribuidores, dos produtos e das embalagens a que se referem os incisos I a VI do *caput*, e de outros produtos ou embalagens objeto de logística reversa, na forma do § 1º.

§ 5º Os comerciantes e distribuidores deverão efetuar a devolução aos fabricantes ou aos importadores dos produtos e embalagens reunidos ou devolvidos na forma dos §§ 3º e 4º.

§ 6º Os fabricantes e os importadores darão destinação ambientalmente adequada aos produtos e às embalagens reunidos ou devolvidos, sendo o rejeito encaminhado para a disposição final ambientalmente adequada, na forma estabelecida pelo órgão competente do Sisnama e, se houver, pelo plano municipal de gestão integrada de resíduos sólidos.

§ 7º Se o titular do serviço público de limpeza urbana e de manejo de resíduos sólidos, por acordo setorial ou termo de compromisso firmado com o setor empresarial, encarregar-se de atividades de responsabilidade dos fabricantes, importadores, distribuidores e comerciantes nos sistemas de logística reversa dos produtos e embalagens a que se refere este artigo, as ações do poder público serão devidamente remuneradas, na forma previamente acordada entre as partes.

§ 8º Com exceção dos consumidores, todos os participantes dos sistemas de logística reversa manterão atualizadas e disponíveis ao órgão municipal competente e a outras autoridades informações completas sobre a realização das ações sob sua responsabilidade.

O artigo 33 é riquíssimo em termos de alterações importantes da sociedade brasileira.

Veja-se que a obrigação de implementação da logística reversa, com o recolhimento de todos os resíduos e rejeitos oriundos da *macrorrelação ambiental de consumo*, em um primeiro momento, está direcionada para os produtos nominados nos incisos I até VI do artigo 33 da LRS.

Todavia, o § 1º prevê a possibilidade de extensão da política de logística reversa para outros produtos integrados por embalagens plásticas, metálicas ou de vidro e aos demais produtos e embalagens com impacto na saúde pública e no meio ambiente, bastando, para tanto, que sejam firmados acordos setoriais e termos de compromisso.

Um outro aspecto que precisa ser desenvolvido no incipiente tema da logística reversa é que, em um primeiro momento, o entendimento comum das pessoas se orienta para a atribuição aos fabricantes do dever de implementar a reversão de embalagens e dos próprios produtos utilizados, sejam pilhas, pneus etc.

Sem a menor dúvida que cabe aos fabricantes tal atuação. Todavia, são os comerciantes o elo direto entre a produção e o consumo *stricto sensu*, pois os produtos e serviços somente têm condições de chegar ao mais longínquo *rincão* por causa da rede capilarizada de comerciantes e dos seus representantes autônomos ou comerciais.

Ressalto, então, que a logística reversa[316] precisa começar a ser trabalhada pelos Entes Públicos e Privados também com os comerciantes, haja vista que somente por intermédio da utilização dos sistemas de consumo por eles criados é que se poderá realizar uma reversão efetiva e profícua de resíduos sólidos.

---

[316] Sobre este assunto ver o trabalho de GUARNIERI, Patricia Guarnieri *Logística Reversa – Em busca do equilíbrio econômico e ambiental*. Recife: Clube dos Autores, 2011. Também sobre a gestão de resíduos sólidos na Alemanha, país modelo no trato do problema, disponível em <patriciaguanieri.blogspot.com.br>, acesso em 11/12/12, onde ela expõe a sucesso obtido naquele país, por causa do engajamento e da efetiva implementação de uma responsabilidade compartilhada não somente por parte dos fabricantes dos produtos que mais geram resíduos sólidos como também das grandes redes de varejo e comércio, esclarecendo que o índice de reciclagem na Alemanha está na atualidade aproximadamente em torno de 67%, o que é bastante significativo.

Conversando com pessoas residentes em países da Europa, principalmente da Alemanha, que é considerado um modelo de gestão de resíduos sólidos, são comuns comentários no sentido de que é corriqueira a prática da devolução de embalagens recicláveis nos supermercados, os quais possuem máquinas específicas para receber a reversão e imediatamente pagar a quem deposita os recipientes, por intermédio de cupons que podem ser utilizados no próprio estabelecimento comercial.

Ou seja, está comprovado, e a experiência brasileira mostra tal realidade,[317] que a efetiva participação da comunidade é obtida de maneira mais eficiente quando são abertas linhas de remuneração àqueles que procedem à devolução dos resíduos sólidos para reciclagem.

Também é notório que a participação dos comerciantes é fundamental para que dê certo a logística reversa, conclusões parciais essas que reforçam as ideias de *solidariedade orgânica* a seguir expostas, pois caberá aos Entes Públicos e Privados com capacidade para organizar tais sistemas a criação e gestão de políticas públicas para o retorno dos materiais recicláveis.

Em síntese, não mais poderão os agentes econômicos tentar *passar a bola* para os consumidores, atribuindo-lhes a responsabilidade por embalagens e produtos utilizados *transitando* por recursos hídricos e sarjetas, porque, agora, existe um complexo de obrigações a eles estabelecido na Lei, que, se não adimplido, ensejará a responsabilização pelo risco integral, bastando, para tanto, a constatação do dano e a existência de um nexo provável, na forma antes apontada.

---

[317] No Brasil vários esforços vem sendo feitos no sentido, havendo um sinalização importante para o fato de que a aquisição das embalagens estimulará o retorno das mesmas, sendo o Brasil um exemplo no trato da questão atinente aos metais. Exemplo disso é a referência inclusa no Informativo nº 50 do Sindicato Nacional das Indústrias de Estamparias de Metais, disponível em <www.fiesp.com.br/siniem/2012/10/Informativo>, acesso em 11/12/2012, no qual Antônio Carlos Teixeira Álvares, Presidente do Sindicato, assim se manifesta: "O setor de metal já possui no Brasil a experiência bem-sucedida de coleta espontânea: em bebidas, as latas de lumínio registram aqui o seu recorde mundial de reciclagem, com 98%; enquanto as latas de aço para bebidas na região Nordeste registram o índice de reciclagem de 82%, também recorde mundial. Nosso projeto é implantar mais um sistema que possibilitará o aumento na reciclagem das demais latas de aço utilizadas para derivados de tomate, conservas alimentícias, tintas e produtos químicos. O preço da sucata certamente será mais vantajoso para os catadores e assim o setor contribuirá para a inclusão social desse contingente. O centro-modelo será construído em na periferia da Grande São Paulo, onde está situado o maior número de cooperativas de reciclagem e de catadores. O investimento inicial do projeto está estimado em dois milhões de reais e funcionará a partir de junho. O custo será dividido entre fabricantes de embalagens de aço, siderúrgicas e envasadores interessados em participar da iniciativa. A proposta é replicar o centro para todas as regiões da capital paulista até o fim de 2012. O nosso posicionamento é que a embalagem metálica não gera resíduo e sim insumo, pois tanto o aço como o alumínio são 100% recicláveis e retornam à sua condição original como matérias-primas, sem agredir a natureza".

Esse, então, é o caminho natural para que se possa viabilizar nossa permanência da Terra. A completa reversão dos resíduos da *macrorrelação ambiental de consumo*, o que entendo não seja uma utopia, mas sim possível, desde que, de maneira séria, organizada e responsável sejam implementadas as medidas inclusas nos incisos I, II e III do § 3º do artigo 33.

Os consumidores, portanto, atuarão no espaço da responsabilidade compartilhada não respondendo civilmente por danos, isto cabe aos agentes econômicos (perceba-se e tratamento diferenciado no § 8º do artigo 33), mas sim servindo como instrumento eficaz para o retorno dos resíduos dos relacionamentos de consumo de massa, seja por intermédio de mecanismos de *aquisição de embalagens* ou qualquer outra medida que estimule os consumidores a participar dos processos estruturados. Conforme visto no início deste trabalho, é uma questão cultural e a cultura pode ser forjada pela organização, a necessidade e pela agregação de valor à atuação individualizada responsável de cada integrante do organismo social.

É importante perceber que a estrutura da responsabilidade compartilhada tem origem na noção de solidariedade orgânica informada pela Constituição Federal e que domina o campo da responsabilidade civil objetiva, sendo fundamental que se apreenda esta base filosófica para a correta compreensão das novas estruturas positivadas acima referidas, bem como para a lúcida compreensão da *macrorrelação ambiental de consumo*.

Sobre a solidariedade orgânica, aplicável a todas as estruturas atuais do Direito, é o comentário de Luis Renato Ferreira da Silva,[318][319] ensinamentos esses fundamentais:

> A idéia de solidariedade remete, inevitavelmente, à doutrina solidarista preconizada por Émile Durkheim. Para o sociólogo francês, poderia se estabelecer uma diferença entre a solidariedade que se presencia nas sociedades mais simples, nas quais há uma indistinção dos papéis sociais, daquelas mais complexas, onde, graças à divisão do trabalho social, as atividades são mais compartimentadas.
>
> Quanto mais simples (menos especializada) a sociedade, mais integrados estão os seus membros, pois há uma inconsciente interpenetração de funções e de atividades de modo que cada qual interage com os outros de forma um tanto quanto automática, de forma mecânica. O impulso à solidariedade social nestas sociedades é quase

---

[318] A Função Social do Contrato no Novo Código Civil e sua conexão com a solidariedade social. In: *O Novo Código Civil e a Constituição*. SARLET, Ingo Wolfgang (org.). Porto Alegre: Livraria do Advogado, 2003, p. 130-131.

[319] Também sobre o princípio da solidariedade ver FACHINI NETO, Eugênio. Da responsabilidade civil no novo Código. In: *O Novo Código Civil e a Constituição*. SARLET, Ingo Wolfgang (org.). Porto Alegre: Livraria do Advogado, 2003, p. 161-162.

natural, pela necessária dependência recíproca. Daí que Durkheim tenha denominado tal relação entre os membros de uma sociedade de solidariedade mecânica, nesta "a consciência individual, considerada sob esse aspecto, é uma simples dependência do tipo coletivo e segue todos os seus movimentos".

À medida que a sociedade se sofistica e vai ganhando em especialização, perde-se a primariedade e quase inconsciência da dependência recíproca. Cada um assume um papel próprio e especializado, de modo que a solidariedade que se estabelece não é mais natural e automática (solidariedade mecânica), mas estabelece-se pela dependência funcional. Cada indivíduo desempenha a sua função, porém, esta assume tal nível de individualização (como decorrência da necessidade de divisão do trabalho) que a sociedade só consegue alcançar o seu estado ótimo se houver uma colaboração entre os indivíduos. Isto já não se alcança mais espontaneamente dada a evolução social.

Paradoxalmente, ao tempo que se vai ganhando autonomia na sua especialização, vai-se criando uma dependência das demais partes do corpo social, pois não se consegue mais desempenhar todas as funções. A individualização torna mais difícil a compreensão da dependência recíproca. Ao mesmo tempo que ganha consciência individual, o homem das sociedades complexas perde em autonomia no seio da sociedade. Perde-se a naturalidade no admitir que se depende. Há a tendência cada vez maior de se acreditar na auto-suficiência da especialização.

Neste tipo de sociedade, a solidariedade que se estabelece é entre órgãos com funções autônomas. Por isso Durkheim denomina de solidariedade orgânica, pois ela "se assemelha à que observamos entre os animais superiores. De fato, cada órgão aí tem sua fisionomia especial, sua autonomia e, contudo, a unidade do organismo é tanto maior quanto mais acentuada essa individuação das partes".

Em uma sociedade assim, a busca da solidariedade depende de um "sistema nervoso central" que comande os diversos órgãos. Tal papel, de coordenação dos variados órgãos, é desempenhado pelo direito.

Fazendo o transporte de tais conceitos para a área da responsabilidade civil, cito a aprofundada doutrina de Teresa Ancona Lopez.[320] Inicia ela seus ensinamentos demonstrando que "os defensores da responsabilidade objetiva mostraram que seu fundamento não é somente econômico mas também ético, mas de uma ética social (*ethos*), ou seja, a teoria do risco tem como fundamento ético a solidariedade". Comenta que L. Josserand – autor referencial da responsabilidade objetiva –, citado por Chirstophe Jamin, expressamente afirma que as bases da objetivação seriam as teses econômicas e solidaristas.

Continuando suas lições, refere Teresa Ancona Lopez[321] que:

O solidarismo é a tese oposta à filosofia "rousseauniana" do contrato social. Ao contrário dessa, parte-se da idéia de que a sociedade já está construída e os indivíduos se agregam a ela por um contrato de adesão. A partir dessa adesão, o indivíduo é devedor dos

---
[320] Op. cit., p. 49-51.
[321] Idem. 50.

outros membros que a compõem. A idéia de 'dívida social', tirada da filosofia de Augusto Comte é nuclear.

Dessa forma, comenta a autora,[322] que:

> Por não conhecerem os indivíduos a medida exata desta dívida, se remetem ao Estado para que se determine e proceda à repartição dos direitos e deveres. Por exemplo, segundo alguns, o imposto progressivo é herança do solidarismo. Pela teoria do risco, então, ao causar dano, seu agente é responsável do ponto de vista social, conforme expõe Chirstophe Jamin. Também defende a idéia do dano social Antonio Junqueira Azevedo, para quem a indenização para este tipo de dano deve funcionar como punição ou como dissuasão.

Mais adiante, Teresa Ancona comenta que o princípio solidarista aparece nas constituições europeias do pós-guerra e também integra a Constituição Federal brasileira de 1988, constituindo-se em um dos objetivos fundamentais da República a construção de uma sociedade livre, justa e solidária (art. 3º, I).

Fazendo uma abordagem didática,[323] afirma Teresa Ancona o que segue, para depois concluir:[324] [325]

> O princípio da solidariedade vem embasar a teoria do risco e, como conseqüência, a "socialização dos riscos", que é conseqüência dos *Welfare States*.
>
> A doutrina da "socialização dos riscos" tem fundamento ético na solidariedade social como necessidade de reparação integral de todos os danos. Há de se proteger as vítimas. Os riscos criados não se consideram mais simples riscos individuais. São riscos sociais e não é justo que os homens respondam por eles individualmente (...) O que importa é que se repartam as conseqüências danosas entre todos os membros da sociedade. O risco se coletiviza. Socializa-se a responsabilidade, no dizer de Savatier.
>
> A socialização dos riscos tem como pilares o seguro social e o seguro privado de responsabilidade. No dizer de J. J. Calmon de Passos "para operacionalizar a teoria do risco (...) impôs-se a solução do seguro (...) a verdadeira "socialização dos riscos" é aquela na qual há a difusão do seguro obrigatório e a criação dos Fundos estaduais ou também de fundos que (...) se mantenham com a contribuição financeira das empresas que mais expõem a riscos a sociedade.
>
> (...)
>
> François Ewald, um dos principais autores na matéria, acha que a sociedade está mudando de paradigma no que diz respeito à filosófica política da segurança e das obrigações sociais. Esclarece que o século XIX teve como paradigma a "responsabilidade" (compensação das perdas). Na passagem para o século XX, esse paradigma da responsabilidade foi substituído pelo da solidariedade (Estado-Providência e garantia de indenização pela segurança, o que veio a desembocar na "socialização dos riscos",

---

[322] Op. cit., p. 50.
[323] Idem, p. 51-52.
[324] Idem, p. 113-114.
[325] Idem, p. 86.

como vimos). Supõe que agora pode ser que estejamos no momento de assistir ao nascimento de um novo paradigma, ou seja, da segurança que faz aparecer uma nova economia de direitos e deveres. Antes a noção de risco satisfazia; agora, há uma noção a ser reconhecida. A de *incerteza*. As obrigações morais tomam a forma da *ética* e a responsabilidade aparece como reflexo da noção de precaução. Assim é o *paradigma da segurança* que transforma os princípios da responsabilidade e da solidariedade em princípio da precaução.

(...)

Não temos dúvida de que neste século, tendo em vista a sociedade de risco, vão se desenvolver os princípios da prevenção e da precaução fundamentados na *ética da prudência e no princípio da solidariedade social e segurança geral*, hoje positivados. Mas essa não é a razão principal, é apena a razão jus-filosófica. *A verdade é que a sociedade e cada cidadão individualmente estão apavorados com os perigos e riscos a que estão expostos, pois, se e quando o dano acontecer, suas proporções serão insuportáveis. A situação "post factum" é desumana.*

Forçada já pelos infaustos acontecimentos com o meio ambiente e a saúde em termos globais, como a epidemia da AIDS, o caso da "vaca louca", as transfusões de sangue contaminado, o dano nuclear provocado por Chernobyl, a tragédia química das Usinas Carbide na Índia em Bhopa, Seveso, a gripe aviária, a febre amarela, a cólera no Peru e assim por diante.

Como parcial conclusão, portanto, o tema da responsabilidade compartilhada deve ser apreciado à luz das normas que regem o princípio da solidariedade e do princípio da segurança, em nível dogmático-jurídico e filosófico, mas, principalmente, com fulcro nas questões da face da normalidade do triângulo tridimensional, pois é aqui, no *mundo do ser*, que as coisas acontecem – as tragédias, as doenças, as mortes –, o que obriga a que utilizemos institutos como esses ora tratados, da forma mais profícua possível, com vistas a evitar ocorrências danosas de massa.

Cabe destacar, também, que, em se tratando de *macrorrelação ambiental de consumo*, na questão dos danos ambientais complexos, em especial por resíduos sólidos, na forma já vista, aplicaremos as normas do Código de Defesa do Consumidor, o qual é pródigo em preceitos atinentes à solidariedade passiva, sendo exemplo os artigos abaixo transcritos:

Art. 7º (...)
Parágrafo único. Tendo mais de um autor a ofensa, todos responderão solidariamente pela reparação dos danos previstos nas normas de consumo.
Art. 18. Os fornecedores de produtos de consumo duráveis ou não duráveis respondem solidariamente pelos vícios de qualidade ou quantidade que os tornem impróprios ou inadequados ao consumo (...)
Art. 25 (...).

§ 1º Havendo mais de um responsável pela causação do dano, todos responderão solidariamente pela reparação prevista nesta e nas seções anteriores.

Art. 34. O fornecedor do produto ou serviço é solidariamente responsável pelos atos de seus prepostos ou representantes autônomos.

Estas regras de solidariedade servirão não somente para as imputações tendentes à responsabilização pelo fato do produto ou do serviço, como também pelo vício do produto ou do serviço, haja vista que, muitas vezes, são impostos danos aos consumidores coletivamente considerados no âmbito apenas patrimonial.

Como conclusão a este item, posso dizer que, na atualidade, já é possível a responsabilização dos agentes econômicos que tenham contribuído para o surgimento de áreas contaminadas com suas embalagens, rejeitos de produção, produtos ou qualquer outro tipo de resíduo sólido por eles gerados, servindo o conceito de *macrorrelação ambiental de consumo* para facilitar a implementação de um bom nível de responsabilização civil preventiva, precaucional e sancionatória, com vistas a evitar que se constituam danos ambientais complexos geradores de riscos difusos à vida e à saúde das pessoas.

12. A desconsideração da pessoa jurídica

A desconsideração da pessoa jurídica é outra questão fundamental para que seja concretizado o princípio da reparação integral.

De fato, de nada adianta a responsabilização jurídica dos agentes causadores de danos ambientais se não é implementada a responsabilização fática, por intermédio da efetiva realização dos comandos judiciais no plano material.

Assim, a Lei que outorga a possibilidade de que pessoas se organizem em torno de sociedades e associações, também cria a possibilidade de que tais *mantos* jurídicos possam ser descortinados, com o objetivo de evitar a impunidade e o enriquecimento indevido.

A desconsideração da pessoa jurídica está prevista no artigo 50 do Código Civil e no artigo 28 do Código de Defesa do Consumidor, dispositivos estes que transcrevo:

Art. 50. Em caso de abuso da personalidade jurídica, caracterizado pelo desvio de finalidade, ou pela confusão patrimonial, pode o juiz decidir, a requerimento da parte, ou do Ministério Público quando lhe couber intervir no processo, que os efeitos de certas e determinadas relações de obrigações sejam estendidos aos bens particulares dos administradores ou sócios da pessoa jurídica.

Art. 28. O juiz poderá desconsiderar a personalidade jurídica da sociedade quando, em detrimento do consumidor, houver abuso de direito, excesso de poder, infração da lei, fato ou ato ilícito ou violação dos estatutos ou contrato social. A desconsideração também será efetivada quando houver falência, estado de insolvência, encerramento ou inatividade da pessoa jurídica provocados por má administração.

§ 1º (Vetado).

§ 2º As sociedades integrantes dos grupos societários e as sociedades controladas, são subsidiariamente responsáveis pelas obrigações decorrentes deste código.

§ 3º As sociedades consorciadas são solidariamente responsáveis pelas obrigações decorrentes deste código.

§ 4º As sociedades coligadas só responderão por culpa.

§ 5º Também poderá ser desconsiderada a pessoa jurídica sempre que sua personalidade for, de alguma forma, obstáculo ao ressarcimento de prejuízos causados aos consumidores.

A prevista no Código Civil possibilita o alcance dos bens dos sócios nas situações de abuso da personalidade jurídica, caracterizado pelo desvio de finalidade ou pela confusão patrimonial.

A desconsideração da pessoa jurídica prevista no Código de Defesa do Consumidor, entretanto, abrange hipóteses bem mais amplas, porque ela poderá ser reconhecida nas situações de abuso de direito, excesso de poder, infração à lei, fato ou ato ilícito e violação dos estatutos ou contrato social, devendo ser aplicada, da mesma forma, quando tenha havido falência, estado de insolvência, encerramento ou inatividade da pessoa jurídica provocado por má gestão. Por último, poderá ocorrer a desconsideração sempre que sua personalidade for, de alguma forma, obstáculo ao ressarcimento de prejuízos causados aos consumidores.

A primeira situação seria o abuso de direito.

O art. 187 do Código Civil/2002, que trata do abuso de direito, estabelece o seguinte:

> Art. 187. Também comete ato ilícito o titular de um direito que, ao exercê-lo, excede manifestamente os limites impostos pelo seu fim econômico ou social, pela boa-fé ou pelos bons costumes.

Sergio Cavalieri Filho,[326] a respeito do artigo 187 do Código Civil/2002, leciona:

> (...) Entretanto, a partir do momento em que as ideias de responsabilidade objetiva começaram a aflorar, principalmente na França, juristas, tais como *Salleille, Rippert* e outros, começaram também a conceber um abuso do direito objetivo, isto é, independentemente de qualquer finalidade ou intenção de prejudicar. *Salleille* dizia que o abuso de direito se configuraria simplesmente pelo uso anormal do Direito; bastaria, portanto, para configurá-lo que o seu titular, ao exercê-lo, ultrapassasse determinados limites: o exercesse sem nenhuma finalidade econômica, contrariando sua finalidade social, os bons costumes ou a boa-fé. Essas duas correntes persistiram e persistem ainda hoje no campo da doutrina e da jurisprudência; na vigência do Código anterior, essa questão era muito discutida, porque não havia uma norma legal disciplinando o abuso do direito. Ora a jurisprudência entendia que bastaria o mero exceder os limites, ora entendia que era preciso a intenção de prejudicar.
>
> O que fez o novo Código? Não há dúvida: adotou a teoria objetiva com relação ao abuso do direito. Não há, no art. 187, a menor referência à intencionalidade, ao fim de causar dano a alguém; basta que se exerça o direito ultrapassando os limites ali estabelecidos. Mesmo que o excesso tenha sido puramente objetivo, não haverá nenhuma influência para descaracterizar o abuso do direito. Todos os autores estão se manifestando no sentido de que temos no art. 187 um conceito objetivo de ato ilícito (ato ilícito em sentido lato), que serve de embasamento para o abuso do direito.

---

[326] *Revista da EMERJ – Escola da Magistratura do Rio de Janeiro* nº 24. Rio de Janeiro: EMERJ. v. 6. 2003, p. 37.

A primeira cláusula geral de responsabilidade objetiva, portanto, está no art. 187, combinado com o art. 927. Aquele que, no exercício de um direito subjetivo, ultrapassar os limites que estão ali previstos e causar dano a outrem, terá que indenizar independentemente de culpa. E esta é uma cláusula de tal amplitude, que chega a assustar alguns juristas em face do enorme poder que dá ao juiz. Realmente, todo e qualquer direito subjetivo, de qualquer área do direito, público, privado, família, terá agora que ser exercido nos limites definidos nos dispositivos em exame: fim econômico (não se pode exercer um direito sem que se tenha em vista uma finalidade econômica, algum proveito), finalidade social (principalmente nos contratos e no direito de propriedade), boa-fé (a boa-fé passou a ser o princípio cardeal do novo Código Civil).

No mesmo sentido, esclarecendo que não é necessário o intuito de obter benefício indevido, assim comentam Arruda Alvim, Thereza Alvim, Eduardo Arruda Alvim e James Marins:[327]

> Ocorre abuso de direito quando o fornecedor, por lei ou embasado no sistema jurídico, ou por força dos estatutos ou contrato social, puder praticar determinado ato, mas o faça de molde a prejudicar terceiro, a lesá-lo (consumidor). *Nem mesmo se faz necessário, para caracterizar o abuso de direito, que o ato tenha sido praticado com a finalidade precípua de benefício para quem age. É suficiente, para tanto, conquanto exista direito de praticar o ato, que o exercício de tal direito, dele se abuse, lesando terceiro, no caso, o consumidor.* (grifos meus)

Partindo de tais lições, no campo da responsabilização com base na responsabilidade compartilhada, logística reversa e pelo risco integral, não existe a menor dúvida que, caracterizada a *macrorrelação ambiental de consumo*, ou seja, danos ambientais à natureza e a consumidores coletivamente considerados, incidirão as regras do artigo 28 do Código de Defesa do Consumidor por ser evidente abuso de direito, caracterizado pela ofensa aos fins econômicos ou sociais, ou mesmo por infração à boa-fé objetiva e aos bons costumes.

É singelo este raciocínio quando enfocamos situações variadas de lançamento de produtos químicos em recursos hídricos, incorreta disposição de resíduos sólidos, colocação no mercado de produtos ou serviços causadores de agressões à natureza, constituição de parcelamentos em cima de áreas contaminadas, queimadas ilegais em grande escala e tantos outros, hipóteses essas que autorizam a direta desconsideração da pessoa jurídica.

Junto com o abuso de direito, integrando o primeiro tipo de situações passíveis de autorizar a desconsideração da pessoa jurídica,[328]

---

[327] *Código do Consumidor Comentado*. 2ª ed. rev. e ampl. São Paulo: Revista dos Tribunais, 1995, p. 182.

[328] Sobre as situações ver AMARO, Luciano. Desconsideração da Pessoa Jurídica no Código de Defesa do Consumidor. *Revista de Direito do Consumidor* nº 5. São Paulo: Revista dos Tribunais, janeiro-março de 1993, p. 177: "O CDC, a rigor, põe três enunciados, onde admite a desconsideração da pessoa jurídica: a) O primeiro reporta-se às hipóteses de abuso de direito, excesso de poder,

estão o excesso de poder, a infração da lei, fato ou ato ilícito ou violação dos estatutos ou contrato social. Nestas últimas categorias, a simples constatação do nexo causal unindo a conduta do Agente Econômico poluidor ao dano ambiental já seria suficiente para o enquadramento na situação da *infração da lei*, a qual já englobaria as demais, pois todas elas evidenciam, em alguma medida, o desrespeito legal.

Relativamente ao segundo grupo de hipóteses, ou seja, as decorrentes de má administração que tenha levado a Empresa à insolvência, houve opção do legislador pela proteção dos vulneráveis existentes nos relacionamentos de consumo, motivo pelo qual, em existindo dívidas a serem saldadas pelo agente infrator, serão os sócios responsabilizados pessoalmente.

Comentando sobre o assunto, assim discorre Zelmo Denari (um dos autores do Código do Consumidor):[329]

PRESSUPOSTOS INÉDITOS – Sem embargo, adiciona outros pressupostos que primam pelo ineditismo, tais como a falência, insolvência ou encerramento das atividades das pessoas jurídicas, "provocados por má administração".

O texto introduz uma novidade, pois é a primeira vez que o direito legislado acolhe a teoria da desconsideração sem levar em conta a configuração da fraude ou do abuso de direito. De fato, o dispositivo pode ser aplicado pelo juiz se o fornecedor (em razão da má administração, pura e simplesmente) encerrar suas atividades como pessoa jurídica.

Muito oportunos e pertinentes, neste particular, os comentários de Fábio Ulhoa Coelho:

Finalmente, não se deve esquecer das hipóteses em que a desconsideração da autonomia da pessoa jurídica prescinde da ocorrência da fraude ou de abuso de direito. Somente diante do texto expresso de lei poderá o juiz ignorar a autonomia da pessoa jurídica, sem indagar da sua utilização com fraude ou abuso de direito.

Christian Gloger[330] também aborda o tema:

O art. 28 CDC representa uma evolução da teoria da desconsideração, uma vez que as hipóteses de responsabilização dos sócios por ele estabelecidas transcendem em muito as teorias subjetiva e objetiva clássicas da desconsideração da personalidade jurídica. *O art. 28 CDC possibilita a desconsideração em constelações em que a imposição do risco de insolvência da sociedade ao consumidor não se revela justa e apropriada do ponto de vista da análise econômica do direito, sendo mais adequado impor tal ônus*

---

infração da lei, fato ou ato ilícito ou violação dos estatutos ou contrato social (art. 28, *caput*, 1ª parte). b) O segundo abrange as hipóteses de falência, estado de insolvência, encerramento ou inatividade da pessoa jurídica provocadas por má administração (art. 18, *caput*, 2ª parte). c) O terceiro reporta-se a qualquer hipótese em que a personalidade da pessoa jurídica for de alguma forma, obstáculo ao ressarcimento de prejuízos causados aos consumidores (art. 28, § 5º)."

[329] *Código Brasileiro de Defesa do Consumidor Comentado pelos Autores do Anteprojeto.* 5º ed. rev. e atual. Rio de Janeiro: Forense Universitária, 1998, p. 195.

[330] A Responsabilidade Civil dos Sócios de uma Sociedade Limitada em Relações de Consumo – Uma Nova Análise do art. 28 do CDC. *Revista Direito do Consumidor* nº 54. São Paulo: Revista dos Tribunais, abril-junho de 2005, p. 109-110.

> aos demais sócios da sociedade do que ao consumidor vítima de danos. (...) A limitação da responsabilidade do sócio permanece válida desde que não tenha havido abuso da pessoa jurídica, que o administrador da sociedade tenha agido sempre em conformidade com a lei e com o contrato social, **que o consumidor não tenha sofrido danos em razão de acidentes de consumo**, e que a sociedade não tenha se tornado insolvente ou encerrado suas atividades por causa de má administração. (grifos meus)

Na forma destacada na transcrição, as situações de *acidentes de consumo* decorrentes de *macrorrelacionamentos ambientais de consumo*, então, por si só, autorizarão a desconsideração da pessoas jurídica, quando a sociedade não tenha condições de arcar com as reparações que lhe são imputadas.

Aliás, o mesmo Christian Gloger[331] é enfático em mencionar que:

> (...) A relevância prática do art. 28 CDC é ainda maior porque ele se aplica às relações de consumo em geral, ou seja, às relações jurídicas entre um fornecedor e um consumidor, cuja definição é bastante ampla. Consumidor é, na sistemática do CDC, não apenas o consumidor *stricto sensu* (art. 2º, *caput* CDC), isto é, a pessoa física ou jurídica que adquire ou utiliza produto ou serviço como destinatário final, mas também o chamado consumidor equiparado. *Contam, assim, com a proteção do CDC, em razão de uma inovadora técnica de equiparação, "**a coletividade de pessoas, ainda que indetermináveis, que haja intervindo nas relações de consumo**" (art. 2º parágrafo único CDC), **as vítimas de um acidente de consumo** (art. 17 CDC), **bem como todas as pessoas, determináveis ou não, expostas às práticas comerciais previstas nos Capítulos V do CDC*** (oferta, publicidade, práticas abusivas, cobrança de dívidas, administração de bancos de dados, art. 29 do CDC) e às condições de contratação regulamentadas no Capítulo VI do CDC (arts. 46 e ss do CDC). (grifos meus)

Perfeitamente aplicável, desta forma o artigo 28 do CDC para as questões atinentes à *macrorrelação ambiental de consumo*, pois é justamente nessas que se verificam agressões ambientais massificadas a consumidores *expostos* e às *vítimas* do relacionamento coletivo de consumo.

É importante destacar, ao final, o que prevê o § 5º do artigo 28:

> Também poderá ser desconsiderada a pessoa jurídica sempre que sua personalidade for, de alguma forma, obstáculo ao ressarcimento de prejuízos causados aos consumidores.

Este dispositivo é muito criticado na doutrina,[332] mas, na verdade, está em plena sintonia com as legislações consumeristas e ambientais, as quais objetivam igualar no plano jurídico os relacionamentos desiguais do plano material.

Ora, se a pessoa jurídica causou danos no mercado ambiental de consumo, por óbvio que eles devem ser atribuídos aos criadores dessas

---

[331] Op. cit., p. 89.

[332] COELHO, Fábio Ulhoa. *Comentários ao Código de Defesa do Consumidor*. São Paulo: Saraiva, 1991, p. 146.

estruturas jurídicas e não aos consumidores vulneráveis, os quais não podem ter individualizado o prejuízo nos seus respectivos patrimônios.

Uma das críticas feitas ao § 5º do artigo 28 do CDC é que a sua aplicação ilimitada faria letra morta a enumeração do *caput* do artigo. De fato, procede a crítica. De qualquer forma, me filio à posição que opta pela aplicação do referido parágrafo com razoabilidade e bom-senso, examinando as circunstâncias específicas do caso concreto.

Sobre tais parâmetros de aplicação da norma são os comentários de Bruno Miragem,[333] palavras que transcrevo:

> Parece-nos que, embora de largueza semântica incomparável, e considerando mesmo que, em termos literais, o §5º do artigo 28 tem o condão de transformar a exceção em regra, no sentido do afastamento da personalidade jurídica para efeito da responsabilização dos sócios e administradores com relação aos ressarcimentos dos prejuízos causados aos consumidores nas relações de consumo, a aplicação prudente do dispositivo pela jurisprudência vem dando ao mesmo o perfil de norma de garantia de ressarcimento de danos.

Acórdão paradigmático sobre o assunto é o que analisou a trágica explosão do Shopping de Osasco:

> Responsabilidade civil e Direito do consumidor. Recurso especial. Shopping Center de Osasco-SP. Explosão. Consumidores. Danos materiais e morais. Ministério Público. Legitimidade ativa. Pessoa jurídica. Desconsideração. Teoria maior e teoria menor. Limite de responsabilização dos sócios. Código de Defesa do Consumidor. Requisitos. Obstáculo ao ressarcimento de prejuízos causados aos consumidores. Art. 28, § 5º.
>
> – Considerada a proteção do consumidor um dos pilares da ordem econômica, e incumbindo ao Ministério Público a defesa da ordem jurídica, do regime democrático e dos interesses sociais e individuais indisponíveis, possui o Órgão Ministerial legitimidade para atuar em defesa de interesses individuais homogêneos de consumidores, decorrentes de origem comum.
>
> – A teoria maior da desconsideração, regra geral no sistema jurídico brasileiro, não pode ser aplicada com a mera demonstração de estar a pessoa jurídica insolvente para o cumprimento de suas obrigações.
>
> Exige-se, aqui, para além da prova de insolvência, ou a demonstração de desvio de finalidade (teoria subjetiva da desconsideração), ou a demonstração de confusão patrimonial (teoria objetiva da desconsideração).
>
> **– A teoria menor da desconsideração, acolhida em nosso ordenamento jurídico excepcionalmente no Direito do Consumidor e no Direito Ambiental, incide com a mera prova de insolvência da pessoa jurídica para o pagamento de suas obrigações, independentemente da existência de desvio de finalidade ou de confusão patrimonial.**

---

[333] *Curso de Direito do Consumidor.* Op. cit., p. 521.

– Para a teoria menor, o risco empresarial normal às atividades econômicas não pode ser suportado pelo terceiro que contratou com a pessoa jurídica, mas pelos sócios e/ou administradores desta, ainda que estes demonstrem conduta administrativa proba, isto é, mesmo que não exista qualquer prova capaz de identificar conduta culposa ou dolosa por parte dos sócios e/ou administradores da pessoa jurídica.

– A aplicação da teoria menor da desconsideração às relações de consumo está calcada na exegese autônoma do § 5º do art. 28, do CDC, porquanto a incidência desse dispositivo não se subordina à demonstração dos requisitos previstos no caput do artigo indicado, mas apenas à prova de causar, a mera existência da pessoa jurídica, obstáculo ao ressarcimento de prejuízos causados aos consumidores.

– Recursos especiais não conhecidos.

(REsp 279273 – 2000/0097184-7 Relator Ministro ARI PARGENDLER, Relatora p/ Acórdão Ministra NANCY ANDRIGHI – Órgão Julgador T3 – TERCEIRA TURMA. Julgado em 04/12/2003). (grifei)

No mesmo sentido:

RECURSO ESPECIAL. AÇÃO DE RESOLUÇÃO DE CONTRATO DE PROMESSA DE COMPRA E VENDA DE IMÓVEL PROPOSTA CONTRA A CONSTRUTORA E SEUS SÓCIOS. DESCONSIDERAÇÃO DA PERSONALIDADE JURÍDICA. ART. 28, *CAPUT* E § 5º, DO CDC. PREJUÍZO A CONSUMIDORES. INATIVIDADE DA EMPRESA POR MÁ ADMINISTRAÇÃO.

1. Ação de resolução de contrato de promessa de compra e venda de imóvel movida contra a construtora e seus sócios.

2. Reconhecimento pelas instâncias ordinárias de que, em detrimento das consumidoras demandantes, houve inatividade da pessoa jurídica, decorrente da má administração, circunstância apta, de per si, a ensejar a desconsideração, com fundamento no art. 28, *caput*, do CDC.

3. No contexto das relações de consumo, em atenção ao art. 28, § 5º, do CDC, os credores não negociais da pessoa jurídica podem ter acesso ao patrimônio dos sócios, mediante a aplicação da *disregard doctrine*, bastando a caracterização da dificuldade de reparação dos prejuízos sofridos em face da insolvência da sociedade empresária.

4. Precedente específico desta Corte acerca do tema (REsp. nº 279.273/SP, Rel. Min. ARI PARGENDLER, Rel. p/ Acórdão Min. NANCY ANDRIGHI, Terceira Turma, DJ de 29.03.2004).

5. RECURSO ESPECIAL CONHECIDO E PROVIDO.

(Recurso Especial nº 737.000 – MG 2005/0049017-5, Relator Ministro Paulo de Tarso Sanseverino, julgado em 01.09.2011).

No Tribunal gaúcho, é a mesma a posição sobre o tema.[334]

---

[334] "DESCONSIDERAÇÃO DA PERSONALIDADE JURÍDICA. IMPERATIVIDADE. FUNDAMENTAÇÃO ADEQUADA E SUFICIENTE. EXCESSO DE PENHORA. INEXISTÊNCIA. Pela Teoria Menor do CDC basta a lesão a direito do consumidor para autorizar seja desconsiderada a personalidade jurídica. Art. 28, CDC. Em complementação à lesão, no caso concreto, temos ainda a não localização física da empresa, de quaisquer bens, além da ausência de declarações à Receita Federal desde o ano de 2003. Intimação para os fins do art. 475-J do CPC devidamente realizada por NE na pessoa do advogado, o que afasta a alegação de excesso de penhora. Agravo improvido. (Agravo de Instrumento nº 70040176331, Décima Nona Câmara Cível, Tribunal de Justiça do

RS, Relator: Guinther Spode, Julgado em 12/07/2011). AGRAVO DE INSTRUMENTO. AÇÃO DE EXECUÇÃO. DESCONSIDERAÇÃO DA PERSONALIDADE JURIDICA. PECULIARIDADES DO CASO CONCRETO QUE AUTORIZAM A MEDIDA. A desconsideração da personalidade jurídica exige o atendimento de pressupostos específicos do art. 50 do Código Civil e/ou do art. 28 do Código de Defesa do Consumidor, conforme o caso. O contexto fático revela situação de inatividade e ausência de patrimônio penhorável em prejuízo da parte exequente que autoriza a medida. Os elementos existentes nos autos são suficientes para autorizar a inclusão dos sócios no pólo passivo da execução. Agravo de instrumento a que se nega seguimento. (Agravo de Instrumento nº 70034708446, Vigésima Câmara Cível, Tribunal de Justiça do RS, Relator: Carlos Cini Marchionatti, Julgado em 07/07/2010). AÇÃO CIVIL PÚBLICA. PRELIMINAR DE LITISPENDÊNCIA. EXISTÊNCIA DE DIVERSAS AÇÕES INDIVIDUAIS. INOCORRÊNCIA. Na forma do artigo 104, CDC, a propositura de ação coletiva não induz litispendência relativamente às ações individuais, inexistente, ainda, identidade de partes e de objeto entre as demandas. EMPRESA DE INCORPORAÇÃO E CONSTRUÇÃO CIVIL. RECEBIMENTO DE VALORES E NÃO ENTREGA DAS OBRAS AOS CONSUMIDORES. INEXISTÊNCIA DE REGISTRO PERANTE O CREA E DE PROFISSIONAL HABILITADO RESPONSÁVEL. IMPROPRIEDADE DOS SERVIÇOS PRESTADOS. DESCONSIDERAÇÃO DA PERSONALIDADE JURÍDICA. CABIMENTO. Estando demonstrados inúmeros casos de percepção de valores pela empresa, sem que tenha procedido à entrega das obras aos consumidores, a par da inexistência de registro perante o CREA e de profissional habilitado responsável pelos trabalhos, revela-se evidente a impropriedade dos serviços prestados, nos termos do artigo 20, § 2º, CDC, cabível, ainda, a desconsideração da personalidade jurídica, ante o evidente desvio de finalidade, nos termos do artigo 50 do CC/02, e como forma de não obstaculizar a integral reparação dos danos causados – artigo 28, § 5º, CDC. APELAÇÃO DESPROVIDA. SENTENÇA CONFIRMADA EM REEXAME NECESSÁRIO. (Apelação e Reexame Necessário nº 70035230465, Vigésima Primeira Câmara Cível, Tribunal de Justiça do RS, Relator: Armínio José Abreu Lima da Rosa, Julgado em 28/04/2010). AGRAVO DE INSTRUMENTO. CUMPRIMENTO DE SENTENÇA. DESCONSIDERAÇÃO DA PERSONALIDADE JURÍDICA. CABIMENTO NA HIPÓTESE. ART. 28, § 5º, DO CÓDIGO DE DEFESA DO CONSUMIDOR. Diante da evidente natureza consumerista da relação havida, e a frustração da execução inicialmente movida contra a pessoa jurídica, cabível a desconsideração da personalidade jurídica da empresa executada, o que se reconhece em face do artigo 28, § 5º, do Código de Defesa do Consumidor. AGRAVO DE INSTRUMENTO PROVIDO. (Agravo de Instrumento nº 70033859505, Nona Câmara Cível, Tribunal de Justiça do RS, Relator: Iris Helena Medeiros Nogueira, Julgado em 16/12/2009). AGRAVO EM AGRAVO DE INSTRUMENTO. AÇÃO DE EXECUÇÃO. DESCONSIDERAÇÃO DA PERSONALIDADE JURÍDICA. RELAÇÃO DE CONSUMO. § 5º ART. 28 DO CDC. A desconsideração da personalidade jurídica será utilizada quando houver abuso de direito, excesso de poder, infração a lei ou fato ou ato ilícito ou violação a estatuto ou contrato social. Inteligência do art. 50 do Código Civil de 2002 e do caput do art. 20 do Código de Defesa do Consumidor. *Esta é a regra geral ditada pela teoria inglesa da disregard of legal entity. Entretanto, o Ordenamento Jurídico brasileiro adotou a teoria da menor desconsideração para as relações de consumo, fulcro no § 5º do art. 28 do Código de Defesa do Consumidor. A exegese do referido dispositivo deflui a possibilidade de desconsideração da personalidade jurídica pela mera prova da incapacidade financeira capaz de causar obstáculo ao ressarcimento de prejuízos causados aos consumidores, independente da existência de desvio de finalidade ou de confusão patrimonial.* No caso concreto inconteste a natureza de consumo na relação entre as partes, bem como da frustrada tentativa em auferir o crédito em face da pessoa jurídica. Outrossim, restou demonstrado o abuso da personalidade jurídica, caracterizando o desvio de finalidade, permitindo-se a desconsideração da personalidade jurídica a partir da regra geral, forte no art. 50 do Código Civil. In casu, o sócio da empresa agravante transferiu bem imóvel após a propositura do pleito executório, constituindo nova pessoa jurídica. RECURSO DESPROVIDO. (Agravo nº 70030816326, Vigésima Câmara Cível, Tribunal de Justiça do RS, Relator: Angela Maria Silveira, Julgado em 09/09/2009)".

APELAÇÃO CÍVEL. AÇÃO CIVIL PÚBLICA. DIREITO PÚBLICO NÃO ESPECIFICADO. INQUÉRITO CIVIL PARA INSTAURAÇÃO DE DANOS AOS CONSUMIDORES. IRREGULARIDADES OFENSIVAS ÀS NORMAS DE PROTEÇÃO AOS DIREITOS BÁSICOS DO CONSUMIDOR. CIRCULAÇÃO DE LEITE COM INOBSERVÂNCIA DAS NORMAS TÉCNICAS. INFRAÇÃO À LEGISLAÇÃO SANITÁRIA. DANO MORAL COLETIVO. DESCONSIDERAÇÃO DA PERSO-

A desconsideração da personalidade jurídica, portanto, é uma ferramenta do Código de Defesa do Consumidor que deve ser utilizada de maneira direta da implementação das responsabilizações decorrentes dos *macrorrelacionamentos ambientais de consumo*, sendo esse um avanço inegável no trato das questões ambientais complexas.

NALIDADE JURÍDICA. REDIRECIONAMENTO AOS SÓCIOS. Na hipótese em concreto, houve o reconhecimento dos requisitos que autorizam a desconsideração da personalidade jurídica. Ora, houve descumprimento expresso de lei, em prol do lucro da empresa, o que evidencia má-gestão dos sócios a admitir a sua responsabilização. É cediço que as empresas colocaram em circulação alimento (leite) sem observância da legislação sanitária e licenciamento do órgão fiscalizador responsável, infringindo normas técnicas e de legislação sanitária. Nesse caso, evidente que visavam ao lucro e, consequentemente, ao aumento do patrimônio pessoal dos sócios.Por fim, não há notícia de quitação da multa até o presente momento, sendo que as empresas embargantes pediram parcelamento em 10 vezes. Saliente-se, ainda, a instabilidade financeira das empresas demandadas que "passam por dificuldades financeiras", conforme petição de fl. 1397, sendo que deixaram de pagar regularmente o valor da indenização por danos ambientais acordada judicialmente, atrasando no adimplemento das parcelas.Assim, pelos fatos trazidos aos autos, há claro risco do inadimplemento da multa, acarretando obstáculo ao ressarcimento dos prejuízos causados aos consumidores. Nessa toada, a inclusão dos sócios na condição de responsáveis subsidiários pelo pagamento da indenização mostra-se legal, porquanto estes agiram em manifesta infração à lei. definitivação das liminares. Nada a reparar na sentença. Com efeito, a liminar foi revogada, pois as empresas se adaptaram a legislação sanitária. Ora, por óbvio, que atendida a legislação sanitária não há como manter as liminares de pedidos "d" e "e". Assim, cumpridas as exigências, correta a sentença que revogou as liminares antes concedidas. Quanto à aplicação da multa, prejudicado o pedido, porquanto cumpridas as exigências na legislação sanitária. Apelo provido em parte. (Primeira Câmara Cível, Apelação Cível n° 70044670966, Rel. Des. Jorge Maraschin dos Santos, julgado em 23.11.2011)

13. Princípio da reparação integral – indenização fluída ou *fluid recovery*

Vigora no âmbito da defesa do meio ambiente e do consumidor o princípio da reparação integral do dano,[335] insculpido na Constituição Federal no artigo 225, seja nos seus incisos, como nos seus parágrafos, em especial o § 3º.

Por tal princípio "a lesão causada ao meio ambiente há de ser recuperada em sua integridade e qualquer norma jurídica que disponha em sentido contrário ou pretenda limitar o montante indenizatório a um teto máximo será inconstitucional".[336]

Álvaro Luiz Valery Mirra,[337] citando Francisco José Marques Sampaio, assim expõe:

> O princípio fundamental das ações de responsabilidade civil inteiramente aplicável quando se pretende a reconstituição do meio ambiente, é o de que a reparação deve ser integral, ou a mais completa possível, de acordo com o grau de desenvolvimento da ciência e da técnica. O referido princípio deve ser observado com especial cuidado, nessas situações, porque, a par dos mais relevantes interesses públicos – a reparação do dano ambiental propriamente dito –, está em pauta o mais sagrado dos direitos de que cada indivíduo é titular, o direito à vida, que a todos os demais se sobrepõe e que não pode ser afastado ou menoscabado por nenhum ordenamento jurídico ou autoridade pública.
>
> Todos os efeitos adversos provenientes da conduta lesiva devem ser objeto de reparação, para que ela possa ser considerada completa (...).[338]

---

[335] Sobre o princípio da reparação integral na área ambiental, ver BENJAMIN, Antonio Herman V. Responsabilidade Civil Pelo Dano Ambiental. *In: Revista de Direito Ambiental* 9/5. São Paulo, Revista dos Tribunais, janeiro-março de 1998, p. 94. Sobre o princípio da reparação integral, também ver SANSEVERINO, Paulo de Tarso Vieira. *Princípio da Reparação Integral.* São Paulo: Saraiva, 2012.

[336] MILARÉ, Édis. *Direito do Ambiente*: doutrina, jurisprudência, glossário. São Paulo: RT, 2005, p. 665 e 757.

[337] *Ação Civil Pública e a Reparação do Dano ao Meio Ambiente*. 2ª ed. atual. São Paulo: Juarez de Oliveira, 2004, p. 314-315.

[338] *Responsabilidade civil e reparação de danos ao meio ambiente*. Rio de Janeiro: Lumen Juris, 1998, p. 229.

Continuando suas lições, ensina Álvaro Mirra que

(...) a reparação integral do dano ao meio ambiente deve compreender não apenas o prejuízo causado ao bem ou recurso ambiental atingido, como também, na lição de Helita Barreira Custódio,[339] *toda a extensão dos danos produzidos em conseqüência do fato danoso*, o que inclui os efeitos ecológicos e ambientais da agressão inicial a um bem ambiental corpóreo que estiverem no mesmo encadeamento causal, como, por exemplo, a destruição de espécimes, *habitats* e ecossistemas inter-relacionados com o meio afetado; os denominados danos interinos, vale dizer, as perdas de qualidade ambiental havidas no interregno entre a ocorrência do prejuízo e a efetiva recomposição do meio degradado, os danos futuros que se apresentarem como certos, os danos irreversíveis à qualidade ambiental e os danos morais coletivos resultantes da agressão a determinado bem ambiental.

No âmbito do direito do consumidor, da mesma forma, vigora a reparação integral, sendo oportuno mencionar as palavras de Flávio Cheim Jorge:[340]

O Código de Defesa do Consumidor surgiu nesse emaranhado de problemas, propiciando uma luz no fim do túnel, sendo que a igualdade de armas é o seu principal lema. Alterando e incluindo artigos e incisos na Lei de Ação Civil Pública, possibilitou a defesa difusa e coletiva não só dos consumidores, mas de todos aqueles atingidos pelos danos (...) O art. 29 do Código de Defesa do Consumidor realmente merece atenção especial. Um vez que possibilita uma visão ampliativa do sistema, no que tange ao próprio conceito de consumidor.

(...) Quanto ao aspecto da indenização existem basicamente dois sistemas, o que condiciona a indenização acima ou até determinado valor e a que concede realmente a indenização sem limites.

O CDC como não poderia deixar de ser, visto que constitui o sistema de proteção ao consumidor mais avançado do mundo, adotou a *restitutio in integrum*. Ou seja, não possui limitação à indenização a ser feita aos consumidores.

Pois bem.

Verificando os tipos de provimentos possíveis em ações coletivas, existiriam, no âmbito da ação civil pública e do código de defesa do consumidor, em primeiro lugar, os provimentos tendentes a compelir os demandados a obrigações de fazer e de não fazer, com o intuito de buscar a proteção de interesses difusos e coletivos *stricto sensu*.

Também são viáveis pretensões objetivando a obrigação de pagar, seja com base no artigo 1º, artigo 3º ou artigo 13 da Lei 7.347/85, as quais podem ser veiculadas para a proteção de interesses difusos e coletivos *stricto sensu*. Para os difusos a condenação poderá abranger os

---

[339] Avaliação de custos ambientais em ações jurídicas de lesão ao meio ambiente. *Revista dos Tribunais*, nº 652. São Paulo: Revista dos Tribunais, p. 26.

[340] Responsabilidade Civil por Danos Difusos e Coletivos sob a Ótica do Consumidor. In: *Revista de Direito do Consumidor* nº 17. São Paulo: Revista dos Tribunais, janeiro-março de 1996, p. 132-136.

danos concretos e danos morais coletivos, sendo exemplo a condenação visando a cobrir o valor específico de 200 árvores ceifadas, acrescida tal indenização do dano moral coletivo gerado por essa ação, valores esses que serão depositados no fundo de reconstituição de bens lesados. Este tipo de pretensão igualmente é possível para interesses coletivos *stricto sensu*, podendo ser exemplo caso concreto em que Conselho Regional de Medicina – autarquia federal – tenha sido obrigado a fechar hospital por causa de danos ambientais complexos e de atendimentos perigosos à população e, para tanto, tenha sido obrigado a designar médicos para atender à população. Após poderá requerer indenização contra o hospital fechado, pretendendo ressarcir os médicos designados que supriram as carências, hipótese esta em que haveria uma relação jurídica base unindo estes profissionais e o Conselho, quais sejam as designações.

São viáveis, igualmente, pretensões veiculando obrigações de dar, com base artigo 83 do CDC, podendo ser oferecidos os exemplos em que é pleiteada a devolução de ilha indevida e clandestinamente invadida por pescadores predatórios, ou mesmo a devolução de animais silvestres recolhidos em propriedade privada.

Ainda existe, no âmbito do artigo 95 do CDC, a indenização genérica para os interesses individuais homogêneos, a qual poderá ser objeto de liquidação individual, caso a *origem comum* que os identifica tenha origem difusa, podendo ocorrer a liquidação coletiva, caso a *origem comum* caracterizadora dos interesses individuais homogêneos decorra de uma relação jurídica base (exemplo: os consumidores da caderneta de poupança que venceram ações coletivas contra Bancos específicos. Têm eles uma relação jurídica base com as Instituições, o que permite identificá-los e definir, mesmo em ação de liquidação intentada por Ente Coletivo, o valor que é devido a cada um, não sendo necessárias ações individuais para tanto). Ressalto que no caso de *origem comum* difusa fica inviável, de um modo geral, a liquidação coletiva dos interesses individuais homogêneos, porque o Ente Coletivo não tem condições de conhecer as variadas situações fáticas específicas de cada um dos lesados que integravam o grupo individual homogêneo. É o caso de danos ambientais gerados por lançamento de óleo em um rio. Não há como definir em nível de ação coletiva as situações específicas de cada um dos pescadores que foram lesados individualmente pelo lançamento ilegal, ou dos agricultores que perderam suas lavouras por terem utilizados a água com óleo, muito menos dos pecuaristas que tiveram seus animais mortos por terem ingerido água do rio. Tais liquidações terão de ser feitas em nível individual.

Entretanto, o Código de Defesa do Consumidor traz um dispositivo importantíssimo, que pode ser utilizado com muita eficácia no âmbito da proteção à *macrorrelação ambiental de consumo*. É a *fluid recovery* do artigo 100 do CDC:

> Decorrido o prazo de um ano sem habilitação de interessados em número compatível com a gravidade do dano, poderão os legitimados do art. 82 promover a liquidação e execução da indenização devida.
>
> Parágrafo único. O produto da indenização devida reverterá para o fundo criado pela Lei nº 7.347, de 24 de julho de 1985.

A *fluid recovery* do artigo 100, depois de 1 anos, a contar do trânsito em julgado, corresponderá a uma sentença meramente declaratória quanto a possíveis danos aos indivíduos (integrantes do grupo dos individuais homogêneos) e condenatória quanto à reparação fluida ou *fluid recovery*, eventualmente proposta pelos Entes Coletivos.

A natureza de tal instituto é punitiva e preventivo pedagógica,[341] sendo uma reparação diversa e autônoma, que objetiva dar cumprimento ao *princípio da tutela integral do bem jurídico coletivo*, evitando o enriquecimento indevido do infrator, o qual se concretizará quando os indivíduos não aparecem para liquidar seus créditos, seja porque os valores são muito pequenos (lesões de pequena monta), por falta de informação ou conhecimento sobre como demandar, por falta de organização e tantas outras situações que evidenciam a vulnerabilidade jurídica do consumidor.

Helton Venturi[342] explica que:

> De outro lado, pelo microssistema de tutela dos direitos transindividuais, pretende-se que a *fluid recovery*, muito mais do que se prestar a uma questionável recomposição do dano provocado pelo ato irresponsável do agente condenado, sirva como forma de prevenção geral e especial à reiteração de comportamentos lesivos aos direitos supraindividuais, acarretados, no mais das vezes, em benefícios de pessoa ou grupos interessados apenas em aumentar sua margem de lucro.

---

[341] Sobre tal natureza ver ALVIM, Arruda; ALVIM, Thereza; ALVIM, Eduardo Arruda; MARINS, James. *Código do Consumidor Comentado*. 2ª ed. São Paulo: Revista dos Tribunais, 1995. Nota 20, p. 451: "Esta indenização 'fluída' não é fácil de ser determinada, pois que, em rigor, ela refoge dos parâmetros estratificados geradores da responsabilidade civil. Há precedentes norte-americanos, precisamente, sobre este assunto, que demonstram isto. O *nomem iuris fluid recovery* é utilizado ao lado de outro, qual seja, o *cypress*, e, este, significa 'tão perto, quanto possível' ('As near as possible') – (V. Bla,k's Law Dictionary, St. Paul., Minn., 1979, 5ª ed., p. 349). Em algumas hipóteses, e, à luz dos critérios que presidem a 'fluid recovery'ou a 'cypress', já houve condenações tendo em vista os benefícios *ilícitos*, tais como estavam documentados, pelos próprios réus. (Cf. Jack H. Friedenthal, Mary Kay Kane, Arthur R. Miller, CIVIL PROCEDURE, St. Paul., Minn., 1985, West. Publisching. Co., § 16.5, p. 747). Diz-se, nesta última obra, em nota (p. 747. Nota 32) que necessário é se utilizem os danos e documentos do réu, pois que, do contrário o cálculo dos danos pode ser insuscetível de ser trabalhado ('Otherwise the damage calculation itself may be unmanageable')."

[342] Op. cit., p. 237.

Segundo Eduardo Arruda Alvim:[343]

Trata-se de espécie de fundo fluído, ou "fluid recovery", cujos valores serão utilizados não na reparação dos danos verificados naquele caso, mas em atividades correlatas à espécie de interesses tutelados na ação. **A contagem do prazo acima deve correr do trânsito em julgado da condenação (...) Não ocorrendo a habilitação de interessados em número compatível com a gravidade do dano, não haverá a execução coletiva dos danos individualmente sofridos, mas sim, liquidação e execução coletiva para apuração dos danos genericamente causados**, *estimando-se o montante aproximado dos lesados e dos prejuízos individuais para posterior reversão destes valores ao fundo.* (grifos meus).

Marcel Vitor de Magalhães e Guerra[344] diz que:

(...) nas condenações fluídas do art. 100 do CDC, sofre uma alteração genética, transmudando seu objetivo original (indenizar indivíduos), para encampar um outro escopo, o de proteger a coletividade e evitar práticas lesivas ao interesse público.

Portanto, a indenização fluida poderá ser bastante útil para a concretização do princípio da reparação integral, principalmente quando estiver sendo analisada *macrorrelação ambiental de consumo*, como forma de evitar o enriquecimento ilícito do infrator, bem como para o respeito ao princípio do poluidor-pagador,[345] por intermédio da atribuição

---

[343] Disponível em <www.arrudaalvimadvogados.com.br/pt/artigos/16.asp?id=artigos&lng=pt>, acesso em 29.03.2012.

[344] Disponível em <www.bdjur.stj.gov.br>, acesso em 30.03.2012.

[345] Conforme MORATO LEITE e AYALA, op. cit., p. 59, 60 e 61, o princípio da responsabilização não se confunde com o princípio do poluidor-pagador: "Lembre-se, no que concerne às várias dimensões deste princípio, das lições de CANOTILHO: '(...) o princípio do poluidor pagador não se identifica com o princípio da responsabilidade, pois abrange, ou, pelo menos foca outras dimensões não enquadráveis neste último' (José Joaquim Gomes Canotilho. A responsabilidade por danos ambientais: aproximação juspublicista. In: AMARAL, Diogo Freitas. *Direito do ambiente*. Oeiras: INA , 1994, p. 401) ARAGÃO (ARAGÃO, Maria Alexandra de Sousa. *Objetivos, princípios e pressupostos da política comunitária do ambiente: algumas propostas de revisão*. Temas de integração. Coimbra: Coimbra Editora, 1997, p. 109) assevera que identificar os princípios do poluidor pagador com o da responsabilidade, de maneira indiscriminada, do ponto de vista dogmático, conduziria a um verdadeiro desaproveitamento das potencialidades de ambos. Em seu aspecto econômico, o princípio do poluidor pagador tem ligações subjacentes ou como auxiliar ao instituto da responsabilidade, pois é um princípio multifuncional, na medida em que visa à precaução e à prevenção de atentados ambientais e também à redistribuição dos custos da poluição. Multifuncional no sentido dado por CANOTILHO: 'é uma diretiva da política de prevenção, evitando que as externalidades sejam cobertas por subsídios do Estado; 2) é um princípio de tributação; 3) é um princípio tendencialmente conformador do instituto da responsabilidade'. O princípio do poluidor pagador visa sinteticamente à internalização dos custo externos de deterioração ambiental. (...). De fato, durante o processo produtivo são verificadas externalidades negativas, sendo o objetivo maior fazer com que os custos sociais das medidas de proteção ambiental sejam imposto a quem inicialmente provocou a poluição. Nos dizeres de DERANI: 'Com a aplicação do princípio do poluidor pagador, procura-se corrigir este custo adicional à sociedade, impondo-se sua internalização. O causador da poluição arca com os custos necessários à diminuição, eliminação ou neutralização deste dano'. (...) tenta, no plano econômico, atenuar as falhas do mercado, provocadas pela incorreta utilização dos recursos. Diz CANOTILHO 'Nos planos jurídico e político, o princípio atenua a injustiça social resultante de encargos à sociedade (efeitos secundários) não incluídos nas decisões de produção ou de consumo por parte dos agentes poluidores', ao exami-

de indenização punitiva e preventivo-pedagógica ao poluidor, o qual internalizará a mesma nos seus custos, socializando, após, o prejuízo, por intermédio do mecanismo de formação de preço de produto ou do serviço.

Ressalto que a indenização fluida nada tem a ver com a indenização difusa pretendida com base no artigo 13 da Lei n° 7.347/85, indenização difusa esta que servirá para pagar a reconstituição dos bens ambientais eventualmente lesados. A *fluid recovery*, conforme demonstrado, tem substrato nos danos causados ao grupo individual homogêneo (*expostos* e *vítimas*) que foi lesado, montante este que teria se agregado indevidamente ao patrimônio do poluidor que tenha gerado máculas a partir do reconhecimento da *macrorrelação ambiental de consumo*.

Igualmente não se confunde com o dano moral coletivo,[346] porque este é valor atribuído no âmbito da proteção dos interesses difusos,

---

nar a variante custo benefício deste princípio". Também sobre o princípio do poluidor-pagador CAPELLI, Sílvia. *Revista do Ministério Público do Estado do Rio Grande do Sul* n° 46. Porto Alegre: Metrópole, 2002, p. 243: "O princípio do poluidor-pagador também autoriza a inversão do ônus da prova, porque determina a internalização dos custos ambientais, de todos eles, sejam os concernentes à prevenção do dano, que poderá ocorrer por obra daquele que exerce a atividade potencialmente poluidora, como também a correspondente ao custo estatal desta prevenção, através das atividades de monitoramento, licenciamento, zoneamento, estudo de impacto etc. Ora, se o poluidor não pode mais externalizar os prejuízos causados ao meio ambiente por sua atividade, também deverá custear as atividades tendentes à demonstração da existência ou inexistência do prejuízo". Igualmente importante ressaltar que o princípio do poluidor-pagador está diretamente vinculado ao princípio do usuário-pagador. Sobre o assunto, ver MARCHESAN, Ana Maria Moreira; STEIGLEDER, Annelise Monteiro; CAPPELLI, Sílvia Cappelli. *Direito Ambiental*. 6ª ed. Porto Alegre: Verbo Jurídico, 2010, p. 61: "O princípio do usuário-pagador traduz uma evolução do poluidor-pagador, estabelecendo que os preços devem refletir todos os custos sociais do uso e esgotamento do recurso. Exemplo: quem utiliza água para irrigação deve pagar pelo uso desse bem ambiental limitado. Esse princípio já aparecia na Lei 6.938/81, no art. 4°, inc. VII, e está hoje materializado na Lei da Política Nacional de Recursos Hídricos (Lei n. 9.433/97 – art. 5ª, inc. IV). De acordo com o Ministro Carlos Britto, do Supremo Tribunal Federal, esse princípio fundamenta a exigência da compensação ambiental prevista no art. 36 da Lei 9.985/2000. Em seu voto, proferido na Ação Direta de Inconstitucionalidade n° 3378-6-DF (...)".

[346] Sobre o assunto ver o excelente trabalho de BESSA, Leonardo Roscoe. Dano Moral Coletivo. *Revista de Direito do Consumidor* n° 59. São Paulo: RT, julho-setembro de 2006, p. 103 e 104: "Em segundo lugar, como se demonstrou, o *dano moral coletivo* não se confunde com a pretensão decorrente de direito individual homogêneo. A ação civil pública pode veicular pretensões indenizatórias materiais e morais, mas, neste caso, cuida-se de soma de pretensões individuais. O valor da reparação é dirigido ao próprio interessado que deverá se habilitar no processo coletivo na forma prevista no art. 97 do CDC, inclusive para realizar a liquidação do *quantum debeatur*. O terceiro ponto é no sentido de que a dor psíquica ou, de modo mais genérico, a afetação da integridade psicofísica da pessoa ou da coletividade não é pressuposto para caracterização do *dano moral coletivo*." Apenas discordo parcialmente da posição do eminente colega do Ministério Público do Distrito Federal, quando diz que não há que se "... falar nem mesmo em 'sentimento de desapreço e de perda de valores essenciais que afetam negativamente toda uma coletividade' (André Carvalho Ramos) 'diminuição da estima, infligidos e apreendidos em dimensão coletiva' ou 'modificação desvaliosa do espírito coletivo (Xisto Tiago) ...", pois tais parâmetros podem sim ser verificados no caso concreto e, portanto, merecerão a condenação por danos morais coletivos.

enquanto a *fluid recovery* é indenização que tem como foco os prejuízos que os integrantes do grupo individual homogêneo suportaram em virtude de um dano massificado.

Destaco que, nos termos do parágrafo único do artigo 99 do CDC: "(...) a importância recolhida ao fundo criado pela Lei n° 7.347 de 24 de julho de 1985, ficará sustada enquanto pendentes de decisão de segundo grau as ações de indenização pelos danos individuais, salvo na hipótese de o patrimônio do devedor ser manifestamente suficiente para responder pela integralidade das dívidas". Faço este alerta, porque é possível a ocorrência de hipótese em que fora liquidada e expropriada a *fluid recovery*, com o depósito do valor no Fundo e, posteriormente, serem ajuizadas ações individuais buscando liquidar danos específicos de consumidores determinados. Nestas liquidações individuais, como ações de conhecimento que são, poderá ser pleiteada a liquidação de dano moral individual e, caso procedente a ação, em momento seguinte, é possível ao consumidor individual pretender que lhe seja destacado do valor da *fluid recovery* já depositado no fundo o montante relativo ao seu *quantum debeatur* liquidado, no qual poderá estar englobado o seu dano moral individual específico.

Justo, então, que este montante seja expropriado com base no artigo 100 e depositado no fundo de bens lesados, evitando o enriquecimento indevido e servindo como medida exemplar e preventiva para que o poluidor e outros que pretendam atuar ilegalmente contra o meio ambiente e o consumidor, sejam alertados para assim não agirem.

Exemplo disso é o REsp. n° 1221756, Relator Ministro Massami Uyeda, julgado em 10.02.2012: "RECURSO ESPECIAL – DANO MORAL COLETIVO – CABIMENTO – ARTIGO 6°, VI, DO CÓDIGO DE DEFESA DO CONSUMIDOR – REQUISITOS – RAZOÁVEL SIGNIFICÂNCIA E REPULSA SOCIAL – OCORRÊNCIA, NA ESPÉCIE – CONSUMIDORES COM DIFICULDADE DE LOCOMOÇÃO – EXIGÊNCIA DE SUBIR LANCES DE ESCADAS PARA ATENDIMENTO – MEDIDA DESPROPORCIONAL E DESGASTANTE – INDENIZAÇÃO – FIXAÇÃO PROPORCIONAL – DIVERGÊNCIA JURISPRUDENCIAL – AUSÊNCIA DE DEMONSTRAÇÃO – RECURSO ESPECIAL IMPROVIDO. I – A dicção do artigo 6°, VI, do Código de Defesa do Consumidor é clara ao possibilitar o cabimento de indenização por danos morais aos consumidores, tanto de ordem individual quanto coletivamente. II – Todavia, não é qualquer atentado aos interesses dos consumidores que pode acarretar dano moral difuso. É preciso que o fato transgressor seja de razoável significância e desborde os limites da tolerabilidade. Ele deve ser grave o suficiente para produzir verdadeiros sofrimentos, intranquilidade social e alterações relevantes na ordem extrapatrimonial coletiva. Ocorrência, na espécie. III – Não é razoável submeter aqueles que já possuem dificuldades de locomoção, seja pela idade, seja por deficiência física, ou por causa transitória, à situação desgastante de subir lances de escadas, exatos 23 degraus, em agência bancária que possui plena capacidade e condições de propiciar melhor forma de atendimento a tais consumidores. IV – Indenização moral coletiva fixada de forma proporcional e razoável ao dano, no importe de R$ 50.000,00 (cinquenta mil reais). V – Impõe-se reconhecer que não se admite recurso especial pela alínea "c" quando ausente a demonstração, pelo recorrente, das circunstâncias que identifiquem os casos confrontados. VI – Recurso especial improvido.

Na forma dita, objetiva a *fluid recovery* dar concretude ao princípio do poluidor-pagador, possuindo natureza, portanto, preventivo-pedagógica, mas também tendo como principal sentido evitar o enriquecimento indevido dos agentes econômicos poluidores.

A situação do enriquecimento sem causa está prevista no artigo 884 do Código Civil:

Do Enriquecimento Sem Causa

Art. 884. Aquele que, sem justa causa, se enriquecer à custa de outrem, será obrigado a restituir o indevidamente auferido, feita a atualização dos valores monetários.

Parágrafo único. Se o enriquecimento tiver por objeto coisa determinada, quem a recebeu é obrigado a restituí-la, e, se a coisa não mais subsistir, a restituição se fará pelo valor do bem na época em que foi exigido.

Com efeito, o princípio do não enriquecimento sem causa é muito bem definido por Mônica Yoshizato Bierwagem,[347] merecendo transcrição:

(...) enriquecimento sem causa é a obtenção de uma vantagem sem a respectiva causa, ou seja, é o acréscimo patrimonial sem motivo juridicamente reconhecido. No sistema do novo Código Civil a disciplina da proibição ao enriquecimento sem causa exige o cumprimento dos seguintes pressupostos: (1) a ocorrência do enriquecimento de uma parte; (2) o correspondente empobrecimento da outra; (3) o nexo causal entre esses dois eventos; (4) que o acréscimo seja sem justa causa; (5) que não haja outro meio para a restituição do indevido.

Fernanda Pessôa Cerveira,[348] em um dos melhores artigos escritos sobre o tema, assim comenta:

Não há dúvida de que o Código Civil possui a maior gama de institutos que consagram a proibição do enriquecimento sem causa. No entanto, não pode deixar de ser anotada a legislação consumerista, que veda qualquer forma de abuso que possa ser sofrido pelo consumidor, não deixando de ter referido, juntamente com alguns de seus dispositivos, o princípio do enriquecimento sem causa.

Não há olvidar que toda a sistemática do Código de Defesa do Consumidor é centrada em uma causa, e que tal é concentrada na relação de consumo (...)

No entanto, é o enriquecimento sem causa a manifestação da ideia causalista adota pelo nosso direito civil, mesmo não sendo a causa elemento de validade do negócio, sem a qual o empobrecido não poderia reclamar o que lhe era devido (...)

Assim, apesar de não ser possível vislumbrar os pressupostos antes trabalhados do instituto, tem o Código de Defesa do Consumidor normas em que se vislumbram como pano de fundo a proibição do enriquecimento sem causa.

---

[347] *Princípios e Regras de Interpretação dos Contratos no Novo Código Civil*. São Paulo: Saraiva, 2002, p. 56-57.

[348] Enriquecimento Sem Causa: da legislação civil atual ao no Código Civil. *Revista de Direito do Consumidor* n°44. São Paulo: Revista dos Tribunais, out./dez. 2002, p. 160-161.

Esta é, portanto, mais uma *inovação* útil que o Código de Defesa do Consumidor pode acrescentar à impugnação aos danos ambientais complexos, porque normalmente as pretensões extrajudiciais e judiciais dos Órgãos de controle direcionam-se de maneira compartimentalizada apenas para a solução das reparações imediatamente de cunho ambiental restrito,[349] esquecendo-se de toda gama de consumidores *expostos* (artigo 29 do CDC.) ou das *vítimas* (artigo 17 do CDC), que, por desventura, tenham sido lesados em decorrência da *macrorrelação ambiental de consumo*.

Para a melhor apreensão dos conceitos, basta que nos remetamos ao início deste trabalho ou para qualquer situação fática envolvendo danos ambientais complexos e será fácil de entender que, por exemplo, as populações ribeirinhas atingidas por efluentes químicos advindos de fábricas de sapatos são considerados consumidores e, portanto, se não demandarem em juízo liquidando seus créditos, caberá aos Ente Coletivos do artigo 82 do CDC a busca da indenização fluida do artigo 100, como forma de respeito ao princípio da reparação integral do bem jurídico coletivo.

A jurisprudência do Superior Tribunal de Justiça tem acolhido tal postura:

> DIREITO PROCESSUAL COLETIVO. RECURSO ESPECIAL. AÇÃO CIVIL PÚBLICA. CONDENAÇÃO CUMPRIDA PELO VENCIDO NA FASE DE CONHECIMENTO. DEPÓSITO. HABILITAÇÃO DE INTERESSADOS EM NÚMERO INCOMPATÍVEL COM A EXTENSÃO DO DANO. INCIDÊNCIA DO ART. 100 DO CDC. REVERSÃO PARA O FUNDO PÚBLICO DE QUE TRATA A LEI N. 7.347/85. LEGITIMIDADE DO MINISTÉRIO PÚBLICO PARA PROPOR A SOLUÇÃO. INEXISTÊNCIA DE JULGAMENTO *EXTRA PETITA* NEM DE ALTERAÇÃO DO PEDIDO NA FASE DE EXECUÇÃO.
> 1. O Ministério Público é parte legítima para promover execução residual da chamada *fluid recovery*, a que se refere o art. 100, do CDC, com o escopo de reversão ao Fundo Público do valor residual, especialmente quando não houver interessados habilitados em número compatível com a extensão do dano.
> 2. A reversão para o Fundo Público dos valores não levantados pelos beneficiários é providência cabível na fase de execução da sentença coletiva, descabendo por isso exigir que a inicial da ação de conhecimento já contenha tal pedido, cuja falta não induz julgamento *extra petita*, tampouco alteração do pedido na fase de execução.
> 3. Ademais, independente de pedido na ação de conhecimento, a reversão para o fundo é previsão legal, sujeitando-se a condições *secundum eventum litis*, ou seja, somente reverterá caso ocorra, em concreto e na fase de execução, as circunstâncias previstas no art. 100, CDC.
> 4. Recurso especial não provido.
> (REsp. 996.771, Rel. Ministro Luis Felipe Salomão. 06.03.2012)

---

[349] Lembro LECEY, Eládio, em citação anteriormente feita neste trabalho, quando assim definiu: "o meio ambiente tem seu valor e como tal (como meio ambiente da espécie humana)...".

A.C.P. Empresa de arrendamento mercantil condenada a restituir em dobro valores de multa superiores a 2% (inadimplência). Legit. do MP para a liquidação e execução de forma subsidiária, forte no art. 100 do CDC, quando inertes os beneficiários. Utilização da *fluid recovery* para evitar o enriquecimento indevido. Liquidação por arbitramento (arts. 475-C, II e 475-D, do CPC), pois beneficiários são identificados, e deve ser feita com base em cada um dos contratos.

(REsp. 1187632, Rel. Ministro Antônio Carlos Ferreira. 05.06.12)

14. Direito dos consumidores à moradia digna

O Direito à moradia[350] é um Direito social previsto no artigo 6º da Constituição Federal.

Como Direito social que é, sem dúvida precisa ser protegido pelo Estado, em sentido *lato*.

Entretanto, o mandamento constitucional possui uma dimensão coletiva, significando que é obrigação dos governos a concretização de políticas públicas tendentes a minorar o problema social decorrente da falta de moradia, tendo em vista o profundo interesse social que envolve o assunto.

Exatamente por isso que proliferam normas para a proteção da locação, da geração de crédito para a construção e aquisição de residências, para a proteção, regularização e criação de loteamentos, tanto públicos como privados – exemplos são a Lei 6.766/79 (Lei do Parcelamento do Solo Urbano), a Lei nº 4.591/64 (Lei dos Condomínios e Incorporações)[351] e o Estatuto das Cidades (Lei nº 10.257/01).

Alguns doutrinadores comentam sobre a dimensão coletiva do Direito à Moradia, sendo exemplo o trabalho de Olavo Augusto Vianna Alves Ferreira e Rodrigo Pieroni Fernandes,[352] palavras que merecem transcrição:

> (...) Referida Emenda entrou em vigor na data de sua publicação. Resta-nos saber se a partir de tal data já está assegurada a moradia a todos, uma vez que há previsão expressa desse direito na Lei Maior. Evitando maiores decepções, antecipamos que,

---

[350] Sobre o Direito à Moradia ver TUTIKIAN, Cláudia Fonseca. *Da Incorporação Imobiliária: Implementação do Direito Fundamental à Moradia*. São Paulo: Quartier Latin, 2008.

[351] Sobre o tema incorporações ver CAVALIERI FILHO, Sérgio. A Responsabilidade do Incorporador/Construtor. *Revista Direito do Consumidor* nº 26. São Paulo: Revista dos Tribunais, abril/junho de 1998, p. 230-236.

[352] Procurador do Estado de São Paulo, membro do Grupo de Trabalho de Direitos Humanos da Procuradoria Geral do Estado – SP. Disponível em: <www.saj.com.br/artigos/moradia1.html>, acesso em 04.11.2010. Artigo intitulado *O Direito Constitucional à Moradia e os Efeitos da Emenda Constitucional* nº 26/2000.

infelizmente, a resposta é negativa. Não está garantida a moradia de maneira efetiva a todos.

Isso se dá por razões que já se fazem conhecidas no que tange aos direitos sociais, não sendo novidade no tocante ao novo direito.

Jorge Miranda se refere aos direitos sociais quando leciona sobre a aplicabilidade das normas constitucionais, salientando que certas normas "não consentem que os cidadãos ou quaisquer cidadãos as invoquem *já* (ou imediatamente após a entrada em vigor da Constituição), pedindo aos tribunais o seu cumprimento só por si, pelo que pode haver quem afirme que os direitos que delas constam, *máxime* os direitos sociais, têm mais natureza de expectativas que de verdadeiros direitos subjectivos".

Sem adentrarmos na questão levantada por Jorge Miranda, nos parece irretorquível a impossibilidade de se impor ao Estado, imediatamente, a efetividade desta inovação constitucional.

Em tese apresentada no 1º Encontro Brasileiro de Direitos Humanos, sobre o Direito à Moradia, Fernando Abujamra Aith demonstra o problema enfrentado para assegurar a efetividade dos direitos sociais:

"Os Direitos individuais possuem muito mais respaldo jurídico e garantias judiciais efetivas do que os direitos sociais. Enquanto existem instrumentos como o *Habeas Corpus*, Mandado de Segurança, o princípio da legalidade, entre outros, destinados à garantia do cidadão contra arbitrariedades estatais, verificamos a absoluta falta de instrumentos e garantias jurídicas que protejam, com a mesma eficácia, os direitos sociais, culturais e econômicos. Enquanto os direitos civis e políticos exigem, basicamente, uma abstenção por parte do Estado, os direitos sociais exigem uma ação efetiva do Estado". Embora sejam verdadeiros deveres do Estado, a previsão dos direitos sociais, que no dizer de José Afonso da Silva "são prestações positivas proporcionadas pelo Estado direta ou indiretamente", tem limitada eficácia técnica. Como cediço, todas as normas constitucionais são dotadas de eficácia jurídica, no sentido de que seu efeito principal é revogar a ordem jurídica naquilo que com ela for incompatível. Ocorre que poderá a norma não ter eficácia social, que verifica-se no caso de não ser efetivamente aplicada aos casos concretos.

Isto ocorrerá, infelizmente, com a moradia, uma vez que sua principal função será a de representar importante diretriz a orientar o Poder Público para implementação de políticas aptas a assegurarem esse novo direito. Veja-se, inclusive, que o direito à moradia já encontrava previsão constitucional no artigo 7º, inciso IV, da Constituição Federal, como direito do trabalhador urbano e rural a um "salário mínimo, fixado em lei, nacionalmente unificado, capaz de atender às suas necessidades vitais básicas e às de sua família com moradia, alimentação, educação, saúde, lazer, vestuário, higiene, transporte e previdência social, com reajustes periódicos que lhe preservem o poder aquisitivo, sendo vedada sua vinculação para qualquer fim". Constitui, ainda, competência comum da União, dos Estados, do Distrito Federal e dos Municípios promover *programas de construção de moradias e melhorias das condições habitacionais*, nos termos do artigo 23, inciso IX, da Constituição Federal. Portanto, percebe-se que o direito à moradia é um direto essencial, já há muito tempo fazendo parte do texto constitucional, agora robustecido com sua expressa menção no elenco do artigo 6º; proporcionando, no mínimo, a facilitação da exigência de sua concretização.

No mesmo sentido, comenta Gabriela Neves Gallo:[353]

A subjetividade é requisito indispensável à justicialidade de um direito. Os direitos sociais têm natureza coletiva, dependem e regram situações a serem criadas pelo Poder Público e sua eficácia está relacionada a uma atuação conjunta dos poderes Executivo, Legislativo e Judiciário. Sim, os direitos sociais são direitos Públicos subjetivos e devem ser alcançados através da justiça distributiva, vez que não são fruíveis individualmente.[354] Como exemplo desses direitos citamos o direito à educação, cuja concretização depende da instituição do ensino obrigatório e gratuito que é responsabilidade do Estado (...). Existem distintos remédios jurídicos a serem utilizados na defesa dos direitos sociais, tais como, a Ação Civil Pública, Mandado de Injunção e Ação Direta de Inconstitucionalidade.

Para criar uma situação nova, justa e com benefício para todos, se faz necessário compelir o Estado a criar e implementar Políticas Públicas, no caso do direito a moradia, Políticas Públicas habitacionais.

As políticas públicas "são programas de ação governamental que resultam de processos ou conjunto de processos – eleitoral, legislativo, administrativo, orçamentário, judicial – juridicamente regulados, visando a coordenar os meios à disposição do Estado e as atividades privadas, para a realização de objetivos socialmente relevantes e politicamente determinados".[355]

As políticas públicas são "metas coletivas conscientes",[356] definem e norteiam a ação do Estado, permitindo que a sociedade acompanhe e fiscalize sua atuação. As fases de implementação de uma política pública segundo a ciência política são: o agendamento, a construção de alternativas, a decisão, implementação e a avaliação. Além disso, para que uma política pública alcance dimensões ideais deve ter bem estabelecidos seus objetivos, os meios para alcançá-los, o tempo de duração do programa e por último a seleção de prioridades, pois, em se tratando de política pública o Estado sempre terá que lidar com a escassez de recursos.

Nesse contexto, o direito funciona como instrumento para a atuação estatal, ele é a "musculatura"[357] a "caixa de ferramentas"[358] na implementação da política pública. "É impossível compreender-se o Estado e orientar sua dinâmica sem o direito e a política, pois toda a fixação de regras de comportamento se prende a fundamentos e finalidades, enquanto a permanência de meios orientados para certos fins depende de sua inserção em normas jurídicas".[359]

---

[353] Disponível em: <www.conpedi.org.br/manaus/arquivos/anais/bh>, acesso em 04.11.2010.

[354] ALFONSIN, Betânia; FERNANDES, Edésio (orgs. e coautores). *Direito à moradia e Segurança da Posse no Estatuto da Cidade*. Belo Horizonte: Fórum, 2004, p. 35. 1551.

[355] BUCCI, Maria Paula Dallari. Aula ministrada em 09/11/2006 no curso de mestrado em Direito Ambiental da UNISANTOS.

[356] ASSMAN, Hugo *Apud* BUCCI, Maria Paula Dallari. *Direito Administrativo e Políticas Públicas*. São Paulo: Saraiva, 2002, p. 241

[357] BUCCI, Maria Paula Dallari. Aula ministrada em 09/11/2006 no curso de mestrado em DireitoAmbiental da UNISANTOS.

[358] Idem à nota anterior

[359] DALLARI, Dalmo de Abreu *Apud* BUCCI, Maria Paula. Op. cit., p. 242.

A questão habitacional e de uso e ocupação do solo urbano, figuram dentre os inúmeros problemas enfrentados pelo Estado na gestão das cidades. Para que a administração publica consiga promover justiça social, cidadania e a sustentabilidade das cidades brasileiras, terá obrigatoriamente que se debruçar sobre essas questões. Para isso contará com uma legislação específica ("caixa de ferramentas"),destinada à questão urbana como uma espécie de molde da cidade ideal ou desejável. Com relação ao contingenciamento de recursos, os quais juntamente com a vontade política são indispensáveis à proposição e implementação da política pública, esses devem ser programados conforme Título VI da CF/88 que rege as Finanças Públicas e o Orçamento.

É papel do Poder Judiciário aplicar justiça distributiva, forçando a criação e implementação de Políticas Públicas, promovendo as reformas sociais necessárias.

(...)

Sendo o Direito à moradia um Direito Fundamental, a promoção de Políticas Públicas de habitação e organização do solo urbano são indispensáveis ao desenvolvimento de cidades sustentáveis.

A defesa de direitos sociais como o Direito à Moradia exigem a atuação conjunta do Executivo, Legislativo, Judiciário e da Sociedade Civil como um todo (...).

Essa dimensão coletiva do Direito à Moradia, como não poderia ser diferente, tem de ser compatível com os demais direitos fundamentais, dentre eles o direito a um meio ambiente sustentável e o direito fundamental dos consumidores.

Com isso quero dizer que as políticas públicas precisam estar pautadas pelo paradigma ambiental na implementação do Direito à Moradia, pois de nada adianta concretizar tal direito e lesar o direito à dignidade, à vida e à saúde.

Alerto para este problema, pois não é incomum o surgimento de loteamentos populares em cima de áreas contaminadas, situações essas que promovem o choque entre o Direito à Moradia e os princípios da defesa do meio ambiente (art. 170, VI, CF) e da defesa do consumidor (art. 170, V, CF).

Isto ocorre provavelmente porque as áreas com resíduos sólidos, por óbvio, têm um valor de mercado bastante inferior ao normal, o que estimula o poder público a contratar a construção de loteamentos populares em terrenos contaminados, nenhuma informação sendo dada aos consumidores.

Por isso se falou no início em Direito à Moradia digna, porque não é aceitável que a pessoa tenha um *teto*, mas sob este exista uma verdadeira bomba relógio, que poderá a qualquer momento explodir e lhe causar danos graves.

O afã de concretizar o Direito à Moradia não pode se sobrepor ao interesse da coletividade como um todo – isso ficou fácil de entender a partir do conceito de *macrorrelação ambiental de consumo* –, que não pode estar submissa à constituição de loteamentos em cima de contaminações, haja vista que tais áreas geram doenças, sendo os moradores desse tipo de local vetores na transmissão de moléstias e, até mesmo, de epidemias.

Em realidade, as ocupações têm de seguir padrões de sustentabilidade, conceito este fundamental e que foi com maestria aprofundado no paradigmático livro de Juarez Freitas.[360]

Assim, impõe-se uma restrição séria a esse tipo de solução em que o *barato poder sair mais caro*, devendo haver uma reestruturação técnica dos setores municipais de regularização, para que o paradigma ambiental antes comentado seja implementado de maneira ampla e total, perpassando todas as etapas de aprovação dos parcelamentos, a fim de que sejam aferidos os aspectos de contaminação por resíduos sólidos.

---

[360] *Sustentabilidade – Direito Ao Futuro*. Belo Horizonte: Fórum, 2011, p. 40 e 41.

15. Reflexões finais

Ao final deste trabalho, gostaria de salientar que o fundamento maior das reflexões aqui empreendidas é a necessidade de que tenhamos humildade.

De fato, a humildade tão escassa no seio da sociedade atual passa pela singela constatação de que muito pouco sabemos e, portanto, estamos em constante aprendizado. Alguém, por exemplo, poderá dizer com certeza se o megavulcão que agita o subsolo do Parque de Yellowstone,[361] nos Estados Unidos, e que poderá acabar com boa parte da humanidade, irá entrar em erupção nos próximos anos? A ciência estima que em 50 anos há uma chance de 1 em 20 que tal aconteça. Alguém poderá dizer com certeza se o megavulcão de La Palma[362] irá rachar em

---

[361] Disponível em <www.wikipedia.org>, acesso em 13.07.2012. "A Caldeira de Yellowstone é uma caldeira vulcânica situada no Parque Nacional de Yellowstone nos Estados Unidos, por vezes designada como Supervulcão de Yellowstone. Yellowstone é considerado um supervulcão, pois uma possível erupção sua poderia durar semanas provocando efeitos globais, que persistiriam por meses ou até por anos. Sua cratera tem 90 quilômetros de extensão, e sua caldeira é 40 vezes maior do que a do Monte Santa Helena, sendo que boa parte de seu magma é eruptivo. O vulcão e sua caldeira situam-se no Parque Nacional de Yellowstone, que ocupa grande parte da região noroeste no Wyoming, além de pequenas partes dos estados de Idaho e Montana, nos Estados Unidos da América. Uma erupção de tal magnitude teria efeitos catastróficos em todo o planeta. Seus efeitos durariam décadas para se normalizar e trariam mudanças bruscas na Terra, desde a morte de milhões de pessoas à extinção em massa de plantas e animais".

[362] Disponível em <www.starnews2001.com.br>, acesso em 13.07.2012. "Ao longo dos oceanos encontramos indícios de possíveis 'bombas' geológicas. Uma vez disparadas, poderiam criar fenômenos extraordinários como ondas gigantes (muito maiores que as tsunamis normais) que viajariam através dos mares, destruindo países com regiões costeiras.Faz alguns anos que os cientistas encontraram indícios de que da próxima vez um destes fenômenos poderia ocorrer ocasionado pela erupção do vulcão Cumbre Vieja, em La Palma, nas Ilhas Canárias, na costa norte do continente africano. Uma muralha de água poderia num desses dias se formar e viajar através do oceano atlântico a velocidade de cruzeiro, para destruir a costa este dos Estados Unidos. A América seria alcançada por uma mega *tsunami*. Enquanto se mantiver inativo o vulcão não representa nenhum perigo. Contudo, os cientistas acreditam que o flanco oeste da ilha colapsará durante uma erupção futura. Em outras palavras, que em qualquer momento nos próximos mil anos, uma grande parte do sul de La Palma (com um volume de 500 milhões de toneladas) se derramará no Oceano Atlântico. O que acontecerá quando o vulcão de La Palma entrar em erupção? Estudos científicos afirmam que ocasionará uma onda quase inconcebivelmente destruidora, muito maior do que qualquer processo observado nos tempos modernos. Atravessará o Atlântico em poucas horas engolindo completamente a costa este dos Estados Unidos e varrerá do mapa tudo o que

breve, gerando um tsunami que arrasará o leste dos Estados Unidos da América? Ninguém, muito menos a ciência.

Por tudo isso, é que a reflexão sobre novas ideias, sobre *inovações*, se impõe como forma de que, ao menos, sejam empreendidas tentativas no sentido de tornar mais harmônico o relacionamento do ser humano com a natureza.

Veja-se que o princípio da contextualização que defendi neste estudo, em realidade, é uma ocorrência do mundo material, o que induz ao pensamento no sentido de que toda alteração agressiva do ambiente natural poderá gerar reflexos para muito além do local em que a agressão é empreendida de forma direta.

Assim, a desmedida extração de petróleo,[363] de metais em geral, de água e tantas outras *riquezas* do subsolo, certamente, está inserida nesse contexto natural.

Em realidade, este trabalho é um humilde alerta, tendente a trazer algumas possibilidades de freio à ânsia produtivo-consumista e ao desleixo com a Terra, a nossa morada.

O método utilizado foi a tentativa de colocar o leitor em contato com a dimensão histórica, filosófica, cultural, global e quase trágica das vivências da pós-modernidade, como forma de trazer o interlocutor literário para a dimensão ampla na qual estamos inseridos, única maneira de ser percebida a necessidade de mudanças úteis e eficazes.

Assim, objetivei fazer uma demonstração das evoluções jurídicas e sociais experimentadas pela humanidade em tempos mais recentes, com o fim de preparar para as reflexões sobre a imprescindível ressistematização do Direito, por intermédio dos direitos fundamentais e dos novos paradigmas da contextualização, da urbanização, da massificação, da globalização e o paradigma ambiental.

Em um nível mais procedimental, o fundamental manejo da interpretação sistemática do Direito fulcrada nos casos concretos descritos no início do trabalho (união do pensamento sistemático ao tópico), teve

---

existe 20 km terra adentro. Boston seria a primeira zona a ser afetada, seguidos de Nova York, a península de Miami e as ilhas do Caribe. Para um navio em alto-mar, ela seria imperceptível, mas ao aproximar-se do Nordeste brasileiro, a massa de água se transformaria numa onda de mais de 40 metros de altura, devido ao atrito com o fundo raso do litoral".

[363] FREITAS, Juarez. *Sustentabilidade*, op. cit., p. 36 assim escreve: "(...) Os combustíveis fósseis são responsáveis por inúmeros malefícios em matéria de saúde pública, para além dos transtornos ligados à temperatura. Vai daí que a era desses combustíveis, ora em ponto de inflexão, precisa ser gradativamente ultrapassada (apesar das muitas tentações de riqueza do pré-sal), certo como é que aqueles países que não investirem em energias renováveis restarão literalmente fossilizados e caducos. Por outro lado, se o enxofre, liberado pelo diesel vegetal, mata milhares de pessoas ao ano, elimine-se tal veneno, o quanto antes".

o intuito de trazer a operação jurídica para um espaço mais concreto, de modo a que fosse possível visualizar, elucidar, que a *macrorrelação ambiental de consumo* é uma realidade e, por isso, as implicações que decorrem da sua existência precisam ser melhor solucionadas, principalmente quando digam respeito à configuração de danos ecológicos complexos ou lesões aos consumidores difusamente considerados (os *expostos* do art. 29 do CDC e as *vítimas* do art. 17 do CDC).

Por fim, propus alguns caminhos, algumas possibilidades de melhoria no trato da *ecocomplexidade*, tanto em nível processual como material, pretendendo, ao menos, que os encaminhamentos expostos possam ser objeto de reflexão, mas estando convicto de que têm eles o sincero intuito de utilidade prática, não sendo meros desejos teóricos.

Em suma, há muito tempo desejava expressar em livro meu amor pela natureza, e os que me conhecem pessoalmente sabem o quanto ela está presente na minha vida. Este trabalho, por modesto que seja, é a realização deste sonho. Assim, com a simplicidade das coisas naturais, desejo compartilhar o meu sonho com todos os que acreditam que a vida vale a pena e que a missão de cada um é tentar fazer algo de útil para a sociedade. Espero que eu tenha sido exitoso em tal empreendimento. Felicidade para todos e que nós possamos seguir os conselhos simples e sábios da natureza!

Ilan Shamir:[364]

Conselho de uma Árvore:

Seja Altaneira e Orgulhosa.

Finque suas raízes profundamente na Terra.

Reflita a luz de uma fonte maior.

Pense a longo prazo.

Arrisque-se (...)

Seja flexível.

Lembre-se de suas raízes.

Aproveite a vista!

---

[364] URY, William. *O Poder do NÃO POSITIVO – Como dizer NÃO e ainda chegar ao SIM*. 5ª reimp. LYRA, Regina (trad.). Rio de Janeiro: Elsevier, 2007, p. 217.

Bibliografia

AGUIAR JÚNIOR, Ruy Rosado de. *Revista da Ajuris/Associação dos Juízes do Rio Grande do Sul* nº 126. Proteção da boa-fé subjetiva. Porto Alegre: AJURIS, 2012. v. 39.

——. Responsabilidade Civil do Médico. *Direito e Medicina*. TEIXEIRA, Sálvio de Figueiredo (coord.). Belo Horizonte: Del Rey, 2000.

——. A Boa-fé na Relação de Consumo. *Revista Direito do Consumidor*. São Paulo: RT. v. 14.

——. *Extinção dos Contratos Por Incumprimento do Devedor – Resolução*. Rio de Janeiro: AIDE Editora, 2003.

ALFONSIN, Betânia. FERNANDES, Edésio (orgs. e coautores). *Direito à moradia e Segurança da Posse no Estatuto da Cidade*. Belo Horizonte: Fórum, 2004.

ALMEIDA, Gregório Assagra de. *Direito Processual coletivo brasileiro – Um novo ramo do direito processual*. São Paulo: Saraiva, 2003.

ALMEIDA, Renato Franco de. Princípio da Demanda nas Ações Coletivas do Estado Social de Direito. *Revista de Direito do Consumidor* número 50. São Paulo: Revista dos Tribunais, abri-junho 2004.

ALVARES, Antônio Carlos Teixeira. Informativo nº 50 do Sindicato Nacional das Indústrias de Estamparias de Metais, disponível em <www.fiesp.com.br.siniem/2012/10/Informativo,> acesso em 11/12/2012.

ALVES, Rogério Pacheco. *Improbidade Administrativa*. 4ª ed. rev. e ampl.. CARVALHO FILHO, José dos Santos (pref.) Rio de Janeiro: Lumen Juris, 2008.

ALVIM, Agostinho. *Das inexecuções das obrigações e suas conseqüências*. 5ª ed. São Paulo: Saraiva, 1980.

ALVIM, Arruda. *Código de Defesa do Consumidor Comentado*. 2ª ed. rev. e ampl. São Paulo: Revista dos Tribunais, 1995.

——. Tutela Antecipatória. *Revista Direito do Consumidor* nº 21. São Paulo: Revista dos Tribunais, janeiro/março de 1997.

——. Responsabilidade Civil Pelo Fato do Produto no Código de Defesa do Consumidor. *Revista Direito do Consumidor* nº 15. São Paulo: Revista dos Tribunais, julho/setembro 1995.

——. Disponível em <www.arrudaalvimadvogados.com.br/pt/artigos/16.asp?id=artigos&lng=pt>, acesso em 29.03.2012.

ALVIM, Thereza *Código de Defesa do Consumidor Comentada*. 2ª ed. rev. e ampl. São Paulo: Revista dos Tribunais, 1995.

AMARAL JUNIOR. Alberto. *Proteção do Consumidor no Contrato de Compra e Venda*. São Paulo: Revista dos Tribunais, 1993.

AMARO, Luciano. Desconsideração da Pessoa Jurídica no Código de Defesa do Consumidor. *Revista de Direito do Consumidor* nº 5. São Paulo: Revista dos Tribunais, janeiro-março de 1993.

ASSMAN, Hugo. *Apud* BUCCI, Maria Paula Dallari. *Direito Administrativo e Políticas Públicas*. São Paulo: Saraiva, 2002.

ATHIAS, Jorge Alex Nunes. Responsabilidade civil e meio ambiente – breve panorama do direito brasileiro. *In*: BENJAMIN, Antonio Herman V. Responsabilidade Civil pelo Dano Ambiental. *Revista de Direito Ambiental* nº 9/5. São Paulo: Revista dos Tribunais, janeiro-março, 1998.

ÁVILA, Pe. Fernando Bastos de. *Solidarismo*. 3ª ed. Rio de Janeiro: Agir, 1965.

AVILA, Humberto. *Teoria dos Princípios*: da definição à aplicação dos princípios jurídico, 8ª ed. São Paulo: Malheiros, 2008.

——. Repensando o Princípio da supremacia do interesse público sobre o particular. In: *O Direito Público em Tempos de Crise – estudos em Homenagem a Ruy Rubem Ruschel*. Organizado por SARLET, Ingo Wolfgang. Porto Alegre: Livraria do Advogado, 1999.

AYALA, Patryck de Araújo. *Dano Ambiental – do individual ao coletivo extrapatrimonial. Teoria e prática*. São Paulo: Revista dos Tribunais, 2010.

AZEVEDO, Antonio Junqueira de. O Direito pós-moderno e a codificação. In: Em *RDC* nº 33, janeiro/março de 2000.

——. Por uma nova categoria de dano na responsabilidade civil: o dano social. *Novos Estudos e Pareceres de Direito Privado*. São Paulo: Saraiva, 2009.

BAHIA, Carolina Medeiros. Dano Ambiental e Nexo de Causalidade na Sociedade de Risco. *Dano Ambiental na Sociedade de Risco*. MORATO LEITE, José Rubens (coord.). FERREIRA, Heline Sivini e CAVALCANTI FERREIRA, Maria Leonor Paes (orgs.). São Paulo: Saraiva, 2012.

BARCELLOS, Ana Paula de. O Começo da História. A Nova Interpretação Constitucional e o Papel dos Princípios no Direito Brasileiro. In: *Revista da EMERJ* – Escola Superior da Magistratura do Rio de Janeiro, nº 23, 2003. v. 6.

BARROS, Raimundo Gomes de. Relação de Causalidade e o Dever de Indenizar. *Revista Direito do Consumidor*, nº 28. São Paulo: Revista dos Tribunais, julho/setembro de 1998.

BARROSO, Luís Roberto. O Começo da História. A Nova Interpretação Constitucional e o Papel dos Princípios no Direito Brasileiro. In: *Revista da EMERJ* – Escola Superior da Magistratura do Rio de Janeiro, nº 23, 2003. v. 6.

BAUMAN, Zygmunt. *Modernidade Líquida*. Tradução de Plínio Dentzien. Rio de Janeiro: Jorge Zahar, 2001.

BENJAMIN, Antônio Herman de Vasconcelos e. *Código Brasileiro de Defesa do Consumidor*. 3ª ed. Rio de Janeiro: Forense Universitária, 1991.

——. *O Direito Penal do Consumidor*: Capítulo do Direito Penal Econômico. São Paulo: RDC, 1/111.

——. *Comentários ao Código de Proteção ao Consumidor*. São Paulo: Saraiva, 1991.

——. Responsabilidade Civil Pelo Dano Ambiental. *Revista de Direito Ambiental*, nº 9/5. São Paulo: Revista dos Tribunais, janeiro-março, 1998.

BERTALANFY, Ludwig Von. *Teoria dos Sistemas*. Petrópolis: Vozes, 1973.

BESSA, Leonardo Roscoe. Dano Moral Coletivo. *Revista de Direito do Consumidor* nº 59. São Paulo: RT, julho-setembro de 2006.

BIERWAGEM, Mônica Yoshizato. *Princípios e Regras de Interpretação dos Contratos no Novo Código Civil*. São Paulo: Saraiva, 2002.

BONATTO, Cláudio. *Código de Defesa do Consumidor: Cláusulas Abusivas nas Relações Contratuais de Consumo*. Porto Alegre: Livraria do Advogado, 2001.

——; MORAES, Paulo Valério Dal Pai. *Questões Controvertidas no Código de Defesa do Consumidor*. 5. ed. Porto Alegre: Livraria do Advogado, 2009.

BRANCO, Gerson Luiz Carlos. *Diretrizes Teóricas do Novo Código Civil Brasileiro*. São Paulo: Saraiva, 2002.

BRUNA, Sérgio Varela. *O Poder Econômico e a Conceituação do Abuso em seu exercício*. São Paulo: Revista dos Tribunais, 1997.

BUCCI, Maria Paula Dallari. Aula ministrada em 09/11/2006 no curso de mestrado em Direito Ambiental da UNISANTOS.

BUENO, Cassio Scarpinella. *Curso Sistematizado de Direito Processual Civil – Teoria Geral do Direito Processual Civil*. 3ª ed. São Paulo: Saraiva. v. 1, 2009.

CABANA, M. López. Ecologia y Consumo. *Revista Direito do Consumidor*, nº 12. São Paulo: Revista dos Tribunais, out./dez., 1994.

CALGARO, Cleide. A prevenção como elemento de Proteção ao Consumidor: a saúde e segurança do consumidor no Código de Proteção e Defesa do Consumidor Brasileiro. *Revista Direito do Consumidor* nº 63. São Paulo: Revista dos Tribunais, jul./set., 2007.

CALIXTO, Marcelo Junqueira. *A Responsabilidade Civil do Fornecedor de Produtos pelos Riscos de Desenvolvimento*. Rio de Janeiro: Renovar, 2004.

CAMILLIS, Márcio de. O público, o privado, e o direito do consumidor: loteamentos, empréstimos consignados na folha de servidores públicos, autorização para a impressão de documentos fiscais e outras relações de Consumo. In: RDC n° 70/ 236 até 300. Abril-julho de 2009.

CAPELLI, Sílvia. *Revista do Ministério Público do Estado do Rio Grande do Sul* n° 46. Porto Alegre: Editora Metrópole, 2002.

——. *Direito Ambiental*. 6ª ed. Porto Alegre: Verbo Jurídico, 2010.

CARNEIRO, Paulo Cézar Pinheiro. *Acesso à justiça – Juizados especiais cíveis e ação civil pública*: uma nova sistematização da Teoria Geral do Processo. Rio de Janeiro: Forense, 2000.

CAVALIERI FILHO, Sérgio. Responsabilidade Civil no Novo Código. *Revista da EMERJ* n° 24. Rio de Janeiro: EMERJ. v.6, 2003.

——. Novo Código Civil e o Código de Defesa do Consumidor. Convergências ou Antinomias? *Revista da EMERJ* n° 20. Rio de Janeiro: EMERJ.. v. 5, 2002.

——. *Programa de Responsabilidade Civil*. São Paulo: Malheiros, 1997.

——. A Responsabilidade do Incorporador/Construtor. *Revista Direito do Consumidor* n° 26. São Paulo: Revista dos Tribunais, abril/junho de 1998.

CATALAN, Marcos. Desenvolvimento nanotecnológico e o dever de reparar os danos ignorados pelo processo produtivo. *Revista Direito do Consumidor* n° 74. São Paulo: Revista dos Tribunais, abril-junho 2010.

COELHO, Aline Bayerl. Princípio da Demanda nas Ações Coletivas do Estado Social de Direito. *Revista de Direito do Consumidor* número 50. São Paulo: Revista dos Tribunais, abril-junho 2004.

COUTO E SILVA, Clóvis do. *O Direito Privado Brasileiro na Visão de Clóvis do Couto e Silva*. FRADERA, Vera Maria Jacob de (org.). Porto Alegre: Livraria do Advogado, 1997.

CARVALHO, Délton Winter. Aspectos Epistemológicos da Ecologização do Direito: Reflexões Sobre a Formação de Critérios para Análise da Prova Científica. In: *Dano Ambiental na Sociedade de Risco*. MORATO LEITE, José Rubens (coord.). FERREIRA, Heline Sivini e CAVALCANTI FERREIRA, Maria Leonor Paes (orgs.) . São Paulo: Saraiva, 2012.

CASTRO, Carlos Roberto Siqueira. Extensão dos Direitos e Deveres Fundamentais às Relações Privadas. In: *Revista da EMERJ – Escola da Magistratura do Rio de Janeiro* n° 23, 2003. V. 6.

CERVEIRA, Fernanda Pessôa. Enriquecimento Sem Causa: da legislação civil atual ao Código Civil. *Revista de Direito do Consumidor* n°44 São Paulo: RT, outubro-dezembro de 2002.

CHAUI, Marilena. *O Que é Ideologia*, 2ª reimp. São Paulo: Brasiliense, 1997.

CONTE, Chistiany Pegorari. Modernidade Líquida: análise sobre o consumismo e seus impactos na Sociedade da Informação. Disponível em <www2.oabsp.org.br/asp/comissoes/sociedade_informaçao/artigos/modernidade_liquida.pdf>.

CUSTÓDIO. Helita Barreira Custódio. Avaliação de custos ambientais em ações jurídicas de lesão ao meio ambiente. *Revista dos Tribunais* n° 652. São Paulo: Revista dos Tribunais.

DENARI, Zelmo. *Código Brasileiro de Defesa do Consumidor Comentado pelos Autores do Anteprojeto*. 5° ed. rev. e atual. Rio de Janeiro: Forense Universitária, 1998.

DIDIER JUNIOR, Fredie. *Curso de Direito Processual Civil – Processo Coletivo*. Salvador: 4ª ed. JusPODIVM. v. 4, 2009.

DI PIETRO, Maria Sylvia Zanella. *Direito Administrativo*, 20ª ed. São Paulo: Atlas, 2006.

DONATO, Maria Antonieta Zanardo. *Proteção ao Consumidor, Conceito e Extensão*. São Paulo: Revista dos Tribunais, 1994.

EBERLIN, Fernando Büscher Von Teschenhausen. Responsabilidade dos fornecedores pelos danos decorrentes dos riscos de desenvolvimento: análise sob a ótima dos princípios da atividade econômica. *Revista Direito do Consumidor* n° 64. São Paulo: Revista dos Tribunais, outubro-dezembro de 2007.

ENTERRÍA, Eduardo Garcia de. *Reflexiones Sobre La Ley I Los Princípios Generales del Derecho*. Madrid: Guaderno Civitas-Editorial Civitas, 1986.

FACHINI NETO, Eugênio. Da responsabilidade civil no novo Código. In: *O Novo Código Civil e a Constituição*. SARLET, Ingo Wolfgang (org.). Porto Alegre: Livraria do Advogado, 2003.

FAGAN, Solange Binotto. *Cadernos IHU Idéias* 7/4, n. 125. São Leopoldo, 2009.

FINDLEY, Roger W. Anais do Congresso Internacional de Responsabilidade Civil – Consumidor, Meio Ambiente e Danosidade Coletiva – Fazendo Justiça no Terceiro Milênio. Blumenau: editado pela Associação dos Magistrados Brasileiro, 29.10.1995 a 01.11.1995. v. 2.

FENSTERSEIFER, Tiago. Notas Sobre os Deveres de Proteção do Estado e a Garantia da Proibição de Retrocesso em Matéria (Socio) Ambiental. *Dano Ambiental da Sociedade de Risco*. MORATO LEITE, José Rubens (coord.). FERREIRA, Heline Sivini e CAVALCANTI FERREIRA, Maria Leonor Paes (orgs.). São Paulo: Saraiva, 2012.

FERREIRA, Helini Sivini. Registro e importação de agrotóxicos: não seria dever do Poder Público controlar as atividades que envolvem substâncias capazes de causar danos à vida, à qualidade de vida e ao meio ambiente? *Dano Ambiental na Sociedade de Risco*. MORATO LEITE, José Rubens (coord.). FERREIRA, Heline Sivini e CAVALCANTI FERREIRA, Maria Leonor Paes (orgs.). São Paulo: Saraiva, 2012.

FERREIRA, Maria Leonor Paes. Registro e importação de agrotóxicos: não seria dever do Poder Público controlar as atividades que envolvem substâncias capazes de causar danos à vida, à qualidade de vida e ao meio ambiente? *Dano Ambiental na Sociedade de Risco*. MORATO LEITE, José Rubens (coord.). FERREIRA, Heline Sivini e CAVALCANTI FERREIRA, Maria Leonor Paes (orgs.) . São Paulo: Saraiva, 2012.

FERREIRA, Olavo Augusto Vianna Alves. Em www.saj.com.br/artigos/moradia1.html, acessado em 04.11.2010. Artigo intitulado *O Direito Constitucional à Moradia e os Efeitos da Emenda Constitucional* nº 26/2000.

FERNANDES, Rodrigo Pieroni. Em www.saj.com.br/artigos/moradia1.html, acessado em 04.11.2010. Artigo intitulado *O Direito Constitucional à Moradia e os Efeitos da Emenda Constitucional* nº 26/2000.

FILOMENO, José Geraldo de Brito. *Código Brasileiro de Defesa do Consumidor Comentado pelos Autores do Anteprojeto*. 5ª ed. rev. e atual. até outubro de 1997. Rio de Janeiro: Forense Universitária, 1998.

FIORILLO, Celso Antônio Pacheco. *Princípios do Direito Processual Ambiental*. São Paulo: Saraiva, 2012.

FINGER, Júlio Cezar. Constituição e Direito Privado: algumas notas sobre a chamada constitucionalização do direito privado. *In: A Constituição Concretizada, Construindo Pontes com o Público e o Privado*. SARLET, Ingo Wolfgang (org.). Porto Alegre: Livraria do Advogado, 2000.

FREITAS, Aristóbulo de Oliveira. Responsabilidade Civil Objetiva no Código de Defesa do Consumidor. *Revista de Direito do Consumidor* nº 11. São Paulo: Revista dos Tribunais, julho/setembro de 1994.

FREITAS, Juarez. *Interpretação Sistemática do Direito*. São Paulo: Malheiros, 1995.

——. *Sustentabilidade – Direito ao Futuro*. Belo Horizonte: Fórum, 2011.

GALLO, Gabriela Neves. Em www.conpedi.org.br/manaus/arquivos/anais/bh., acessado em 04.11.2010.

GARCIA, Emerson. *Improbidade Administrativa*. 4ª edição revista e ampliada. CARVALHO FILHO, José dos Santos (pref.) Rio de Janeiro: Lumen Juris, 2008.

GARCIA, José Augusto Garcia. O princípio da dimensão coletiva das relações de consumo: reflexos no "processo do consumidor", especialmente quanto aos danos morais e às conciliações. *Revista Direito do Consumidor* nº 28. São Paulo: Revista do Tribunais, outubro/dezembro de 1998. p. 90.

GARCÍA, María Paz. Los riesgos de desarrollo en la responsabilidad por daños causados por los productos defectuosos. Su impacto en el derecho español. *Revista Direito do Consumidor* nº 30. São Paulo: Revista dos Tribunais, abril/junho de 1999.

GAVRONSKI, Alexandre Amaral. Técnicas Extraprocessuais de Tutela Coletiva – A Efetividade da tutela coletiva fora do processo judicial – Inquérito civil – Audiência Pública – Recomendação – Compromisso de Ajustamento de Conduta – Outros instrumentos de tutela coletiva. São Paulo: Revista dos Tribunais, 2012.

GLOGER, Christian. A Responsabilidade Civil dos Sócios de uma Sociedade Limitada em Relações de Consumo – Uma Nova Análise do art. 28 do CDC. *Revista Direito do Consumidor* nº 54. São Paulo: Revista dos Tribunais, abril-junho de 2005.

GONÇALVES, Carlos Roberto. *Responsabilidade Civil*. São Paulo: Saraiva, 1994.

GONÇALVES, Marcus Vinicius Rios. *Novo Curso de Direito Processual Civil*, 6ª ed. São Paulo: Saraiva. v. 1, 2009.

GOUVÊA, Marcos Maselli. O conceito de consumidor e a questão da empresa como "destinatário final". *Revista Direito do Consumidor* nº 23-24,. São Paulo: Revista dos Tribunais, julho/setembro de 1997.

GRINOVER, Ada Pellegrini. *Código Brasileiro de Defesa do Consumidor Comentado pelos Autores do Anteprojeto*. 7ª ed. Rio de Janeiro: Forense Universitária, 2001.

GUARNIERI, Patricia. *Logística Reversa – Em busca do equilíbrio econômico e ambiental*. Recife: Clube dos Autores, 2011.

——. *Gestão de Resíduos Sólidos na Alemanha*. Disponível em <www.patriciaguanieri.blogspot.com.br>, acesso em 11/12/2012

GUERRA, Marcel Vitor de Magalhães e. Disponível em <www.bdjur.stj.gov.br>, acesso em 30.03.2012.

HADDAD, Marcelo Mansur. Os vícios de produto nos contratos de compra e venda internacional: uma análise de direito comprado. *Revista Direito do Consumidor* nº 23-24. São Paulo: Editora Revista dos Tribunais, julho/setembro, 1997.

HIRONAKA, Giselda. Responsabilidade Civil Pressuposta: Evolução de Fundamentos e de Paradigmas da Responsabilidade Civil na Contemporaneidade. In: *Responsabilidade Civil Contemporânea. Em homenagem a Sílvio de Salvo Venosa*. RODRIGUES JUNIOR, Otavio Luiz, MAMEDE, Gladston e ROCHA, Maria Vital da. (orgs.). São Paulo: Atlas, 2011.

HOLANDA, Aurélio Buarque de. *Dicionário da Língua Portuguesa*. 11ª ed. e 13ª imp. Rio de Janeiro: Civilização Brasileira, 1987.

——. *Novo Dicionário Aurélio da Língua Portuguesa*, 2ª ed. Rio de Janeiro: Nova Fronteira, 1986.

HARTMANN, Ivar Alberto Martins. O Princípio da precaução e sua aplicação no direito do consumidor: dever de informação. *Revista Direito do Consumidor* nº 70. São Paulo: Revista dos Tribunais, abril-junho de 2009.

ILAN, Shamir. In URY, William. O Poder do NÃO POSITIVO – Como dizer NÃO e ainda chegar ao SIM. 5ª Reimp. LYRA, Regina (trad.). Rio de Janeiro: Elsevier, 2007.

JORGE, Flávio Cheim. Responsabilidade Civil por Danos Difusos e Coletivos sob a ótima do Consumidor. *Revista Direito do Consumidor* nº 17. São Paulo: RT, janeiro/março de 1996.

KELSEN, Hans. *Teoria Pura do Direito*. 4ª ed. Coimbra: Armênio Amado, 1979.

KUNISAWA, Viviane Yumy M.. O Direito de Informação do Consumidor e a Rotulagem de Alimentos Geneticamente Modificados. *Revista Direito do Consumidor* nº 53. São Paulo: Revista dos Tribunais, janeiro-março de 2005.

LACERDA, Galeno. Apud ZANETI JÚNIOR, Hermes. *Processo Constitucional – O Modelo Constitucional do Processo Civil Brasileiro*. Rio de Janeiro: Lumen Juris, 2007.

LACORDAIRE, Henri (1802-1861), disponível em <www.farmaciadepensamentos.com/pautorl03.htm>, acesso em 14.07.2011.

LAYARD, Richard. *Lições de Uma Nova Ciência*. Rio de Janeiro: Best Seller, 2008.

LECEY, Eládio. Autoria Singular e Coletiva nas Infrações Contra o Ambiente e as Relações de Consumo – Ambiente e As Relação de Consumo – A Problemática da Criminalidade Pela Pessoa Jurídica. *Revista de Direito do Consumidor* nº 22. São Paulo: Revista dos Tribunais, abril-junho de 1997.

LEME MACHADO, Paulo Afonso. *Direito Ambiental Brasileiro*, 7ª ed. São Paulo: Malheiros, 1998.

LEMOS, Patrícia Faga Iglecias. *Resíduos Sólidos e Responsabilidade Civil Pós-consumo*. São Paulo: Revista dos Tribunais, 2011.

LIRA, Ricardo Pereira. Questão Urbano-Ambiental. *Revista da EMERJ*, nº 38. Rio de Janeiro: EMERJ. v. 10, 2007.

LISBOA, Roberto Senise. *Responsabilidade Civil nas Relações de Consumo*. São Paulo: Revista dos Tribunais, 2001.

LOBO, Paulo Luiz Neto. Responsabilidade do fornecedor por vício do produto ou do serviço. *Revista Direito do Consumidor* nº 19. São Paulo: Revista dos Tribunais, julho/setembro de 1996.

LOPES, José Reinaldo de Lima. *O Direito na História*. São Paulo: Max Limonad, 2000.

———. *Responsabilidade Civil do Fabricante e a Defesa do Consumidor*. São Paulo: Revista dos Tribunais, 1992.

LOPEZ, Teresa Ancona. *Princípio da Precaução e Evolução da Responsabilidade Civil*. São Paulo: Quartier Latin, 2010.

LOR, Encarnation Alfonso. Modernidade Líquida: análise sobre o consumismo e seus impactos na Sociedade da Informação. Disponível em <www2.oabsp.org.br/asp/comissoes/sociedade_informacao/artigos/modernidade_liquida.pdf>, acesso em 11.07.2011.

LORENZETTI, Ricardo Luis. *Teoria Geral do Direito Ambiental*. MOROZINI, Fábio Costa e BARBOSA, Fernanda Nunes (trads.). São Paulo: Revista dos Tribunais, 2010.

———. *Fundamentos de Direito Privado*. São Paulo: Revista dos Tribunais, 1998.

MAFRA LEAL, Marcio Flávio. *Ações Coletivas: História, Teoria e Prática*. Porto Alegre: Sergio Antonio Fabris, 1998.

MANCUSO, Rodolfo de Camargo. 7ª ed. São Paulo: Revista dos Tribunais, 2011.

———. *Ação Popular* – Proteção ao erário, do patrimônio público, da moralidade administrativa e do meio ambiente. 5ª ed. rev., atual. e ampl.. São Paulo: Revista dos Tribunais. 2003.

MARINS, James. *Responsabilidade da Empresa pelo Fato do Produto*. São Paulo: Revista dos Tribunais, 1993.

———. *Código de Defesa do Consumidor Comentado*. 2ª ed. rev. e ampl. São Paulo: Revista dos Tribunais, 1995.

MARCHESAN, Ana Maria Moreira. *Direito Ambiental*. 6ª ed. Porto Alegre: Verbo Jurídico, 2010.

MARQUES, Cláudia Lima. *Fundamentos de Direito Privado*. Apresentação do Livro de Ricardo Luis Lorenzetti. São Paulo: Revista dos Tribunais, 1998.

———. *Contratos no Código de Defesa do Consumidor*, 2ª ed. São Paulo: Revista dos Tribunais, 1995.

———. *O Novo Direito Privado e a Proteção dos Vulneráveis*. São Paulo: Revista dos Tribunais, 2012.

———. *Vinculação Própria Através da Publicidade? A Nova Visão do Código de Defesa do Consumidor*. Revista Direito do Consumidor nº 10. São Paulo: Revista dos Tribunais, abril/junho 1994.

MARTIGNONI, Fábio Antônio. Modernidade Líquida: análise sobre o consumismo e seus impactos na Sociedade da Informação. Disponível em <www2.oabsp.org.br/asp/comissoes/sociedade_informacao/artigos/modernidade_liquida.pdf>, acesso em 11.07.2011.

MARTINS-COSTA, Judith. *Diretrizes Teóricas do Novo Código Civil Brasileiro*. São Paulo: Saraiva, 2002.

———. *A Guerra do Vestibular e a Distinção entre Publicidade Enganosa e Clandestina*. Revista de Direito do Consumidor. São Paulo: RT. v. 6, abr/jun. 1993.

MATA-MACHADO, Edgar de Godoi da. *Elementos de Teoria Geral do Direito* – Introdução à Ciência do Direito. Belo Horizonte: Veja, 1972.

MCKENNA, Regis. *Jornal Zero Hora* do dia 04 de julho de 2012, p. 21.

MIAILLE, Michel. *Introdução Crítica ao Direito, O Sujeito de Direito*. 2ª ed. Lisboa: Imprensa Universitária, Editorial Estampa, 1994.

MILARÉ, Édis. *Direito do Ambiente*: doutrina, jurisprudência, glossário. São Paulo: RT, 2005.

MIRAGEM, Bruno. *Curso de Direito do Consumidor*. 3ª ed. rev. atual. e ampl. São Paulo: Revista dos Tribunais, 2012.

———. *O Novo Direito Privado e a Proteção dos Vulneráveis*. São Paulo: Revista dos Tribunais, 2012.

MIRANDA, Pontes. *Tratado de Direito Privado*, parte geral. Rio de Janeiro: Borsoi, 1954. v. I.

MIRRA, Álvaro Luiz Valery. *Ação Civil Pública e a Reparação do Dano ao Meio Ambiente*. 2ª ed. atual. São Paulo: Juarez de Oliveira, 2004.

MORAES, Paulo Valério Dal Pai. *Código de Defesa do Consumidor: o Princípio da Vulnerabilidade no Contrato, na Publicidade, nas demais práticas comerciais* – Interpretação Sistemática do Direito. 3ª ed. Porto Alegre: Livraria do Advogado, 2009.

———. *A Coisa Julgada Erga Omnes nas Ações Coletivas (Código do Consumidor) e a Lei 9.494/97*. In: RDC nº 53/119 até 123. Janeiro-março de 2005.

――. O público, o privado, e o direito do consumidor: loteamentos, empréstimos consignados na folha de servidores públicos, autorização para a impressão de documentos fiscais e outras relações de Consumo. *In: RDC* nº 70/ 236 até 300. Abril-julho de 2009.

MORAES, Márcia Amaral Corrêa de; MORAES, Paulo Valério Dal Pai. *A Negociação Ética para Agentes Públicos e Advogados*. Belo Horizonte: Forum, 2012.

MORATO LEITE, José Rubens. *Dano Ambiental do Individual ao coletivo extrapatrimonial. Teoria e prática*. 3. ed. rev. atual. e ampl. São Paulo: Revista dos Tribunais, 2010.

MOREIRA ALVES, José Carlos. A causalidade nas ações indenizatórias por danos atribuídos ao consumo de cigarros. In: LOPEZ, Teresa Ancona (org.). *Estudos e pareceres sobre livre-arbítrio, responsabilidade e produto de risco inerente*: o paradigma do tabaco. Aspectos civis e processuais. Rio de Janeiro: Renovar, 2009.

MUKAI, Toshio. *Comentários ao Código de Defesa do Consumidor*. OLIVEIRA, Juarez (coord.). São Paulo: Saraiva, 1991.

NERY JÚNIOR, Nelson. *Princípios de Processo Civil na Constituição*. 10ª ed. São Paulo: Revista dos Tribunais, 2010.

OLIVEIRA JUNIOR, José Alcebíades de. Conexões entre os novos direitos: do direito ambiental ao direito do consumidor na polêmica dos transgênicos. *RDC* 66. Abril-junho de 2008.

PEREIRA, Agostinho Oli Kippe. A prevenção como elemento de proteção ao consumidor: a saúde a segurança do consumidor no Código de Defesa do Consumidor Brasileiro. *Revista Direito do Consumidor* nº 63. São Paulo: Revista dos Tribunais, julho/setembro de 2007.

PEREIRA, Henrique Mioranza Kippe. A prevenção como elemento de Proteção ao Consumidor: a saúde e segurança do consumidor no Código de Proteção e Defesa do Consumidor Brasileiro. *Revista Direito do Consumidor* nº 63. São Paulo: Revista dos Tribunais, julho setembro de 2007.

PASQUALINI, Alexandre. O Público e o Privado. *In: O Direito Público em Tempos de Crise – Estudos em homenagem a Ruy Ruben Rushel*. Porto Alegre: Livraria do Advogado, 1999.

PEZZELLA, Maria Cristina Cereser. Princípio da Boa-fé Objetiva no Direito Privado Alemão e Brasileiro. *Revista Direito do Consumidor* nº 23-24. São Paulo: Revista dos Tribunais, julho/dezembro de 1997.

QUEIROGA, Antônio Elias de. *Responsabilidade Civil e o Novo Código Civil*. Rio de Janeiro: Renovar, 2003.

QUEIROZ, Odete Novais Carneiro. *Da Responsabilidade por Vício do Produto e do Serviço*. São Paulo: Revista do Tribunais, 1998.

RAMOS, Carmen Lucia Silveira. *Repensando Fundamentos do Direito Civil Brasileiro Contemporâneo*. FACHIN, Luiz Edson Fachin (coord.). Rio de Janeiro: Renovar, 1998.

REALE, Miguel. *Filosofia do Direito*. 3ª ed. rev. e aum. São Paulo: Saraiva, 1962. v. 1º.

――. Exposição de Motivos do Novo Código Civil remetida por Miguel Reale, Supervisor da Comissão Revisora e Elaboradora do Código Civil. *In: Revista Especial EMERJ Debate o Código Civil*. Rio de Janeiro: EMERJ. Fevereiro – junho de 2002.

ROCHA, Sílvio Luís Ferreira da. *Responsabilidade Civil do Fornecedor pelo Fato do Produto no Direito Brasileiro*. São Paulo: Revista dos Tribunais, 1992.

RODRIGUES, Geisa de Assis. *Revista Direito do Consumidor* nº 58. São Paulo: Revista dos Tribunais, abril-junho de 2006.

RODRIGUES. Marcelo Abelha. *Processo Civil Ambiental*. 3ª ed. rer. e atual. São Paulo: Revista dos Tribunais, 2012.

SANSEVERINO, Paulo de Tarso Vieira. *Responsabilidade civil no Código do Consumidor e a Defesa do Fornecedor*. São Paulo: Saraiva, 2002.

――. *Princípio da Reparação Integral*. São Paulo: Saraiva, 2012.

SARLET, Ingo Wolfgang. *A Eficácia dos Direitos Fundamentais*. Porto Alegre: Livraria do Advogado, 1998.

――. Notas Sobre os Deveres de Proteção do Estado e a Garantia da Proibição de Retrocesso em Matéria (Socio)Ambiental. *Dano Ambiental da Sociedade de Risco*. MORATO LEITE, José Rubens (coord.). FERREIRA, Heline Sivini e CAVALCANTI FERREIRA, Maria Leonor Paes. (orgs.). São Paulo: Saraiva, 2012.

SCHULTZ, Fritz. *Principios Del Derecho Romano*. Traducción de VELASCO, Manuel Abellán. Madrid: Civitas, 1990. Servicio de Publicaciones de La Faculdad de Derecho Universidad Complutense.

SÉLLOS, Viviane Coêlho de. Responsabilidade do Fornecedor Pelo Fato do Produto. *Revista Direito do Consumidor* n° 11. São Paulo: Revista dos Tribunais, julho/setembro de 1994.

SILVA, José Afonso da. Fundamentos Constitucionais da Proteção do Meio Ambiente. *Revista Interesse Público* n° 19. Porto Alegre: Notadez, 2003.

SILVA, Luis Renato Ferreira da. A Função Social do Contrato no Novo Código Civil e sua conexão com a solidariedade social. In: *O Novo Código Civil e a Constituição*. SARLET, Ingo Wolfgang (org.). Porto Alegre: Livraria do Advogado, 2003.

SODRÉ, Marcelo Gomes. Padrões de Consumo e Meio Ambiente. *Revista Direito do Consumidor*, v. 31. São Paulo: Revista dos Tribunais. Julho/setembro de 1999.

SOUZA, Miriam de Almeida. *A Política Legislativa do Consumidor no Direito Comparado*. Belo Horizonte: Nova Alvorada, 1996,

SOUZA, Sylvio Capanema de. Código Napoleônico e Sua Influência no Direito Brasileiro. In: *Revista da EMERJ – Bicentenário do Código Civil Francês*, n° 26. Rio de Janeiro: EMERJ. v. 7.

STEIGLEDER, Annelise Monteiro. *Responsabilidade Civil Ambiental* – As dimensões do Dano Ambiental no Direito Brasileiro. Porto Alegre: Livraria do Advogado, 2004.

——. *Direito Ambiental*. 6. ed. Porto Alegre: Verbo Jurídico, 2010.

——. Responsabilidade Civil e Gestão de Áreas Contaminadas no Brasil. In: *Dano Ambiental na Sociedade de Risco*. MORATO LEITE, José Rubens (coord.). FERREIRA, Heline Sivini e CAVALCANTI FERREIRA, Maria Leonor Paes (orgs.). São Paulo: Saraiva, 2012.

TEPEDINO, Gustavo. Nexo de Causalidade: Conceito, Teorias e Aplicação na Jurisprudência Brasileira. *Responsabilidade Civil Contemporânea. Em homenagem a Sílvio de Salvo Venosa*. RODRIGUES JUNIOR, Otavio Luiz, MAMEDE, Gladston e ROCHA, Maria Vital da. (orgs.). São Paulo: Atlas, 2011.

TONANI, Paula. *Responsabilidade Decorrente da Poluição Por Resíduos Sólidos*. 2ª ed. São Paulo: Método, 2011.

TRAJANO, Fábio. O Princípio da Sustentabilidade Como Princípio Fundamental Constitucional e das Relações de Consumo. In: *Revista Luso-Brasileira de Direito do Consumidor*. n. 3. Curitiba: Editora Bonijuris. e J. M. Editora. v. 1, setembro de 2011.

TUTIKIAN, Cláudia Fonseca. *Da Incorporação Imobiliária*: Implementação do Direito Fundamental à Moradia. São Paulo: Quartier Latin, 2008.

ULHOA COELHO, Fábio. *Comentários ao Código de Defesa do Consumidor*. São Paulo: Saraiva, 1991.

URY, William. *O Poder do NÃO POSITIVO – Como dizer NÃO e ainda chegar ao SIM*. 5ª Reimp. LYRA, Regina (trad.). Rio de Janeiro: Elsevier, 2007.

USTÁRROZ, Daniel; PORTO, Sergio Gilberto. *Manual dos Recursos Cíveis*. Porto Alegre: Livraria do Advogado, 2007.

VENTURI, Helton. *Processo Civil Coletivo* – A tutela jurisdicional dos direitos difusos, coletivos e individuais homogêneos no Brasil. Perspectivas de um Código Brasileiro de Processos Coletivos. São Paulo: Malheiros Editores, 2007.

ZANETTI JUNIOR. Hermes. *Curso de Direito Processual Civil – Processo Coletivo*. Salvador: 4ª ed. JusPODIVM. v. 4, 2009.

ZAVASCKI, Teori Albino. Antecipação da tutela e colisão de direitos fundamentais. *Revista da AJURIS nº 64*. Porto Alegre: Ajuris, jul. 1995.